JN013252

異文化コミュニケーション・トレーニング

「異」と共に成長する

コミュニケーション・トレーニング

Experiencing Intercultural Communication:
Growing Up with "Differentness"

山本志都　石黒武人　Milton Bennett　岡部大祐

SANSHUSHA

　「異」と共に成長すること。それが本書の著者らの考える異文化コミュニケーション教育の目的です。いつもと同じ、あるいは誰もが同じであることを想定した関係性がバランスを保てなくなるとき、一様さが破られて多様になり、**非対称な「異」でつながる関係性**が現れます。

　同じ集団や組織に所属している場合でも、関わり方や役割が異なり得るということのほかに、そのときどきの話題や目的などによって、立ち位置が変わるということもあります。たとえば、新入りと先輩、推進派と反対派、インドア派とアウトドア派、夜型と朝型、何かの経験者と未経験者などです。立場がどう分かれるかはさまざまですが、これらはそのときどきの背景情報、すなわち**コンテクスト**に応じて顕在化した非対称性による「異」でつながった関係性を表しています。私たちは、同じである中にも、実にさまざまな「異」を介してつながる関係性を生きているということです。

　「異文化」といえば国同士の文化の違いを思い浮かべやすいですが、「異」の考え方でとらえると、見え方が変わります。**「異」をめぐるさまざまな経験において、自分の感じたことをうまく整理して成長につなげるための考え方と調整法を本書は紹介します。**

　成長を後押しするための1つとして、本書では最初に、「異」はどのような形で現れるのか、それは何を基準としたとき生まれるギャップやズレなのかを、より細やかに見て、聴いて、感じ取れるようにしていきます。「異」を繊細に知覚する力をトレーニングするということです。観点や着眼点であるところの「目のつけどころ」を変えるたび、「異」は姿を変えるということがわかると、**見る者の目が「異」をつくっている**ことも実感されるようになります。情報を処理する上での**知覚構造**の単純さ、あるいは複雑さの程度によって、私たちがイメージ化できる人間関係や社会の姿が変わるのです。現実世界に投影される絵は、対立の構図にも、豊かで創造性あふれるものにも変わります。著者の1人であり私の大学院時代からの恩師でもあるMilton Bennettは、このアプローチを**知覚構成主義**として、序章で定義づけています。

　本書にはたくさんの章があり、興味や必要性に合わせて選んでいただくことができますが、すべての方に読んでいただきたいのは第1部「異はつくられる」です。現実がつくられていることと、つくっているのが私たちであることへの感覚をしっかりと養うことができます。次の表に第Ⅱ部と第Ⅲ部

を合わせて、何が学べるのかとおすすめのポイントをまとめました。読みたい章を選ぶときの参考にしてください。各章を読み進める中で、専門用語が出てきたとき、その章の中で意味が説明されない場合は、（　　）内に「○章参照」と書いてありますので、該当する章で説明を確認してください。

第Ⅰ部　異はつくられる

第1～3章　現実だと思っていることが、知らず知らずのうちに身についたものの見かたや脳の情報処理のしかたでつくられているという感覚を引き出す。

第4章　現実だと思ってることは、人が自らつくっていることを、理論的に理解する。

第5章　人が「異」をカテゴリー化していることを忘れないために、そしてカテゴリーを先入観に変えないために、カテゴリーとの上手なつき合いかたを知る。

おすすめのポイント

すべての人におすすめの基本です。

話が複雑で学術的になりますが、理論を知ると応用がきくようになります。

ステレオタイプや決めつけにならないカテゴリーの使いかたがわかります。

第Ⅱ部　異と出会う

第6章　いつもの判断を止めて、他者に見える世界を見ようとすると、異なる秩序や感情で展開する世界と出会うことができる。そのための姿勢を養う。

第7～8章　視野に入るものの中には、無意識にフォーカスを当てることで見えている存在と、背景に埋もれて気づかれなくなっている存在がある。社会の複層的なコンテクストに目を向けると、意識したことのない「異」と出会えることを知る。

第9～10章　柔軟に対応できる動態的な視点を養い、見方をシフトして社会にも自分自身にも多様な「異」を見つける。いつでも「普通」でいられる人はいないし、そのことが価値を生む。分かれた関係はまたつながる。

最も重要なコミュニケーション・スキルと意識操作を練習します。

社会の多様性を読み解き、その複雑さを理解するためのヒントを得られます。

自分の中の多様性に気づき、見えている関係性がすべてではないことがわかると、少しだけ気持ちが楽になります。

第Ⅲ部　異と生きる

第 11 〜 12 章　枠にはめた見方がもたらす決めつけや、枠にはめられるきゅうくつさを知り、自分も他人もひとつどころにとどめない流動的な見かたができるようになることを目指す。やりとりの中から生じる関係性に敏感になることにもつながる。

ステレオタイプの弊害を知り、固めた見かたのほぐし方を学びます。

第 13 章　「異」で生じた葛藤を乗り越えた経験をふりかえり、語り直すことで、自分が「異」と共に成長した道筋が見えてくる。異文化感受性発達モデルの概略を知る。

過去の経験を新たな目でとらえ直すと、自分の発揮してきた異文化感受性の力とこれからの課題がわかります。

第 14 章　自分自身に対して「異」を感じる違和感や困り事を把握して、調整するための方法を学ぶ。

自分に感じる「異」をどのように調整して共に成長できるかがわかります。

第 15 章　自分とはかけ離れた存在に思えた「異」と出会い、そこで生じる違和感や抵抗感などの葛藤をやわらげながら、自らの世界になじませるための方法を学ぶ。異文化感受性発達モデルの前半を知る。

葛藤をどのように調整して成長につなげるか。異文化感受性発達の初級編です。まだ自文化中心的な範囲内にあります。

第 16 章　安心して話せる環境をつくり、相互作用を活性化して、多様な声を生かした合意形成を目指すための考えかたを学ぶ。

周りの人たちの声を聴き、共につくる姿勢を学びます。

第 17 章　「異」を新たな次元でとらえ直すことができると、その先に新たな感覚が育まれていく。「異」と共に成長し続ける過程を異文化感受性発達モデルの後半から学ぶ。「異」をとらえ直しながら生きる感覚や、相対主義の態度を身につけたからこそ直面する課題についても考える。

「異」と共に成長してきた人たちの直面するさらなる葛藤への向き合いかた。異文化感受性発達の中上級編です。

　本書にはまた、Bennett による最終章と多文化関係学会年次大会（2019 年）での講演録も収録されています。本書では全編を通して**太字**の部分を多めに設定してありますので、内容が少し難しく感じられるときは、太字とその周

辺を拾い読みしながら、わかるところから理解していくようにしてもよいで
しょう。

　本書にはエクササイズのほかに「対話の時間」があります。議論とは異
なり、対話では正解を出すことも意思決定も必要ありません。「私にはこん
なイメージが浮かんだよ」、「私のはこんなだよ」と、互いの見ている世界を
シェアする時間にしてください。また本文のところどころに落書きが出てき
ます。異文化コミュニケーションからもじったイコちゃんとその友人のクマ
ちゃんです。思わぬ角度からツッコミをいれてきたり、感想を述べたりして
いるかもしれないので、気分転換として眺めてみてください。

　この本を通じて、みなさんの生きる世界がより複雑で豊かなものとして
感じられるようになり、その過程において、もやもやを大事にしながらも、
もやもやと今より少しだけ楽につき合えるようになることを願っています。

著者を代表して
山本志都

目次

序 章 ·· 15

1 パラダイムの変遷··· 16

2 知覚構成主義 ··· 17

3 構成主義的な異文化コミュニケーションに向けて ······················· 18

4 知覚構成主義によるリフレーム ··· 20

I　異はつくられる

第1章　現実感の構成·· 24
世界を見る目、現実を感じる心は、つくられている！

1 世界の見かたには、定番がある ··· 24

2 対話の時間 ··· 27

3 何が現実的かは、そのつど変わる ··· 28
相対的と絶対的　　コンテクスト　　コンテクストが変わると、現実感が変わる
コンテクストごとに別のストーリーが立ち上がる

4 世界の中心で、現実を叫ぶ？ ··· 34
自文化中心主義　　文化相対主義　　代替的（オルタナティブ）な選択肢

5 「異」と「異文化」·· 37

6 「もやもや」を大事にする ··· 39

第2章　知覚と現実·· 42
見え方や聞こえ方の違いによって経験は変わる！

1 見たこと聞いたことが何かを、どうやって知っているのか？ ··········· 43
感覚と知覚と認知　　情動と感情

2 形のないところに、形をつくり出している ··································· 45
図地分化　　知覚の階層的プロセシング

3 言語があるから知覚する ··· 51
言語の複雑さと経験の複雑さ　　サピア＝ウォーフの仮説

4 知覚されたイメージの違いを可視化する ······································· 54
言葉が通じたら、意味も共有されている？　　情報収集とオープン・クエスチョン

| 第 3 章 | **情報処理の多様性** ·· 60 |
| | 文化の多様性も、神経回路の多様性も、異なる情報処理をもたらす！ |

1 文化の多様性がもたらす情報処理 ································· 60
「まなざし」の獲得　　「日本には四季がある」の謎

2 文化的な感覚をどうやって身につけている？ ··············· 65
状況的学習　　他者の感覚を肯定する

3 神経回路の多様性がもたらす情報処理 ······················ 67
発達障害とニューロダイバーシティ　　自閉スペクトラム症の知覚体験

HSPの知覚体験　　高次脳機能障害の知覚体験

認知症の知覚体験とユマニチュード

4 感覚を開いて、神経回路の反応を変える ······················ 78

| 第 4 章 | **構成主義** ··· 80 |
| | 人はいつも何かを構成している！ |

1 世界の創造主は、神でなく私たち？ ······················ 80
分節　　カテゴリー化と概念

2 構成主義 ··· 83

3 社会構成主義 ·· 84
意味は関係性の中にある　　物象化　　本質主義と客観性

4 心理構成主義における「経験」 ·························· 90
そこにいるからではなく、意味を見出すから「経験」できる

正統的周辺参加の経験から、感覚をつかむ　　認知的複雑性と知覚的複雑性

5 心理構成主義における「適応」 ·························· 97

| 第 5 章 | **カテゴリー操作** ································· 100 |
| | カテゴリーとの上手なつき合いかた！ |

1 カテゴリーで分ける効果、グラデーションにしてぼかす効果 ······ 100
カテゴリー化による可視化　　カテゴリーの拡張　　曖昧化　　再カテゴリー化

2 カテゴリーを分ける感覚とつなぐ感覚 ····················· 106

3 ステレオタイプ化させないカテゴリーの利用法 ··············· 107
異文化コミュニケーションへの批判　　観測カテゴリー

4 観測カテゴリーを使って相互作用を分析してみよう ··············· 110
分析の視点をもたずに観察〈ビフォー〉

高コンテクストと低コンテクストで観測〈アフター〉

5 カテゴリーとのつき合いかた ……………………………………………………… 114

本質扱いせず、観測後は解除する　　個人として見ればいい？

カテゴリー化を流動的にする　　自分も他人も決めつけない

Ⅱ　異と出会う

第 6 章　エポケーとエンパシー ……………………………………… 120
判断を止めると、新しい世界が見えてくる！

1 他者のつくる秩序に、寄り添えるか？ …………………………………… 120

2 食のバリエーションに、正当性を見いだせるか？ …………………… 124

3 他者の構成する世界への、参加のはじまり …………………………… 126

エポケーによる意識操作　　エンパシーによる参加

4 エポケーと聴くこと ………………………………………………………………… 128

聞きかたの種類　　エポケーで無言承認リスニング

5 対話でエポケーを活用する ……………………………………………………… 133

「エポケー対話」の概要　　「エポケー対話」での話題

準備運動と「エポケー対話」の実践

6 共に構成する世界のはじまり ……………………………………………… 138

共感による他者のコンテクストへの参加　　第三の可能性

第 7 章　コンテクスト …………………………………………………… 140
コミュニケーションはコンテクスト抜きには語れない！

1 いろいろなコンテクストにアクセスするには？ ……………………… 141

コンテクストの４つの側面　　コンテクストの違いによって誤解、摩擦、対立が起

こるしくみ　　前景化と後景化

2 ギャップで、もやもやしたことない？ ……………………………………… 148

3 コンテクストは「上書き」される？ …………………………………………… 151

第 8 章　未発の異と異対面 …………………………………………… 155
見えなくなっているところの異に気づく！

1 「見ること」とは、「見ない」こと ……………………………………………… 155

図地分化による焦点化　　ラベリング

2 過去の学習と経験で、予測して見ている ………………………………… 157
経験盲とシミュレーション　　シミュレーションと情動・感情

3 何がコンテクスト化するかは、立場によって異なる ………………… 161
コンテクストのレイヤー　　コンテクストの薄さ

4 未発の異と可視化 …………………………………………………………… 163

5 異に出会うと、見えるようになる ……………………………………… 166
異対面　　「自」への気づき　　痛い面もあるけれど

第 9 章 **異文化と異分化** ……………………………………………………… 171
一様なものを多様にする！

1 「普通」と「普通でない」の境界線 …………………………………… 171
無標と有標　　「普通でない」と負担が増えるのはなぜ？
意図のない構造的差別　　「普通でない」立場は入れ替わる

2 「普通でない」から生まれる価値 ……………………………………… 176
有標が増えると多様化する　　1人の中の無標性と有標性
コンテクスト・シフティング　　「異」を語ろう！　　非対称性が価値を生み出す

3 「異文化」と「異分化」………………………………………………… 183

4 マジョリティとマイノリティ …………………………………………… 184

5 二項対立の解除法 ………………………………………………………… 185

6 発想を変えて「予言」をすれば、現実が変わる ……………………… 186

第 10 章 **コンテクスト・シフティング** ……………………………… 188
視点を移動させながら、つながろう！

1 メディアが提供したコンテクストなのに？ …………………………… 190

2 想像力を働かせて、別視点へワープ …………………………………… 192
コンテクスト・シフティング：マクロ・メゾ・ミクロのレベル
コンテクスト・シフティングの「横シフト」と「縦シフト」

3 異文化アライアンス …………………………………………………… 196

4 気づいていたいけれど、限界がある …………………………………… 197
コンテクストの「厚さ」と「薄さ」

Ⅲ　異と生きる

第11章　社会的カテゴリーとステレオタイプ ················· 204
固めた見かたをさせる頑固ものを、ほぐそう！

1 自分が誰かを表現するカテゴリー ······························· 204
社会的カテゴリーと社会的アイデンティティ　　個人的特性の社会的カテゴリー化

2 自分が誰かを決めつけられるとき ······························· 207
ステレオタイプ　　「日本人」のステレオタイプ化　　曖昧性耐性
ステレオタイプを引き受けさせようとするプレッシャー

3 頑固なステレオタイプをほぐそう ······························· 216
ステレオタイプの6つの問題点　　気軽なステレオタイプの危険性（問題点1～3）
予言の自己成就に要注意（問題点4～6）
安心感とポジティブな語りでつくる未来

第12章　ポジショニング ··· 226
1つのカテゴリーに、「居着く」のをやめる！

1 自分が誰かを表現するカテゴリー ······························· 227
カテゴリー化以前の像　　ポジショニング　　指標記号と指標性
アイデンティティ・ワーク

2 「同じであり、違う」を微細にとらえる ······················· 235

3 「居着かない」関わりに向けて ·································· 237
ポジショニングが異文化コミュニケーションに対してもつ意味
「居着き」から「居着かない」動きへ

第13章　異文化感受性を発揮するナラティブ ··················· 241
過去の異文化体験を彩り、未来を引き寄せる！

1 ワーク：異文化感受性によるナラティブ ······················· 244
「異」をめぐるターニングポイントの経験をふりかえる
経験とエピソードの記述　　アンケート（異文化感受性のまなざしを投入）
年表作り（異文化感受性を用いた経験の再構成）　　未来へ紡ぐストーリー
全体のふりかえり

2 異文化感受性発達モデル ······································· 257

第14章 「異」をつかむ ·· 262
困り事の中から、異をつかもう！

1 自分についての未発の異をつかまえる ································ 262
外在化と名付け　　困り事の中の未発の異と出会う

2 当事者研究 ··· 268
当事者研究の事例に学ぶ　　困り事で可視化したカテゴリーの研究

第15章 「異」をなじませる ·· 274
遠くかけはなれた「異」を身近な存在にする！

1 見ても見えない「否認」 ·· 275
DMISの「否認」(Denial)　　出会いによる可視化の調整法

2 見えたものをいやがる「防衛」 ······································· 278
DMISの「防衛」(Defense)　　シンパシーによる重ね合わせの調整法
個人化した相互作用の調整法

3 同じことをしたがる「最小化」 ······································· 284
DMISの「最小化」(Minimization)　　「最小化」の問題点

4 「最小化」はゴールではなく通過点 ································· 286

第16章 ファシリテーション ·· 287
多様性を活かして、みんなで考え、行動する！

1 よく聴いたら、異と出会える！ ······································ 288
薄いコンテクストの意識化

2 ファシリテーションを成功に導くために ··· ······················ 289
ファシリテーションとは　　ファシリテーションのポイント（空間・時間のデザ
イン／相互行為のスキル／合意形成のためのスキル）

3 背景にある哲学・理論 ·· 298

第17章 異文化コミュニケーションと成長 ······························ 302
異対面から先へ、そして相対主義から先へと歩んでいこう！

1 異対面によるパラダイムシフト ······································ 304
異対面から「受容」まで　　非連続的な知覚の変化

2 「異」を「異」として見つめる「受容」 ·························· 308
DMISの「受容」　　「所与」のカテゴリーと本質主義

3 「異」の感覚をつかむ「適応」……………………………………………… 310

感覚をつかんで自分のものにする「適応前期」　生成する意識が出る「適応後期」

4 「統合」という名の成長 …………………………………………………… 313

構成主義的な「統合」　プロセス中の感覚　移動中の感覚　コミットメント

5 異文化感受性発達モデルの全体像 ……………………………………… 320

6 「あいだ」と「はざま」にできる「異」を知覚する感受性 ………… 322

7 文化相対主義のその先へ ………………………………………………… 324

相対主義のジレンマ　コンテクスト相対主義

相対化し続ける中でのコミットメント

8 「みんなちがって、みんないい。」の続きは何？ ……………………… 329

最終章　**私たちはどこへ向かおう？** …………………………………… 330
　　　　未知なる未来への意識を整える！

1 向かってくる未来への備えを、過去のターニングポイントに学ぶ … 330

2 「認知革命」…………………………………………………………………… 332

言語をメタファーとして使い、神話をつくる　「認知革命」からの教訓を学ぶ

（物象化と脱物象化／過去のナショナリズムの誤った適用）

3 「意識革命」…………………………………………………………………… 336

自己意識のメタファー的構築　「意識革命」からの教訓に学ぶ（オーサーシップ

への気づき／科学的思考と批判的分析／責任感の醸成）

4 メタ意識への移行………………………………………………………… 341

メタレベル　メタ意識

5 メタ意識を応用する……………………………………………………… 344

エンパシー　倫理性

6 メタ意識的な議論………………………………………………………… 349

講演録　多文化関係学会2019年度年次大会……………………………… 351
　　　　「異文化感受性発達モデルの新たな理論的含意：共個体発生的
　　　　知覚と量子的観測」（ミルトン・ベネット）

付録　第9章アンケート項目 ………………………………………………… 364

引用文献………………………………………………………………………… 368

索　引…………………………………………………………………………… 377

序章
ミルトン・ベネット

　私たちは今、さまざまな変化を経験している。この変化は次世代を担うみなさんにとって、これまでと異なる新しい世界をつくり出すことになるだろう。まさにパラダイム転換ともいえる。パラダイムという用語は、私たちが現実として想定している基本的なことについて知る方法を指している。パラダイムは物理学者や哲学者だけの問題にとどまるものではなく、私たちはみな、世の中の仕組みについての物語を持っている。そしてそれをリアルなものとして想定しながら生きている。異なる文化はそれぞれに異なる世界の物語を提供してきたが、現在の変化の中で、私たちの物語にはどのような対応が必要になっているのだろうか？　来るべき未知の未来に備えるために、私たちに今できることは何か、この本はそれを考えるためにある。

　ここでは科学的パラダイムと本書の主要な概念について触れながら、最新のパラダイムがこの本の中でどのように異文化コミュニケーションを説明することに用いられているかについて述べることにする。以下を読んでも、今の時点ではまだピンとこないかもしれないが、心配する必要はない。私たちは自分がどのようなかたちで世界を経験しているのかについて考えることに慣れてはいない。この本がそうしたことを理解し始めるきっかけになればよい。

　以下では専門用語がたくさん出てくるので、もし読みづらいと感じるならば、直接第1章から読み始めよう。そして本書を読み終えた後に、この序章に戻ってみることをおすすめしたい。そうすれば、ここにある考えかたが、今より身近に感じられるようになっていることがわかるだろう。

　科学は何もヨーロッパの科学革命から始まったわけではない。体系的に考え、物事や出来事を分類し、意図的に知識を使って未来を予測するという能力は、世界中で発達してきた。この種の科学的思考の顕著な例は、古代ヒンドゥー教、仏教、道教の文献や中世以降のイスラム教の文献などにも見られる。いずれも、人や神や意識の関係性をさまざまに扱ったもので、私たちは今もいろいろな意味で、こうした関係性の追求に取り組んでいる。

　一方、技術開発においては、世界の大部分が西洋で発達した科学的パラダイムを利用してきた。**ニュートン主義**はその基本的なパラダイムといえる。この名称はみなさんの知っているニュートン、その人に由来する。ニュートンは、人間が神の法則を発見することが神の意志であるとカトリック教会を説得した。これが近代における非宗教的な思想の基礎となった。**実証主義**（positivism）は、それまで超自然的な力に委ねるしかなかったことを予測して、コントロールすることを可能にした。ニュートン・パラダイムは制御技術の発展を支えるだけでなく、民主主義や共産主義といった絶対的な理想や、人権、個人主義、集団主義といった普遍的な価値観について考える上でも用いられている。

　過去には「文明」をニュートン主義的にとらえることによって、特定の絶対的理想や普遍的価値観の基準で社会に序列をつける考えかたが優勢になったこともある[1, 2]。しかし既にこのパラダイムは次に紹介する**相対主義**（relativism）によって取って代わられている。現在はさらにその先のパラダイムへと転換しつつもある。

　ニュートン・パラダイムの後、物理学での主要なパラダイムは相対性理論を唱えた**アインシュタイン**のパラダイムへと移行した。このパラダイムが物理学だけでなく、社会的な関係性を理解するためのモデルとしても使われるようになったことで、普遍的な理想と原則の存在を前提としたニュートン主義的な発想の大部分は、**相対主義**へと移行していった。

　相対主義ではあらゆるものがそれぞれの**コンテクスト**（文脈）の中に存

1　序章における以下の脚注はすべて訳者による。

2　この例として、19世紀に発達した社会進化論がある。ダーウィンの生物進化論を社会にあてはめ、社会が未開な状態から文明を発達させて進化するという考え方で、その頂点はヨーロッパ社会であると見なされていた。

在すると考える。文化に優劣はつけられないとする**文化相対主義**（cultural relativism）もそこから発展し、優劣では語り得ない異なる世界観がそれぞれの文化にはあるという考えかたを浸透させていった。相対主義からは、「あらゆる意見は等しくよいものだ」とか、「すべてのニュースは必然的に偏っている[3]」といった考えかたも生まれていった。

　そして現在の私たちは、**量子的パラダイム**の知へと転換しようとしている。**量子力学**というのは物理学の用語だが、その考えかたが社会科学の分野にも取り入れられるようになった。その考えかたを**構成主義**（constructivism）という。構成主義は、物事は確かにコンテクストの中に存在するが、**そのコンテクストは私たちがつくり出している**という視点を持つことによって、相対主義をリフレームしている[4]。

　私たちがつくったコンテクストなら、その**コンテクストが物理的・社会的に世界に与える影響に対して責任をもつのも私たち**ということになる。この**構成主義的な倫理性**の最近の例に、人びとが地球の気候変動に人的要因の関与を認識し、その責任を意識していることが挙げられる。また、社会不安は社会・経済的な不平等のコンテクストを長年解消してこなかったことに起因するという解釈や、新しいソーシャルメディアのコンテクストがもたらす影響をわかっておくことなども含まれる。

2　知覚構成主義

　構成主義は幅広い学問分野でさまざまに適用されている。本書における構成主義を定義するなら、それは**知覚構成主義**（perceptual constructivism）であるとすることができる。知覚する（見る・聞く・かぐ・味わう・触れる）対象が何であれ、その対象は私たち自身によって知覚されている。何が言いたいかというと、見ているもの、聞いているものというのは、私たちの知覚の「外側に」存在するのではないことに注意を向けてほしい。「自分が見たからその対象が見えた」、「自分がその見かたをしたから、対象がそのようなものとして見えた」という感覚を呼び覚まそう。私たちは自分の知覚がどの

3　たとえばそれぞれのメディアや情報源のコンテクストごとに、独自の視点のあることが、選択的に知覚するフィルターとして機能するから。

4　「リフレームする」とは枠組み替えをするということで、平易な言葉でいうと、軸を移動させ、新たな視点からものごとを切り取り直して認識することとできる。それによって解釈を新たにする。

ように現実を構成するかについての責任を常に負わなければならない。

それは、見えたり聞こえたりしている対象が想像の中にのみ存在するという意味ではない。そうではなく、私たちは**知覚することを通して対象を創造している**。国境を例に挙げよう。国境という名の政治的境界線は、一度つくられると地図上に存在して、私たちの外側に物理的に存在し続けるモノのように思える。移住したくても、国境が障壁となるということもあるだろう。とはいえ、モノは依然として創作物なのであり、つくったものはつくり変えることができる。

すべての構成主義を特徴づけ、私たちの生きる現実に対する責任の根底にあるのは、この**変更可能性**である。ものごとには、人がそれを観察／観測（observation）するまでは、潜在的にさまざまに存在しうる可能性の幅というものがある。潜在的には多様な可能性のある存在が、観察／観測されたときには、ある特定の存在として観察／観測されるに至るのである。このことは量子力学における「ハイゼンベルグの不確定性原理」（Heisenberg Uncertainty Principle）として知られている。

知覚構成主義は、構築された現実の社会的側面と物理的側面を組み合わせ、経験に対する統合された新しいパラダイムのアプローチを以下のように試みる。

＊潜在的存在を現実性へと崩壊させる知覚の役割を社会的にも物理的にも認識する[5]
＊構成することによって生じる責任を引き受ける
＊倫理的なコミットメントに沿った形で現実を再構成する機会を追求する

3 構成主義的な異文化コミュニケーションに向けて

本書は伝統的な異文化コミュニケーションのアプローチが直面している限界を乗り越え、異文化コミュニケーションを再構築しようとする試みの一環として書かれている。従来のアプローチの多くは文化的コンテクストの重要性を強調した相対主義のパラダイムにもとづいてる。教育では序列をつける

5　「崩壊」（collapse）とは量子力学における「波動の崩壊」の考えかたである。潜在的に複数の可能性にある「重ね合わせ」の状態から、観測者が特定の視点で観測する干渉によって、ある特定の状態へと存在が確定することを「崩壊」として表している。

ことなく文化比較するための工夫がなされてきた。たとえば、個人主義／集団主義の価値観の連続体上で集団を比較する方法、不確実性回避のような概念カテゴリーで文化をランク付けする方法、話しかたが直接的か、あるいは、間接的であるかの違いや非言語行動などコミュニケーション・スタイルで文化を対比させる方法、などである。このような知識を得ることで人びとが異文化理解を深め、よりよい異文化間の関係を構築することが目指されてきた。

　実際に異文化コミュニケーションは、学生の交流プログラムやグローバルビジネス、NGOや医療機関のような政府機関においても取り入れられるようになり、国際的な側面からの関係改善ではより洗練された環境をもたらしたといえる。しかし伝統的な異文化コミュニケーションのアプローチは、いくつかの理由から有効性の限界を迎えている。たとえば文化や文化的アイデンティティの考えかたは、単純な比較だけでは理解し得ないくらい複雑になっている。また多文化社会では国内における異文化間関係を扱うことが多くなった。それに伴う権力や包摂性、公平性などの政治的関心事に対し、従来の異文化コミュニケーションはうまく対処することができなくもなっている。

　このような問題に対処するために、**異文化コミュニケーションは構成主義のルーツを取り戻すと同時に、このパラダイムの適用範囲を更新し、拡張する必要がある**。異文化コミュニケーションの創始者であるエドワード・T・ホールは、「文化はコミュニケーションである」と言っている。ホールの意味するところは、**文化とは価値観や信念の集合体ではなく、人間の集団が意味と行動を調整するプロセスである**ということではないかと私は考える。私たちは、この文化の定義を覚えておくことで、異文化コミュニケーションの構成主義的な枠組みを再構築し始めることができる。文化とは私たちの持っているものではない。私たちのしていることである。

　文化を構成主義的に定義することの重要な意義のひとつは、人びとがさまざまな方法で集団に帰属することをステレオタイプ化することなく異文化コミュニケーションの領域に含められるようになることといえる。「男性」が「女性」とコミュニケーションを取ろうとするのも、「日本人」が「アメリカ人」とコミュニケーションを取ろうとするのも、自他の区別をそのようにカテゴリー化した状況における異文化間の出来事といえる。私たちはこの原理を利用して、人種、社会経済、性的指向、性自認、そして人びとが「所属」（affiliation）している、あるいは「帰属」（ascription）しているとされる無数の集団の間の関係を理解し、改善することができる。

別の言いかたをすれば、**人びとがいかなる集合的なやりかたによって、潜在的可能性をある特定の状況に崩壊させているかに注目する**という構成主義的な観点を強調するということであり、これにより集団間の関係の改善を硬直化させずに考えることができる。文化の構成主義的な定義と知覚構成主義の原理があれば、異文化コミュニケーションの再構成を始めることができる。

4　知覚構成主義によるリフレーム

　すべての経験は、私たちが出来事を知覚するかどうかと、どのように知覚するかにかかっている。基本的な文化の違いは、「私たち」と「彼ら」を区別する境界にある。この境界構築は変更可能であり、状況や意図に応じて変えることもできる。たとえば、あるコンテクストで最も関連性の高い集団の境界とは、年齢によるものかもしれない。そのとき世代の違いが関与している。だが別のコンテクストでは、学生か社会人かといった活動による身分の違いが関与するかもしれない。市民権の関与するコンテクストでは、境界は所属する国の違いによって発生するだろう。**どのカテゴリーを「私たち」とするかに気づいておくことが、自文化への気づき**（cultural self-awareness）となる。

　この自文化への気づきにおける基本的な考えかたの中には、私たちがある集団の一員であると感じている「所属」と、私たちが集団の一員であると感じているかどうかにかかわらず、その一員であると見なされる「帰属」との違いを認識することが含まれる。所属していない集団に帰属されることもあれば、その逆もあるが、どちらの状態にも気づいておくことが、自文化への気づきにおいては大事なことである。

　自分自身の関与する文化的境界を「構築されたもの」として認識できるようになると、異なる境界条件にある人たちもまた、自分と同様に、その構築された文化的境界にあるということがわかるようになる。そうすると、たとえそれが自分のものとは異なるとしても、自分が文化的経験をしているのと同じように、他の人たちもまた、その人たちの文化的経験をしているということが認識できるようになる。これこそが**自文化中心主義**を克服する鍵、すなわち、自分が経験している世界とは異なる世界を想像することができないという状態から脱け出すための重要なポイントとなる。

　他者の世界を想像するとは、映画や小説のもたらす**代替的な経験に没入す**
るようなものといってもよい。映画をみたり小説を読んだりしているときは、
そこに構築された世界に疑念を抱かず、その代替的な経験に参加して、自分
自身の身をその世界に置くことができているのではないだろうか。しかし、
映画や小説とは違って、文化には、外部の人間が簡単に体験できるような
仕組みがない。経験を異なる方法で再構成するには、**共感（エンパシー）**が
必要となる。この場合の共感とは、**観測カテゴリー**（observational category）
を活用した**コンテクスト・シフティング**を行うことであるということもできる。

　さて、これまでのパラダイムで活用されてきた情報や、集団間の伝統的
な比較のために用いられてきた個人主義／集団主義、高コンテクスト／低コ
ンテクストなどの類型化についてだが、これらを破棄する必要はない。新し
いパラダイムではそれらをリフレームすることができる。構成主義的な異文
化コミュニケーションでは、伝統的に用いられてきた類型化を、文化の「記
述」（description）から、文化の違いの「観察／観測」（observation）へと変化
させることができる。したがって、個人主義、集団主義、権力格差、その他
のさまざまなカテゴリーが文化を記述するものであるとは考えない。それら
は、**文化の違いに対して構成されている知覚を説明しているものであると考**
える。そのようにしてカテゴリー化して概念化した分類を、知覚する者であ
り観察者である私たちが、観察／観測のために活用している。

　うまく活用すれば、これらのカテゴリーは他の文化での代替的な経験へ
の窓口としても機能する。高コンテクスト／低コンテクストという古典的な
区分でいうなら、まず、そういう文化が実際に存在するという考えを却下し
よう。その代わりに、**そのような対比を使用しながら知覚を再構成すること**
ができると考えよう。たとえば、私たちが通常、高コンテクストの間接的な
コミュニケーション・スタイルを使用しているとする。このときの基礎とな
る経験は人間関係の微妙なニュアンスに注意を払うことにもとづいている。
そこから、より直接的なコミュニケーション・スタイルを使用した低コンテ
クストの代替的な経験に入ってみる。すると、微妙な人間関係のニュアンス
よりも、コミュニケーションの目的や結果に注意が向けられるようになる。
注意の向けかたを意図的に変えることができると、異なるコンテクストへ移
行するコンテクスト・シフティングが可能になる。

　コンテクストをシフトさせることとは一種の**異文化間共感**であるといえ
る。私たちはその状態において、**あたかも自分自身の経験であるかのように、**

一時的に別の経験を味わうことができる。この種の共感と、セラピーあるいは映画への没入感のような共感との違いは、個人的な経験や美的な経験ではなく、文化的な違いに焦点を当てているところである。コミュニケーション・スタイルの例で言えば、低コンテクスト・スタイルの経験に移行するということは、そのスタイルを普段使っている人たちの感覚、すなわちコミュニケーションの目的をできるだけ迅速に達成しようとすることが適切であるという感覚に入り込むことを意味する。異文化間共感を通じて、その感覚を通常持っていない人びとでも、それを自身の感覚のように感じることができる。そうすることで、その感覚に適した行動をとることが可能になる。つまり、自分自身の感覚であるかのように、低コンテクストのコミュニケーション・スタイルを用いることができるようになる。

　異文化コミュニケーションを知覚構成主義の観点からとらえ直すことには、これからの章で検討されるように、多くの意義がある。さらにこの本のしめくくりとして、未来へ向けた新たな意識形態の発展という、より大きな文脈の中に、構成主義的な異文化コミュニケーションの考えかたをどのようにして組み込むことができるかを探ってみる。最終章でまたお会いしよう。

（序章　［翻訳］山本志都）

I　異はつくられる

第1章

現実感の構成

世界を見る目、
現実を感じる心は、
つくられている！

? エクササイズ ❶

日本を探そう！

　これから見てもらう p. 40 と p. 41 には、世界地図が A、B、C と 3 つ掲載されている。それぞれの地図から即座に日本を探し出そう。

① 　一番日本を見つけやすかった地図はどれ？ 　［ 　　　 ］

② 　一番日本を見つけにくかった地図はどれ？ 　［ 　　　 ］

③ 　自分にとって日本を見つけやすい地図と見つけにくい地図があったのはなぜ？

（エクササイズのポイント）世界を視覚的にとらえる見かた（知覚）を試すことによって、私たちが何を当然視しているのか、なぜ当然と思ってしまうのかについて考える糸口にしよう。

1 　世界の見かたには、定番がある

　世界地図で日本を探すとき、これまで何度も見たことのあるあの地図を想定して、まず中央付近を見なかっただろうか？　この章では、**私たちが世界を見ている目（知覚）、世界を現実**

味あるものとして受け止める感じかた（現実感）について考えていこう。

　人は昔からずっと、地図をつくって利用してきた。古くは狩りで獲物のとれる場所を把握するために、大航海時代には貿易や領土拡大を目的に、地図はつくられてきた。現在の私たちも、地理や気候について学んだり、環境や経済の問題を世界規模で検討したりするために、世界地図をつくって活用している。**地図とは人びとの関心や必要性からつくられた人工物であり、当たり前のことだが「地図＝世界そのもの」ではない。**つくる人の都合で編集されるため、時代や地域によって、さまざまな地図が存在する。

　日本で教育を受けたなら、Aの日本が真ん中にある世界地図を見る機会が多い。「それ以外は見たことない」という人もいるだろう。周りの誰もが、それをごく自然なこととして受け入れている。つまり、世界地図といえばAというのが、日本では定番になっている。**定番の地図が出てくることをくりかえし経験することによって、私たちは「世界地図と言えばこれ」という「想定」**（assumption）**をもつようになる。**考えかたや行動のしかたにおいても、「○○といえばこれ」（たとえば挨拶するときの言葉やしぐさ）という定番が、集団やコミュニティの中でパターン化してできてはいないだろうか？ **同じ想定が共有されていて、定番が定番として通用するからこそ、集団やコミュニティにおける経験は現実味あるものとなる。**その延長線上でいられる間、周囲とは調和し、魚が水の中にいることを意識しないように、想定や定番の存在を意識することがない。

　日本を探しにくい地図があったのは、**想定が裏切られた**からといえる。地図Bは、ヨーロッパ諸国やアメリカ合衆国で標準的に使用されている地図で、ロンドンを通る子午線が中央になっている。英語で "Far East"（極東）というと、中国、東シベリア、朝鮮半島や日本などの地域を指すが、イギリスを中心におくと、日本は確かに右端にあり、東のはるか遠い国に見える。

　地図Cは、オーストラリアで観光土産として買うことのできる、"Upside Down"（逆さま）と書かれた地図のように、南半球を上にしている。この地図は、北半球が上という先入観をくつがえし、世界地図に対して抱く私たちの想定を揺さぶってくる。想定や定番が機能しなくなって調和が乱れると、私たちには違和感が生じる。**多くの場合、元の調和を取り戻そうとする力がはたらく。だがギャップが大きければ、新たな状態に対応するための調整が始まり、そこから新たな感覚で世界をとらえなおすことが起こる。**

　地図Aでは独立した姿として見られる日本列島も、地図Cになると、他の

国ぐにとの境界がわかりにくくなる。これを新たな感覚として世界をとらえなおすべく、もう少し味わってみよう。日本列島がかつて大陸の一部であったことや、他の島々とつらなり合う関係にあることが、実感されてこないだろうか。

さらにこの感覚を味わうために、東アジアをズームアップしてとらえた「環日本海・東アジア諸国図」を見てみよう。左に配置されたロシアのカムチャッカ半島から点々として続く千島・クリルの諸島、そこへつながるようにして北海道があり、本州から九州へと目を移すと、その先には点々と続く南西諸島（奄美大島・沖縄本島・石垣島等）、さらにはその先に連なるようにして台湾がある。ここには日本列島がユーラシア大陸と地続きであった頃の名残をよく見て取ることができる。この地図を目にする機会が多ければ、日本とアジア諸国との関係性を、より近く、リアルなものとした想定が成り立ってくる。この感覚をまた異なる視点からとらえると、世界の見えかたがどのように変わるかについて、この後の第3節の（3）「コンテクストが変わると、現実感が変わる」のところで検討しよう。

環日本海・東アジア諸国図
（富山県作成、許諾を得て転載）

2 対話の時間

　本書では、ところどころに「**対話の時間**」が用意されている。次の対話の時間では、「日本は小さな島国」という言葉にあるリアリティに迫ってみよう。対話はディスカッションではないので結論を出すことを目的としない。**互いの中にあるものを共有することを目的とする。本書の対話で大事なのは、自分の感覚を「イメージ化」することと、出てきたイメージを「言語化」することで、そうすることを通して互いの世界を分かち合う**。対話のテーマに触れたら、まずはその**刺激に反応する感触を自分の中に探り、フィーリング（feeling）を受け取ろう。そうしているうちに浮かんでくるカケラのようなものを集めてイメージ化する。イメージ化は、そのままにしておけば霞^{かすみ}のように消えゆくフィーリングに対し、形を与えるフォーミング（forming）の役割を果たしている**[1]。心に描いてイメージ化したことは、言語化することによって、さらに明確な輪郭線をあらわしてくる。言語化したことは他者と共有することもできるし、自分の記憶にも残りやすくなる。

　対話では、自分の中を探索するようにしながら、想像とイメージをふくらませてみよう。何か浮かんできたら、整理しなくてもよいので、言葉に出して言語化する。プレゼンではないのでまとまった話をしなくてもよい。対話に正解はない。大切なのはシェア（分かち合い）すること。「私にはこんな感覚があります」や「イメージとしてはこうです」や「私にはこんなふうに見えています」と、無理なくできる範囲での「**自己開示**」（self-disclosure）をしていこう。自己開示とは、自分についての偽らない情報を自発的に話すことをいう。それが自分の中の想定を相手に伝えることにもなる。**対話を重ねることで、私たちは少しずつ互いが見ている現実を共有し、互いの間に通用する世界を構築し始める。**

1　ベネット（Bennett, 1977）は「フォーミング—フィーリング」によって感覚でとらえる全体性とそこから図地分化する知覚を進行中の過程として論じている。それによると、自分の得ている感触に対して、認知的な構成要素、特定の行動、特定の感情としての形を与えるフォーミングはコミュニケーションであり、知覚とはさまざまに特定の形になって構成されている現実の全体性に対する感覚（フィーリング）である（Bennett, 1977; Bennett & Castiglioni, 2004）。

対 話の時間 _{ダイアローグ} 　日本は小さな島国？[2]

① 「日本は小さな島国」というセリフを聞いたことがある？
　　[　はい　・　いいえ　]

② あなたは、日本が小さな島国であることに同意する？　下記から1
　　つ選択。
　　[　同意　・　そこそこ同意　・　どちらとも言えない　・
　　あまり同意しない　・　全く同意しない　]

③ 対話してみよう。
　　「日本は小さな島国だから」あるいは「日本は小さな島国だけど」とい
　　うことがある。これらは何を意味しているのだろう？　あなた自身が
　　イメージするのはどんなことだろう？

3　何が現実的かは、そのつど変わる

（1）相対的と絶対的

　「日本は小さな島国」の「小
さな」とは、何をもって小さい
と言っているのだろうか？　イ
ギリスも島国だが、自国を「島
国」と呼ぶことはあっても、「小
さな」をつけることはしない。

　日本を小さな島国という人
に、その理由を尋ねると、「実
際に小さいから」という。例の

「日本は小さな島国
なが‥‥‥らも 経済大国になった」
とか言うときのやつね。

謙遜
ではない
わけね。

イコちゃん

Intercultural
COmmunication
だから ICO（イコ）。

日本は「小さな島国」
なのに すごいでしょ！

謙遜もあるけど
誇りもある。

クマちゃん

2　対話の際の工夫を2つ紹介する。まず流れとして、「自己との対話（個人内コミュニケーション）」→「雑談タイム」→「対話の時間」とすることができる。対話の前に準備として「自己との対話（個人内コミュニケーション）」を行う。リラックスして課題と向き合い自分の中でイメージをふくらませる。次に「雑談タイム」で自己紹介と雑談を行う。自由におしゃべりをすると、スムーズに次の対話へと入っていける。もうひとつは「オブザーバー」で、対話に抵抗があるときは「オブザーバー」として周りで見ていることにする。オブザーバーは、見ている間にも刺激を受けて自分のイメージがふくらんでいくことを感じてみる。

見慣れた世界地図がその根拠というわけだ。確かに、日本の両隣は、ロシアや中国といった国土面積の広い国と、太平洋の大きな海なので、これら目立つものを基準に比較すると、日本は「**相対的**」に小さく見える。**相対的**とは、**他との関係で見た場合や、他との比較をした場合に**、という意味を指す。基準を1つしか知らないと、何を測るにもそれだけになってしまうが、相対的にとらえる、つまり**相対化することができると、基準や目盛りはそのつど変化することがわかるようになる**。反対に、「**絶対的**」というのは他と比べようがなくという意味で、1つの絶対的な基準しかない。国土面積という絶対的な基準で日本を測ると、約37万8,000平方キロメートルになる。この数字だけで、日本を絶対的に小さい、大きいということが、言えるだろうか?

　両隣に大きな目立つ国や海のある「**コンテクスト**」(context) から離れて、日本をヨーロッパ諸国の隣に並べるコンテクストを見てみよう。右の地図では、日本をイギリスの隣に配置した。ヨーロッパ諸国と比較するコンテクストで、はたしてみなさんは日本を小さいと言うだろうか。日本の国土面積は、ドイツ、イギリス、イタリア、フィンランドなどより大きいため、むしろなかなかの存在感を放つと言ってもよい。

　大きいか小さいかの判断や評価は、絶対的ではない。絶対的な基準での1時間は、1日24時間のうちの1時間という単位の長さでしかあり得ず、それ以上でも以下でもない。一方、好きなことをして楽しく過ごした1時間を「あっという間だった!」と評価し、退屈に過ごした1時間を「気が遠くなるぐらい長かった!」と評価するのは、比較して相対的に短いか長いかを言っている。1時間は長いか短いか、それを決める基準はさまざまだ。**相対的に見ると、そのつど異なる現実が現れる**。夢中で過ごした1時間を「リアルに、あっという間だった!」という当事者にとって、その時間が「短かった」のは、現実的な感覚として本当のことなのである。だから日本が大きいか小さいかの**判断や評価は、どのコンテクストで、何との関係性や基準で見ているかによって、そのつど変わる**。

（2）コンテクスト

　コンテクストとは、直訳すると「**文脈**」で、私たちがある言葉の意味を理解しようとするときは、前後の文脈から手がかりを得ている。私たちは、**言葉だけでなく、その言葉がどのような話の流れ・状況・場面・環境、そして、そこにいる人びととの関係性において発せられているのか、といった背景情報を手がかりにして、意味を解釈する**。コンテクストには、さまざまな**状況や場面、事情や経緯、環境や設定、立場や関係性**などが含まれる。語源的にconは「一緒に」で、textはラテン語のtextusの「織り込まれたもの」やtexereの「編む、織りなす」に由来することから、「一緒に織り込まれるもの」というイメージになる。コンテクストは本書のすべての章に出てくる重要な概念のため、第7章でくわしく取り上げる。

? エクササイズ ❷

相対化

　コンテクストを変えると、評価が変わることってないだろうか？　筆者の山本は身長164cmだが、同年代の女性の平均身長は約157cmなので「背が高いね！」とよく言われた。だがアメリカに留学したら女性の平均身長が約163cmだったので、普通すぎて身長のことは何も言われなかった。164cmは背が高いのか、低いのか。

① 　以下は二極で評価するとき対になる概念（言葉）のリストになる。最後の［　　］にはあなたの考えたペアの概念（言葉）を書き入れよう。

　　高い―低い　　　　大きい―小さい　　　暑い―寒い
　　金持ち―貧乏　　　きれい―きたない　　　［　　　　　　　　　　　］

② 　上のリストにある概念を「相対化」してみよう。どんなコンテクストで、意味がどう変わることによって、絶対的だと思われていたものは相対化されるのだろうか？　最初の身長の例を参考に、具体例を書き出してみよう。

（**エクササイズのポイント**）　視点をゆらしながら1つの評価から離れてみよう。さまざまなコンテクストへと自在に視点を動かせるようになると評価基準が相対化されて見えてくる。

（3）コンテクストが変わると、現実感が変わる

　さて次は、「日本は小さな島国」の「島国」に着目しよう。日本は確かに島だが、このセリフにはどこか、「海によって外界から隔てられてきた独特の国、日本」というニュアンスを感じないだろうか。それは日本のある側面を表しており、現実の１つのとらえかたではあるが、**海と日本列島の関係性を別の視点でとらえると、異なる側面が見えてくる**。たとえば海は「隔てる」のではなく、「つなぐ」という見かたができる。すると、「海によって外界と結ばれた国、日本」が見えてくる。コンテクストが変わると、そこに感じ取られる現実感が変わってくる。

　富山県は、「環日本海・東アジア諸国図」（通称：逆さ地図）を作成した（p.26参照）。環日本海とは、日本海を取り囲むことを意味する。日本と大陸（ロシアや中国）と朝鮮半島が、日本海の周りを輪になって取り囲むという**見立てをすると、周辺の地域が海を共有した１つのまとまりであることが強調される**（富山県広報課, 2016）。

　似たような例に、太平洋を取り囲む国ぐにが、互いの利益のために経済で連携を組む、**環太平洋パートナーシップ協定**（TPP：Trans-Pacific Partnership Agreement）もある。海の交易や物流経路に軸を置いて世界を眺めると、島国とは、外界から閉ざされた存在ではなく、むしろ外へ開かれたルートをもつ存在であるといえる。

　文化人類学者の佐々木（2013）によると、農業経済では土地を重視するがゆえに、国境を、海や川など土地の切れ目に設けるが、漁業・狩猟業・商業の活動で考えると、海や川とは、その周辺に住む集団を分断する障壁ではなく、結びつける膠や糊のようなものになる。日本でもロシアでも中国でも、多くの国民が今の国境で分けることを自明視している。だが、かつて海や川を互いに行き来する間柄のところでは、共通の言語や文化が形成され、近隣国家からの侵略に際しては、１つの集団になって意思表明したこともあったそうだ。水路の交易ネットワークは、周辺の人びとを類似した文化や共通の歴史で結びつけていた。環日本海や環太平洋のコンテクストでは、「島国＝外から閉ざされた」という図式は成り立たなくなる。

　経済活動から交易や物流経路を考えるコンテクストで世界を見ると、国を越えた連携で利益を生み出すリアリティが見えてきた。だが、別のコンテクストになると、話は全く違ってくることを次に紹介する。

　たとえば、**地理と政治をつなげて考える「地政学」による、国家戦略の視**

点になるとどうなるか。歴史上の覇権争いのコンテクストでは、国家の生き残りと領土拡大が重視されてきた。地政学では、世界の国ぐにを地理的な位置付けによって「大陸国家」、「半島国家」、「海洋国家」（島国国家）の３つに分け、それぞれのタイプで生き残りに有効なパターンが異なるとしている。たとえ民族が異なっていても、同じ地理条件にあれば、同じような行動パターンを取ることになるし、近隣の国同士でも、地政学的な立場が異なれば、国の安定や防衛に関わる歴史上の経験は違ってくると考える（茂木、2019）。

　もう一度、「環日本海・東アジア諸国図」を眺めて、今度は日本列島をお碗のフタとして見てみよう。ちょっと歪んだ形のお碗になるが、樺太島と朝鮮半島がお碗の側面で、ロシアと中国がお椀の底になる。この見立てをすると、「日本にフタをされ大陸から自由に太平洋へと出られない中国」という筋書きのできることがわかるだろうか。そんな発想をしたこともなかったという人の方が、おそらく圧倒的に多いだろう。地理と国家戦略を念頭におくコンテクストでは、生き残りと領土争いに目が向き、その危機感にもリアリティが生じるということを、私たちは知っておく必要がある[3]。

　同じ景色を眺めていても、何がリアルに見えるかはそれぞれ異なっている。ここで**大事なのは、思考の前提が変わると、目のまえに立ち現れる現実や、そこで何を感じるかも変化すると気づいておくこと**といえる。何を想定したコンテクストであるかが変わると、そこに見えるリアリティも変わる。

（４）コンテクストごとに別のストーリーが立ち上がる

　ここまで、世界の見かたを変えると、そこから立ち上がってくる現実も変わり、感じかたまで変わってしまうことを、世界地図を用いて体感してきた。同じ日本列島でも、コンテクストを変えると、違った側面が焦点化されるため、見えてくるものや、理解のしかたが変化する。「私は自分の目で見たものしか信じないよ！」という人もいるかもしれないが、**立場や状況など、コンテクストが変わるたび、注意の向く方向は変わる。フォーカスの合わせかたが変わると、見える景色も変わる。**その景色の中で、**私たちは自分にとってリアルな現実に沿ったストーリーを展開させながら、世界を経験している。**

3　地政学の唱える他国の脅威は、平時においては他国を敵対視しすぎるという印象をもつものかもしれないが、世界で起きている紛争や侵攻を目の当たりにするとき、にわかに現実味を増してくる。異文化コミュニケーションで重視したいのは、国家間の緊張関係を想定した地政学のようなコンテクストでの観点を理解できるのと同時に、そのコンテクストから離れて連携可能性を軸とした観点にもシフトできる柔軟性であり、コンテクスト・シフティングできる力であるといえる。

　コンテクストごとに固有の物語世界があるのだとしたら、どんなストーリーが展開しているだろうか。日常生活において、私たちはごく自然にコンテクストの枠組内で物語のシナリオを考え出している。次のエクササイズでは、「がんばって」というセリフが、「不安な状態」(コンテクストA) と、「気合十分な状態」(コンテクストB) で、どんな風に違って聞こえるかを考え、そのコンテクストで展開するのにぴったりなシナリオをつくってみよう。

❓ エクササイズ ❸

「がんばって」に反応するシナリオづくり

　これからあることの本番にのぞむクマちゃんに、イコちゃんが「がんばって」と声をかけた。あなたがシナリオライターなら、この後のクマちゃんのモノローグ（心の中で語るセリフ・心の中で思ったこと）をどのように書く？　Aの不安なクマちゃんとBの気合いの入ったクマちゃん、それぞれのコンテクスト（状況・話の流れ）で、心の中のセリフを書いてみよう。

（エクササイズのポイント）異なるコンテクストでは、同じ言葉がどう違って聞こえるか想像する。

　解釈するための枠組み（この場合はコンテクスト）を与えられると、私たちはそれをベースにストーリーの展開を予測する。その想定で見ると、同じ表情なのに、イラストのAは緊張で固まった表情に、Bはきりっと引きしまった表情に見えてくる。あくまでそれは私たちのつくった**想定であり、「想定された現実」でしかないはずなのに、そのコンテクストの中にいると「これが**

唯一のリアルな現実」としか思えない感覚にとらわれることがある。コンテクストの外側から見ている分には、どのストーリーに対しても「仮にその設定をするなら、そういうことが言える」と落ち着いて受け止められるかもしれない。だがそのコンテクストの渦中にいる当事者になると、リアリティは真にせまり切実さを増す。いじめやハラスメントの当事者も、何かのために戦っている人も、希望に胸をふくらませる人も、超えられない壁に絶望している人も、**さまざまな立場や状況（コンテクスト）に置かれた人びとは、その人びとにとってリアルとしか言いようのないストーリーを生きている**。自分には現実味のない話が、ある人には真実味のある話で、その逆もまた同じだ。

　だから**自分自身がどのコンテクスト上にいて、それがどのようなものであるのかに気づいておくことが大切**で、これを「**自文化への気づき**」（cultural self-awareness）という。自文化にどんな環境設定があり、そこに私たちがどんなストーリーを描き出しているのかを自覚しておきたい。ある特定のコンテクストを絶対視すると、その流れに沿ったストーリー展開以外はあり得ないという錯覚におちいってしまうが、**コンテクストを変えると、何が真実味あるストーリーかも、がらりと入れ変わる**。それゆえに、複数のコンテクストを検討してみようと試みることが重要であり、それが私たちのものの見かたを相対化させる。

4　世界の中心で、現実を叫ぶ？

（1）自文化中心主義

　Ｃの世界地図が「逆さま」で、北半球を上にした地図が「普通」というのは本当か？　日本で使っている世界地図を絶対的な基準にするなら、たしかに南半球が上なのはおかしい。そうやって、**自分のコンテクストを世界の中心に置いて、その基準で判断する態度**のことを「**自文化中心主義**」と呼ぶ。この本の著者の１人であるミルトン・ベネット（Milton Bennett, 2012）は自文化中心主義のことを、**自分の文化を「現実の中心」として経験すること**と説明している。自分の関わっているコンテクストがこの世のすべてという感覚になることを指す。他の文化やほかの人の立場では何がリアルなのかを考慮に入れないのは、**違いを違いとして見ず、違いを「間違い」とする見かた**であるといえる。

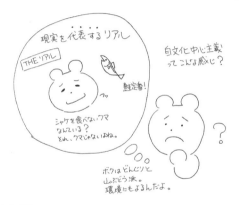

（2）文化相対主義

　自文化中心主義とは反対に、絶対的で正しい基準など存在しないという立場から、**基準自体を相対化していく態度を「文化相対主義」**（cultural relativism）という。**文化相対主義とは、それぞれの文化が独自の価値観や基準で成り立つがゆえに、どの文化も、外部の基準から優劣を比較することのできない、対等な存在と考える見かたや態度のこと**である。さらに詳しくいうと、それぞれの文化、または、それぞれの人の置かれた立場や状況といったコンテクストには、そこでのみ通用する価値観や基準があるのだから、何がもっともらしく見えているのかはコンテクストの中にいないとわからないとする姿勢、ということになる。文化相対主義から私たちが学べることは、「他の文化（コンテクスト）には他の文化（コンテクスト）のやりかたがあり、外から優劣をつけて語ることはできない」と、**それぞれの文化やコンテクストを対等なものとして尊重すること**である。

　異文化コミュニケーションでは自文化中心主義の対になる概念を文化相対主義ということが多い。しかしこの本の著者の１人であるベネットは、「**エスノリラティビズム**」（ethnorelativism, Bennett, 1986）という言葉を造語して自文化中心主義の対概念に位置づけている。**現実を組織化する方法には、自分のもの以外に数多くの実現可能な選択肢があり、自分の信念や行動というのはそのうちの１つでしかないと考える態度**（Bennett, 2012）のことである（第17章参照）[4]。ここでいう「現実を組織化する方法」とは、**環境を切り分けて情報化し、それらを組み合わせて「これが現実だ」と思うような形にするやりか**たのことで、くわしくは第４章の「**構成主義**」で説明する。

4　エスノリラティビズムは文化相対主義の態度にとどまらず、構成主義というパラダイムにまで及んでいる。構成主義の詳細は第４章と第５章に出てくる。

（3）代替的（オルタナティブ）な選択肢

　何がきれいで何が汚いか、食べていいものと食べてはいけないものの線引きはどこか、何が正当な手続きかなどを判断するとき、自分の慣れ親しんだものが最初に出てくるのはごく自然なことといえる。「日本人は風呂に入るからきれい好き」、「土足のまま家に入るのは汚い」、「虫を食べるなんてあり得ない」、「みんなで食べている鍋に自分のスプーンを直接突っ込むなんて不衛生」、「根回しをせずにいきなり会議で提案されても困る」[5]と思ってしまうのも、日本で「**一次的社会化**」(Berger & Luckmann, 1966) を経験した人なら自然なことだろう。**一次的社会化とは人生の初期に所属した最も身近な集団内（家族・学校）で、メンバーとしてふさわしい考えかたやふるまいかた、人との関わりかたを身につけ、その社会の一員となることをいう。**初期設定として身体に染みついた感覚を急に変えるのは難しい。**だから異文化コミュニケーションでは、自動的な判断をいったん停止する「エポケー」**（第6章参照）**を学ぶ。自動的な選択をする代わりに視点を変え、その立場に置かれた人のリアリティを想像しながら異なるストーリーに入ってみると、他にも有効で実現可能な選択肢のあること、別の言いかたをするなら代替的（オルタナティブ）なもう1つの選択肢のあることが見えてくる。**

 ？エクササイズ❹

実現可能なもう1つの選択肢

　次の①〜③は、戸惑ったり、気分を害したりしている人の状況を示している。それぞれのコンテクストにおいて、もしかして、自分の想定していない見かたや価値観が大事にされている可能性はないか、何を合理的とするかが異なっている可能性はないか、認識が違う可能性はないか等、あらゆる可能性を探索して、以下の「これはもしかして……？」の後にいくつか書いてみよう。

①　オーストラリアのホストファミリーが、皿を洗剤とスポンジで洗った後、水で流さずに拭くだけで片付けた。すすがないのかたずねると、

5　風呂ではなくシャワーだけや土足で家に入ることはアメリカやヨーロッパで多く見られる習慣。ただし靴を脱ぐ人も増えてきてはいる。昆虫食は日本の一部の地域で伝統的に見られるほか東南アジアやアフリカでも行われている。韓国では一般的にあまり取り皿は使われない。各自のさじを鍋に直接入れてスープや具材を口まで運ぶ。日本の社会では事前の根回しによりスムーズな意思決定が行われるが、欧米社会では会議で相反する意見までを言い合い議論することで最善の意思決定をするという認識が一般的にある。

「これで大丈夫」と言う。洗剤がついたままではまだ汚い。が、これはもしかして……？

② 茶道をしている友人に誘われてお茶会に出たら、濃茶^{こいちゃ}のお作法として3人が1杯のお茶を回し飲みしながら最後の人が飲み切るスタイルだった。全然知らない人たちと同じ茶碗に口をつけて回し飲みさせられたのが気持ち悪かった。が、これはもしかして……？

③ ドイツ人のルームメイトが大鍋で何かを煮込んでいるので、何を料理しているのかたずねると、「料理じゃなくて洗濯よ。ほらこの下着」とぐつぐつと沸いた湯の中からトングで下着をつかんで見せてくれた。普段パスタをゆでている鍋に下着を入れるなんて非常識に思える。が、これはもしかして……？

（エクササイズのポイント）①〜③にはそのコンテクストにおけるもっともらしい解釈を118ページに紹介する。が、それさえも「正解」とは言い切れないのだから、各コンテクストにはどんなストーリーが展開しているのか、想像力を働かせて自由に回答しよう。

5 「異」と「異文化」

異文化コミュニケーションは名前の通り、文化の違いを扱ってきた。国、人種、民族、世代のように**集団の単位でまとめられた社会的カテゴリー**（第11章参照）の間での差異が、異文化として扱われてきた。伝統的な異文化コミュニケーションが他国との差異に焦点を当てていたのは、留学や他国とのビジネス、移民の問題を念頭に置いていたからだ[6]。だが今日の社会では、家庭や職場、学校など、社会のさまざまなコンテクストで、人びとがより繊細なレベルでの多様性を意識した取り組みを始めている。本書では、従来の「異文化」に加え、文化を外した「異」という言葉で、集団の文化を説明するアプローチではカバーされることのなかった、より多くの状況をとらえられるようにしていきたい。

海外旅行をすれば、**想定外の出来事**に出くわすことが、楽しくもあり、ス

---

6 日本では1980年代から90年代初めにかけて、異文化コミュニケーションが国際化や企業の海外進出で必要とされた歴史があり、当時は国単位での違いに注目することが有益に働いた。大学の異文化コミュニケーションの科目が英語教育に関連付けられていることが多いのも、この名残といえる。

トレスでもある。だが少し考えれば、わざわざ海外へ行かなくても、私たちは日常生活のさまざまな場面で同様の経験をしている。思っていたのと違う反応を得て戸惑ったり、よかれと思ってしたことが通用せず、逆に反発をくらったりすることがある。外へ出かけず1日中家にいたとしても、SNSやテレビを見れば、「どうしてそんなこと言うのだろう？」という違和感や、「それって違うよね」と抵抗感を覚えるような出来事に、出くわすこともあるだろう。

　そのようなとき、**自分がどの立ち位置からものを見て、考えているかに気づいておく必要がある**[7]。飲み会のコンテクストひとつを取り上げても、アルコールを飲まない人と酒にこだわりのある人や、禁煙派と喫煙派では、行きたい店の異なることがある。そもそも飲み会が好きな人もいれば、苦手な人もいる。飲み会を開くこと自体の是非が、問われることもあるだろう。このように**異なる立場に生じる非対称性**（第9章参照）**とは、あるコンテクストに直面したとき浮き彫りになる可能性を持つ、ひとつの立場である**といえる（山本, 2018）。**何を現実味のある現実と感じ、そこで何が通用すると想定しているのかが、互いの間でズレたりギャップができたりすることを「異」としてとらえる**ことによって、対応できるようにしていきたい。

　「異」はコンテクスト上で自他に分かれた境界上のズレやギャップとして知覚されるものであり、簡単には、立ち位置の違いがつくり出すズレやギャップと言えば、わかりやすいかもしれない。話題が変わるごと、状況が変わるごとに、関連性が高くなるコンテクストも変化する。それにともない人びとの関わり方が変わり、異なる立場が生じると、間にズレやギャップができる。どんなに仲のよい相手でも、同じ立場で話がスムーズにできるときばかりではない。立場が分かれれば話が通じにくくなり、理解してもらうための説明が余分に必要になる。私たちの間には「そこは同じだね」と「そこは違うね」がたくさんある。**特定のコンテクストに関わっている間だけ関連性が高くなる事象を、境界設定の条件としたとき、そこに生じる非対称な立場性は、互いの間にズレやギャップとしての「異」を生み出している。**

　まとめると、**関連性の高いコンテクストが何であるかをきっかけとして、異なる立場に分かれたときに、ギャップやズレなどとして知覚される差異を、コンテクスト上に現れる知覚対象としての「異」**として扱いたい。「知覚対

7　このことが自文化への気づきになる。自分の立場でのコンテクストだけで判断すると自文化中心主義になる。

象として」と付け加えたのは、そのような「異」とは、ある瞬間、**ある切り口で見たときに顕在化して見える存在**であり、常駐する実在ではないことを強調するためだ。日本人と外国人も、学生と社会人も、理系と文系も、猫派と犬派も、朝型と夜型も、その区別がコンテクスト上で意味をもつときだけ有効になる分け方だ。**時にその差異を知覚する対象を表すカテゴリー自体を「異」として知覚することもある。**

　そして**分けるだけでなく、境界を引き直してつながれるようにすることを考えよう。**「異」についての議論は、第9章の3「異文化と異分化」、第17章の6「"あいだ" と "はざま" にできる "異" を知覚する感受性」でも取り上げる。

<h2>6 「もやもや」を大事にする</h2>

　日常の中のも̇や̇も̇や̇も、これからは異文化コミュニケーションで考えてみよう。自文化や自分の基準から外れることに直面して、「え？　何で？」と思ったり、もやもやしたりするのはごく自然なことといえる。

　大事なのはまず、その**違和感や引っかかりに意識を向けられるようにする**ことだ。**それは「異」と出会ったサインかもしれない。**何にもやもやしているのか、何が悪くてもやもやするのか、自分でもよくわからないかもし

れないが、**そのもやもやは「異」と共に成長するための大事な葛藤である**と、この本の著者である私たちは考えている。

　私たちの身体や心には、気づいて注意を向けておくだけで、調整を始める力がある（野口, 2003; 河本, 2018）。だからもやもやしたときは、「そんな風に思う自分は悪い」と責めることはしないでほしい。「何かがひっかかる」と注意を向けることができたら、「あぁ、もやもやしているなぁ。うん」とその感覚を認め、後は「オッケー、わかったよ」と自分に了解サインを出しておけばよい。本書を読み進める中で、その感覚がどのように変化していくかをよく観察していこう。

（第1章　山本志都）

地図A

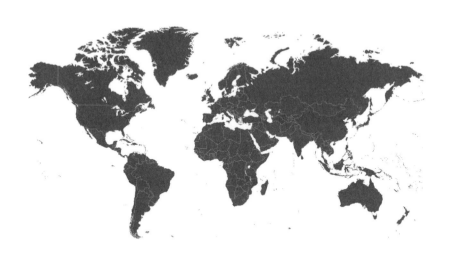

地図B

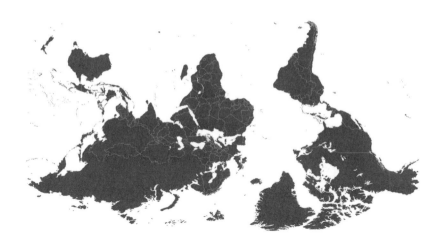

地図C

第2章

知覚と現実

見えかたや聞こえかたの
違いによって
経験は変わる！

　第1章では私たちの世界の見かたが学習され、習慣化されていることを取り上げた。その中で、1つの視点のみを絶対視することなく、相対化することについて考えた。コンテクスト（文脈・状況・場面・関係性など）が変われば異なる現実性が立ち現れ、そこに見えるストーリー展開が変化する。この章ではより具体的に、私たちが周囲の環境をどのように経験しているか、その仕組みを知ることによって、見えていることや聞こえていることも絶対的であるとはいえず、人によって、文化によって、偏りとばらつきのあることを学んでいこう。

？エクササイズ❶

「何でしょう（PART 1）」直感でサッと答えて！

① 右の写真の手前に写っているものは何に見える？

（　　　　　　　　　　　　　　　　）　　　　→

② 右の図は何を表している？　　→

（　　　　　　　　　　　　　　　　）

（著者撮影）

1　見たこと聞いたことが何かを、どうやって知っているのか？

エクササイズ❶は視覚を通して外界から入った感覚刺激に対し、「これは〜である」と意味を付与するプロセスに関わっている。答えを知る前に、まずは、私たちがどのようにして環境から情報を受けとるかについて考えたい。

（1）感覚と知覚と認知

私たちは五感（視覚・聴覚・嗅覚・触覚・味覚）の感覚器官で環境からの刺激を受け止めている。五感を**外受容感覚**とするとき、臓器や自律神経・ホルモンなどが反応することによって得られる**内受容感覚**は、心拍数が高まる、胃が収縮する、発汗する、筋肉がこわばる／ゆるむといった身体の内部環境からの刺激を受け止めている。**感覚**（sensation）は刺激を受け止めるだけで、それが何を意味するかの情報処理は、**知覚**（perception）で行われている。知覚は得られた感覚の強さや質を弁別し、情報としての意味を付与することに携わる。「これは〜である」と知覚したら、多くの場合「だから〜しよう」と判断し、行動に移す。このときに、知覚した情報を過去に学んだ概念と結びつけて解釈し、先の予測をしたり、新しい知識として記憶したりする過程を**認知**（cognition）という。しかし、感覚・知覚・認知は互いにつながっており、区別は必ずしも明確ではない（行場, 2000）。

右の図に注意を向けてほしい。すると目が「見る」感覚をはたらかせて、色や形を知覚しただろう。その知覚した対象を記憶や知識と照合しながら推論した結果、ミッキーマウスを認知したという人が少なからずいたのではないだろうか。この図は私がお手本なしのフリーハンドで手書きしたもので、ボールペンをぐる  ぐる動かしながら大きな丸をつくり、そこに小さな丸を2つくっつけた。

すべての人がこのいびつな形からミッキーマウスを見出すわけではない。ディズニーランドのミッキーマウスに馴染みのある人だけに見えている。しかし、ミッキーマウスに強いこだわりのあるファンであれば、黒い丸の形状や配置に関する詳細な知識や記憶にもとづいて、自分の知っているミッキーマウスの像とのデータ照合をより緻密に行うことができる。その結果、この図をミッキーマウスとは認知しないかもしれない。

エクササイズ❶の①の正解は、窓辺に置かれたサボテンだ。サボテンとわ

かっていても、ミッキーマウスと答えた人もいるだろう。②の正解は、この先にピクニックエリアがあることを示すアメリカの道路標識だ。しかし「神社」や「鳥居」と答えた人もいただろう。私がアメリカの高速道路で初めて見たときは「アメリカに神社が？　まさかね？」と驚いた。一緒にいた友人が「ピクニックテーブルの形だよ！」と教えてくれても、すんなり納得できなかった。というのも、当時の私はピクニックテーブルを見たことがなく、どんなものか想像できなかったからだ。経験したことがないと、イメージを重ね合わせるのは難しい。

写真のように、横から見ると、確かに標識と同じに見える。みなさんにも、もうピクニックテーブルが見えるだろう。このように、感覚でとらえて知覚した対象を認知するという流れには過去の経験や学習が関与している。

沖縄の宜野湾海浜公園
（著者撮影）

（2）情動と感情

また最近では、認知による思考ではなく、感覚と知覚と脳をつなぐ神経ネットワークに注目して、社会的行動をとらえようとするアプローチが、神経科学や神経心理学、神経生理学の分野を中心に展開されている。この分野では**内受容感覚や情動（emotion）が重視され**、私たちが周囲の人たちとの関わりにおいて発達させた神経と脳の配線の具合（**神経回路・神経伝達経路**）**に応じて、うれしい、悲しい、怖い、安心、といった感情（feeling）をリアルに感じ取る世界が構築されているとする見かた**も盛んになっている (e.g. Barrett, 2017; Damasio, 1999; Porges, 2017, van der Kolk, 2015)。

エクササイズのサボテンや私の手書きの図を見て、「ミッキーだ〜♪」と目を輝かせ、顔をほころばせた人は、ミッキーマウスにポジティブな経験があり、それが内受容感覚としてホルモン分泌や筋肉の反応に現れている。意識して微笑んだのではなく、瞬間的に湧いてくる感覚によってそうなった。この分野では情動と感情を分けて考えていて、神経科学者のアントニオ・ダマシオ（Damasio, 1999）は、そのように**非意識的に誘発された一時的な身体状態の変化を情動、変化をイメージ化することによって浮かんでくるものを感情**としている。何かに反応して一瞬のうちに目が泳いだり、心臓がドキドキ

したりするのは情動で、あまり長くは続かない。それに対し感情は、**周囲で起きたことと、自分の身体に起きた反応とを合わせて、それが指す気持ちに名前をつけている（ラベリング）**。「ミッキーだ〜♪」となったときの身体状態の変化をイメージ化する際に、「うれしい」を使って分類すると、「うれしい」感情を経験する。情動や感情は生まれつきのものと思われがちで、うれしいと笑い、悲しいと泣くのが自然と見なされているが、これらは自動的な反応ではなく、周囲の人たちとの関わりの中で、社会的に学習され、習慣化された方法によってつくり上げられた経験 (Barrett, 2017) と考えられている。

2 形のないところに、形をつくり出している

?エクササイズ❷

「何でしょう（PART 2）」直感でサッと答えて！

① この図は何に見える？
（　　　　　　　　　　）　　→　

② 月面の模様のような部分は何に見える？　→　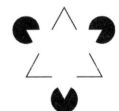
（　　　　　　　　　　　）

③ 下の3つはどれも同じ生き物が鳴いている。何の生き物か？
「キキリキー」「ココリコー」「コッカドゥードゥルドゥー」

（1）図地分化

エクササイズ❷の①では、「マクドナルド」、「カモメ」、「M」、「ウォシュレット」といった回答が聞かれることが多い。たまに「丸い点が21個」と言う人もいる。そう、これは丸い点が並んでいるだけの図でしかない。**そこに意味を見出すために、私たち自身が点と点の間を線で結び、像を作り出す作業をしている。**

「カニッツアの三角形」という有名な錯視図には、

中央に下向きの白い三角形を見い出すことができる。輪郭線のないところに図を見い出して、描いた輪郭を、**主観的輪郭**という。**情報が不完全なとき、受けとる側が能動的に欠落を補おうとすることによって鮮明な図が浮かぶ**という現象だ。知覚は、ないものを補ってまでして、形をつかもうとする。

②の月面模様からは、何の形も見い出せなかった人もいたかもしれない。日本やアジア諸国では「うさぎ」と「見立て」をして見る習慣がある。もっとも、「月ではうさぎが餅つきをしてい

るんだよ」と聞かされた経験がなければ、とても「うさぎ」に見ることはできないだろう。アメリカやヨーロッパの一部の地域では「女性の横顔」として見る習慣があるそうだ。

何かを知覚するとき、**全体の中に線を引くことによって、意味をもたせる「図」の部分を焦点化し、残りを「地」として背景にすること**を、**図地分化**（figure-ground distinction）という。どこに輪郭線を引いて図地分化する習慣ができているかによって、知覚する内容は変化する。**同じ現象に触れていても、図地分化の習慣が異なると、情報の受け取りかたが異なるため、それぞれ、異なる知覚にもとづく、異なる意味を生成し、異なる経験をする。**月面の模様について、南ヨーロッパではカニ、アラブ諸国ではライオンの見立てもあるので（JAXA宇宙教育センター, 2009）、視点を柔軟にして見えるようになってみよう。

何かにもやもやするときは、互いの間で見えているものが違っていて、しかもそのことに気づいてさえいなかった、ということも多い。それぞれの人がどんなコンテクストに慣れ親しみ、どんな経験をしてきたかが、知覚における「異」を生み出している。「そもそも、全体を図と地に分けること自体が異をつくり出すのでは？」と鋭い洞察力で考えた人もいるだろう。図地分化は「異」について考える上でとても重要なので、第8章でより詳しく取り上げたい。

③は音の情報で、ある生き物の鳴き声の目立った部分を言語化している。「キキリキー」（スペイン語 quiquiriquí）、「ココリコー」（フランス語 cocorico）、「コッカドゥードゥルドゥー」（英語 cock-a-doodle-doo）を、日本語で言うと「コケコッコー」とニワトリの鳴き声になる。音や声を表す擬

音語（ワンワン、ザーザー）や、状態を表す擬態語（キラキラ、ウキウキ、もやもや）をオノマトペという。各言語には固有のオノマトペがある。コケコッコーで聞き慣れた人に「今日からコッカドゥードゥルドゥーと聞きなさい」と命令しても、即座に聞こえかたを変えるのは難しい。ニワトリの発する声はカタカナで表せるものではないし、本来それ以外の鳴き声も発している。私たちが**一部分を切り出して、そこへ自分たちの話す言語をかぶせて表現しているだけ**といえる。

英語の "cock-a-doodle-doo" とカタカナの「コッカドゥードゥルドゥー」も同じではない。日本語では、doodle の /dl/ のように連続した子音を発音しないため、英語をカタカナに変換した時点で元の音声からかけ離れている。それでも言語を使わないと、月面の模様も、ニワトリの声も、私たちにはうまく認識できないし表現もできない。泣き声のように自分自身が発する音でさえも、言語化するのは難しく、単純化せざるを得ない。

🐻❓ エクササイズ ❸

オノマトペ

　人の泣き声は「エーンエーン」や「シクシク」、「ワァーン」などで表される。では、本気で心の底から泣いているときの音はどうだろう？小説家や漫画家になったつもりで、実際の人の泣き声を表すオノマトペを作ってみよう。

（　　　　　　　　　　　　　　　　　　　　　　　　　　　　）

（**エクササイズのポイント**）自分でオノマトペを作ることによって、音声情報を言語（オノマトペ）に落とし込む難しさを体感する。音声情報がどんな風に単純化されるのかがわかってくる。

　ここまでのエクササイズを通して、人がいかに**言語を使って、周囲の情報を自分たちの受けとりやすい形に変換して利用している**かが実感されただろうか。**言語化した時点で、もともとは連続して一体だったはずの全体としての情報は、図地分化して、特定の形に切り出されている**。私が子どもの頃、野鳥好きの母親から「ホトトギスの雄（おす）の鳴き声は特許許可局」と教えられ、実際に耳にしたとき「トッキョキョカキョク！」と明快に聞こえて感心した。しかし実際には、私が「トッキョキョカキョク」の型を学習していたから、

そう聞こえたのにすぎない。日本野鳥の会 (2019) によると、ホトトギスには「テッペンカケタカ」という「聞きなし」もあるそうだ。もし最初にそちらを学習していたら、「テッペンカケタカ」に聞こえていたのだろう。

　一度決まった見かたや聞きかたが確立されると、次からは自動的にその方法が適用されるようになる。言語による記号化やカテゴリー化は、情報を単純化する。しかし単純で人工的だからといっても、**それらの存在無しに、私たちは何かに注意を向け、意識化することはできない**。事実、森の中を歩く経験をしても、「トッキョキョカキョク」、「カッコー」、「ホーホケキョ」と記号化され、よく知られる鳥の声は聞こえるが、それ以外は雑多な森の音に紛れてしまう。注意を向けるに至らないか、聞こえたとしても「鳥」というざっくりした分類でまとめられ、それ以上の詳細は情報として入らない。それが私たちの経験の仕方をつくっている。**複雑に知覚できると経験は豊かになり、単純な知覚だと経験は制限され偏ってしまう。異文化を経験する上での単純な知覚は、人びとを大雑把な枠にはめたステレオタイプ**（第11章参照）**で捉えることにつながりやすい。**

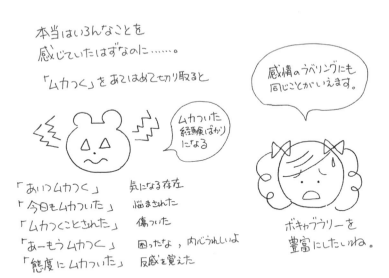

（2）知覚の階層的プロセシング

　著者の1人であるミルトン・ベネット（Bennett, 2020）は、私たちが外界の刺激を感覚によって取り込み、情報として加工しながら抽象度を上げていく様子を、以下のような**知覚の階層的プロセシング**で示している。

抽象度低い ←――――――――――→ 抽象度高い

感覚 ― 知覚対象 ― イメージ ― 概念 ― モデル ― 記号体系

Bennett（2020）にもとづき山本が作成

　人は環境の生データを**感覚**（外受容感覚と内受容感覚）で図地分化しながら切り出している。そのようにしてデータの輪郭を浮かび上がらせたのが**知覚対象**（五感で知覚した対象）になる。知覚対象は、そのままでは何らかの形ではあっても意味を成さない。月面の写真を見て、白い部分と影のような部分で図地分化させ、影のところだけを知覚対象とすることができたとしても、その部分を何かに結びつけて**イメージ化**することを学んでいなければ、意味ある像には見えない。イメージについてベネットは、**外界の対象や出来事を像として表したもので、想像や想起によって、知覚対象と概念を結びつけたもの**と述べている。そのイメージの意味するところが何であるかを示せるようにするのが**概念化**になる。月の影の部分を知覚対象としたときに、イメージされるのが「餅をつくウサギ」だとしたら、そこには過去に学習した「月のウサギ」の概念が結びつけられている。このとき、生物としてのウサギの概念（耳が長い）と創作物としてのウサギの概念（ウサギによる捨て身の慈悲行をたたえた神様がウサギを月に昇らせたという仏教由来の物語）の両方が合わさっており、「餅つき」の概念（臼に入った餅を杵でつく）とも結びつくことで、影に「餅をつくウサギ」の意味ができ、その姿が見えるようになる。

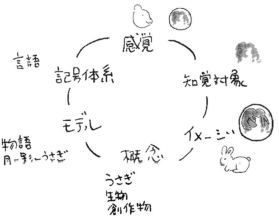

そこからさらにイメージと概念を組織化していくと、**モデル**になる。別の言い方をすれば、**イメージと概念をどう結びつけてとらえるかをパターン化している**のがモデルといえる。この例の場合では、「月を見る・影に形をイメージする・ウサギの概念・月のウサギの物語・月の影にウサギが見えることを予期している」などのプロセスが互いに行き交い、総合的に結びつき合いながら、月の影にウサギを見出すことをパターン化したモデルになっている。「月のウサギ」の物語自体もひとつのモデルであるといえる。

　最も抽象度の高いのは**記号体系**としての言語になる。しかし、その言語は感覚に影響を与えている。だからこのモデルでは記号体系から感覚へと、矢印が戻ってきている（3（2）の「サビア＝ウォーフの仮説」参照）。具体的な感覚は抽象的な記号からの影響を受けるため、階層的プロセシングはこれらの過程が連続的で循環的であることを示している（Bennett, 2020）。

　日本で「月のウサギ」と言ったら、何のことかわかってもらえる確率はそれなりに高いが、「火星のヒツジ」では、恐らく誰にも伝わらない。「月にはウサギがいるんだよ」と教わる経験や、「お月さまにウサギが見えるよ」と言ったら「そうだね、ウサギさんだね」と返してもらう経験があってこそ、その輪郭で環境を図地分化する知覚が習慣化される。したがって、**周囲のものが「自然に」見えたり聞こえたりしているというのは思い込みで、そこには社会的な相互作用**が関わっている。万人に同じものが見えて、聞こえているという思い込みには、気をつけたい（第3章も参照）。

3 言語があるから知覚する

（1）言語の複雑さと経験の複雑さ

?　エクササイズ ❹

① 親が 2 人の息子を知人に紹介しようとしている。次の日本語を英語に翻訳しよう。
「兄の太郎と、弟の次郎です」

② 次の英文ではある人が身体の痛みを訴えている。どこが痛む？
"I have a sinus headache."

　「姉妹／兄弟」を英語で「sister / brother」と言うが、「姉」と「妹」や「兄」と「弟」のように、年齢の上下を区別して 1 語で表す英単語はない。たとえば、親が知人に 2 人の息子を紹介する場合、英語ではそれぞれの名前で紹介するところを、日本語では「兄の太郎と弟の次郎です」と、年齢の上下関係まで含めて言うことが多い。自分より年上か年下か、敬語で話すべきかため口でよいか、日本語では、年齢が関係性に及ぼす影響を考慮しなくてはならない。一方、韓国語では、呼ぶ側の年齢のみならず男女による区別も加わり、日本語の「兄」、「姉」はそれぞれ、妹が呼ぶなら「兄はオッパ、姉はオンニ」で、弟が呼ぶなら「兄はヒョン、姉はヌナ」となる。日本や韓国では、兄弟や姉妹の間で年齢や性別を区別することを重視する。だから英語より違いを細かく表現する語彙がある。私たちとの関係性が深いところで言葉は増える。
　大事だからそれを表す言葉ができる。その一方で、言葉があるから、他のことではなく、その言葉の指し示すことにばかり注目するようにもなる。図地分化するとき、どこで線を引き、どんな形にして知覚するかは自由であるはずだが、**私たちは習慣化したやり方で現実を知覚して経験する**。
　日本語なら、兄弟や姉妹の間の関係を、年齢の上下で知覚することが習慣化されている。そのとき言葉と合わせて、それに付随した概念や規範意識を

使うことも習慣化されている。たとえば、幼い姉妹がおもちゃを取り合う場面を見たときに、「お姉ちゃんなんだから我慢しなさい！」と言うのもそうだ。**規範意識とは「こうあるべき」などshouldで表せるような意識のこと**をいう。だが、お姉ちゃんだから我慢すべきとする以外にも、選択肢はある。先着順にして、「先に遊んでいたのはどっち？」とたずねることもできるし、じゃんけんや話し合いなど、別の方法を勧めることもできる。もし、「お姉ちゃん（お兄ちゃん）なんだから」が最初に出てくるとしたら、その発想が最もアクセスしやすいものになっている。**言葉があると、世界にその概念がリアルに存在するように思えてくる**。だがその感覚は、他の言葉には存在しないかもしれない。他の言語と比較するまでは、どこに違いがあるかはわからない。

　エクササイズ❹の②にある "sinus" とは「副鼻腔」で、鼻の脇から額にかけた空洞に当たる。"headache" は「頭痛」だ。日本にも「副鼻腔炎」の病名があるが、日本語では「副鼻腔が痛い」とは言わず、その部位の違和感は、頭痛よりも鼻づまりとしてとらえられている。アメリカで「あなたのサイナス・ペインに」と呼びかけるテレビCMを見ても、私には何の薬かわからなかった。アメリカではサイナスが医療用語に限らず日常用語として頭痛のコンテクストで使用されると知り、「言葉があるとピンポイントでその場所の痛みを感じるものなのか！」と感心したことを覚えている。

　一方、日本ではよく「肩こり」という言葉を使い、テレビCMでも「つら〜い肩こりに」というのを見かける。英語に訳すと "stiff shoulders"（かたくなった肩）になるが、アメリカでは「肩がこる」とは言わずに「首」や「背中」に「痛み」があると表現することの方が多い。言葉は身体の違和感に注意を向けるきっかけを作り、その範囲が身体のどこを指すかを特定し、身体で感じるリアリティにまで影響を及ぼしている。

アメリカ人の友人は
日本へ来てから
初めて肩コリになったと言っていました

周りが「肩がこった」と言うのを「何それ？」と最初は思っていたそうです。

　ある言葉の存在によって、私たちは**特定の概念や規範意識に頻繁にアクセスし、また、特定の知覚情報を敏感に感じ取るようになる。**そして、その言葉で情報を受け取り整理することによって、可視化した現実を解釈し、経験している。

（2）サピア＝ウォーフの仮説

　言語と現実知覚の関係を理論化しようとしたのが、言語学者のエドワード・サピア（Edward Sapir, 1884-1939）とその教えを受けたベンジャミン・リー・ウォーフ（Benjamin Lee Whorf, 1897-1941）になる。「**サピア＝ウォーフの仮説**（Sapir-Whorf hypothesis）」として知られている。言語が思考に与える影響の程度によって、**強い仮説**（**言語が思考を規定する**）と**弱い仮説**（**言語が思考に影響を与える**）がある。ウォーフ（Whorf, 1956a）は、1939年にサピアを追悼するために書いた論文の冒頭で、サピアの主張を以下のようにまとめている。すなわち、現実の世界はその集団の言語習慣の上に無意識的に形づくられており、私たちの見ること・聞くこと・経験することのやりかたに一定の決まった方法があるのは、言語習慣が私たちにある種の解釈を選択させているからであると。ウォーフは、北米先住民の言語と英語が同じ出来事を異なるやりかたで構造化していたとしても、どちらも同等に複雑に機能し、論理的であることを示した。当時のヨーロッパやアメリカ社会では、アフリカ、アジア、アメリカ先住民の人びとは非文明的で劣っていると考えられており、サピア＝ウォーフの仮説が主張した「異なっているだけで対等」という考えかたは、文化相対主義への転換に貢献した。

　言語学者のガイ・ドイッチャー（Deutscher, 2010）によると、ウォーフの調査方法に不備の多かったことや言語が思考に及ぼす影響の証明が困難であったことから、長年多くの言語学者、心理学者、人類学者がこの仮説に拒否反応を示していた。しかし近年の実験結果では、**特定の表現を頻繁に用いる母語の発話習慣を身につけることによって、あるものを必ず分けたり、特定化したり、絶えず詳細に注目したりすることが習慣づけられる**ことがわかったことから、弱い仮説は再評価されている。

　共同作業するときに、どんなイメージが知覚されているかを互いの間で共有していないと、知らない間にギャップやズレが大きくなる。それが対立を招くこともある。会話で言葉が通じたら、意味までも通じたような気になりがちだが、それぞれが異なる知覚にもとづいた、異なる意味を生成している可能性もある。「猫は飼いやすい」という意見に、「どうしてですか？」とたずねたとき、「猫はおとなしいからです」という理由がでたら、「そうですね」と同意するにせよ、「猫はおとなしくありません」と反論するにせよ、**そもそも「おとなしい猫」を各自がどうイメージしているか、そこを共有しないことには話がかみ合わない**。同じ絵が見えていないと、同じ土俵で議論するのは難しい。

　自分に何が見え、相手には何が見えているのかを確認するには、話すこととたずねることが必要だ。ここでは簡単に理解したと思わずに、どんなイメージがあるのか詳しくたずねて情報収集するための質問スキルを練習したい。質問するためには、まずは**自然に頭に思い浮かぶ「猫ってこんな感じ」というイメージや、猫に関する自分の知識をいったん脇に置いて、「私にはわからない」という前提に立つ必要がある**。「わからないからもっとよく教えてほしい」というのが、質問やインタビューをするときの基本姿勢になる。

　「異」を生かすにも、「異」を前提とした、「わからない。知りたい。教えてほしい」の姿勢で質問することが重要といえる。当初想像していたのとは異なるイメージが可視化されてくると、新しい解釈や選択肢、意思決定が生まれるかもしれない。

（1）言葉が通じたら、意味も共有されている？

　日本語で言葉が通じたら、そのイメージや概念の意味するところまでも共有できたといえるのだろうか。次のエクササイズで試してみてほしい。

？エクササイズ❺

（1）　以下の①と②のそれぞれについて、aかbか、自分の意見に近い方を1つだけ選び、そのセリフには**どんなイメージや意味があるのか**を書こう。

① a「猫はおとなしいから飼いやすいと思います」

b「犬はおとなしいから飼いやすいと思います」

そう考えるようになったきっかけとは？

どんな大きさや色の猫あるいは犬をイメージして、何をもって
おとなしいと言っているのか？　どんな場面を想像しているの
か？　猫や犬はどんな仕草をしているのがイメージされるか？
など。

[　　　　　　　　　　　　　　　　　　　　　　　　　　　　　　　　　　　　]

② a「山よりも、海が好きです」

b「海よりも、山が好きです」

そう考えるようになったきっかけとは？

どんな山や海（どこの山や海）をイメージして、何をする場面、
どういう情景を想像しているのか？　1人か、誰かと一緒か？
周りには何が見えるか？　周りの人たちは何をしているか？
など。

[　　　　　　　　　　　　　　　　　　　　　　　　　　　　　　　　　　　　]

（2）　①と②でそれぞれa派とb派がいただろう。自分と同じ方の意見
を選択した人を探して、本当に中身まで同じ意見といえるかどうか、
イメージや意味までもが同じなのか、互いに比較してみよう。

　同じセリフを言っても、人によってイメージしていることや意味すること
が多様に異なる。生まれ育った環境、受けてきた教育、取り組んできた趣味や
活動などは人それぞれで、過去の経験も今の関心事もさまざまであることが、
各自に固有の意味や解釈をもたらしている。授業の中で「海が好きです」と
答えた学生に対して、「海で何をしますか？」と私がたずねると、「友だちと遊
びます」と言うので、私は数人がビーチボールではしゃぐ姿を思い浮かべた。
さらに「何をして遊びますか？」とたずねると、「魚をとります」と言うので、
私は防波堤で釣りをする姿をイメージした。「釣りですか？」とたずねると「い
え、もぐって銛で魚を突きます。子どもの頃からよくやる遊びです」とその学
生は答えた。私は「銛？」と目が点になったのだが、学生は新潟県の佐渡島の

出身でそこでは普通とのことだった。好きな海のイメージは、育った場所や趣味、過去の経験などによってそれぞれに異なっている。以下では、各自に固有の豊かな主観的世界を見せてもらうための質問の工夫について考えよう。

（2）情報収集とオープン・クエスチョン

　質問には「**クローズド・クエスチョン**」（closed-ended question）と「**オープン・クエスチョン**」（open-ended question）がある。簡単にいうと、「はい、いいえ」などの二者択一や、一言ですむ答えを引き出す質問はクローズド・クエスチョンで、質問する人が自分の知りたい情報を手早く入手できる。答える人は自分の言葉で話す選択肢がない。そうでない質問は、オープン・クエスチョンで、「何がありましたか？」、「どういう感じですか？」、「どんなときそう思いますか？」、「どんな風にやりますか？」、など、一言ではすまない答えを引き出す。答える人は、伝えたい内容を自分で選び、自分の言葉で表現する。

クローズド・クエスチョンとオープン・クエスチョンの違い

	クローズド・クエスチョン ・二者択一や一言ですむ答えを引き出す		オープン・クエスチョン ・一言ではすまない答えを引き出す ・5W1Hを使う	
	メリット	デメリット	メリット	デメリット
質問する人にとってのメリット・デメリット	質問を考えるのが簡単	質問者の関心事や、仮説にもとづいた質問は、押しつけや決めつけになりがち	思い込みによる質問を避けることが、オープンな心でたずねることにつながる	質問を考えるのがむずかしい
情報収集としてのメリット・デメリット	知りたいことをピンポイントで知ることができる	決めつけによるかたよった情報ばかりを集めているかもしれない	答える人が選んだ内容を、自分の言葉で話すのをきくことで、当事者目線に近づくことができる	時間のかかることや、きく側に忍耐が必要な場合もある
答える人にとってのメリット・デメリット	一言で簡単に答えられる。答える人は気が楽	自分の言葉で話せず、話す内容に選択肢がない	言いたいことが言え、よく把握してもらえる	考えて答えなくてはならないので、脳に負担がかかる
使いやすさ・使いにくさ	初対面やインタビューの導入など、出だしで活用できる	答える人に一問一答の傾向があると、話しが続かない	深層面接など、深く掘り下げた話をきくこともできる	信頼関係を構築しながらきかないと、答える人は話しづらい

　クローズド・クエスチョンには自分の知りたいことをすぐ知ることができる便利さがある。質問される側としても、答えが一言ですむので、気楽に答えることができるのがメリットだ。初対面での会話やインタビューの出だしにうまく活用できるだろう。注意点として、クローズド・クエスチョンが基本的に**質問者の仮説**であることは知っておきたい。たとえば仕事でミスの続いた部下に「文書をちゃんと読みましたか？」と上司がたずねるのは、上司の中に「文書を読んでいないのではないか」という仮説があって、その仮説の正しさを確認していることになる。部下は「読んでいないと思われてしまった」と感じるかもしれないし、「読んだのに！」と反発する気持ちを持つかもしれない。また、「読みました」という部下の答えに対して「ではなぜミスをするのですか？」というのは、一見するとオープン・クエスチョンだが、相手を責める発言にもなり得る。「読んでいれば、ミスをするはずがない」という仮説も透けてみえる。「どうして？」、「なぜ？」の「why」は手軽だが、問題をロジカルに掘り下げさせる意図でたずねるのでなければ、質問者は目的に合わせた質問に作り替えてたずねる方がよい。

　オープン・クエスチョンを行うと、相手の考えや立場、状況がよく把握できる。答える人も自分に関心を向けられていることや、自分の言葉で話せるところに満足感を得ることができる。しかし「最近どう？」や「学校はどう？」などの大雑把すぎるオープン・クエスチョンは、相手の脳に負担をかけ過ぎる（何を答えればよいかわからない）場合もある。「最近は何をすることが楽しい？」、「学校の休み時間には何をして過ごしているの？」のように、少し範囲を狭めた質問にすると、相手にも答えやすい。次のエクササイズではオープン・クエスチョンの例を参考にして実際に質問をつくってみよう。

 オープン・クエスチョンの例

Tell me more about 〜	〜についてもう少しお話しください。 〜についてもう少し聞かせてもらえませんか？ 〜について教えてください。
What do you mean	どういう意味ですか？　どんな意味か教えてください。
What kind of 〜	どんな？　どんな場合に？　どんなことが？
What	なにが？　なにを？　何がきっかけで？　何の？
Who	誰が？　どれ・どこ（どの主体）が？
How	どんな風に？　どうやって？　どのように？

Where	どこで？　どんなところで？　どこが？
When	どんなとき？　いつ？
For example?	たとえば？　具体的には？
And?	それから？　それでどうなったのですか？
Why	〜なのはなぜ　〜なのはどうして？
	（文末につけるだけでやわらぐ）

→ Whyを少し変えると　どんな経緯があって〜？　どんな事情で〜？
どんな理由で〜？

 エクササイズ❻

記者になったつもりでオープン・クエスチョンづくり

【設定】雑誌で「あの有名人は海派？　山派？」という特集を組むことになり、あなたは記者として、有名人にインタビューをして記事を書くことになった。読者によく伝わると同時に、海か山かのテーマを通して、その有名人の**内面や人柄が「見えてくるように」情報収集**したい。

① 有名人が「私は海よりも山が好きです」と答えたら、続けてどんなオープン・クエスチョンができる？　3パターンの質問を書いてみよう。

② インタビューが進むうちに、「頂上まで登ったときの気分は最高です」という回答があった。この後、どんなオープン・クエスチョンをする？　3パターン書いてみよう。

③ 最後の質問として、その有名人の意外な素顔が出てくるような質問を投げたい。「海派？　山派？」の記事と無関係にならないように気をつけながら、あなたならどんなオープン・クエスチョンをする？

これらの質問を使って、実際に身近な人へのインタビューを行ってみよう。

　どんな質問ができただろうか。山の場所や名物に関する情報ばかりを集めたのでは、観光情報になってしまうので気をつけたい。では、最後に実際にインタビューを行ってほしい。まず一番に相手に関心を向けよう。そして、

答える人が安心して話せるように、声のトーンや表情、あいづちを工夫しよう。

　インタビューとは、インタビュアーが**問いを投げかけることによって、話す人が感覚でつかみかけているイメージを言語化するプロセス**であるともいえる。共同作業なので、インタビュアーがどんな風に接し、どんな質問をするかによって、出てくる答えは変化する。まだはっきり言語化されない**イメージにはたくさんの可能性がある**中で、問いは答える人の**注意をある特定の方向へと向けさせる**。問いが形をシェイプする。答える人は、注意の向けられた先について考えることによって、**イメージにはっきりとした輪郭線を与え始める**。そうやって形になって見えてきたことを言語化すると、それを自分の考えとして自覚するようになる。話を聞くインタビュアーにもイメージは共有されるようになり、そのことがインタビュアーにも影響を与える。

　このように**双方向で影響を与え合うプロセスを通じ、共同で意味を作り出す**ことは、異文化間での問題解決に役立つ。山本 (2011) は**異文化間協働**におけるコミュニケーションを通じた**相互作用の学習体験化**に注目している。山本によると、**ギャップによって関係が非対称になるところにおいて、互いに影響を与え合い学び合う相互構成が図られると、互いの間に最適化された共通知識が形成される**。そしてそのような相互構成による調整が相乗効果の発揮につながると、通常の感覚や秩序体系を超えた、その**タスクを遂行するコンテクストにおいてのみ最適で有効な感覚や秩序体系**が生まれるだろうと述べている。常識は見直され、**新しい方法**や**創造的解決**を生み出すことが「**異文化シナジー**」(Adler, 1991) となり「**第三文化**」の創出へとつながっていく。双方がインタビュアーになったつもりで働きかけると、イメージが明確になって共有されるだけではなく、**共有する過程で受けとる互いからの影響によって、新たなイメージが創発されてくる**。

（第2章　山本志都）

第3章

情報処理の多様性

文化の多様性も、
神経回路の多様性も、
異なる情報処理を
もたらす！

　　知覚体験は感覚器官（目・耳・鼻・皮膚・舌）がとらえた刺激を中枢神経（脳と脊髄）に伝える働き、つまり一言でいうと脳の情報処理によってもたらされている。この章では脳の情報処理が多様に異なることを2つのアプローチからとらえてみよう。1つ目として文化の多様性、2つ目として神経回路の多様性に注目し、情報処理の異なることがもたらす知覚体験の違いが、私

たちにどのような影響を与えているかを考える。異文化コミュニケーションにおいて、前者はこれまでも扱われてきた多様性だが、後者は文化という言葉が一般的に指し示す範囲に含まれにくいため、これまでほとんど扱われることのなかった多様性になる。

1 文化の多様性がもたらす情報処理

　　1つ目は伝統的な異文化コミュニケーションのアプローチで、情報処理の多様性を集団レベルで社会的に学習した「文化の多様性」として扱う。周囲の人たちとの関わりを通じて発達させた知覚のクセや偏りに注目する場合の「異」であり、集合体レベルで集団的に想定されたリアリティが互いに異なる場合の「異」、つまりは「異文化」のことである（第1章「異文化」の定義を参照）。第2章で紹介した月の影を何に見立てるかの違いや、「brother」でなく「兄弟」

という語のあることが現実の兄弟関係の知覚に影響を及ぼすことなどは、その例に当たる。これは**情報処理の多様性を集団レベルでの違いとして説明する上で役に立つアプローチといえる**。特定のコミュニティに参加することを通してクセのある情報処理を習慣化するから、人や出来事を「**そういう目で見る**」（たとえば兄弟に年齢の上下関係を見る）ようになる。「**そういう目で見るからそう見える**」ということについて以下で考えてみよう。

（1）「まなざし」の獲得

　「まなざし」は現実を組織化する方法を変える力を持つ。突然だが「木漏れ日」の情景を思い浮かべてみてほしい。何が見えただろう？　林？　風に揺れる葉のきらめき？　木々の間に射し込む光の筋？　地に落とされた濃い枝の影？　さまざまな情景が浮かんできたのではないだろうか。『翻訳できない世界のことば』(Sanders, 2014) という本には、一語で英語に翻訳できない気持ちや状態を表す世界の言葉が、驚きや感動をもって集められている。そこに英語では「木々の葉のすきまから射す日の光」(p.33) と説明するしかない日本語の「komorebi：木漏れ日」が紹介されている。海外の人びとの反応をインターネット上で見ると、「言われてみると確かにきれい！」や「そのことに名前があるなんて素敵だね！」などとある。「"そういう目で見る"ことがなかったから知らなかったけれど、"そういう目で見る"と確かにイイネ！」ということだろう。**新たな着眼点からとらえて図地分化する「まなざし」ができた**ということでもある。「まなざす」と動詞化させるなら、「そういう目で見ることをする」ことといえる。

　「木漏れ日」という言葉に反応した人びとは「木漏れ日」という言葉を知ると同時に、それが指し示す概念を獲得した。**新しい言葉と概念の獲得により注意の向けかたが変わると、感覚で刺激をどうとらえるかにも変化が生じ、風景の中に新たな図地分化を生じさせることが可能になる。**したがって、これまで背景として見過ごしてきた木漏れ日を知覚対象にしたら、素敵なイメージが広がって、同じ風景が違って見えた（第2章「知覚の階層的プロセシング」参照）。

　そうした着眼点や「まなざし」を獲得することによって、「そういう目で見てみると、そう見える」という経験ができるようになった。別の言いかたをすれば、**木漏れ日のある世界へと現実を組織化することができるようになったとも言える。図地分化させる際のフォーカスが異なることを「異」としてとらえるようになると、全体のうちに何が見え、聞こえ、感じ取られて**

いるのか、そのこと自体が人びとの間で異なる可能性にも注意が向くだろう。

『翻訳できない世界のことば』には、スウェーデン語の名詞「mångata：モーンガータ」もある。日本語では「水面にうつった道のように見える月明かり」と説明的な表現になる。羽海野チカさんの漫画『はちみつとクローバー』第8巻(2005)に「月と海に映った光だね」とム

ンクの絵に対していうセリフがあった。その後、登場人物らが海で実際にそういう光景と出会い、「(水面にうつった月明かりが)道みたいに見えねえ？」、「歩いて渡れそうだぞ？」とやりとりするのを「そういわれると道みたいできれい」と私も思い印象に残っていた。その感動を一言で言い表せるとは！

次のミニリサーチでは日本語にはない世界の言葉を使うとどんな図地分化ができるようになるか発見してみよう。**新しい言葉は新たなフォーカスを可能にする。これまでと異なる図地分化で世界を新しく組み立て直して、見たことのない景色を見てみよう。**

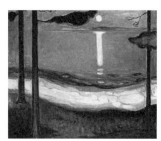

Moonlight（1895）エドヴァルド・ムンク　筆者による撮影

🔍 ミニリサーチ

日本語にはない世界の言葉を使って図地分化

① 日本語にはない世界の言葉を探し、その言葉とその言葉が何を表しているのか（概念）を書き出そう。

② その言葉は何にフォーカスした図地分化を可能にして、あなたにどんな新しい世界の見えかたやとらえかた、感じかたなどを可能にしてくれた？

(ミニリサーチのポイント) ミニリサーチでは関連する情報を自分自身で検索しよう。自分で手を動かし情報を見つけてくることが大事だ。知ることを楽しもう。

（2）「日本には四季がある」の謎

　日本語に「木漏れ日」という言葉があるのには、日本の里山や雑木林に広葉樹が多いことや、自然を感じ取って表現する体系化された伝統のあることが関係している。日本の芸術は自然をあるがままに再現することを目的としており、和歌や俳句など、五感で自然を感じて表現することが教養面においても重視されてきた。室町時代に盛んになった御伽草子の１つ、『鉢かづき姫』の中でも、四季折々の変化を敏感に感じ取り深く味わえる人が教養ある立派な人と見なされている（大輪, 2007）。

　現代でも、結婚式の案内状など改まった手紙の出だしに時候の挨拶は欠かせない。手紙の書き出しで、１月なら「初春の候」などと書かれているのを見たことがあるだろう。次のエクササイズで、みなさんの自然に対する伝統的なアンテナの感度を試してみよう。

？エクササイズ❶

時候の挨拶と五感

①　次の手紙の書き出しに使われる挨拶の一覧表を見て、何かが「目に見える」、「聞こえてくる」、「肌に感じられる」、「香りがする」、または「味わえる」か試し、気に入ったものや、よく感じられると思ったものに○印をつけよう。

月	時候の挨拶の例	○印
１月	新春の候／うららかな初日の光を仰ぎ	
２月	解氷の候／梅のつぼみも膨らみ	
３月	早春の候／春草の萌え出る季節となり	
４月	桜花の候／花の色が美しい季節となり	

5月	薫風の候／新緑の香りがすがすがしい季節になり	
6月	入梅の候／紫陽花の色が美しく映えるころとなり	
7月	炎暑の候／降るようなセミの声に暑さひとしお強く	
8月	残暑の候／残暑きびしい毎日がつづいており	
9月	涼風の候／初秋の空の高く爽やかな季節となり	
10月	菊花の候／さわやかな秋晴れの日が続き	
11月	落葉の候／吐く息の白さに秋の終わりを感じる頃	
12月	寒冷の候／寒さの身にしみる季節となり	

② 　○印をつけたものについて、どんな情景が見えたか、どんな音が聞こえる感じがして、どんな匂いがして、肌に何を感じたか、五感でとらえたことを書き出してみよう。

③ 　この表に出ているような五感で感じ取られる季節感が、アニメ・映画・小説・漫画・歌の歌詞などに出ている例を挙げられるだろうか？他の人とも対話してみよう。

　四季を敏感に感じて表す点では、現代の私たちも負けてはいない。旬の果物がスイーツに使われるのはもちろんのこと、ジュースやビール、缶チューハイには、味にもパッケージにも四季がある。そのように四季を愛する気持ちを象徴的に表すのが「**日本には四季がある**」という表現だろう。

　他方で、「日本には四季がある」は四季を日本独特のものとする文脈でも使われている。実は私が大学生のときに留学したアメリカで、「日本には四季がある」とルームメイトに言ったところ、「アメリカにも四季はあるよ！」と返され困ったことがある。四季があるのは日本の特徴だと、小学校で確かに教わったはずなのに？　しかし冷静に考えると温帯気候なら日本でなくても四季はある。海外から日本に来た人たちも、私のルームメイトと似たような経験をしているようだ。アメリカ出身で、IT企業役員とお笑いタレントの2つの顔を持つ厚切りジェイソンさんは、日本のすごいところを取り上げるという番組でこの話題になったとき、「アメリカにも四季があるんだよね」と言いたいところだったが、それを言うと編集でカットされると思い「すご

いね〜」とコメントしたそうだ (アサ芸プラス, 2017)。

　「日本には四季がある」と言いたくなる心とは、四季の有無ではなく、自然を繊細に感じ取り生活の中で表現するライフスタイルへの自負や愛着というのが実際のところだろう。それを誇りに思うことには何の問題もない。だがその言葉の裏側に、「海外には四季がない」や「あなたたちにはわからない」という**自文化中心主義**の態度が潜んでいると、そのことを感じ取った人の気持をもやもやさせてしまう。

　日本とは異なるやりかたで自然を愛する人たちは世界中にいる。ドイツ語には「森の中でひとり、自然と交流するときのゆったりとした孤独感」を意味する「Waldeinsamkeit（ヴァルトアインザームカイト）」という名詞がある (Sanders, 2014)。森の中にひとりでいる気分を味わうのだそうだ。また「モーンガータ」のあるスウェーデンには俳句を好む人も多く、調査した児玉（2008）によると、スウェーデンの人たちが俳句で最も用いるのは「陰・暗闇・陽光{ようこう}」に関する言葉だった。白夜{びゃくや}のあるスウェーデンの夏は深夜まで明るく、雪におおわれる冬は一日中薄暗い。だから人びとの目は四季の移り変わりよりも光と闇のコントラストに向けられる。確かにモーンガータも暗い海と月光のコントラストが美しい。「そこに目をつけるとは！」とうならされる。**目のつけどころの違う**、すなわち、**図地分化する際の焦点化が異なる人たちの視点に触れると、世界の見えかたが変わる**ことがおもしろい。

2 文化的な感覚をどうやって身につけている？

（1）状況的学習

　授業のとき「父はアメリカ人で母は日本人。自分では日本的な四季の感覚があると思うけれど、そう言ってもいいのかな？」と、もやもやしている学生がいた。あるコミュニティで共有され、通用している文化的な感覚というものを私たちはどうやって身につけているのだろうか。それには**知覚を発達させるトレーニングをどのコンテクストで受けてきたか**が関わっている。ここでいうトレーニングとは、レイヴとウェンガー (Lave & Wenger, 1991) が言うところの**文化的実践に参加すること自体が状況に埋め込まれた学習である**ということで、「**状況的学習**」(situated learning) と呼ばれている。**周囲の人たちとの関わりがそのままトレーニングの役割を果たす**ことを指している。周りの人のふるまいを観察して同じようにしてみたり、「こうするものだよ」

と教わったり、周りの人が居心地悪そうにするのを感じたら何かが違うことを察知して自分で修正したりもする。そうやって同じ流れの中に入っていく。意識して学ぼうとしていなくても、**周囲の人たちと同じようにその場の活動に参加しようとしていること自体が、そのコンテクストのリアリティを共同で具現化するために必要な知覚構造や知識の発達を促している**。日本のコンテクストでの活動に参加して「日本的な四季の感覚」で知覚を発達させれば、誰でも日本の四季を経験することができるといえるだろう。それは逆に、**私たちが他のコミュニティの感覚を身につけ、そのコミュニティの人たちがリアルだと感じている経験を共にすることができることも意味している**。第4章の**「正統的周辺参加」**（Lave & Wenger, 1991）でも詳しく説明したい。

　四季の微細な移り変わりを感じて味わうことを「日本的な」感性と呼ぶのであれば、人種や性別、両親がどこの生まれであるかよりも、**ある程度以上の期間にわたって「日本的」なコンテクストに身を置き、周囲の大人たち、あるいは、既にそういう感性で動いている先輩たちの仲間入りをする経験をしているかどうかの方が関わっており、それが「日本的」なコンテクストでの感覚を身につけ、習慣化させるトレーニング**になっている。

（2）他者の感覚を肯定する

　月面のただの混沌とした陰影に、ウサギや女性などさまざまな図地分化をして輪郭線を与えたのは私たちだった。同じ月を見上げて異なる経験をしている。だから「何であなたにはウサギが見えないの？」と言うのは自文化中心主義でナンセンスとみなさんも思うだろう。では、これが人とのつき合いかたや仕事のしかた、生活の中でのさまざまな行動となるとどうだろう？台湾を旅行した学生が屋台の匂いに耐えられなかったとこぼしていたが、ある人たちにとってのおいしそうな匂いは、別の人たちには異臭かもしれない。蕎麦やうどんをおいしそうにすする音も、海外からの旅行客には不評とSNSで話題になったこともある。他の人の知覚は自分と似ているかもしれないし、想像できないくらい全然違うかもしれない。自分には想像できないような感覚でも、**他の人にとってはリアルに「そう見えている、そう聞こえている、そう肌に感じている、そんな匂いがしている、そんな味として感じられることがある」**と肯定することからまずは始めていこう。

3　神経回路の多様性がもたらす情報処理

　コンテクスト上に想定される現実が互いに異なるという意味で「異」をとらえるためには、集団レベルでの文化の違いに注目するだけでは足りなくなる。社会的な学習に焦点を当てるだけでは、知覚体験の異なることを説明しきれなくなるのだ。たとえば、**神経回路の発達が定型的な発達より一定以上異なることが、社会生活における偏りや逸脱として認識される場合の「異」**はどうだろう。このことは、教育や福祉のコンテクストでは「**発達障害[1]**」、医学のコンテクストでは「**神経発達症**」、社会的なコンテクストでは「**ニューロダイバーシティ**」（神経学的多様性）とカテゴリー化されている。心理学のコンテクストには「**HSP**」（**ハイリー・センシティブ・パーソン**）というカテゴリー化のしかたもある。**神経伝達経路がどのように配線されているかによって、脳機能において活性化される側面の異なることが、情報処理のしかたに多様性を生み出していることも、知覚体験に違いをもたらしている。**このほかに、事故や脳梗塞による「**高次脳機能障害**」や「**認知症**」もある。**この場合は、後天的な要因で変化した神経回路の働きが、従来とは異なる情報処理をして、それまでとは異なる知覚体験をもたらしている。**知覚や言動が以前と変わることに、当事者も、周囲の人も、驚いてしまうことがある。したがって、ここではこれらの**神経回路の多様性**を2つ目のアプローチとして扱うことによって、異文化コミュニケーションの知見を応用できる範囲を広げたい。

　厳密には、どのような発達を「定型」と定めるかは文化的な行為といえる。定型からの逸脱をカテゴリー化して名付ける行為も、文化的といえる。だが、「発達障害文化」や「認知症文化」というとらえ方は、あまり一般的とはいえない。そもそも「○○文化」と呼ぶと、その集団のメンバー同士が相互作用する中からできた定番の行動パターンや、メンバーの間での共通点など、「集団の文化」としての側面が強調されてしまう。それよりも、ここでは、脳の情報処理の仕方と、それに基づく知覚体験が多様であることに注目できるようにしておきたい。文化という言葉では見逃される「異」も、異文化コミュニケーションで扱えるようにしていこう。

1　発達障害の害字を使うのはよくないとして、障碍や障がいと書くことがある。反対に、障害とは当事者のことではなく、定型からの逸脱が、社会生活の上で障壁となることを指すのだから、「障害」のままでよいとする考え方もある。ここでは逸脱が有標化して、カテゴリー化する現象自体に注目することを目的に、一般的に用いられることの多い「障害」として表記しておく。

新しい目（着眼点）で世の中を見るようになると、そういう目で見た現実を想定するようになる。別のいいかたをすると、そういう世界をつくり上げて（組織化して）いく。ここでは神経回路の多様性がもたらす情報処理の違いについて、新たなまなざしで見つめてみよう。

（1）発達障害とニューロダイバーシティ

　脳に多様性があるからこそ、同じ環境に接していても、人の目のつけどころは多岐にわたり、キャッチする刺激も人によって分かれ、感覚への入り込みかたもまた異なってくる。人類全体で考えると、環境が変化しても誰かしらが適応してサバイバルする可能性を高めるという意味で多様性は強みとなる。その一方で、そういった多様性が社会生活や教育場面で何らかの対応を必要とするくらい大きくなったとき、その状態を指して共有するためのカテゴリー化と名づけが起こる。その1つに**発達障害**がある。医学のコンテクストにおいては、米国精神医学会が編集している診断基準（DSM-5改訂版）に2013年から新たに掲載されるようになったカテゴリーで、英語の診断名である「Neurodevelopmental Disorder」が日本語では「**神経発達症**」と訳されている[2]。神経発達症より発達障害の方が一般によく知られている理由は、発達障害に該当する医学の診断名が2013年まで存在しなかったからで、それ以前より取り組みを始めていた教育や、福祉の分野で使われていたのが、発達障害という名称だったからと考えられている（鷲見, 2018）[3]。

　発達障害には主に**自閉スペクトラム症**（**ASD**：Autism Spectrum Disorder）、**注意欠如・多動症**（**ADHD**：Attention-Deficit/Hyperactivity Disorder）、**学習障害**（**LD**：Learning Disabilities）が含まれる。自閉スペクトラム症とは、医学上これまで「自閉症」と「アスペルガー症候群」に分かれていたのを、両者の「**社会的コミュニケーション困難**」と「**狭い興味／反復行動**」という共通した特徴によってひとまとめにした診断名になる（Baron-Cohen, 2008）。「社会的コミュニケーション困難」には、他者の考えや意図を誤解してしまう・気持ちを読み取り応答することができない・アイコンタクト

2　DSM-5とは米国精神医学会が編集している「精神疾患の診断・統計マニュアル（Diagnostic and Statistical Manual of Mental Disorders, DSM）」の第5版。

3　日常生活や社会、教育などに言及するコンテクストにおいて、発達障害と神経発達症の用語ではどちらの方がより好ましい、あるいは適しているという判断が現状では存在しない。したがって本書は一般的なコンテクストで用いられることの多い発達障害の名称を基本的には使い、医学のコンテクストでは神経発達症と呼ぶことにする。文脈によっては併記もする。

ができないか長く見つめすぎる・相互関係の欠如（一方的に話すことや独り言）・言葉を文字通りの意味で理解する・人への配慮の欠如などがあり、「狭い興味／反復行動」には、毎日何時間もさほど一般的といえないことが気になり1つの動きや興味あることに没頭する傾向・新たな活動への切り替えが困難なほどの強迫的な執着・同じことを同じ手順で繰り返し行う傾向・日課や生活習慣を変えることへのひどい動揺・新しいことを始めるときでも自分なりの同じやりかたを頑なに通そうとする傾向・同じ服や食べ物や場所への固執など、一言でいうなら、**パターンを読み取り、システム化して、予測可能にしておきたい**という動機づけが挙げられる（Baron-Cohen, 2008）。

　「**発達障害の人が増えた**」と言っているときは、診断基準が変わってその診断の下りる人が増えたということだけではなく、**社会が変化して、ある行動が許容されず障害と見なされるようになった**ということでもある。ここで、日本の社会における産業構造の変化ににについて見てみよう。厚生労働省（2013）によると、就業者全体の中で、1950年には「農林漁業」に従事する人が48.5％と最も多く、「サービス業」は9.2％でしかなかった。その後、「農林漁業・鉱業」で働く人の割合は、1970年に19.2％、2010年には4.2％にまで減少した。逆に、「サービス業・小売業」で働く人の割合は、1970年に46.6％、2010年には70.6％にまで増加している。農林漁業が主力産業だった時代には、周囲の人と口をきかず、もくもくと1人で作業に没頭することもできた。しかしサービス業のコンテクストでは対人的な場面が多く、接客に適したコミュニケーション能力の有り無しへの注目が集まりやすい。職場では1つの部屋に大勢が集まり、互いの顔が見え、声の聞こえる状態で働く環境が多く、刺激の多いことへの耐性や人間関係を円滑にするスキルの有無を可視化する。コミュニケーションや関係スキルにフォーカスして組織化した世界は、脳の社会的機能を発達させている「**定型発達**」を標準と見なすため、神経発達症のような「**非定型発達**」を許容しにくい状況が生じやすい。

　ある状態を病気や障害と定義すると、そこにフォーカスしたストーリーがつくられる。だからその**見立てを変え、非定型的な発達を多様性であり能力であるとして、できることにもフォーカスしよう**というのが**ニューロダイバーシティ**（neurodiversity：神経学的多様性）の発想になる。実際のところ人の脳はそれほど均質ではなく、バリエーションに富む多様性が脳神経系にも存在していることや、未発達な箇所を補うようにして別の機能や能力が高まることもわかっており、そこに注目すると、違いを個性としてとらえやすくな

る（正高, 2019）。次の経済の主力になるといわれているITなどの情報・知識
産業には、非定型発達の強みが前面に出るコンテクストが多いとも言われ
ている。神経発達症／発達障害はパターン認識、記憶、数学といった特定の
能力と表裏一体になっている可能性も示されていることから、マイクロソフ
ト、ヒューレット・パッカード・エンタープライズ、フォード・モーター、
IBMなどでは、定型発達に合わせて標準化した働きかたを強要せず、適切
な環境調整（照明の変更やノイズキャンセリングヘッドフォン着用可、1人
になれる場所をつくる等）を行うことで、そのような能力に優れたニューロ
ダイバースな人材を取り込む動きが広まっている（Austin & Pisano, 2017）。何に
フォーカスして現実を組織化するかによって、同じことが、強みにも弱みに
も見えてくる。

　私たちは見たものや聞いたものに反応して動いている。大多数の人と異な
る知覚体験をしていれば、異なる行動に出たとしても不思議ではない。以下
では、神経回路の多様性がもたらす情報処理の違いを、当事者の知覚体験か
ら学んでいこう。まず、先天的な違いとしてカテゴライズされる、自閉スペ
クトラム症とHSP（ハイリー・センシティブ・パーソン）、次に、神経回路
の働きが後天的に変化した、高次脳機能障害と認知症を取り上げる。同じカ
テゴリーに分類される当事者でも、その経験は多様性に富んでいる。以下に
紹介できるのはごく限られた一部の例なので、そこからさらに自分でも調べ
てみてほしい。

（2）自閉スペクトラム症の知覚体験

　たとえば、風景の中から人だけを区別して見出すのが難しく、そのため人
に挨拶することができないという感覚を想像してほしい。その感覚を肯定し
ながら、下の文章を読んでみよう。

　　僕には、人が見えていないのです。
　　人も風景の一部となって、僕の目に飛び込んでくるからです。山も木も
　建物も鳥も、全てのものが一斉に、僕に話しかけてくる感じなのです。
　それら全てを相手にすることは、もちろんできませんから、その時、一
　番関心のあるものに心を動かされます。
　　引き寄せられるように、僕とそのものとの対話が始まるのです。それは、
　言葉による会話ではありませんが、存在同士が重なり合う、融合するよ

うな快感です。

挨拶をするために人だけを区別するのは、本当に大変です。

東田直樹（2018）『跳びはねる思考』pp. 28-29

　この文を書いた東田直樹さんのプロフィール（東田直樹オフィシャルサイト https://naoki-higashida.jp/）には、重度の自閉症により人と会話することができないとある[4]。東田さんは長期にわたる訓練で身につけた「文字盤ポインティング」を使い、パソコンや画用紙に書かれたキーボードを打つように指し示しながら発音することによって、自分の思いを言葉として出せるようになったそうだ。30か国以上で翻訳された世界的ベストセラー、『自閉症の僕が跳びはねる理由』(2007) を始め、多くの著書のある東田さんだが、自身の口から出てくる言葉は、「奇声や雄叫び、意味のないひとりごとになる」と言い、「普段している"こだわり行動"や跳びはねる姿からは、僕がこんな文章を書くとは、誰も想像できないでしょう」（東田, 2018）と述べている。

　東田さんの知覚する世界にもう少しふれてみよう[5]。視覚について、たとえば花を見ると、花全体よりも花びら一枚一枚や、おしべ、めしべなどの部分が目につき、自分から花に体ごと飛び込む感じでその世界にひたり、身動きができなくなるそうだ。何をどのくらいの時間見るか、自分自身ではなく目が決めている瞬間があるという。時間を忘れて自動車のタイヤの回転を見続けてしまうこともあるそうだ。聴覚については、「自閉症の人はどうして耳をふさぐのか」という質問に対し、人が気にならない音が気になると言い、その気になる感じとは、うるさいのではなく、気になる音を聞いていると自分がどこにいるのかわからなくなり、地面が揺れ、周囲の景色が襲ってくる恐怖を感じるのだと説明している。したがって、うるさいのではなく、自分のいる位置をはっきり知るために、耳をふさいで自分を守っているそうだ（東田, 2018）。味覚については、自分で食べ物だと感じたもの以外は食べてもおいしく感じられず、原っぱでままごとのご飯を食べさせられているようにつまらないと述べている（東田, 2007）。定型発達をしている人も、映画館やアト

4　自閉症とアスペルガー症候群の診断名は統合されて、2013年以降「自閉スペクトラム症」に改訂されたが、ここでは本人による表現や文献上の記載にもとづいて自閉症と記す。

5　東田直樹さんには多数の著書がある。また東田さんに取材したNHKスペシャルの「君が僕の息子について教えてくれたこと」(2014年)、「自閉症の君との日々」(2016年) はNHKオンデマンドやDVD（前者のみ）で視聴することができる。東田さんの著書を原作とする映画『The Reason I Jump（僕が跳びはねる理由）』（ジェリー・ロスウェル監督）がイギリスで製作され2021年4月に日本でも公開された。

ラクションで、右目と左目に異なる情報処理を施した映像を見せる3D眼鏡をかけると、ものがすぐ目の前まで飛んでくるように見えて、思わず身をかわすことがある。私たちは**神経回路が情報伝達する通りのことをリアルとして経験している**。

　東田さんの話にあるような知覚体験は、環境からの**刺激を過剰に受けとる**「**感覚過敏**」や、逆に**反応が低くなる**「**感覚鈍麻**」など、情報処理の偏りかたに関係すると考えられている。たとえば熊谷（2017）は、これらの情報処理を次のような仮説で説明している。まず強すぎる刺激として受け取る情報には苦痛を感じるため、「**回避**」の行動が現れる。耳を塞ぐなどがそうである。その一方で、受け入れやすい刺激に対しては、通常以上の感覚が生まれるため、その世界への「**没入**」が起こる。東田さんの花の細部へ入り込んでしまう感覚や、何をどれくらい見るかを目が決めているという感覚は、「没入」の例といえる。

　没入すると、膨大で処理しきれない刺激がそのまま残り続けるため、後に続く他の刺激への反応には鈍感になる。これが他の情報の「**見落とし**」、つまり没入の対象以外を見落とさせ無視させてしまうことへとつながる。他方で、刺激が強く記憶に焼きつく場合は「**記憶化**」が起こり、後になってからでも出てきてしまう。記憶化した刺激に反応すると、その場の状況や周囲の人たちとは無関係に、1人で笑ったり怒ったりしてしまう。このようにコントロールがきかなくなって周囲に合わせた行動を選択できなくなることは、「**行動の切り替え困難**」と呼ばれている。熊谷によると、「没入」や「記憶化」の症状が強くても、行動の切り替えが可能なら、感覚過敏や感覚鈍麻は特性の域にとどまるが、「回避」、「見落とし」、「行動の切り替え困難」を伴うことによって困難が増えると、障害として認知される。

　情報処理過程における感覚過敏や感覚鈍麻は定型発達した人にも見られることであり、**質的に異なるものというよりは、程度の違いである**といえる。第5章では**自閉スペクトラム症がどうやって連続体を意味する**「**スペクトラム**」**と呼ばれるようになったか**を取り上げ、**定型・非定型が虹のグラデーションのように連続した多様性であること**についても考えてみたい。

（3）HSPの知覚体験

　感覚過敏にはまた、病気や障害としてではなく、**心理学の分野で気質や特性として概念化**されたHSP（Highly Sensitive Person：**ハイリー・センシティ**

ブ・パーソン）があり、近年よく知られるようになった。新生児の頃から観察できる生まれつきの敏感気質で、個人差として考えられている。動物にも一定の割合で存在し、生物が種を存在させていくために必要な多様性ともいわれている。**感覚処理感受性**（Aron & Aron, 1997）**が高い**ため、音や匂い、光や味などのわずかな差を感じ取り、「肌触りがちくちくする」、「冷蔵庫の音が気になってしょうがない」、「電車の中で他の人からする匂いに耐えられない」、「照明がまぶし過ぎる」など、ほかの人にとっては「気にしすぎじゃない?」というような刺激でも、ストレスになり体調不良をきたしやすい。影響を受けやすく感情移入しやすい特徴もあるため、人と会うと気疲れでくたくたになったり、怒りや争いごとからのダメージで神経のバランスを崩したりして、調子を整えるのに長い時間を要する（Sand, 2014）。私の身近にも、人の感情に敏感でテレビドラマを見るだけでも疲れ、登場人物のふとした目線や表情からはドラマの筋書きの外にある俳優同士の人間関係が見えるのでへとへとになるという人がいる。大げさではなく本当にそうなのだ。

　5人に1人がHSPに該当するといわれ、数にすると相当多いが、それでも全体の中の少数派には変わりない。職場や学校、公共の場など、音や匂いや光に関し、当事者が何らかの工夫や対応をして乗り切らなくてはならない場面は多い。また、**刺激に対して過敏に反応し続けている状態では、神経回路のうち不安や恐怖の回路が活性化しやすい**ため、「危ない」、「近づくな」などの警戒シグナルを常に受け取り、神経が休まらなくなるだけではなく、行動を抑制する機能も働いて、思考がネガティブにもなりやすい（長沼, 2019）。こういったことが当事者の感じる生きづらさにもつながっている。

（4）高次脳機能障害の知覚体験

　取材記者の鈴木大介さんは2015年に脳梗塞で倒れ、**高次脳機能障害**の当事者になったそうだ。高次脳機能障害とは、事故や脳梗塞などで損傷を負った脳が、これまで通りの機能を果たせなくなることで、記憶障害（忘れっぽい・新しい出来事を覚えられない）、注意障害（注意散漫・同時に複数のことをすると混乱する）、遂行機能障害（段取りが立てられない・約束通りにできない）、社会的行動障害（感情を爆発させる、配慮や柔軟性を欠いた行動を取る）などが起こる。鈴木さんの場合は、会話する上で日本語だとわかっているのに意味が取れなくなることや、騒音や光や匂いなど無視すべき情報を拾って混乱することが起こり、「こんにちは。僕の名前は鈴木大介で

す。千葉県に住んでいる四十代の男性です」が「です僕のこんにち名前。で
いる四十代のは鈴木大介に住んです男性で千葉県す」と意味不明に聞こえて
しまったり、人に何かしてもらったら「ありがとう」と言えるはずなのに何
を言えばよいかがわからなくなり、言葉の検索作業をしているうちに反応が
返せなくなったりもしたそうだ（鈴木, 2020）。

　鈴木さんが当事者認識を言語化した闘病記（鈴木, 2016）を出版すると、認
知症や発達障害、うつ病・双極性障害・統合失調症等の精神疾患など、さま
ざまな症状の当事者から、この本には自分のことが書いてあるという声が集
まったそうだ。そこから、**原因や背景は異なっていても**、発達障害や認知
症、精神疾患など、**脳機能の働きに違いがあるという共通点を持つ者の間で
は困り事が共有されている**ことに気がついたという。会話に関する困り事の
共通点も多いそうだ。以下では、どんな風にコミュニケーションを取ってく
れると当事者にとってありがたいかについて書かれていることの一例を紹介
する。

＊ゆっくりわかりやすく話す（必要に応じて文字に書いたり図示したり）。
＊話題をシンプルに、枝葉に振らず短く話す。
＊当事者の言葉が出るまで待つ。言葉にしづらいことを問い詰めず、待つ。
＊当事者の言葉をさえぎらない。出てこない言葉を自分の言葉で補わない。
＊苦しい、不自由だという訴えをそのまま認めて、もっともだと肯定する。
＊何度も問い返す、過度に説明を求める、問い詰めるといった「当事者を
　追いつめるコミュニケーション」を避ける。
＊唐突な質問などの変化球を使わない。
＊一緒にメモをとって確認しながら話す。

鈴木（2020）のp.37とp.174にもとづいて著者が一部文言を変えまとめている

　本書における前章までの対話では、オープンクエスチョンで質問をして説
明してもらうなど、脳に負荷のかかるトレーニングが多かった。これは筋ト
レと同じで、許容できるのなら多少の負荷をかける方が力を伸ばせるからだ。
だがここでは意識の向けかたを変えてみたい。ポイントとして「**ゆっくり**」
・「**待つ**」・「**当事者の感じている現実性を肯定する**」の３つを意識しながら、
次の「対話の時間<ruby>対話<rt>ダイアローグ</rt></ruby>」を実践してみよう。

対話の時間　知覚の多様性

　この章をここまで読んだ中で、自分にとって意味のあった箇所はどこだったか、どんなことが響いたか、何に気づいたかなどについて対話しよう。コミュニケーションのスピードを落として「ゆっくり話す」と「気長に待つ」、「相手の感じている現実性を肯定する」を実践してみよう。

（5）認知症の知覚体験とユマニチュード

　次に、認知症ケアの哲学であり方法論でもある「**ユマニチュード**」（humanitude）に注目してみよう。ユマニチュードとはフランスのイヴ・ジネスト（Yves Gineste）とロゼット・マレスコッティ（Rosette Marescotti）によって1979年に提唱された「**人間らしさを取り戻す**」という意味をもつ造語である。認知症の方が穏やかにケアを受け入れるか激しく拒絶するかの差は、ケアする者の「見る方法」・「話す方法」・「触れる方法」の違いが生み出しているという気づきから、**知覚情報を連結させるコミュニケーションを実践し、「あなたは私にとって大切な存在です」と伝えるケア**を重視する（日本ユマニチュード学会, https://jhuma.org/humanitude/）。ユマニチュードでアプローチすると、長い間寝たきりになっていた人や、誰とも話さず自分の殻に閉じこもっていた人が、呼びかけに応えて笑ったり、話したりするようになる例が数多く報告されている。

　たとえば視覚について、認知症では視野範囲が想像以上に狭くなっていることも多く、横や後ろから声をかけても気づきにくいことがある。視野に入らない位置から「頭を乾かすよ」と言ってドライヤーを当てると、本人にとっては見えないところから唐突に熱風を吹きつけられたことになるわけで、大変驚くし、身を守ろうとして暴れることにもなるだろう。ユマニチュードでは、認知症の人を驚かせないように、少し離れた場所からノックや声がけをし、挨拶をして、しっかり正面から視野に入り、視線をとらえて目を合わせた状態のまま、声をかけつつ近づいていく。「正面から、近く、水平に、長い時間見る」ことで、親密な関係や平等な立場、好ましく思っていることは伝わるのだが、ただ見るだけでは暴力的に感じられるため、目が合ったら2秒以内に話しかけることもする（ジネスト他, 2018）。無言も、見ないことも、その人の存在

を否定し、いないことにしてしまう。**人は人同士の関係をつなぎ続けることによって人間であり続けることができる**とユマニチュードでは考える。

　触覚についても同様で、人は手首をつかんで引っ張られると、自由を奪われ、どこかへ連行される恐怖感を覚える。認知症で短期記憶を保持する力の減退が進むと、記憶を30秒以上留めることが難しくなる場合もあり（ジネスト他, 2018)、「お風呂に入りましょう」と声をかけてから支度をして連れて行こうとするまでの間に、認知症の人にはその記憶が抜けることもある。そうすると、立たせようと腕をつかむことが連行行為に感じられ、抵抗してしまう。ケアする人が、「一緒に立ってお風呂場まで行きましょう」、「手を添えますね」、「立っていただけますか？」、「協力してくれてありがとうございます」、「しっかり立っておられるのでうれしいです」、「これからお風呂に入るのでさっぱりできますね」のように、常に自分の動作などの実況中継をする**「オートフィードバック」**のコミュニケーションを行うのはこのためだ。また触れるときは指でつかまず手のひらを使い、面積を広くしながら下から支えることによって、大切に思っていることを伝えられる。背中を指先で突つかれるのと、手のひらで大きくなでられるのとでは、受け取るメッセージは異なる。ケアしようとして怯えられるなど、気持ちがゆがんで伝わってしまうことはもどかしい。**ユマニチュードは、見て、聞いて、触れることと、ケアの行為を連結し、感覚や知覚を統合することによって、ケアする人と当事者が同じ現実感を共有できるように導いている。**

　形から入っていたとしても、目を合わせ、笑顔でやさしく声をかけられながら触れられると、人は無意識のうちに「あなたが大切」というメッセージとして解釈する。**アイコンタクトや表情、声のトーン、身体接触など、言葉の内容以外の情報を手がかりに意味を形成するコミュニケーションを非言語コミュニケーション**（non-verbal communication）という。ユマニチュードは言葉だけではなく五感で知覚される非言語コミュニケーションを活用し、認知症の人が最後まで保つと言われる長期記憶の中の**感情記憶**に訴え、「楽しかった」、「自分は大事にされている」、「この人はいい人だ」という**ポジティブな感情を定着させる。**

　ユマニチュードの理念や具体的な技法は書籍や動画配信で紹介されており、研修を受けることもできる[6]。私は研修（株式会社エクサウィザーズ）を受けることにしたのだが、触れかたやアイコンタクトの練習が行われるであろうことを予測して、前日にはかなり不安になった。アイコンタクトは少々

苦手だし、知らない人に触ったり触られたりするのも気が進まなかったからだ。しかしアイコンタクトのトレーニングで「相手の瞳に映る自分の姿を見て」と言われ、映り込んだ自分だけを見ることにすると意外とすんなり成功した。みなさんはどうだろう？　次のエクササイズでは無理のない範囲で試してみよう。

 ? エクササイズ ❷ [7]

　　2人1組で行う。できる範囲で試してみよう。

① **狭くなった視野の知覚体験を試すエクササイズ**

パートナーに横に立ってもらう。顔を正面に向けた状態のままで、視野にパートナーが入るか確認しよう。全く入らなければ、入る位置まで移動してもらう。次に、人差し指と親指でOKサインを作り、そのまま  残りの指も丸めて筒を作る。両手で筒を作り、双眼鏡をのぞくように目に当てよう。先ほどまで視野にいたパートナーが見えるだろうか？見える位置までパートナーに移動してもらおう。

② **正面から近く長い時間見るアイコンタクトのエクササイズ**

認知症の人が心地よく感じる距離感は思った以上に近いことがあり、実践例を見るとびっくりするくらい近いこともある。まずは互いに1メートルくらい離れて正面に立ち、パートナーの目の中に映る自分の姿を探してみよう。そうやって見つめることができたら、相手の目に映る自分の姿を確認しながらどれくらいの距離まで近づけるか試してみよう。無言で近づくのは不自然なので、目が合ったら何か話しながら行ってもよい。

③　①と②を試して感じたことについて話し合う。

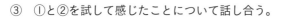

6　ユマニチュードについては書籍や動画配信もある。日本でユマニチュードを広めた医師の本田美和子による論文「優しさを伝えるケア技術：ユマニチュード」(2016) は J-STAGE（科学技術情報発信・流通総合システム）に公開されている。日本ユマニチュード学会、高齢者ケア研究室、特別用語老人ホーム橘の丘などは YouTube の公式チャンネルで動画を公開している（2022年現在）。研修では、株式会社エクサウィザーズが SAS Humanitude 社（フランス、法定代理人：イヴ・ジネスト）と提携して研修を企画・運営している。

7　これらのエクササイズはユマニチュード研修の導入で扱われるほかに、ユマニチュードケアを紹介するさまざまなテレビ番組やインターネット上に公開されている動画で用いられている一般的なものである。

　身体をストレッチすると可動域が増えるように、感覚を開くと知覚の範囲が広がる。最後は**自分自身の感覚を解放すると知覚がどんな風に変わるか**を体験してみよう。

　「異」と共に成長するときの葛藤が大きすぎると、緊張が強くなり、不安を抱えることがある。不安の神経回路が過剰に反応すると、マイナスの思い込みがつくられやすい（長沼, 2019）。緊張や不安が強すぎると、白か黒かの二分法の思考や「こうあるべき」の規範意識にもとづいた「すべき発言」の増加、過去数回あっただけのことを「いつもそうなる」と思い込む過度な一般化、そして「あの人はこう思っているにちがいない」という読心術のような決めつけが起こり、自分の持つよいところを一切無視しがちになってしまう（Burns, 1980）。**現実認識が周りの人の見ている現実からかけ離れてしまっていても、そのことに気づけなくなってしまうのだ。**

　そんなとき、**感覚を解放して知覚をリセットすることができると、視野の広さが取り戻され、感覚を新たにすることができる**。ここでは心理カウンセラーの大嶋（2018）が推奨する「見て！ 聞いて！ 感じて！」による調整を紹介したい。大嶋はカウンセラーとしての立場から、怒りや孤独、不安などで何かに囚われてしまうことを、脳の偏った部位にだけ血流が集まり活性化する「発作」と呼んでいる。そしてそのようなときに視覚・聴覚・触覚につながる神経経路を順番にめぐらせて使うことで、脳と身体がリセットされるとしている[8]。やりかたはシンプルで、まず「見て！」と心で唱え、しばらくは見ることに意識を向ける。そのままゆっくり1. 2. 3. 4. と数える。**数をカウントするのはその感覚に浸るためだ。**次に「聞いて！」と心で唱え、ただ聞くことだけに専念する。そのままゆっくり1. 2. 3. 4. と数える。そして「感じて！」と心で唱え、ただただ感じてみようとしてみる。そのまま1. 2. 3. 4. と数える。また「見て！」に戻って同じことを繰り返す。「感じて！」のときは、指で触れた感触、肌や足裏などに感じられること、また、自分の内側に感じられることに意識を向けながら感じてみるとよい。呼吸を続けることも忘れ

8　大嶋はこの方法を催眠というコンテクストで解説しているが、大嶋による催眠の定義とは、脳内の血液循環がよくなり、囚われから解放され、リラックスして無意識でいられる状態のことである。したがって、マインドフルネスの状態を指していると考えられる。神経系エクササイズ（浅井, 2017）との共通点も多い。ここでは五感の使い方を変えて知覚を解放するエクササイズとして紹介する。

ずに！　帰宅途中や散歩など最初は1人でリラックスしていられるときに試してみて、それから誰かと会話しているときに試してみることを勧めたい。

　ストレスに過度に反応しているときは、暴走した神経回路に振り回されているようなものと考え、悪い方へ予測した見せかけの世界に踊らされていると仮定してみてほしい。そこから脱出する方法を身につけることも、葛藤を成長に変えるために必要な柔軟性の1つといえるだろう。**注意の向けかたを変え、感覚レベルでのバランスを変えて、見せかけの世界からいったん離脱できるようにしておきたい。考えかたではなく、注意の向けかたを変えるとよい。**なぜなら、知覚が既に成立した現実の範囲内で図地分化することに関わっているのに対して、注意とは現実が現実として成立するための基本的な働きで、知覚以前に現実がその現実として成立する場面をもたらすものだからである（河本, 2006）。**新しい地平を開いて現実の現れを変えるためには、知覚に先立つ注意を変えて、今の設定での現実性の現れを解除しよう**というふうに考えることができる。

　変な葛藤や迷いがグルグル渦巻くときは「見て！　聞いて！　感じて！」を試してみよう。私が散歩しながら1人でやってみて思ったことは、見るだけに意識を向けると目が思わぬところの思わぬ情報を細やかに見せてくれ、聞くだけに耳を澄ませると聞く範囲がさーっと広がりあちこちの音から個性が聞こえ、感じようとすると触れている空気や熱、自分の体のパーツや全身が感じられるということだった。感覚は開かれ、他人を気にしようとしても気にできなくなって、ただそこにいる感じになった。誰かと話しながら試したときは、余白のようなものができた。何だかよくわからないかもしれないが、『燃えよドラゴン』で有名な武道家で俳優のブルース・リーによる名言、"Don't think, feel"（フィーーーーーールと発音）のように、ただ感じてみよう。

（第3章　山本志都）

第4章

構成主義

人はいつも何かを
構成している！

この章では全体の中に境界線を引いて（分節／図地分化して）特定の部分を囲い込む「**カテゴリー化**」（categorization）について考えることから始めよう。人が世界を認識するときはいつでも、線引きをして対象をカテゴリー化している。それはひとつながりの全体を切り分けて、パーツ（部分）をつくりだすようなイメージだ。それらのパーツを組み合わせて全体を構成するように、自らの知覚する世界を組織化して成立させている。この世界観で「**人はいつも何かを構成している**」ことへの理解を深めると、自らを**カテゴリーの利用者（ユーザー）**に留まらせず、**カテゴリーの生成者（クリエイター）**に位置づけた「**構成主義**」（constructivism）の視座へとシフトできる。

生成者としての立場を意識するようになるとは、ものごとを**メタレベル**でとらえるということでもある。**メタ**とは「一段階上の」や「高次の」という意味で、近いのは、俯瞰して見ると言っているときの感覚だろう。メタレベルで見ると、私たちがカテゴリーをどんな風に利用しているかも見えてくる。たとえるならば、ゲームの渦中にいるユーザーは与えられた世界観に従ってプレイするだけで、目の前で起きていることに対処するのみだが、クリエイターは俯瞰して世界をデザインし、ルールを変更したり、世界観をより複雑にしたりすることもできる。私たちの世界は誰がデザインするのだろう。

1 世界の創造主は、神でなく私たち？

（1）分節

私たちを取り巻く世界には、もともと区切りなんてものはない。人が生活

する上で都合のよいように区切っ
て名前をつけ、識別している。連
続した世界を言葉によって切り分
けるという考え方は、言語学者の
フェルディナン・ド・ソシュール
(Ferdinand de Saussure, 1857-1913)
による**分節**（articulation）という概
念を用いてとらえることができる。

　言葉はいつでも分節している。空と雲もそうだ。「青い空、白い雲」とは
言うものの、辞書的な定義によると、青いところと白いところは分かれてお
らず、頭上に広がる空間全体を指して空という（広辞苑第七版）。**人は環境との
関係性において意味ある区切りを分節している。**空との関係性では天気を予
測することへの関心が強かったため、空全体のうち白い部分を分節して「雲」
と名付け、観測できるようにした。雲が図地分化の「図」となるとき「青い
ところ」は「地」の色と見なされ、名前がつかなかった。

（2）カテゴリー化と概念

　分節するとカテゴリー化が起こり、新しい概念
ができる。「**カテゴリー化**」するとは、**ほかと比
較して相違点を知覚することができ**、同時に、**そ
の内部だけでいうと共通点の成立する範囲を確定
する**ことをいう。そうやって全体の中に部分とし
てのまとまりをつくり出す。空全体を見たときに、

白くてふわふわ浮いて見える範囲をほかとは異なるものとして分けて、そこ
だけをくくったら、「雲」というカテゴリーができた。そのようにして、**パー
ツ（部分）を全体から切り出して（分節して）、ひとつの構成要素とするこ
とがカテゴリー化である**という言い方もできる。

　分節してカテゴリー化しているとき「**概念**」もつくられている。**概念は、
カテゴリーを「一般化」して、それがどのようなものであるかを言い表せる
ようにすることでつくられる。**雲の場合、ひとつひとつの雲は異なるけれど、
色が白からグレーの濃淡であることや、「小さな水滴や氷の結晶の集合体」で
「地球上の大気中に浮かんで見えている」（荒木, 2014, p.22）ことなどが、**雲全般
にいえる特徴として一般化**されている。したがって雲とは何かと問われ、「白

くて空に浮かんでいるもの」と答えるのは、雲をそのように概念化している。

　さらに**世界を認識するのに足りないパーツがあるときは、つくりもする。**ある現象に注目し始めたものの、その現象を言い表せる言葉が存在しないというときがそうだ。過去に流行語大賞（ユーキャン）にノミネートされた語を見ると、そのことがよくわかるだろう。ここでは2017年の「インスタ映え」を例にあげよう。かつては投稿された文章につけるものだった「いいね！」が、スマホのカメラ機能の向上やインスタグラムの登場によって、写真につけられるものとなった。「いいね！」を集めて高評価を得る写真やその被写体がおしゃれで見映えすることに注目が集まると、そのことを話題にするために、**現象を一般化して一言で言える名前が必要となった。**そうしてインスタ映えはSNS上の新しい現象をカテゴライズした名称として、広く知られるようになった。「インスタ映えって何？」と聞かれて「こういうもの」と答えられるとしたら、みなさんはインスタ映えの概念を理解している。**インスタ映えのある世界をつくった私たちは、カテゴリーのユーザーにとどまらず、クリエイターでもある。**次のエクササイズでは流行語を分析することで、**カテゴリー化によって人が新しい言葉と概念をつくっている感覚**をよくとらえておこう。

エクササイズ ❶

流行語に見るカテゴリー化

① 　過去に流行語大賞にノミネートされた言葉などの流行語の中から、人びとの行動や考え方を表す語を調べよう。たとえば「３密」、「タピる」、「サブスク」など。漫画・アニメの「鬼滅の刃」は流行したが、行動や考え方ではないので該当しない。しかし「キメハラ（鬼滅の刃ハラスメント）」は人びとの行動を表すので該当する。

② 　その言葉を分析して説明してみよう。何が新しい現象として注目されたのだろうか？　その言葉（カテゴリー）はどんな意味として概念化されている？

（**エクササイズのポイント**）カテゴリー化の考え方をどれくらい理解できたか試す。人がカテゴリーの生成者で、人の作ったカテゴリーで現実は構成されることを確認する。

2 構成主義

　インスタ映えのことを世界で自然に存在する現象とは誰も思わないだろう。私たちがインスタ映えを世界に生み出した。雲でもインスタ映えでも、**それらの対象が見えているというと自然現象のように感じられてしまうが、実は私たちが能動的に見出している**。切れ目のない環境に境界線を引き、ひとかたまりをつくって名付けることで、存在を認識している。雲という言葉がなければ空全体を別の感覚で知覚していただろう。**雲のある世界を私たちがつくった**。このような見方で世界を認識すると、**人はいつでも何かを囲い込んでカテゴリーをつくりながら自らの知覚する世界を成立させている**ことがわかってくる。**私たちはカテゴリーの単なる利用者ではなく、カテゴリーの生成者でもある**。だから「**人はいつも何かを構成している**」のであり、このように世界を認識する立場は**構成主義**（constructivism）と呼ばれている。

　構成主義は哲学の中に数ある**存在論**（何かがある・存在するとはどういうことか）や**認識論**（人がどうやって何かについて知るのか）の立場の1つで、人が現実をつくっているという立場から現象をとらえる。「**構成する**」（construct）とは一般にはパーツを用いてつくることや組み立てることを意味する。この場合においても、**分節**、あるいは**図地分化してつくったパーツを秩序立てて組み立てる**ことをイメージしておけばよい。「構成する」の他に「経験を組織化する」のように「**組織化**」（organize）という表現もよく使うが、「組織を作る」という意味ではなく、「整理して秩序立て、構造化して組み立てる」という意味で使っている。構成主義の視座に立つと、環境のすべては自然発生したものでもなければ、そこにあるのが当然のものでもないことが見えてくる。それらは**私たちが分節／図地分化して知覚し、意味を解釈することによってつくり出した（構成した）現実性**ということになる。

　構成主義には実にさまざまなアプローチがある中で、本書はそこに共通した「**構成する**」という動詞の部分を重視して、最も重要なポイントを「**人はいつも何かを構成している**」のひと言に集約している。構成主義は1人の研究者の理論ではなく、基本前提を共有する多くの人びとの考えから成り立っているため、何を構成主義とするかに

人はいつも何かを構成している！

線引きをするのは難しい（久保田, 2000）。構成主義をめぐる学問的な状況は複雑になっている[1]。ここでは**社会構成主義**と**心理構成主義**の２つに分けるアプローチ（e.g. Gergen, 1994；千田, 2001；中村, 2007）を取りたい。

　社会構成主義も心理構成主義も、どちらも「人はいつも何かを構成している」ことを説明するアプローチであり、別ものではない。分けることによって見えるようにする（可視化する）対象を変えている。**社会構成主義は人が互いに関わり合いながら社会的に現実（世界）を構成する側面を可視化する**ことに適しており、**心理構成主義は個人が環境と相互作用しながら意味を見出す主観的な経験や、そこに矛盾やギャップが生じたときに調整する適応など、人が自らを通して主観的に現実（世界）を構成する側面を可視化する**ことに適している。どちらか一方だけではなく、主観的にも社会的にも現実は構成されている。

3　社会構成主義

（1）意味は関係性の中にある

　社会構成主義は人と環境（自然環境・社会環境）**の関係性に注目し、現実だと思っていることはすべて社会的に構成されていると考える**。「社会的に構成する」とは一人では成立しないということで、**複数の人びとがコミュニケーションしながら互いを通じ合わせることによって世界を成立させる**と言いかえることもできる。**人との関係が深い領域で分節は盛んになり、カテゴリーはより細分化していく**。たとえば大勢の人が天気のことを気にかけて空を見上げる。そのため、細分化された雲の種類は、入道雲（積乱雲）、ひつじ雲（高積雲）、いわし雲（巻積雲）、あまぐも（乱層雲）、すじ雲（巻雲）、わた雲（積雲）など、気象予報士でなくても一般に広く知られている。

　関係性が変わると分節と名称も変化する。家庭から出る廃棄物の「ごみ」と私たちとの関係性で言うと、以前はすべてまとめて「ごみ」扱いだったが、

1　本書では「構成主義」を英語でconstructivismと書いたが、社会構成主義ではconstructionismを使うことが多い。どちらも動詞のconstructが共通している。constructivismとconstructionismは構成主義・構造主義・構築主義など、学問分野や文脈に応じて異なる訳し方をされているのでわかりづらい所がある。さらに混乱しそうなことにconstructionismには「構成主義」と「構築主義」の２つの異なる訳が与えられている。千田（2001）は知識の利用の仕方や相互作用のとらえ方がミクロかマクロかの違いについて、行為者個人の側から焦点を当てた身体をめぐる系譜はミクロからのアプローチをする構成主義、社会的な知識がどのようなダイナミズムで生成されるかに焦点を当てるのはマクロのからのアプローチをする構築主義と訳が使い分けられることを整理している。

1990年代にリサイクル法が制定されると、「ごみ」から再利用を目的とする「資源ごみ」が分節された。さらに「資源ごみ」には、「可燃ごみ／不燃ごみ」、「プラごみ（プラスチックごみ）」、「紙ごみ」等、自治体によってさまざまな区切りや名称が使われるようにもなった。最初に名付けられた「資源ごみ」だと「資源になりそうなごみ」のイメージだったが、今はそこから「ごみ」という言葉が取り除かれ、「資源・資源物」と呼ばれるようになった。「ごみ」と呼ぶ人がいなくなったら、それらはもうごみではない。

　資源かごみか、**分節の境界は揺れ動いているし、そのときの人と社会の都合によってつくられたり、消されたりしている。何をどのカテゴリーに入れるのかも、都合や解釈によって変わってくる。**

カテゴリーの流動性と柔軟性

　食べ物のカテゴリーも関係性の深さによって細分化される。どこに境界線を引いて分けるかは、食用として流通に乗せるための都合で決まることも多い。次のミニリサーチでは、対象と私たちとの関係性の都合によって、分節の位置や名称が変わってしまう例について調べてみよう。そこでわかることは、植物でも魚でも、**自然と呼んでいるものは自然にあるのではなく、人の関与によって社会的に存在する**ということだ。

 ミニリサーチ

線引きの都合
① 「いちご」は何のカテゴリーに分類されるだろうか？
② 魚の「サケ」と「マス」の違いはなんだろうか？

　社会構成主義の考え方を用いると、世界は何らかの**社会的な関係性によってカテゴリー化されている**ことに注目することができる。**ものごとの意味は個人の「頭の中」にあるのではなく「関係性の中」にあり「そうだ」と人びとが「合意」をすることによって初めて「リアル」になる** (Gergen & Gergen, 2004)。サケとマスは生物学的には同じといえるが川にとどまるものと海まで

出るものがいるため呼び方を変えて区別している。しかしサケとマスを異なる魚とすることに合意はできているし、別の魚として売るリアリティは社会で受け入れられている。**社会構成主義の見方をすると唯一の正しい現実を探すことに意味がなくなり、「確からしいこと」や「それらしいこと」として人びとが何に合意・納得・了解をしているかについて考える方が有意義に思えてくる。**

（２）物象化

「インスタ映え」のようにごく最近つくられたカテゴリーについては「人がつくった感」を実感することができるだろう。だがもっと以前につくられた概念になると、つくったことを忘れて「当たり前」や「そんなもの」と思っていないだろうか？　**人がつくったことを忘れてカテゴリーを実体化させ、自然物であるかのように扱うこと**を、社会学者のピーター・L・バーガー（Peter L. Berger）とトーマス・ルックマン（Thomas Luckmann）は、「**物象化**」（reification, Berger & Luckmann, 1966）と呼んでいる。物象化は固定観念を取り払うための鍵となる概念なので、しっかりと押さえておこう。

人の行為も、雲の形も、厳密に言えばそのつど違っていて、その場限りで消える。すべては動きと移り変わりの中にあるのだが、言葉とカテゴリーを用いることによって、私たちは安定的に同じことを再現し、同じものを維持している。その秩序で世界が安定して回っているとき、すべてがあまりにも当たり前で自然に思えてしまい、私たちはつくったことを忘れてしまう。「雲」を自然界にもとからあるものとするのもそうだ。そうやって世界が人の手を離れたとき、「神のご意志」、「自然の産物」、「昔からそうだった」などとして、自らがカテゴリーの生成者であることへの意識が抜け落ちる。物象化とはそうやって、**人が関わってつくり出したものをコントロール不可能で手出しのできない超人間的な存在やモノであるかのように理解すること**でもある（Berger & Luckmann, 1966）。

次のエクササイズでは身近な概念の物象化について考えてみよう。

身近な概念の物象化

　結婚／学校／制服／就職／仕事／親、のうちから1つを選択しよう。それについて、「○○と言えばこれ」や「○○の意味と言えばこれ」、「○○の役割と言えばこれ」のように、社会で定番、当たり前、そういうものと言われていることにはどんなものがあるかを考えよう。

① 　選択した概念　「　　　　　　　」
② 　○○と言えば？　○○の意味と言えば？　○○の役割と言えば？
　思いつくままリストアップしてみよう。
③ 　その中に、あなた自身「私はこうでなくてもよい」と思うものがあれば○印、一般的に多くの人が「これは変えられない」と思っているものがあれば×印をつけよう。

（エクササイズのポイント）人がつくった制度やルール、あるいは慣習なのに、最初からそういうモノであったかのように思い込んでいる部分を明確にする。物象化は抽象度の高い概念なので、具体的な例にあてはめて考えることによって理論を応用する力をきたえることができる。

　今の世の中にある**合意**とは、**過去のある時点でリアルだった状況に適応するためにつくられ、現在に引き継がれたもの**である。たとえば結婚も、**今ある形は少し前に定番になった合意に過ぎない**。その中には昭和に確立した定番も多いが、現代を生きるみなさんからすると昭和はかなり昔の過去に思えるかもしれない。そのもっと昔には別の定番があった。平安時代の貴族には一夫多妻制や通い婚が一般的だった。これらが今では通用しないと思えるのなら、今ある形も過去からの産物であり、絶対的ではなく変わるものであることがわかるだろう。

　次のミニリサーチでは、人びとが性別カテゴリーに対する単純で大雑把な関わり方をやめ、より繊細で複雑な関わり方をしようとし始めたことによる変化を確認してみよう。

性別カテゴリーと選択肢

① 「性別」について「ジェンダー (gender)」と「セックス (sex)」の違いはなんだろうか?

② 日本のパスポートでは「男性」と「女性」の選択肢から性別を選ぶことになっているが、他の国ではどうだろうか?

③ Instagram・Facebook・Twitter・LinkedIn その他の SNS での選択肢はどうなっているか?

　生物学的な性と社会的・文化的な性を表わすジェンダーを調べていくと、従来使用されてきた性別カテゴリーが不便に見えてくるかもしれない。ジェンダーに関わる知覚的複雑性を高め、性自認(主観的な性)、身体的性、性表現(見た目や言葉づかい上の性)、性的指向(恋愛・性愛の対象になる性)等においても、これまでより細分化したカテゴリーで分節することが可能だとわかったら、それに対応したより豊かで多様な現実世界を生きることができるようになる。**人がつくったカテゴリーは、人によってつくり変えることができる。**

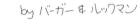

社会的世界は人間によってつくり出されたものである。それゆえにまた、人間によってつくり変えられることができる。
by バーガー & ルックマン

うんうんっ

(3) 本質主義と客観性

　物象化しているとき、つくったはずの世界に振り回されているかもしれない。たとえば新卒採用で就職できなければ負けだと思い込んで、ほかの選択肢を検討する余地がなくなるというのはどうだろう。「新卒採用」や「就活シーズン」は、流行語と同様に、過去のある時期に盛んになった企業の採用と人びとの就職行動のパターンに名前がついて、できた概念だ。世界ではアメリカなど新卒一括採用の概念自体のない国の方が多い。それなのに従わざるを得ないという感覚はないだろうか。

　人をカテゴライズした概念にも同様のことが言える。血液型でも、神経発達のパターンでも、性格の類型化でも、何かの特徴に注目して一般化した場

合のカテゴリー化でしかないのに、カテゴリーに付随する概念がひとり歩きしてしまう。「**そういうカテゴリー化がある**」と思うべきところを「**そういう人がいる**」と思いがちになってしまうのだ。**物事にはもとから備わっていて変わることのない本質がある**とする考え方を「**本質主義**」（essentialism）という。「男の本質は」や「結婚とは本質的に」などと言っているときは、本質主義的な見方をしている。本質という言葉を使わなくても、カテゴリーを物象化すると本質主義になる。「日本人とは」や「高齢者は」などの社会的カテゴリー（第11章参照）を使って何かを語るときは、**特定の視点で境界形成したときのカテゴリー化で、対象を一時的に固めて観察していることを意識して、物象化を遠ざける**ようにしていたい。

　科学的に現象を観察して記述するときは、現実のゆらぎをいったん止めて、客観視できるようにして観測している。たとえば天気を予測するには、雲を客観的に観測して大気中の水蒸気量や気温のデータを集め、その変化を追って法則性を見つけることが重要だ。科学者はカテゴリーを人の存在から切り離し、人の主観とは無関係な独立した存在に設定することで**客観性**を保とうとする。構成主義とは対照的に、**人の外側に実在する世界を、誰がいつ観察しても同じ客観的な目で眺めるこ**

真実はいつもひとつ！

客観的な事実ですよ

それは ある位置で 視点を固定して 観察しているときの 見え方なんだよ。

とによって、理解することができるとする考え方を「**実証主義**」（positivism）という[2]。血液型も、発達障害も、内向型や外向型の性格も、自然科学や社会科学において実証的につくられたカテゴリーであり概念といえる。私たちが学校教育で知識として学んでいることの多くはこの伝統によって生み出されている。

　科学でいう「客観性のある事実」とは、ある特定の視点を固定化して図地分化したときの現象の現れを観測した結果を指している。それにも関わらず、「これは客観的な事実ですよ」と言われると、あたかもそれが真実であるかのような錯覚が生まれやすい。**つくったカテゴリーも、境界も、いつでも解**

2　実証主義の「実証的（positive）」という言葉は、ラテン語の「設定されたもの（positium）」に由来し、17世紀のヨーロッパにおける科学革命の過程において、神によって設定され、人間には変更不可能な自然法則のあり方を示すために用いられるようになった（野家, 2001）。

除できることを忘れないようにしよう。現在では、心理学、言語学、社会学など、異文化コミュニケーションに関連する分野で構成主義的な研究も増えている。**何がもっともらしくリアルかは、それぞれのコンテクストによって異なると考えた方が、ものごとに対し柔軟な対応ができる。**

4 ## 心理構成主義における「経験」

　心理構成主義には、認知臨床心理学の父と呼ばれるアメリカの心理学者**ジョージ・ケリー**（George Kelly, 1905-1967）や、スイスの心理学者**ジャン・ピアジェ**（Jean Piaget, 1896-1980）の流れをくむ構成主義が該当する。ここではまず、**人と環境の相互作用が「経験」として構成されている**という、ケリーの構成主義から始めよう。構成主義的な意味での経験は、後で紹介する**「異文化感受性発達モデル」**（Bennett, 1986, 2013, 2017a）の軸となっている。

（1）そこにいるからではなく、意味を見出すから「経験」できる

　構成主義的にいう「経験」とは、何かをしたことがあるとか、何かの出来事に遭遇したことがあるという意味ではない。経験には**出来事についての連続的な解釈が必要である**とケリー（Kelly, 1955）は述べている。出来事が起こっているときに、**単にその場に居合わせたというだけで何も意味を見出さなかったのなら、その出来事を経験したことにはならない**ということだ。環境を知覚し、意味を見出して解釈することによってこそ経験はなされる。ここでの「解釈」とは「意味を生成する」ことと同義的な意味で扱われている。

　経験を豊かで複雑にするためには、解釈・再解釈をくり返す中で一連の出来事に法則性を見出す必要があるとケリーは考えている。すなわち、ある出来事をイキイキと豊かに、深く感じ取り、経験するためには、**出来事の現実性に秩序を与えているシステムを探し出すことが必要**ということだ。これは異文化コミュニケーションで重要なポイントになる。なぜなら、「異」にカテゴリー化した違いや異文化に触れたとき、**その立場でのリアリティを成立させるシステムを見つけ出すことが、異なる立場での現実性や異文化への理解につながるからだ。自分自身が新しいシステムで環境を分節／図地分化した現実を組織化できるようになることが、異なる立場や異文化におけるローカルな感覚を育てることや異文化適応とつながっている**[3]。

　反対に留学や旅行で海外へ行ったとしても、**ローカルな図地分化の仕方を**

学ぶことがなければ、そのシステムで組織化した世界に触れることはできないともいえる。ベネット（Bennett, 1986）は、ある人（アメリカ人）が「東京はニューヨークと変わらない。どちらも車とビルがたくさんあるから」と言うとき、この人は慣れ親しんだカテゴリーの外にある現象を認識できていないとしている[4]。つまりこの人物は、東京の環境から自分のよく知っている「車」や「ビル」などの対象だけを知覚して、自文化の感覚で解釈することしかできておらず、**ローカルな感覚での図地分化と、それにもとづく解釈によって見えてくる東京のリアリティを経験するには至らなかった**ということになる。東京という場所へ行っただけなので「東京<u>を</u>経験した」というよりは、アメリカにいるときの日常を「東京<u>で</u>経験した」ことになる。

　旅先では特に何の学習目的もなく観光名所を見て、買い物をして帰るという楽しみ方もあるが、異文化体験をするなら、町のローカルな感覚を発見することに意識を向けてみよう。赤信号になったときの歩行者のふるまい方や歩く速度、歩き方自体にもその町の感覚というものがある。人びとのふるまいにも、通りの店構えにも、その町の定番といえるようなパターンがないか探してみよう。

（2）正統的周辺参加の経験から、感覚をつかむ

　ローカルな感覚で図地分化する知覚というと難しく聞こえるかもしれないが、みなさんにもきっと覚えがあるはずだ。ものごとを浅くて一面的な理解でしか解釈できない（＝経験できない）状態から、深く多面的にとらえた解釈ができるようになった経験は、実は誰にでもある。たとえば、学校で運動系の部活に入部したばかりの人にとっては、コートの整備や器具の準備、先輩へのあいさつ、ボール拾いなど、すべてにおいて、何がどういう理屈や秩序で動いているやら、どこに注意を向ければよいやらわからない。右往左往して一日が終わる。しかしある程度の時が経つと、テニス部ならテニス部、野球部なら野球部の**リアリティが、どのように秩序立てられ、構成されているか、把握できてくる**。その中で「テニス部員<u>としての感覚</u>」や「野球部員<u>としての感覚</u>」など、集団の**メンバーとしての感覚**が育つ。

3　異なるシステムで現実が組織化され維持される感覚を身につけ、同じように図地分化する知覚、および、解釈する認知の構造を発達させることは、異文化感受性発達モデル（DMIS）における「適応」（第17章参照）に該当すると言える。

4　このことはDMISにおける「否認」（第15章参照）に該当する。

右往左往する新人時代は誰にでもある。初めてのアルバイトや部活、新しい学校での初日、外国の町などでは、キョロキョロして挙動不審になってしまう。私の初めてのアルバイトはドーナツ屋で、接客のマニュアルトークと一連の作業は覚えたが、カウンターで客が来るのを待つ間どうすればよいかはわからずにいた。立っているだけだと「ボケッとしないで」と注意されるため、作業する素振りを見せないといけない。何にフォーカスして注意を向けるべきかわからず、目も耳も四方八方に気を張っていた。だが少しずつ「その店の感覚」をつかんでくると、知覚の無駄遣いをせずとも、見るべきところと無視してよいところがわかってくる。ナプキンを折ったりショーケースを磨いたりしながら、客席の配置が乱れていないか気配り目配りができるようにもなった。

　あるコミュニティに加わった新参者は、そのようにして最初は「**周辺参加**」することから始め、少しずつ**メンバーらしさ**を身につけながら、やがては「**十全参加**」（フルに参加すること）するようになる。言いかえると、**ローカルな感覚で図地分化するための知覚構造を発達させることによって、十全参加できるようになる**。やがてはコミュニティの熟練者として、次の世代へと実践を引き継ぐようにもなる。この過程は**状況的学習**（第3章参照）における「**正統的周辺参加**」（Lave & Wenger, 1991）と呼ばれ、**人が組織やコミュニティの文化をどのように自分のものにしていくかを表わしている**。このような学習を通して、私にもドーナツ屋の店員としての経験ができるようになったということだ。

対話の時間 <small>ダイアローグ</small> 右往左往の新人時代

　新人時代と感覚をつかんでからの経験との違いを比較してみよう。次の問いに答えながら、まずは個人内コミュニケーションで掘り下げてみて、そこで浮かんできたことを対話で共有しよう。

① 何のコミュニティ？　新人・新入りの頃は何に右往左往した？　コミュニティの古参者から、「よく見て」や「ちゃんとして」と注意されたのはどんなことについてだった？

② そのコミュニティの一員としての感覚をつかんでから後は、以前と比較して何がよく見えるようになった？　どんなことを複雑に味わえるようになった？　逆に今になって思うと、新人・新入りの頃は何が見えていなかったのだろうか？

　比較してみると、新人の頃と熟練した後では、見えるものの範囲や細やかさが変わったことに気づくだろう。意識して学ぼうとしたつもりはなくても、部活やアルバイト先のメンバーの一員として、同じようにその場の活動に参加すること自体が、そこでの感覚をつかみ、他の人たちがリアルだと感じている経験を共にするためのトレーニング（状況的学習）になっている。だからものごとを自然にできるようになったと感じるのだ。

　ここまで**ローカルな図地分化による知覚**、言い方を変えると、**ローカルな分節によるカテゴリー化によって、ローカルな経験ができるようになる**ことについて述べてきた。これは、あるカテゴリーの**内部者の視点（イーミック**，emic）を発達させることでもある。次にカテゴリーの複雑な利用法と生成法について考えよう。

（3）認知的複雑性と知覚的複雑性

　「異」や異文化に触れたとき、まずは大まかなイメージでとらえることが多いだろう。だが大雑把なカテゴリーではものごとを単純にしか理解できず、ステレオタイプやイメージの固定化が起こりやすい。ここでは、**１つの出来事、１人の人間**に対し、「**認知的複雑性**」（cognitive complexity）と「**知覚**

的複雑性」（perceptual complexity）を発達させることによって、多面的で複雑な経験ができるようになることについて考えよう。

　認知的複雑性（Crocket, 1965; Bieri, 1955）は、経験のところで紹介したケリー（Kelly, 1955）によるパーソナル・コンストラクト理論と密接に関連した概念で、**同時に複数の異なる解釈枠組みを利用できること**をいう。コンストラクトとは個人がそれぞれに発達させている環境をとらえるための軸のことで、その数がどれくらい多いかや、どれほど複雑な階層性をもつシステムとして発達させているかは人によって異なっている（坂元, 1988）。軸は基本的に2項化した対極的な概念、たとえば他者をとらえるなら、「背が高い ― 低い」、「積極的 ― 消極的」、「高学歴 ― 低学歴」、「日本人 ― 外国人」などで成立するが、学歴の軸で見る発想のない（そのコンストラクトを持たない）人もいれば、学歴でしか人を見ない（そのコンストラクトしか使えない）人もいる。**利用できるコンストラクトが多いとは、異なる軸でカテゴリー化した概念を同時に使うことができるということだ。認知的複雑性が高いと、ひとつの見方にとらわれずに代替的（オルタナティブ）な切り口からの解釈と再解釈を繰り返し、多面的で複雑な経験をすることができる。**この能力を高めるには、「もしかして？」と切り口を変えながら異なるコンテクストのストーリーを想像するトレーニング（第1章のエクササイズ「実現可能なもうひとつの選択肢」参照）やコンテクスト・シフティング（第10章参照）の発想を学ぶことが役に立つ。

　認知的に複雑であれば他者についてより正確に予測することが可能だが、認知的に単純であれば他者に対し自分のもつコンストラクトを不当に投影（自分の中にあるものを相手に反映させ相手のものとして見ること）しやすくなる（Bieri, 1955）。**認知的複雑性が低いと、なじみのある限られた次元でしかものを見ることができず、他者にとってもそれがすべてのはずという自文化中心主義的な発想になりやすい。**

知覚的複雑性　　認知的複雑性
細やかにカテゴリー化する。　　たくさんのカテゴリーを同時に使う。

複雑につくる　　複雑につかう

　また自分自身を把握する軸が限られると、自分の多様性を認めることも難しくなる。たとえば認知的に単純な人が学歴を気にしている場合、学歴以外の軸で自分の豊かさを認めることができなくなるかもしれない。それを投影

すると、他者も人を学歴で判断するはずだと思い込みやすくなる。認知をより複雑にすることで、ひとつの次元（軸）にとらわれることなく複数のカテゴリーを用いた解釈ができるようになる。以上のように、**認知的複雑性はカテゴリーの利用法を複雑にする**ことに関わっている。

　次に**知覚的複雑性**（Bennett, 2017b）について考えてみよう[5]。カテゴリーの利用法を複雑にする認知的複雑性に対し、カテゴリー生成を繊細で複雑に行えるようにするのが、知覚的複雑性であるということができる。ここではベネットによる構成主義の考え方（Bennett, 2012; 2017b）にもとづき、**知覚的複雑性**の定義を、**感覚レベルにおいて環境をより繊細に知覚し、細分化したカテゴリー化によって、現実の組織化をより複雑に行うこと**とする[6]。

　知覚的複雑性はカテゴリー生成を複雑にすることと関わる。私たちが重視していること、こだわりを持っていること、繰り返しによって経験値の高まっていることの周辺で知覚的複雑性は高まり、詳細なカテゴリー化に対応できるようになる。吹奏楽部で楽器を演奏している人は「管楽器」のくくりの中に異なる音色を聞き分けられるだろうし（e.g. オーボエとクラリネット）、ソム

リエは1杯のワインにぶどうの品種や産地、生産年度の違いを味わい分け、スニーカー好きの人は「スニーカー靴」にブランドや素材、年代によるデザインの変更を見いだすことができ、これらについてのボキャブラリーも豊富だ。**違いがわかるとは、カテゴリー化が細やかで知覚的複雑性が高いということ**だ。投資で成功している人が「金の匂いのする話」に敏感なのも、おいしい店を見分けることに「鼻が効く」人も、そのコンテクストでの知覚的複

5　構成概念システムの分化の度合いは認知的な複雑さ－単純さを反映しており、高度に差別化された構成要素システムは認知的に複雑とされる（坂元, 1988）など、分化（differentiation）の程度に言及する前提には分化させることそのものがあるとでき、認知的複雑性には本書でいう知覚的複雑性の側面が含まれると考えることもできるが、一般的にこの用語は「同時に複数のカテゴリーを利用して複雑なものを複雑なまま認識する」という意味で使われることが多い。ここではあえて両者を分けて定義することによって、カテゴリー化を複雑にする知覚的複雑性の重要性に言及することができるようにしたい。

6　本書の理論的枠組みにもなっているベネット（Bennett, 1986; 2017a）の「異文化感受性発達モデル」は、知覚的複雑性の原理にもとづいている（Bennett, 2017b）。異文化体験における知覚構造の役割をベネットはさまざまな形で強調してきたが（e.g. Bennett, 2012; Bennett & Castiglioni, 2004）、これまで知覚的複雑性の明確な定義はなされていなかった。

雑性が高い。「日本には四季がある」という感覚もまた、自然の中に季節の移り変わりを繊細に知覚することと関わっている。「ダバダ〜♪」の曲と「違いがわかる男」（後に「違いがわかる人」）というキャッチコピーが印象的だったコーヒー（ネスカフェ）のCMではないが、次の「対話の時間（ダイアローグ）」では、違いがわかることについて話してみよう。

対 話の時間（ダイアローグ）　違いのわかる人

まず、次のa〜fの質問に1〜5より回答を選んで数字で記入しよう。

5	4	3	2	1
そう思う	ややそう 思う	どちらとも いえない	あまりそう 思わない	そう思わない

a　コカ・コーラ、コカ・コーラゼロ、ペプシ・コーラの味は違う（　　）

b　大人数のアイドルグループの一人一人がちゃんと違った顔
　　と個性に見える　　　　　　　　　　　　　　　　　　　　（　　）

c　英語のLとRの発音は全く違って聞こえる　　　　　　　　（　　）

d　CD、MP3、ハイレゾ（ハイレゾリューションオーディオ）の
　　音源では、聞こえてくる音の情報量や鮮明さが全く違う　（　　）

e　シャツやインナーで、綿（コットン）と麻（リネン）と
　　絹（シルク）と化学繊維（ポリエステルやナイロン）では、
　　素材の手触りや肌触りが全然違う　　　　　　　　　　　（　　）

f　スパゲッティ、フェットチーネ、ペンネはそれぞれ違う　（　　）

「見分ける・聞き分ける・かぎ分ける・さわり当てる・味わい分ける」などの知覚的複雑性についてペアまたはグループで結果を比較して、気づいたことを話そう。上のほかに自分がこだわりをもって複雑に経験している分野があれば、その話もしてみよう。

（ダイアローグの目的）　知覚的複雑性を身近なものにしよう。正解も間違いもない。お互いに感覚の異なる部分を見つけ合おう。見えたり聞こえたり味わえたりする知覚の範囲が人によって違うことを発見するのも楽しい。

認知する手前の注意の向け方がより繊細になって、分節／図地分化が複雑になると、その感覚でのリアリティを実感するようになる。知覚的複雑性が

発達すると、**コンテクストによって注意の向け方を変えながら、より複雑に組織化した世界を経験することができるようになる**だろう。

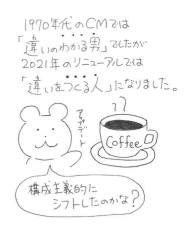

5　心理構成主義における「適応」

　次に心理構成主義の「**適応**」を取り上げる。**適応とは経験と環境との間にギャップやズレが生じた際に、再度うまくフィット（適合）するために行う調整**のことをいう。以下に詳しく見ていこう。

　ピアジェ（1936）は知能を人が生物として行う適応からとらえている。**環境と自分の経験との間にギャップのあるとき、人は新しい構造（秩序やシステム）を取り入れ、既存の構造との整合性がつくよう調整する**。その過程において知識は発達し、知恵が編み出されるというのがピアジェの発達的な学習理論になる。ピアジェのいう適応とは、そのようにして**経験を再構成しながらバランスよく環境にフィットしていられるようにすること**といえる。もう少し具体的にいうなら次のようになる。

　周囲の環境（社会環境・自然環境）によくなじんでフィットしていると、気持ちも身体も楽でいられる。そのようなとき、環境を知覚し、現実を把握するためにはたらかせている秩序やシステムは、そのままの状態で環境と矛盾することなくうまくはまって（フィットして）いる。**知識として知っていることはそのままで通用するし、予測も正確にできる**。ところが新しい土地や組織などで新参者の立場になるとどうだろう。これまで使ってきた既存の知識は通用せず、ものごとが想定通り、あるいはイメージ通りにいかなくて、フィット感が非常に悪くなる。古参者たちはギャップのできていることを意に介さず（自分の新人時代を忘れたかのように！）、新参者のミスやルール違反だと言いがちのため、そのことから居心地の悪い思いをする。すると

その**不安定さや不調和の状態を落ち着かせるために、自己調整の反応が出てくる**。自己調整の方法は、人や場合によって異なるが、たとえば**カルチャーショック**の症状で、やたらと眠くなったり、しばらく人と会わずに休みたくなったりするのも、新しい刺激で疲れた神経を休ませてケアするための一種の自己調整と言える。そうやって心身の状態を回復させたら、またあれこれと試し、うまくはまるものを見つけては、ちょうどよいさじ加減を見極めていく。新しい環境に対し、自分自身のシステムを手探り感覚で最適化していくことが自己調整になり、適応にもなっている。

　適応とは誰かのやり方をそのまま取り入れて「合わせる」ことではない。適応するときは**能動的な自己調整による均衡化**（equilibration）**でバランスを最適化しながら、自分の経験が環境にフィットする度合いを高めていく**。ギャップが大きければ大きいほど新しい環境にフィットして落ち着けるようになるまでには相当な調整が必要となる。この過程が**異文化適応**としても知られている。

　「異」が集団単位での「異文化」として現れているときは集合的な力が作用する。適応が「誰かが誰かに合わせること」として理解されやすいのは、少数派が多数派に合わせるという文脈でこの話の語られることが多いからだろう（e.g. ホスト国での留学生や移民、白人優位な社会での有色人種、男性優位な社会での女性）。だが新参者にとって、古参者とそのコミュニティが「異文化」であるとき、古参者にとっては新参者の持ち込むコンテクストもまた、「異」となり得る。集団の中でのマイノリティも同様に、マジョリティにとっては適応を要する環境の一部であることに変わりはない。**互いが互いにとっての環境となる**意味において、**適応は相互構成**（山本, 2011）**であり相互適応**（Bennett, 2017a）**であるといえる**（第17章参照）。

　マイノリティの立場に注意を向けて知覚しているマジョリティの人たちは、マイノリティの存在を自らの世界の一部として構成した現実を生きている。このような人たちは職場におけるダイバーシティ研修を増やし、従来のままでは居心地の悪い人びとにも働きやすい制度設計をするなど、積極的な調整を図ることができる。しかし、これまでなじんできた世界のバランスが崩れることへの葛藤（conflict）に痛みが出ると、もがいたり（struggle）、喪失感や郷愁の念にかられたりして（sentiment）、それが抵抗や自己防衛を招く場合もある 。要するに、私たちは**自らの構成する世界**（または現実）**のバランスを崩壊させないように、かつ、環境との矛盾やギャップを解消**

するべく、再構成・再組織化して世界（または現実）**の構造を整えている。**2020年に世界的大流行となった新型コロナウイルス（COVID-19）の出現が環境を一変させたことに対しても、私たちはただちに適応を始めた。2020年当時の話としては、リモートワークや遠隔授業、人と距離を取るソーシャル・ディスタンスなど、「withコロナ」を取り入れ、どうやって折り合いをつけるかを模索しながら、社会に新しい構造を生み出そうとしていた。一人一人が意識を変えようとする自己内調整も進行していった。私たちの**主観的な経験を新たに秩序立てる再構成をしながら、同時に、社会を最適化する構造化にも私たちは関わっている。**

（第4章　山本志都）

カテゴリー操作

カテゴリーとの上手な
つき合いかた！

　カテゴリーによる可視化が役立つ場面は多い。だが見えたことで違和感や葛藤が生じ、あつれきに発展することや、カテゴリーがレッテル貼りに使われることもある。この章では私たちとカテゴリーとの関わりについて学び、カテゴリーとの上手なつき合いかたについて考えよう。

　最初にカテゴリーが社会や人との関わりの中でどのように変遷するかを自閉スペクトラム症の歴史に見ながら、**カテゴリーで分ける効果と一度可視化されたカテゴリーの境界を曖昧にしてぼやかす効果**について考えよう。次に、「**観測カテゴリー**」(observational category)(Bennett, 2017b; 2020) としてのカテゴリーの利用法について学ぶ。この考え方でカテゴリーを扱うことができると、集団主義／個人主義のような概念カテゴリーを用いた集団間比較を行うときに、物象化したり本質主義的になったりしないでいられるようになる。この発想をトレーニングするために、「**高コンテクスト**」と「**低コンテクスト**」(Hall, 1959) の概念を観測カテゴリーとして活用しながら、相互作用を分析することにもチャレンジしてみよう。これらを通してカテゴリーを操作する感覚をつかみ、利用法に意識的になると共に、私たちがカテゴリーの生成者であることへの自覚も高めていこう。

1 カテゴリーで分ける効果、グラデーションにしてぼやかす効果

　自閉スペクトラム症が最初に「自閉症」(autism) として登場したのは110年程前のことになる。1911年、「統合失調症」を概念化した精神科医が最重症患者の症状を表そうと、統合失調症のカテゴリー内にサブカテゴリーと

して設けたのが自閉症だった（Evans, 2013）。自閉症は英語で「self」（自己）を意味するギリシャ語の「autos」という言葉に由来し、これは自閉症の「自分の考え方が唯一絶対の真実であるかのようにとらえ、他者の視点を感知することに重大な困難を示す」（Baron-Cohen, 2008, pp.27-28）という側面を表している。統合失調症の一種として生まれた自閉症だが、現在では両者は異なる病気と見なされている。

カテゴリーができると
対象が見えるようになる。
見えたものには反応が出る。
ぼやかすと反応は和らぐ。

時には
防御や
攻撃
としても。

環境が整ったとき、人は改めて
対象としっかり向き合うことができる。

異文化感受性発達モデルの
「否認」-「防衛」-「最小化」を
経て、「受容」する流れ
でもあります。

メモ

　以下では、シルバーマン（Silberman, 2015）と本田（2018）にもとづきながら自閉症の歴史的背景を記述する。自閉症がどのようにして他の病気のサブカテゴリーから固有のカテゴリーとして独立し、その後、範囲を拡張され、さらにはグラデーション化したスペクトラム（連続体）になったのか、カテゴリーの変遷を見ていこう。

（1）カテゴリー化による可視化

　1943年に精神科医のカナーは、当時は統合失調症と見なされていた自閉症の症状（社会的孤立、反復行動、同一性保持へのこだわり）が、本来の統合失調症の発症年齢とされる思春期以降よりもはるかに幼い子どもたちに現れていることに気づき、症例報告した。これが**カナー症候群**として知られるようになり、この名前が新たにカテゴリー化した。1970年代になるとカナー症候群の症状は、先天性の神経発達障害による言語や認知機能の発達不全と考えられるようになり、自閉症は統合失調症から切り離されることになった。

　カテゴリーを全体から分けて独立させることには可視化の効果がある。そのカテゴリーの指し示す存在が知覚の対象になることで、はじめて私たちは認知して、必要な対応について考えられるようになる。見えたり聞こえたり触れたりできるようにするには、対象をほかとは違う存在として特定するカテゴリーとその名前が必要ということだ。カナー症候群の診断名ができたことで、症状をもつ子どもたちは可視化され、適切な治療やケアを受けられるようになった。何かの症状が出て困っているときに、それを特定する症状名がわか

るとほっとするということがある。症状が自分にどんな影響を及ぼすかを理解できることは、当事者にとって癒しや変化の始まりにもなる (Nadeau, 2002)。

（2）カテゴリーの拡張

　その一方で、**カテゴリーができると、今度はそれ故にその基準から外れ、入れなくなる人びとが出てくる**。カナー症候群型の自閉症は知的障害を伴う重度の場合のみと定義されていたことから、その基準から外れる人たちはケアの対象外になった。しかしイギリスの精神科医ローナ・ウィング（Lorna Wing）は、知的障害がないという理由でカナー症候群とは診断されないものの、明らかに類似した特徴を示すという子どもたちの存在に気づいていた。自身にも自閉症状の娘がいて、自閉症者とその家族の支援にも深く関わってきたというウィングならではの気づきだった。ウィングはカナーと同時代の小児科医、アスペルガーに着目した。ドイツ語で書かれていたために広く知られることのなかったアスペルガーの論文を英訳して読むと、知的障害はないがカナー症候群と共通した症状のある子どもたちの症例が報告されており、ウィングはこれを再評価する論文を1981年に発表した。そこから**アスペルガー症候群**が広く知られるようになり、自閉症カテゴリーは、知的障害をもたないアスペルガー症候群までも含める概念として**拡張された**。新たなカテゴリーの追加によって、行き場のなかった人びとが教育や病院、カウンセリングなどで支援を受けられるようになった。**必要なときカテゴリーは拡張され、適用範囲が広げられる**。

（3）曖昧化

　独立したカテゴリーとしての自閉症は認知度を高め、ケアや治療を受けられる人を増やし続けた。しかしその一方で、このカテゴリーは突出した存在として敵意あるまなざしで見られるようにもなっていた (Wing, 1997)。**対象に目を向けるためには必要な可視化だが、見えたことで居心地の悪くなる人びとが出てきて、距離を置いたり、普通ではないとして壁をつくったりすることがある**ためだ（「普通でない」については第19章参照。異に「防衛」的になることは第15章参照）。

　ウィングはカテゴリーが否定的に認識される問題を解消するために、自閉症かそうでないかを**二項対立化させる線引きをなくす**ことを目指し、虹のようなグラデーション状の連続体を意味する「**スペクトラム**」のイメージを強調することにした[1]。それが「AS: Autistic Spectrum」であり、日本語では「**自**

閉症スペクトラム」[2]と呼ばれている。（症のつく位置が自閉スペクトラム症と異なることに注意）。**人によって自閉症的な特徴の出方がさまざまな色合でグラデーション状に広がる**ことを意味し、**健常と言われる人にも多かれ少なかれその特徴が見られる**ことを表している。

　イギリスの発達心理学者サイモン・バロン＝コーエン（Simon Baron-Cohen）もまた、社会的なコミュニケーション障害の軸を連続体としてとらえており、「自閉症スペクトラム指数（AQ）」(Baron-Cohen et al., 2001)を開発した。この尺度は自閉症的な特性の出方を数値化し、強弱として把握することを可能とした。この尺度で測定すると、科学者は非科学者よりもスコアが高く、中でも数学、物理科学者、コンピュータ科学者、工学者のスコアは高いことと、またこれらの職業やスキルと自閉症的な特徴との関連性も高いことがわかった（Baron-Cohen et al., 1998）。こういった分野で能力を発揮する上では、自閉症の特性が必ずしも障害ではないことが結論づけられている（Baron-Cohen et al., 2001）。

　自閉症を連続体上でとらえる発想は急速に浸透した。第3章で紹介した診断名の「自閉スペクトラム症」（ASD: Autistic Spectrum Disorder）、もここから来ている。こちらは「症」や「障害」を意味する「Disorder」を末尾につけて、この症状は誰にでも示される神経発達の仕方が連続体状の多様性でありながらも、日常生活を送る上で困難を生じさせる場合には、病状として承認できることを示している。

1　そうすることによって自閉症スペクトラム内での個々の多様性が失われることへの危惧もあったが、ウィングは二項対立的な状態を解消する方を優先させた。
2　ウィング（Winq, 1997）によるとASは3つの障害を共通とする複数の発達障害の集まりで、カバーする範囲はアスペルガー症候群より広い。「ウィングの3つ組」とも呼ばれる3つの障害とは1）社会性の障害（他者との社会的相互関係の構築や維持が困難、自分のルールと社会のルールのずれ等）、2）コミュニケーションの障害（話し言葉が過度に丁寧、くり返しが多い、一方的、口調と音量調節の異常、言葉を文字通りに受け止める、冗談への理解のずれ等）、3）想像力の障害（ごっこ遊びができない、応用が苦手、日常の決まり事が確立しすぎ、特定の対象への興味集中等）である（宮木, 2018）

一般的に自閉スペクトラム症に該当するのは50〜100人に1人といわれているが、精神科医の本田（2013）によると、通常の社会生活を送ることができるという意味で障害にカテゴリー化されはしないものの、自閉症傾向をもつ非障害型自閉症スペクトラム（ASWD: Autism Spectrum Without Disorder）に該当する人であれば、10人に1人はいるという。D（障害）のつかない非障害型であったとしても、職場や学校でのコミュニケーションや対人関係に困難の生じることが少なくはなく、劣等感や生きづらさを感じる人も多いと本田は述べている。

　さらに日本では、自閉スペクトラム症やその他の発達障害／神経発達症の傾向があっても診断は下りない状態を指して「**グレーゾーン**」という言葉が出てきたり、大人になってからの仕事のミスや人間関係上の困難に悩む人たちが自身を「**大人の発達障害**」（大人になるまで見過ごされていた発達障害）として自覚したりするケースも増えている（姫野, 2019）。職場でのグレーゾーンに焦点を当て、どのような対応と調整をすれば当事者の個性を生かし、周囲の人たちとのあつれきを低減できるかを検討した報告（産業ソーシャルワーカー協会, 2019）も発表されるなど、**このカテゴリーは、今や誰しもに関わるごく身近なテーマとして扱われるようになってきた。**

　自閉スペクトラム症はまた、注意欠如・多動症（ADHD）や学習障害（LD）など他の神経発達症／発達障害の特性と混ざり合って出てくる場合のあることも知られるようになった。スペクトラムはさらに複雑なグラデーションを呈するようになっている。このカテゴリーの変遷はこれで終わりではなく、これからも続き、人間そして自閉症への理解が進むにつれ、境界や名称は変えられていくだろう。次のミニリサーチでは、神経発達症／発達障害としてカテゴライズされる症状や特性を具体的に調べてみよう。Dのつかない自閉症スペクトラムやグレーゾーンのことも調べて、知る機会にしていこう[3]。しかしカテゴリーを知覚できるようになったら、あえて**カテゴリー間の境界をぼやかして曖昧にする「曖昧化」**（blurring）（山本, 2014; 2016; Crisp, 2002）**によって、カテゴリーを孤立させず全体とつなげておくことも必要**だ。分けること

3　本書はこれらが「異」に分節されるコンテクストをどう扱うかに焦点を当てているため、それぞれの特性や対応法を紹介することができていない。関連する本が数多く出版され、インターネット上にも情報がたくさんあるため、そちらを参照願いたい。本書で紹介した本田（2013）による非障害自閉症スペクトラム（ASWD）の特性をごく簡単に述べるなら、臨機応変な対人関係が苦手で、自分の関心、やり方、ペースの維持を最優先させたいという本能的志向が強いことになる。姫野（2019）による簡単な紹介では、自閉スペクトラム症は独特なマイルールを守ろうとすることやコミュニケーションに問題が生じやすい特性があり、注意欠陥・多動症は衝動的な言動や不注意などが目立ち、学習障害は知的な問題はなくても簡単な読み書きに困難が生じるとある。特性の出方も人それぞれなので様々な資料や文献に当たってみよう。

とつながりを持たせること、どちらの認知操作も、私たちが行っている現実の構成といえる。

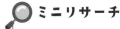

ミニリサーチ

スペクトラム上に現れている特性

　自閉スペクトラム症（ASD）、自閉症、注意欠如・多動症、学習障害など、神経発達症／発達障害にカテゴライズされる症状や特性を具体的に調べよう。グレーゾーンやD（障害）のつかない非障害型自閉症スペクトラム（ASWD）も合わせて調べよう。

（4）再カテゴリー化

　カテゴリー間のつながりを取り戻す方法として、社会心理学では**再カテゴリー化**（recategorization）という概念を用い、他の集団への偏見を低減させる研究も行われている。**別の軸でくくり直すことによって一体化させる**か、あるいは、**いずれのカテゴリーも、より大きな集団の下位集団同士であるという認識をもつ**ことによって、「**共通内集団アイデンティティ**」（common in-group identity）を形成することが有効といわれている (Gaertner et al., 1999)。曖昧化は境界線をぼやかすイメージになるが、再カテゴリー化は境界線を包括的な位置で引き直すイメージになる。

　みなさんには境界が曖昧になって、分け隔てたり遠ざけたりしていたカテゴリーを身近に感じるようになった経験はあるだろうか？　共通点を見つけて同じくくりに入れ直したことは？　次の対話の時間で探索してみよう。

対話の時間 境界を曖昧化する

　自分たちとは違うと思って分け隔てていたカテゴリーを、「考えてみたら、私たちみんなに多かれ少なかれそういうところがあるかも？」や「こわがる必要はなかったね！」、「共通点があるんじゃない？」と一緒にして、全体に溶け込ませた例はないだろうか？　自分に問いかけてみたり、パートナーの経験をたずねてみたりしながら、探してみよう。

再カテゴリー化と曖昧化は、いずれも二項対立化したカテゴリー間につながりを持たせることによって、集団間の関係を調整したり、偏見やステレオタイプを低減したりするのに有効なアプローチであるといえる (e.g. Rosenthal & Crisp, 2006)。異文化コミュニケーション的にはその調整を「異」と共にあり続けるための適応的な知恵と考えることができる。だがそれはみなが同じで一様になることを目指すのとは異なっている。**過去からの構造や心の壁といったものをいったん崩し、新しい形に分節し直して、新たな組織化による現実をつくるための再カテゴリー化であり、曖昧化である**として理解しておこう。このようにすることは**異文化感受性発達モデル** (Bennett, 1986; 2017a) **における二項対立化した「防衛」の局面から、差異を「最小化」した知覚構造への発達をうながす**ことになる(第15章参照)。そうやってつながりを得た上で、改めて冷静に自他の違いを見つめ直せば、知覚的複雑性を高めることができるだろう。**違うけど同じ、同じだけど違う、と視点をゆらし続けよう。**

2 カテゴリーを分ける感覚とつなぐ感覚

？エクササイズ ❶

集団の境界線

① 　3名以上のグループをつくり、下のような日常のさまざまなコンテクストについて話し合い、グループを2つに分ける相違点がないか探しだそう。(例：パン派／ご飯派、布団派／ベッド派、社員／アルバイト、営業／経理)

> **日常のさまざまなコンテクスト**
> ＊食事をする　＊トイレに行く　＊寝る　＊お金を稼ぐ　＊本を読む
> ＊車で出かける必要のあるとき　＊海外旅行をする　＊買い物をする

② 　同じコンテクストで、今度は全員にあてはまる共通点を探してみよう。(例：全員食事では箸を使う、全員週休二日制、全員トイレは洋式でないと嫌だ)

エクササイズのポイント さまざまな社会的状況において、集団全体がどのように分かれてカテゴリー化するかを探し出すことによって、人が境界をつくりだす感覚をつかむ。全員をひとつにする境界を出現させることができることも感じよう。

　複数の人がいればさまざまな基準でカテゴリー分けができる。属性のほか
に「○○派」(ネコ派と犬派、アウトドア派とインドア派)のような嗜好の違い、
「○○経験者」(留学・入院・離婚などの経験者と未経験者)、ごく単純に「○
○と○○でない」とした二項化もできる。視点を少しずらすだけで境界の位
置は変わり、カテゴリーは組み換えられる。この要領なら集団を分割するカ
テゴリーを無限につくり出すことができる。**カテゴリー化は流動的で、関係
性の中に異なる立場をつくり出しているのは私たちである**という感覚がつか
めただろうか。

　それと同時に、**人が社会的にどのような立場になるか、そのときどのよう
な制限が出てくるかは、コンテクストにひもづく**ということにも気がついた
だろう。食事であればベジタリアンメニューがないと困る人や食品アレル
ギーのある人、宗教上の理由で食べられないものがある人もいる。異なるコ
ンテクストには**異なるカテゴリー化による立場**が生じている。

3　ステレオタイプ化させないカテゴリーの利用法

(1) 異文化コミュニケーションへの批判

　異文化コミュニケーションで個人主義や集団主義の話をするのはステレオ
タイプではないかという批判がある。**ステレオタイプを一言でいうと、集団
に対してもつ固定観念的なイメージ**と説明できる (第11章参照)。私も大学で
教え始めてすぐのころ、同僚だった先生から「異文化コミュニケーションは
ステレオタイプを教えているのではないか」という疑問をぶつけられた経験
がある[4]。確かに、国でも民族でも性格でも血液型でも、タイプ分けするカ
テゴリーには物象化のリスクが常にあり、それは個人主義や集団主義にもあ
てはまる。

　一般に、個人主義では判断する際の基準を自分の中にもち、集団主義では
コミュニティの他の人びとにどう思われるか、どんな影響を与えるかを考慮
して判断するといわれている。アメリカ人は個人主義的で日本人は集団主義

4　この疑問をぶつけてきたのはセカンドオーダー・サイバネティクス (Maruyama, 1963) に多大な貢献をし
た丸山孫郎先生で、当時は筆者 (山本) と同じ青森公立大学で教鞭を執っていた。セカンドオーダー・サイバ
ネティクスは後に複雑系や自己組織化などに発展したシステム論の考え方である。私がポートランド州立大学
で院生のとき、ベネットが共同代表を務めていた Intercultural Communication Institute (異文化コミュニケー
ション研究所) で文献管理のインターンをしていて (1991年頃)、丸山先生のマインドスケープ (mindscape)
の論文を見つけ、その発想に感銘を受けたことがある。今回調べてみると、丸山先生が1973年から1976年に
はポートランド州立大学でシステム科学を教えていたことがわかり、改めてご縁を感じた次第である。

的ともいわれている。これを聞いて、「互いの行動を予測するのに役に立つ」と思うだろうか？　それとも「色眼鏡による先入観を与える」や「日本人を決めつける本質主義」と思うだろうか？

　この批判は伝統的な異文化コミュニケーションが国単位など、集団のカテゴリーによって人びとを比較することを中心としていたことに起因している。だが、本質主義的になることや誤解を与えるおそれがあるといった理由で、個人主義／集団主義、高コンテクスト／低コンテクスト、あるいは日米の文化比較などを教育の場で紹介しないでいるのも間違いではないかという小坂（2009）の指摘の通り、分析単位としてのカテゴリー（国、職種、年代、人種等の集合体）や、コミュニケーション上に生じたギャップを説明するためのカテゴリー、すなわち概念を使えなければ、有用な知識を失うことにもなる。私が同僚から疑問を投げかけられたときは、「日本人＝集団主義の図式を固定観念的にあてはめるのはステレオタイプだが、そのような使い方はしていない」と説明したが、うまく納得してもらえるような説明ではなかった。結局のところ、物象化やステレオタイプ化のリスクが常にあることを考慮すると、**物象化やステレオタイプ化させないカテゴリーの利用法を知ることこそが異文化コミュニケーションにおいて重要**といえる。

（2）観測カテゴリー

　使い方によっては、人を表すどんなカテゴリーでも、自分や他人へのレッテル貼りとなり得る。そうならないカテゴリーの使い方を、ベネット（Bennett, 2017b, 2020）による「**観測カテゴリー**」（observational category）という考え方に学ぼう[5]。英語の「observe」は観察でも観測でもあるため、「観察カテゴリー」とも、「観測カテゴリー」とも、訳すことができる。しかし本書では観測カテゴリーと訳す。その理由を以下に述べる。

　まず、**現象をただただ注意深く見ようとするのが観察なのに対し、観測では、特定の視点を介して図地分化したときの対象が、「図」として知覚される。**夜の海を「観察」するのなら、暗い空や町の灯りと一体化した光景として海を見たり、海面や海上、波打ち際、波の音や潮の香りなど、注意をあちこち

5　ベネット（Bennett, 2020）は観測カテゴリーのことを、カテゴリー間での比較を行うときの視点、あるいは、分析枠組みとして用いるための、構築されたエティック・カテゴリー（constructed etic category）であるとしている。エティック・カテゴリーを知覚表象（perceptual representation）として扱う場合、集団内でのばらつきは、集団間での対比を上回ることはないことが仮定されている。この概念の説明については、山本（2022a）も参照されたい。

へと振り向けながら知覚したりするだろう。一方、夜の海を「観測」するのなら、夜の海とは何かを定義して、範囲を定めてから見ることになる。夜の海に含まれる要素のうち、何に注目して見るかも、決めた上で見るだろう。観測には「図」としてフォーカスし、見るべき対象がある。「**図**」とは**カテゴリー**のことだ。**その「図」で情報を整理して、組織化したときの現象の現れを見ている。**

　予断を持たずに観察するのは大事なことだ。自分なりの発見があるかもしれない。だがそのままでは見えてこないものを可視化するのが、学問における概念であり、さまざまなものの違いを見分けるための詳細なカテゴリー化であるといえる。ただし、カテゴリーを使っているときは、何を「図」に定めて見るか決めた上で見ているのだから、観測と同じようなことをしている意識を持っておきたい[6]。**使用するカテゴリーが「図」と「地」に分ける視点として作用することを強調して、観測カテゴリーと呼んでおく。**

　ベネット（Bennett, 2020）は、集団主義や個人主義のように行動パターンを分類した概念を、**集団に存在しているのではなく、他の集団と比較して観察しようとするときに、存在するようになるもの**として説明している。そのことを意識していないと、物象化する。だから、ステレオタイプや本質主義になるのなら、**使い方に問題がある。**カテゴリーとその概念を知り、知識を持てば、現実をさまざまな形に可視化して理解できるようになる。これまで異文化コミュニケーションで蓄積してきた知識を、物象化、ステレオタイプ化させないためにも、**利用する私たちの観点を構成主義のパラダイムにアップデートして、これらをうまく活用していこう**、というのが、観測カテゴリーを提唱したベネットからの呼びかけであると私は解釈している。

　カテゴリーは、必要なとき、**対象を一時的に囲い込み、知覚の対象にするための道具**として使うようにしよう。使用時には、私たちが現実の見え方に手を加えたことを思い出しながら使い、そして**使用後は、カテゴリー化を解除できる**ようにしておこう。

6　まなざす対象を定め、そのまなざしの先に見える地平を定めているともいえる（第3章参照）。

（1）分析の視点をもたずに観察〈ビフォー〉

　次のケーススタディに取り組んで、分析のための枠組み（カテゴリー・概念）を使用する前と後の比較をしてみよう。最初は自分なりの感覚で考えてみてほしい[7]。

？ エクササイズ ❷

【ケーススタディ】静かにしてほしい

　次のケース（事例）を読んで、問いに答えよう。

> 　春菜は大学3年生。交換留学の制度を利用して、アメリカの大学に1年間の留学中。机とベッドが2つずつ置かれた寮の部屋をルームメイトのメアリーと共有している。明るく話し好きな2年生のメアリーは、白人が人口の95％を占める小さな町から来たそうだ。
>
> 　ある晩、春菜は翌日の文化人類学のテストのためにいっしょうけんめい勉強していた。テストで点数が取れないと大変なことになる。学期末の成績（GPA）が低いと次の学期を継続する資格を失い、帰国する決まりになっている。地下にスタディルームはあるが、夜は人がいなくて怖いため、春菜はなんとか部屋で勉強したい。だが目の前のベッドに腰掛けたメアリーはといえば、同じ寮の別の部屋から遊びに来た友人と一緒に、テレビを見ながら大声で笑っておしゃべりに夢中だ。もう少し静かにしてもらえないかと、春菜はアクションを起こすことにした。

── ここからは春菜の取った3つのアクションを順に紹介する ──

> 行動1　最初に取った行動は、机の上にテキストを開き、辞書を引きながら勉強を続ける姿を見せることだった。メアリーからの反応はない。

7　ケーススタディをもっと学んでみたいという人には、久米昭元・長谷川典子（2007）『ケースで学ぶ異文化コミュニケーション：誤解・失敗・すれ違い』有斐閣選書がある。異文化間でコンフリクト状況になっている事例とその解説が豊富に掲載されている。

行動2　次に春菜はこういった。"Mary, I have an exam tomorrow" しかしメアリーの返事は、"Oh, good luck!" メアリーは笑顔だった。春菜もほほえんで、"Thank you" と返した。

行動3　最後に、春菜は迷っているような声色で、語尾を上げ、問いかけるようにしてこう言った。"Maybe, I should go to the study room...?" メアリーの返事は、"O.K. See you later!" 春菜は荷物を持ってスタディルームへ移動した。

　このようなすれ違いが起きてしまったのはなぜだろう？　春菜の取った 行動1〜3 の意図をあなたならどう解釈する？　メアリーにとっては春菜の 行動1〜3 がどのような意味として解釈されていたのだろうか？

（エクササイズのポイント）それぞれの目には何が映り、言葉はどう聞こえているのかを想像してみよう。まず自分の感覚で春菜の意図を考え、メアリーについては想像で考えてみよう。

（2）高コンテクストと低コンテクストで観測〈アフター〉

　次の高コンテクストと低コンテクストの説明を読んでから、ケーススタディに再度取り組んでみよう。ビフォーとアフターで見えるものが変わってくるはずだ。見る目が変わるのだから！　見る人の目が現実の現れをその形にしている。

　　高コンテクストと低コンテクストは、異文化コミュニケーションの生みの親といわれる文化人類学者のエドワード・T・ホール（Edward T. Hall, 1976）によって概念化された。両者の違いは、意味を解釈する手がかりとして、コンテクストをどの程度利用するかの差にある。コミュ

ニケーションで意味を理解するとき、私たちは言葉だけではなく、非言語情報（表情・ジェスチャー・声のトーン等）や背景情報（その場の状況・互いの関係性・これまでの経緯等）も吟味して、総合的に判断している。その際に、**意味は背景情報としてのコンテクストに織り込まれていると想定する度合いが相対的に高いことを高コンテクスト、低いことを低コンテクストという。**

　誰かに頼みごとをして、相手が「ちょっと難しいですね……」と言ったら、無意識のうちに〈だから無理です〉と相手が言語化していない残りの部分まで補い、断りの意味として聞くことが多くはないだろうか？　誰かを誘ったときも、「すごく行きたいんだけど……」と言いよどまれたら、〈行けません〉と声に出ていない部分を読み取りはしないだろうか？　このように、**非言語情報や背景情報を手がかりにして、言語化されない部分を読み取るのは高コンテクストで、それを習慣化した「察し」のコミュニケーション**が日本の社会では共有されている。

　コミュニケーション学者の石井敏はコミュニケーションが高コンテクストの形で成立することを「**遠慮―察しコミュニケーション・モデル**」(Ishii, 1984) としてモデル化している。これによると、伝える人は、気持ちや考えを表現する前にあれこれ自問自答してから伝えるのだが、その際に「**遠慮**」の気持ちが作用することによって、実際に言語化して伝える部分を本来の情報量より少なくしている。受け取る側は、相手の言葉に遠慮がはたらいているであろうことを織り込み、その部分を「**察し**」で補って解釈する。

　高コンテクストを想定すると、言語化されない部分を読み取り合うことになる。反対に、低コンテクストを想定すると、意味の手がかりをコンテクストではなく言語に求めることになる。したがって、低コンテクストでは**言葉を額面通りに受け止める確率も相対的に高くなる**。ここで確率や相対的という言葉を使っているのは、相互作用の中で対比させる対象があるときにしかいえないことだからであり、比較するとそのような現象に出会う確率が高いのではないかという意味だからである。比較は国だけに限られない。関係性単位で見てみると、恋人同士ではより高コンテクストに、初対面の相手とのコミュニケーションや売買契約を結ぶときのやりとりではより低コンテクストになる。

　前記の説明を読むと、春菜のコミュニケーションは**高コンテクストのシステムで動く世界を想定した行動**であったことがわかるだろう。明示的に言葉で「静かにしてほしい」と意思表示をする代わりに、「勉強しなくてはならない状況」や「困っている状況」などのコンテクストを共有することで、「だから静かにしてほしい」の部分を暗示的に伝えている。仕草や声のトーンなどの非言語情報にも頼っている。

　実はこれは私の実体験で、本当に上の行動1〜3の通りのことをした。注意深く考えて意図的にやったというよりは、自分の想定にのっとってごく自然に行っていた。「明日試験があるんだ」というのは、後から思うと「だから静かにしてほしい」を省略していた。「静かにして」と言うと相手が「注意された」と思って嫌な気持ちになるかもという遠慮がはたらいていた。行動3では声のトーンで迷いを伝えながら「勉強部屋へ行った方がいいのかなぁ？」と投げかけたつもりで、そうすればルームメイトも一緒に考えてくれるかもと期待していた。もしかすると「あ、勉強したいの？　だったら友達の部屋へ行くね」と言ってくれるかも、なんていう淡い期待もあった。「じゃ、あとでね！」と言われたときはあっけにとられた。一方、私のルームメイトの方は言語情報から意味をくみとっていたことがわかる。言葉だけで見ると、「試験があるんだ」に対する「がんばってね！」も、「私、勉強部屋へ行く方がいいかも」に対する「じゃあ後でね！」も、ちゃんとかみあっている。ルームメイトの反応は、**低コンテクストのパターンで動くシステムにもとづいた行動**であったことがわかる。もし私が最初から理由を添えて要求を言語化していたなら、彼女はきっと笑顔で「O.K.」と応じてくれていただろう。小さなことでも言葉で交渉するのが低コンテクスト的な調整法になる。

どこにギャップができているのか？
何がどう作用してギャップを生じさせているのか？

「AとBはちがう」ちがうってことだけがわかっても……。

ギャップの出方を可視化する観測1カテゴリー

比較して観察する人の目を通して見たときに形をあらわす。

当時はもやもやする度に「日本とアメリカは文化が違うからだよね？」と、わかったような、わからないような納得のしかたをしていた。**国という分析単位でしか観察できないでいる限り、「国が違うと文化が違う」としか解釈できない**。私が事例にあった経験を解釈できるようになったのは、帰国して高コンテクストと低コンテクストの概念を学んだときだった。あてはめて考えてみると、目からウロコがぼろぼろはがれ落ちるように、**2人の相互作用場面の解像度が上がり、起きていたことが鮮やかできめ細かく見えるようになった**。つまりは**知覚的複雑性が高まった**。

5 カテゴリーとのつき合いかた

（1）本質扱いせず、観測後は解除する

　ベネット（Bennett, 2020）は、高コンテクストと低コンテクストを観測カテゴリーとして活用する上での注意点を以下のように述べている。まず、**ある集団に高コンテクスト性や低コンテクスト性（のような本質）があるのではなく、また、個人（の性質）が高コンテクストであったり低コンテクストであったりするのでもない**。ベネットによると、高コンテクストと低コンテクストの区別は現象そのものにあるのではなく、現象と観察者の相互作用の中に存在する。高コンテクストや低コンテクストのような**異なる形式があると物象化するのではなく、それらの違いは比較して観察している者の目を通して構成されたときその形として現れる**と構成主義的にとらえておこう。

　このことをなぜこんなにも強調するかというと、私たちがカテゴリーをあてはめたときに見えてくる一側面のみを見て、個人や集団の本質を知ったかのような気持ちになりやすいからだ。血液型のA／B／O／ABは輸血のコンテクストで不適合の反応が出る事故を防ぐときに意味をもつ観測カテゴリーだが、血液型占いのように、個人の性格のタイプ分けとして扱われることも多い。カテゴリーには本来の姿（本質）とよべるような実体などない。あるコンテクストでカテゴリーをつくり、**何かの対象を可視化させ、差異を見出す目が養われたなら、つまり**

観測カテゴリーは
使用後の解除を
お忘れなく！

クマちゃんからのお願いです。

知覚構造が複雑になり、知覚的複雑性が高まったなら、後は柔軟に拡張したり、解除して個に戻したりする認知操作ができるようになりたい。人は多面的で複雑な存在であり、１つのカテゴリーはそのうちの１つの側面しか表わせていない。

（２）個人として見ればいい？

　カテゴリーを用いることが先入観や決めつけ、偏見になるくらいなら、最初からカテゴリーを使わず、個人として見ればよいのではという意見も出てくるかもしれない。確かにカテゴリーと個人の間で視点を行ったり来たりさせる必要性はある。日本人と外国籍のメンバーが共に働く多文化チームを調査した石黒（2020）によると、チームの日本人リーダーたちが外国籍メンバーについて語るとき、「インド人は〜」のような集団属性を使うことがあっても、その後すぐメンバーのユニークな個人としての属性に言及するなど、**複数の属性カテゴリーを用いた視点移動**を行っていたそうだ。これは**認知的複雑性**（第4章参照）を高いレベルで身につけている例といえる。生まれ育った環境で習慣化した行動が職場で「異」として顕在化する側面に目を向けつつ、同時に、個人ならではの側面からも見ることによって、**視点を流動的に移動させられる**というのがポイントになる。これは**コンテクスト・シフティング**を行うということでもある（第10章参照）。

　したがって、**個人としても見ることのできる視点移動が重要なのであり、個人としてのみでしか見られなくなることには注意を促したい**。チームの一員でありひとりの人間でしかないという見方を大事にしながらも、外国籍のメンバーやその家族が、職場で、自宅のあるコミュニティで、あるいは、子どもの通う学校で、「外国人」として経験するリアリティもあるだろう。それにも関わらず、個人としてしか見ないまなざしは、その部分をないものにして見えなくさせてしまう。これは異文化感受性発達モデルでいう「**否認**」の状態といえる（第15章参照）。**社会と無関係に存在する個人などいない**。現実だと思っていることはすべて社会的に構成されているという社会構成主義の考え方を思い出すと、構造に埋め込まれた差別や不平等にも目が向くだろう（第9章参照）。**個人としてしか見ないのは、当事者の置かれた社会的なコンテクストを無視することになる**ので気をつけたい。

（3）カテゴリー化を流動的にする

　高コンテクストと低コンテクストの説明力は高いが、他のカテゴリー化を適用できないかというと、そうでもない。たとえば、2人の間には、「明日試験がある側／ない側」や「余裕がない側／ヒマで遊びたい側」など、異なる立場によって分かれてできた「異」が関わっていた。**「異」を互いの間で了解可能な「異」にするために働きかければ、調整のための相互構成が始まる。対応が可能になれば、「異」は依然として残っていたとしても、問題ではなくなる。**

　実はこの後の学期に、私のルームメイトは3学期連続での成績不良となり退学勧告を受け、地元へ帰ってしまった。成績を気にしなくてはならないのは私だけだと思っていたのだが、彼女も同様の立場だったのだ。そういうアメリカの大学のシステムを当時の私は知らなかったし、ルームメイトにリーチがかかっていたことも知らなかった。そこを自己開示して互いの間で情報共有していたら、「成績が悪いとやばいことになる者同士」として**再カテゴリー化**し、共に落ち着いて勉強する環境の確保に努めていたかもしれない。

　このほかに、たとえば音を気にするところにも注目してみよう。テレビの音や家族のおしゃべりを気にすることなく居間で勉強できる人たちがいる。「音に敏感な人／音に敏感ではなく、そこを気にする発想がない人」、または「HSP」（ハイリー・センシティブ・パーソン）など、**ほかのカテゴリー化で観察すると、異なるタイプの「異」が見えて、すれ違いの解釈は変わる。**ルームメイトと共有している部屋なのだから、そこに静けさを求めて働きかけるより、自分自身がノイズキャンセリング・ヘッドフォンをするなどして環境調整するという選択肢も浮上する。当時の私はそのことに考えがおよばず、自分を基準に他人に静けさを求めていたことになる（自分も気が乗ると大騒ぎをするくせに）。

（4）自分も他人も決めつけない

　人間関係やコミュニケーション、あるいは毎日の生活そのものに不便さを感じているとき、それを説明できるカテゴリーを見つけると、うれしくなる。ただそれにはまり過ぎると、1つのカテゴリーに「居着く」ことによって、自分のことも他人のことも、それでしか見られなくなってしまう（「居着く」については第12章参照）。血液型占いを信じるのと同じ様にはならないように気をつけよう。本書でもすでにたくさんのカテゴリーを紹介してきたが、すべて

観測カテゴリーとして活用するようにしたい。「それで見ると自分にもその要素あるな」とか、「他の人よりその成分が多めだな」などとして**自己理解を深める**と同時に、**観測カテゴリーを入れ替えるごとに見えてくる自分の顔が変わる**ことの方を楽しんでほしい。**自分にも他人にも多様性を探索することに役立てよう。**

（第5章　山本志都）

実現可能なもう1つの選択肢

① 　砂漠や乾燥地帯の多いオーストラリアでは、水を貴重と考える人が多い。ホームステイをする学生に対しても、シャワーを使うのは5分以内などと時間制限を設けることもある。皿洗いした洗剤を水ですすがず、布でふきとってしまう習慣には、水資源への感覚の違いがあることが考えられる。この方法はイギリスやニュージーランドでも見られる。かつて水がそこまで衛生的でなかった時代を経験した世代の人たちにとっては、洗剤をつけること自体がきれいにすることという感覚も残っているかもしれない。

② 　茶道には、さっぱりタイプの薄茶とトロリと練られた濃茶とがある。カフェで抹茶として出てくるのは薄茶の方になる。濃茶には、ひとつの椀で主客から順番に回し飲むという作法がある。神前式の三々九度で新郎と新婦が交わす杯や、「同じ釜の飯を食う」という言葉にも表れているように、ひとつのものを分かち合い、味わうことで、一体感を得るという価値観も反映されている。

③ 　煮沸洗浄して雑菌を消毒し、きれいにするという考え方がある。ドイツの洗濯機には90～95℃の熱湯で洗う機能がある。アメリカの寮ではこのタイプの洗濯機がなかったため、筆者（山本）の友人のドイツ人のルームメイトが、実際このようにするのに出くわしたことがある。スイスや韓国でも同様の機能のついた洗濯機があるそうだ。日本の洗濯機には通常ここまで高温で洗う機能はない。逆に、日本の洗濯機にあって他国の洗濯機にないのが、風呂の残り湯をホースで吸い上げて洗う機能になる。残り湯を無駄にしない、あるいは、残り湯の方が冷たい水より汚れがよく落ちるという考え方ができるが、雑菌だらけの残り湯で洗濯することを不衛生と感じる人もいるだろう。

Ⅱ　異と出会う

第 6 章

エポケーとエンパシー

判断を止めると、
新しい世界が
見えてくる！

「人はいつも何かを構成している」のだが、どのように構成して意味づけた世界を眺めているかは、人によって、またその人の置かれた立場や状況といったコンテクストによって、異なっている。この章ではまず次のエクササイズ、「【カードゲーム】私が構成する世界」を通して、そのことを体感してみよう。ゲームなので答えを当ててもらうのだが、他者のシステムによって秩序立てられた世界の法則性を読み解くのは容易なことではない。他者がどのような感覚でものごとを秩序立て、そこに正当性を見い出しているのかを、私たちはどうやって知ることができるだろう？　異文化コミュニケーションにおけるこの重要な課題にアプローチするために、この章の後半では自動的な解釈や判断をいったん止めること（**エポケー**）や他者の経験に想像的に参加すること（**エンパシー**）について考える。

1 他者のつくる秩序に、寄り添えるか？

？エクササイズ❶

【カードゲーム】私が構成する世界

手順

＊基本的にペアで行うゲーム。４人までのグループで行うこともできる。

＊１人が「無言で」、次のページの表の24個のものを「大きく２つ」に
　分類する。その過程をもう１人（グループで行うなら残りの人たち）
　はよく観察して、何の基準で分けているかを当てる。難しすぎるとき

はヒントをもらってもよい。当たったら役割を交替する。指定された
時間までの間、役割交替しながら別の分けかたでも当て合う。ペアな
ら10分間で2〜4往復ほどできる。

＊カードを切り取ってばらばらにするなら、普通のカードのように分類
できる。そのままテキストに書き込むなら、各イラストの下に1回目
から4回目までを書き込めるので、「○」グループと「×」グループの
ように、グループの印を書き入れて、2つに分けよう。

どんな分けかたがあっただろうか？　ペア（グループ）の人から出たのも
合わせて書き出そう。

（エクササイズのポイント）パートナーが分類・整理していく過程を見ながら、その
秩序性・法則性を追いかけることによって、パートナーのつくり出す世界の構成を
想像し、共有することを試みる。私たちが個々の対象をカテゴリー化して世界をつ
くる（組織化する）こと、その構成はきわめて主観的な意味でもあることを体感す
る。私たちは相手の主観をどうやって推測しているのだろうか？

【カードゲーム】私が構成する世界

①くるま	②カメラ	③ぼうし	④とけい
1回目 / 2回目	1回目 / 2回目	1回目 / 2回目	1回目 / 2回目
3回目 / 4回目	3回目 / 4回目	3回目 / 4回目	3回目 / 4回目
⑤だいこん	⑥いぬ	⑦まじょ	⑧パンジー
1回目 / 2回目	1回目 / 2回目	1回目 / 2回目	1回目 / 2回目
3回目 / 4回目	3回目 / 4回目	3回目 / 4回目	3回目 / 4回目
⑨さとう	⑩にわとり	⑪はさみ	⑫うま
1回目 / 2回目	1回目 / 2回目	1回目 / 2回目	1回目 / 2回目
3回目 / 4回目	3回目 / 4回目	3回目 / 4回目	3回目 / 4回目

⑬ダルマ		⑭えんぴつ		⑮UFO		⑯うちわ	
1回目	2回目	1回目	2回目	1回目	2回目	1回目	2回目
3回目	4回目	3回目	4回目	3回目	4回目	3回目	4回目
⑰せみ		⑱スマホ		⑲すずめ		⑳いるか	
1回目	2回目	1回目	2回目	1回目	2回目	1回目	2回目
3回目	4回目	3回目	4回目	3回目	4回目	3回目	4回目
㉑テーブル		㉒かびん		㉓き		㉔いちご	
1回目	2回目	1回目	2回目	1回目	2回目	1回目	2回目
3回目	4回目	3回目	4回目	3回目	4回目	3回目	4回目

　ゲームが進行するうちに、最初ばらばらだったカードは2つの集合に分けられていく。その分けかたによって、さまざまな形での秩序が生まれる。次の人の番になると、それまでの秩序は無効になる。カードはばらばらの状態に戻され、また新しい秩序のもとで分け直される。**分類されていくカードを見ながら、私たちはパートナーによって新たに秩序立てられ、構成されていく世界に寄り添うことを試みる**はずだ。パートナーと同じように見ることによって、答えにたどりつこうとする。「次はあれも入るはず」と予測して、当たることもあれば、全くの見当違いになることもある。どんな法則性があるのか最後までわからず、もやもやすることもあるかもしれない。このゲームでは、「**人はいつも何かを構成している**」ことを実感することができる。同時に、私たちには**自分を他者に同期（シンクロ）させるようなやりかたで、他者の構成する世界を理解しようとする力**、つまり「**共感**」する力のあることにも気がつくことができる。

　次の「対話の時間」では、ゲームの最中に起きていたことや感じていたことをふりかえり、対話してみよう。互いの間でプロセスしていたことを**自己**

開示することは、対人関係における相互理解を促進する。自己開示とは自分に関するありのままの情報を自発的に話すことをいう[1]。自分の内側にあるものに言葉で形を与え、自己開示することは自己明確化にもなる。この章のエクササイズ❸と❹でも自己開示を活用していく。

> ### 対 話の時間（ダイアローグ）　エクササイズ❶のふり返り
>
> 　答えを当てる役割のとき、どんな工夫をして答えにたどりつこうとしただろう？　「もやもや」やフラストレーションをどんなときに感じただろう？　感じた (feeling) ことを言語化して形に (forming) してみよう。

　ゲームにおいて分ける人が自分なりの法則性を用いるのは当然だが、答えを当てる方の人も、初めは自分なりの法則性で予測を立てている。なかなか答えにたどりつけないときほど、パートナーのつくり出す世界との間により隔たりの大きい「異」ができている。**秩序立てるとは、2つ以上のものの関係性を整理することによって、筋が通るよう法則性を持たせて体系化すること**をいう。組織化する、あるいは、一貫性のあるシステムをつくるといういいかたもできるだろう。

　このゲームでは「イラスト」だけに注目して分けたという人と、「数字」や「文字」にも注目したという人が出てくる。数字や文字を使った分けかたでは、「奇数／偶数」や「カタカナ／ひらがな」という分けかたのほかに、「素数／そうでないもの」や「最初の文字が母音／そうでないもの」という分けかたの出てくることもある。「数字なら客観的なのでわかりやすいですよね？」という人も出てくるのだが、ヒントで「数字に注目して」と言われても、素数を使う知識や発想がなければ答えにはたどりつけない。**数字や文字は誰にとっても客観的な基準になるはずというのもまた、1つの視点であり、その秩序が誰にとっても通用するとは限らない。**

　「一般的」、「常識的」な分けかたにしたつもりが相手には通じず、**常識と思うこと自体にギャップがある**と気づく人もいる。ある学生が「家にあるもの／そうでないもの」で、ダルマを「家にあるもの」に入れたところ、パー

1　相手に与える印象を考慮した上で、印象操作のために見せたいイメージを選択して伝えることを「自己呈示」（self-presentation）という（たとえば就職活動での面接等）。

トナーから「ダルマは選挙事務所にあるもの。家にはない」と言われ、「私の家にもあるし、近所の家にも大抵ある」と反論していた。その学生はダルマの生産量が全国一の群馬県高崎市出身だった。そのコンテクストにおいてその分けかたは確かにリアルで正当性がある。

2　食のバリエーションに、正当性を見いだせるか？

　このゲームでは「食べるもの／食べないもの」の分けかたにもやもやする人が出てくる。特に「馬、パンジー、セミ、犬、イルカ、すずめ」を食べるかどうかで意見が分かれる。実際のところはといえば、これらを食料とする習慣は各地で見られる。授業でも、「イルカ食べますよ。スーパーで売ってます」と言う静岡出身の学生がいれば、「セミ大好きです。揚げたのをスナック感覚で食べます」と言う上海からの留学生もいた。昆虫食は中国、タイやベトナムをはじめとする東南アジアの国ぐに、メキシコと中南米、アフリカの中部から南部にかけての地域において、盛んに行われている（新井・東野, 2009）。日本でもイナゴを佃煮にして食べると聞いたことのある人もいるだろう。長野県では現在も郷土食としてイナゴのほかに蚕のさなぎ、蜂の子（幼虫）などが食べられている。

　しかし、イルカを食べるのは「かわいそう」、昆虫を食べるのは「気持ち悪い」という反応があるのも事実だ。斎藤（2013）が「民族と文化」という授業でビン詰めの蜂の子の試食を行ったところ、ビンが回ってくるにつれ、教室内で悲鳴にも似たざわめきが起こったそうだ。日本では家庭や居酒屋で「馬刺し」などとして食べられることのある馬だが、イギリスやアメリカには「馬を食べるなんて！」、「馬は人間の友なのに！」と拒否反応を見せる人も多い。食の話になると生理的・感情的な反応が起こり、それぞれのコンテクストでの正当性を見出すことが難しくなるようだ。

　そもそも人はサバイバルのため、限られた地理的条件や気候、自然環境の制約のある中で、食べられるものを見つけてきた。その土地に固有のコンテクスト（事情）で何が入手可能な動植物で、そのうちコストパフォーマンスがよく、利用しやすいのは何か、というのが食べられるものの基準になった（Harris, 1985）。特に交通網と貿易の発達する以前は、その土地にあるものを食べるよりほかなかった。合理的選択と見なされれば食べることを習慣化するし、そうでない場合は食べない、もしくは、禁じられることによって食べら

れない（Harris, 1985）。そうやって「食べる／食べない」の境界は常にゆらいでいる。**「食べ物」とは現在の私たちとの関係性によって環境の一部を食べることにしたもの**といえる。それが10年後や50年後に食べ物であり続けるかどうかはわからない。だから**何かを「食べ物」と呼んでいるとき、私たちはそのゆらぎをいったん止めてカテゴリーを確定している状態にある**、ということを思い出そう。

 ミニリサーチ

食用

① 「馬、パンジー、セミ、犬、イルカ、すずめ」を食べる習慣のある地域や人びとについて調べてみよう。これらを食用とすることについて賛否の議論が生じている場合は、賛成あるいは反対している人の意見について調べ、それぞれどのような立場からの見解にもとづいて述べられているか考えてみよう。
② これらを食べたことがある人は身近にいるだろうか？　いたらその経験についてたずねてみよう。

　結局、何を「食べる／食べない」とするかの判断は、入手できるかどうか、コストパフォーマンスがよいかどうか、食べることを習慣化しているかどうかであり、何より食べたいかどうかであろう。そこに影響を与えてきたのは、地理的環境、気候、政治、産業、経済、宗教、歴史、倫理観などであるといえる。これらにかかわる**世界各地のコンテクスト**や、**各時代に固有のコンテクストを想像する**必要がある。**人はそれぞれのコンテクストで周囲の環境を「食べる／食べない」にカテゴリー化して食の秩序をつくっている。**そう考えると、**世界各地に予想外のバリエーションがあることも、時代によって変化することも、理解しやすくなる**だろう。
　食べるかどうかの話は、とかく感情的な対立になることが少なくない。「哺乳類だから」、「友人だから」、「頭がいいから」など理由はさまざまだが、それぞれのコンテクストで相対化してとらえることなく、話し合いを超えて暴力的とまで言えるような正義を振りかざした抗議活動に発展してしまうこと

もある。このようなとき、賛成するか、反対するかの最終的な判断は個々の人が下すべきである一方で、食文化を含め、ある**コミュニティの文化や伝統の中では何が現実味のあることとして経験されているのか、そのリアリティの中にいる人たちはどのような感覚を使い、どのような秩序や正当性によって判断しているのかを知ろうとする姿勢**を異文化コミュニケーションでは育てたい。そのために必要なこととして、以下では、**自動的な解釈や判断を停止する「エポケー」**と、**他者の構成する世界を同じように知覚することを試みる共感の力、「エンパシー」**について学んでいこう。

3 他者の構成する世界への、参加のはじまり

（1）エポケーによる意識操作

　冒頭のエクササイズでは、自分にとって自然で自動的に出てくる解釈が、パートナーの秩序立てる世界で通用しないことに気づくことができただろう。先入観を解除するには自分の見方をいったんリセットする必要がある。そのために有効な手段についてここでは考えよう。

　私たちは通常たくさんの判断を、瞬時に、ごく当たり前のごとく、そして自然に行っているが、**現象学**の創始者で哲学者のエトムント・フッサール（Edmund Husserl, 1859-1938）は、この**判断をいったん停止してみよう**と呼びかけた。それが「**エポケー**」（epoché）で、日本語では判断停止や判断留保と訳されている。

　フッサールは世界を自明視することへの問題意識を持っていた。自明視するとは、「はいはい、言われなくてもそんなこと知っている」とばかりに、存在や意味をわかりきったものとして扱うことだ。このような素朴な態度をフッサールは「**自然的態度**」と呼び、この態度から抜け出るためにエポケーを提唱した。エポケーを行うためには、「知ってる」、「わかってる」とは思わずに、**すべての想定を「括弧入れ」にする**ことが必要となる（←このように「　」の中に入れる）。**先入観や客観的な現実など、確かな存在に思えるものを括弧入れにして、棚上げ（ペンディング）することで、自動的な解釈や判断をいったん止める意識操作がエポケーである**ということもできる。

　カードゲームでパートナーが何を基準に分類しているのかさっぱり見えてこないというとき、みなさんは自分の思う「知ってる」、「わかってる」を手放さざるを得なかったのではないだろうか。そうしないとパートナーのロ

ジックを見いだすことができないがゆえに、自分自身の判断をいったん停止していた。そのような状態になっていたとしたら、みなさんは自然とエポケーの領域に入っていたといえる。

エポケーを行うと、感覚が対象をとらえて知覚するところにまで立ち戻り、「現れ」を現れの成立の場面から詳細に検討することができる（河本, 2006）。つまり、既に現実として認識されていることを検討するというよりは、いかなるまなざしや着眼によって「現実味のある現実としてその現実が目の前に立ち現れてきたのか」を検討する。たとえるなら、相手によって完成された絵を見てみようとするというよりは、相手が何に焦点を当てて図地分化したパーツを組み合わせて絵を完成させているのか、エポケーによって、そのパーツづくりのプロセスから見てみようとしている。

授業では何人かの学生がこの経験から得た気づきについて、「自文化中心主義にならないようにするためにはものごとを客観視することが大事だと思いました」と述べていたが、構成主義では客観的視点の存在を仮定しない。この場合の客観視が意味するところは「自分の主観から少し距離を置いて離れたところから見ること」なので、「引きで見る」、つまりは**メタの視点で見ること**と言える。**通常のやりとりをする感覚から離れてメタで見るまなざしを出現させるのがエポケー**と考えてもよいだろう。

（2）エンパシーによる参加

カードゲームで正しい答えにたどりつくには、「自分なら」の想定にもとづくシミュレーションをやめる必要があった。相手がどんなシステムをはたらかせ、どんな風に世界をとらえているのかを想像することに徹してこそ、相手の構成する世界が見えてくる。異文化コミュニケーションではそのようにして**他者の構成する世界での経験を想像する**ことを「共感」（エンパシーempathy）と呼んでいる。自文化の世界だけではアクセスできない他者の経験を理解できるようにするという意味において、異文化間能力を開発する上での鍵となるのは共感であるということもできる（Bennett & Castiglioni, 2004）。

共感には身体ごと一体感を得るような感覚になる身体的経験（Bennett & Castiglioni, 2004）[2] や思いやりなど、幅広い概念が含まれている。その中で、**本**

---

2 Bennett & Castiglioni (2004) は共感の身体性について、身体の境界を広げて外の対象物を取り込み、その経験を自分の身体的経験に組み込むこととしている（たとえば自転車や車に乗っているとき一体化して身体の一部のような感覚で操作している）。その場合の異文化適応とは、自文化での身体的経験に気づき、自分の身体の境界線を他の文化の感覚を引き出す形に変えられること、つまり、他の文化での身体的な感覚をつかむことになる。

書では特に異文化間能力やコミュニケーション・スキルとしてトレーニングする認知的能力としての共感に言及するときを「エンパシー」と、英語のカタカナ表記で表すことにする。より広い意味で用いられる共感との区別は厳密なものではないが、両者を識別することによって、習得可能なエンパシーが異文化コミュニケーションでどう役立つかを述べられるようにしたい。

　エンパシーにはまずエポケーが必要になる。エポケーを通して自文化中心的な考えを抑制すると、他者の注意の向けかたや焦点化のしかたにオープンになることができる。そうすれば、自文化での解釈から離れ、**代わりに見えてくるものに目をこらし、その知覚を使って同じように世界を把握しようと試みる**こともできるようになる。**エンパシーとは、そのようにして相手が組織化する世界を自分でも同じように構成しながら追体験すること**といえる。相手のシステムによってシミュレーションした現実を経験することのできる能力と言いかえることもできる。簡単に言えば、**相手になったつもりで、その感覚を想像しながら、相手のコンテクストで何がリアルに見えて経験されているかを感じ取ろうとする**ということだ。

4　エポケーと聴くこと

（1）聞きかたの種類

　次のエクササイズでは、人の話を聞く[3]ときのさまざまな聞きかたについて考えてみよう。

？　エクササイズ ❷

聞きかたいろいろ

　友人のＹさんがあなたに仕事（または部活動）の先輩のことについて、「先輩からたびたび注意をされ大変つらい思いをしている。先輩は私に対して厳しすぎるのではないか」と話してきた。このような状況でのあなたの普段の話の聞きかたに近いのはA〜Eのうちどれか？

3　ここでは聞くことの一般的な話や聞く・聴くの両方を含む全般的な話のときは「聞く」（hear）、注意を向けて聴くことのみを指す場合は「聴く」（listen）を当てているが、そこまで厳密に分けられない場合は「聞く」と書いている。

A「わかる、わかる〜」、「そうそう！」（と調子を合わせて聞き流している）（同調）

B「わかる！うちも同じだよ。うるさい先輩がいるとしんどいよね」（同感）

C「え〜、その先輩ひどい。Ｙさんがかわいそう！」（同情）

D「そうだね。Ｙさんの言う通りだよ。その先輩がおかしい」（同意）

E「もし何も問題がないのなら、先輩も注意なんてしないはずだよ？」（自分の意見）

F「その先輩は何歳？」（自分の興味のあることをたずねる）

G「それはつらかっただろうね。何があったの？　よければ話してみて」（オープン・クエスチョンで相手の話を聞こうとする）

①あなたの普段の聞きかたに近いもの　（　　　　）

②自分がＹさんだったら友人がどの聞きかたをしてくれるとうれしいか？なぜその聞きかたがよいと思えるのか理由を考えてみよう。

＊友人との食事や飲み会でグチっているというコンテクストでは？

＊その先輩のことで、仕事／部活動を続けられないかもと思い悩むコンテクストでは？

（エクササイズのポイント）自分の日頃の聞きかたを振り返る。適切と思える聞きかたがコンテクストによってどのように異なるか、また、聞きかたの違いでどのような効果が生まれるかを考える。

　このエクササイズに正解はない。実際のところそのとき心地よいと感じる反応は、場や相手の雰囲気、自分のコンディション次第で変わる（第1章「がんばって」のシナリオづくり参照）。グチを言いたい気分のときは、同調や同感、同意をちょうどよく感じるかもしれない。上辺だけの同調で聞き流してくれる方がむしろありがたい場合もあるだろう。だがエポケーやエンパシーを用いるということであれば、安易に同調・同感・同情・同意をしたり、質問や意見で話の腰を折ったりするのではなく、Ｇのように、受け止めつつ相手の話をうながす聴きかたが望ましい。

　非言語レベルでは、相手がこちらの気持やエネルギーの大小に対し、**波長を合わせて「同期」**してくれると（相手が落ち込んで小さな声になっているなら自分も小声／相手がプンプンして怒り口調なら自分も力強いリアクション等）、「通じ合えるかもしれない」という期待感も高まる。互いがシン

クロしているときは、相手がうつむいたら自分もうつむく、笑ったら自分も笑うなどして、「息が合う」という言葉の通り、呼吸まで合ってくる。場に一体感ができているときは、頭で理解する認知的な意味のエンパシーではなく、身体ごと共感するという意味での共感も生まれている。このような共感は、理解することとは別の側面から悩んでいる人をサポートすることができる。

　もし誰かが、グチではなく思い悩んだ様子で語り始めたら、**相手の主観的経験と自分自身の経験を同一視することなく、少し距離を保ちながらエポケーすることやエンパシーを用いる**ことを心がけたい。自分と全く異なる人生を歩んできた人の悩みを聴くカウンセリングも、異文化コミュニケーションも、どちらも同調・同感・同情・同意に見られる「**同**」ではなく「**異**」を**前提としたコミュニケーション**を必要とする。そのような共通点のあることから、異文化コミュニケーションがカウンセリングの実践に学ぶことは多い。

（2）エポケーで無言承認リスニング

　「異」や異文化でギャップが生じ、不可解に思えることや反感を覚えるようなことのある状況では、つい疑問や反論を口にしたくなるかもしれない。そのような中でも、自分の尺度や感覚で決めつけず、**他者の感覚では自分と異なるものが知覚されている（見えたり、聞こえたり、感じられたりしている）ことを認める**ようにすることが、異文化コミュニケーションでは重要になる。ここではエポケーを使った聴きかたのトレーニングとして、最初に無言で承認し続ける聴きかたの練習をしてみよう。

　精神科医の高橋（2019）は、カウンセラー教育で聴く技術を教えるとき、最初に「**無言でただ聴く**」ことを教えている。そうすることがなぜ必要であるのかを高橋は次のように説明している。カウンセリングを受ける人は、悩みを語る中で自分にしっくりくる新しい言葉を発見することを必要としている。「自分はそうだったのか！」という納得感を得られる言葉が見つかると、その言葉による自己表現を始めることができる。さらにはそれらの言葉でこれまでのことを書き換えることができると、生きかた（人生観）までもを変えられる。このことが神経回路を再組織化することにまでつながると高橋は考えている。しかし、**相手が十分語り尽くす前に口を挟んだり質問したりしてしまうと、語りの中で始まりかけた変化のプロセスが止まってしまうのだそうだ。新しい言葉で世界を組み立てなおす再構成・再組織化ができると、**

現実がこれまでとは違って見えるようになる。その新しい現実に適応するプロセスの中で神経回路の再配線もうながされ、気分も落ち着いてくる。だから口をはさんでその変化を止めてはいけないということになる。したがって、**聴く人の「聴く力」によって、人が語り続けるのを支える**（高橋, 2019）**こと**が**重要**ということで、「異」で違和感の出ている人の話を聴く場合にも同様のことがいえる。

　しかし黙ってただ聴くというのは、簡単に見えて難易度の高い技法だそうだ。次のエクササイズでは「**エポケーで無言承認リスニング**」にチャレンジしてみよう。無言といっても、聞き流すのではない。黙って無視したり心の中では毒づいたりするのでもない。**相手が語り続けることを支えられるように、「あなたの言うことには価値がある！」と承認する気持ちを持ちながら聴こう**。いろいろなことを気にせず、「（あなたは）**そうですか～！**」や「（あなたは）**そうなんですね！**」と「**承認**」**し続ける**。エポケーして自分の解釈を止めている間、相手の知覚する現実をそのまま受け止めているという意味での肯定であり承認なので、「**賛成**」（あなたは正しいです）**することと同じではない。**

　うなずく仕草や笑顔など非言語情報が自然と出てくるのは構わない。「うん、なるほど、そうですか、あなたはそうなんですね、わかりました」等の**あいづちや承認を心の中だけで言い、話す人をサポートし続けよう**。疑問や反論が出てきたら、まさにエポケーの出番なので、「それはいったん置いといて」と括弧入れしよう。

話す人は「**自己探索**」するつもりで、自分の内側にあるものを手探りしながら「**自己開示**」することを心がけてみよう。**自己探索と自己開示は自己発見や自文化への気づきにもなる。** リアクションがないと物足りないとか話しづらいとか思うかもしれないが、<u>目的は会話を楽しむことではなくトレーニングにある</u>ことを思い出そう。スポーツのトレーニングでも型を練習する間はときどき不自然なことを行う。**聴く人が「自然的態度」から抜け出るためのエポケーなのだから、このトレーニングで不自然な感じになるのは当たり前で、普段と同じにならない方がむしろよくトレーニングされている。**

? エクササイズ ❸

エポケーで無言承認リスニング

聴く人：エポケーを駆使して無言で承認しながらサポートし続けるリス
　　　　ニングのトレーニング

話す人：自己探索と自己開示のトレーニング

＊話す人は「100万円を1日で使い切るとしたらどうする？」、「あなたが
　日本の首相になったら何をする？」、「魔法で3つの願いをかなえると
　したら？」の問いのうち、1つを選択して、そのことについて自由に語っ
　てみよう。持論を語る気持ちでどうぞ！　黙ってしまう時間があって
　も大丈夫。自分の内面を手探りして言語化してみよう。

＊聴く人は自動的な解釈を止めて<u>エポケー</u>し、「"<u>異</u>"になっていることは、
　私には見えていません」という気持ちで、「だから知りたい」と関心を
　向け、疑問が浮かんでもとらわれず、<u>「承認」（あなたはそうなんですね）
　だけ</u>をしながら聴いていよう。アイコンタクトやうなずくことなどはして構わない。無言でもずっとサポートしている気持ちを忘れずに。

＊役割交替をして同様のことを行う。それが終わったら、最後に、<u>無言
　で聴いてもらっているとき</u>、どのような感じがしたかについて互いに
　伝え合おう。話し手としての話しづらさにフォーカスするのはでなく
　（それが不自然でやりづらいことは織り込み済み）、聴き手にどんな印
　象を抱いたかを伝えるとよい。このとき雑談タイムも交え、無言でい
　たときに話したかったことがあれば、このタイミングで伝えるとよい。

（ エクササイズのポイント ）話す人、聴く人、それぞれのスキルを練習する。

5 対話でエポケーを活用する

　現象学のエポケーという概念を異文化間教育で活用することを発案したの
は「**関係は本質に先立つ**」と言った心理学者の渡辺文夫である[4]。渡辺（1989;
1991a; b）は、大手自動車会社からフィリピン・タイ・インドネシアほか9か
国の工場へ技術移転のため派遣された技術者への調査にもとづき、現地の人
への指導をより上手に行っていたと思われる人ほど、自分と相手との間の「関
係」を「調整」する志向のあることを明らかにしている。そこから、予測や
推測が困難な異文化接触では、**主観的な思いや感情と、見た目上の関係の良
し悪しが必ずしも一致しない**ことを指摘し、これらを**分けて考える**ことを提
案した[5]。カルチャーショックもなく「うまくいっている」と思えるときで
も、問題がないか冷静にチェックすることは必要だし、逆に問題を感じてい
るときでも、気持ちや思い込みにとらわれて相手を否定したり無視したりす
ることのないように、働きかけを続けた方がよい（渡辺, 1991b）。そのように
して「自分や相手の価値観や感情に囚われずに、ひたすら "関係" の在りか
たを冷静に見定め、"関係" をうまく調整することによって課題を実現して
いく」（渡辺, 2002, p. 64）ことの重要性が、「関係は本質に先立つ」という言葉
に集約されている。**物事や事象が絶えず新たな姿で認識されることで、関係
も変わる**ことを学べるように、渡辺は**現象学と構成主義にもとづいた「エポ
ケー実習」**（渡辺, 2000; 2002）を開発している[6]。これはエポケーすることをペ
アで練習するトレーニングで、話し手の話す間、聴き手はエポケーして質問
やコメントを言わずに聴き、**聴いて受け止めたことを「確かめ」として話し
手に返す**。

（1）「エポケー対話」の概要

　無言承認リスニングでエポケーしながら黙って聴くことに慣れたら、次は

「エポケー対話」に挑戦しよう。「エポケー対話」では、渡辺の開発した「エポケー実習」に話し手が自己探索と自己開示する要素を加え、対話として行いやすくなるようにした[7]。

　基本は「エポケーで無言承認リスニング」と同じになる。ある話題について、**話し手は内面を手探りしながら内側にあるものを言語化する。聴き手はエポケーしながら、ゆったりとした呼吸でリラックスして受け止める。質問やコメントはしない。**そして、「こんなお話が聴こえてきました。これでよかったでしょうか？」という気持ちの中、**受け止めたことを「確かめ」として言葉に出し、そっとお返しする。**確かめは要約や言いかえではない。「**知ってる**」、「**わかってる**」**と思わずにエポケーしていたら、何かを受けとることができるので、それをそっとお返しするだけでかまわない。**難しく感じるときは、パートナーの語ったことを写し出す鏡になったつもりで行ってみるとよい。

　話し手は確かめてもらったことを自分自身に再度投げかける。「そうなんですよね……。で、なんだろうな？」と**自分に問いながら、自己探索を続け、言語化しよう。**エポケー対話において話し手は、聴き手がエポケーするための**トレーニングの協力者であると同時に、自分自身は自己探索と自己開示のトレーニングを行っている。**自分に興味を持ち、浮かんでくるかけらのようなイメージでかまわないので、話してみよう。聴き手はどんなことでも受け止めて、確かめを返してくれる。このやりとりをしばらく続けた後に役割交替をする。

エポケーするとき「無」になる必要はない。笑顔やあいづち（うんうん、ほぉ、そうなんだ、へぇ！）、うなずきなどのリアクションが自然に出てくるのはかまわない。無言で息を詰めて固まってしまわないようにしよう。

この対話をすると「難しい！」という声が少なからず上がる。脳に負担のかかるストレスから、話しづらかったことへの不満ばかりが出てくることもある。**難しく感じるのは、自然でないことにチャレンジしているからであり、トレーニングの経過としては悪くない。**むしろ真剣に取り組んだ証拠ともいえる。**エポケーすることも、1度目よりは2度目、3度目と、徐々に脳が意識の切りかえ方を覚えて、エポケーモードに入りやすくなってくる。エポケーされることも、それ自体が互いの関係性や互いの間に構成される現実に影響を及ぼす。**そこを味わってもらいたい。

（2）「エポケー対話」での話題

話題としては、話し手の主観的な意味や経験を語ることができるものがよい。ここでは2種類の話題を提案する。

話題1 「私にとっての［　　　　　　］の意味」

㊸ ［　］内にクラブ活動、仕事、しあわせ、ペット、家族、友人、留学、就職、勉強、旅、未来など、大切なこと・もの・ひと・活動などから1つだけ入れる。

話題2 「私が今、受け止めてもらいたい話」

㊸ 最近しんどかったこと、ちょっと悩んでいること、グチを聞いてもらいたいこと、なんか吐き出したいことなど

話題1では［　］内に任意の言葉を入れる。自分にとって大切なこと、もの、ひと、活動などから1つ入れよう。話題2ではもやもやしていることをデトックス的に誰かに聴いてもらうことができる。**注意点として、話す人が自分にとってさほど重要ではない、どうでもいい話題を選ぶと、エポケー対話にうまくはまらない。**イライラ・もやもやして腑に落ちないこと、自分の中で堂々巡りしていること、漠然と抱えた不安などを話題にすると、自己探索して自己明確化できるため、話す側としては実があるようだ。私が大学で

行った授業では、国家試験前の看護学生、就職活動中の4年生、日本で今ひとつ納得のいかない経験をした留学生、人間関係や恋愛でお悩み中の人などが、話題2でのエポケー対話にはまっていた。エポケー対話はできればパートナーを変えて何度か繰り返すことをすすめたい。相互作用は生きもので、そのときその場の自分自身やパートナーの状態によってかなり変わる。

（3）準備運動と「エポケー対話」の実践

　ペアを組む相手が決まったら自己紹介をして「準備運動（2分程度）」で呼吸を整えてエクササイズを実践しよう。時間がなければ準備運動を飛ばしてもよいが、エポケーは普段よりも慎重な意識の持ちかたをするので、リラックスして気持ちをゆったりさせておこう。

`準備運動`　「ゆった～り呼吸」

① 1分間、各自で深い呼吸を行う。できれば鼻から吸って鼻から吐く。吸うときの倍の長さで息を吐ききれるとよい。むずかしければ吸いながらゆっくり3つ数え、吐きながら5つ数えてもよい。吐くとおへそが背骨にどんどん近づいて、吸いこむとおなかも胴の全体もフワッとふくらむイメージで。最初あまり息が吸えないときは、無理せず吸う息の短さに合わせて吐く息を倍の長さにするのを心がけると、だんだん楽に吸えるようになる。

② ペアで隣り同士になって座るか、少し離れた位置で立ってみよう。次の1分間は深い呼吸を続けながら、さりげなく互いの吸うタイミングと吐くタイミングを合わせてみよう。合わせかたがむずかしいときは、吸うときに肩や胸が上がって、吐くときに下がるのに注目しよう。合わせられないときは、合わせようとする気持ちだけでよい。ゆったりした深い呼吸を続けるうちに、なんとなくシンクロしてくる……？

エクササイズ❹

エポケー対話

　あらかじめペアで何の話題について話すかを決めておく。

① 話し手が話をする。プレゼンテーションではないので、一気にまとめあげて話す必要はない。ポツリポツリと、内面を探りながら、考えながらの話しかたになってよい。

② 聴き手は「無言承認リスニング」のときと基本的に同じようにエポケーしながら聴く。話し手の話が一段落しているとき、受け止めたことを「確かめ」としてお返しする。気持ち的には「お話からこんなことが聴こえてきました」や「こんな話をされていたのかなと思いながら受け止めてみました。よかったでしょうか？」と、断定をせず確かめる気持ちで。

　　　セリフ的には 「○○さんは〜と感じているのでしょうか（⤴と語尾をやさしく上げて）？」、「〜なのかな？⤴」等。受け止めたことを、そっとお返しする気持ちで。

③ 話し手は確かめを聞いて思いついたこと、心に浮かんだことなどで、さらに話を続ける。「そうなんです。それで」、「うん、どうなんでしょうね……（←これは自分への問いかけ）」、「あ、もしかすると」など探索モードに入って自分の反応を引きだしてみる。無言になる時間があってもOK。聴き手はその間、楽にしていて構わないので空白の間を大事にしよう。

④ 聴き手はその話をさらにエポケーして確かめる。①〜④を繰り返す。

⑤ 最初に決めておいた時間（筆者の経験では、最初は仮に5分として様子を見るが、10分くらいまで延長することが多い）になったら、きりのよいところで話を終えて、雑談タイム（1、2分程度）に入る。エポケーで括弧入れして保留していた話はこのときにしてもよい。

⑥ 役割交替して上のことを同様に行う。最後に、聴いてもらったときの感想を互いに述べ合う。

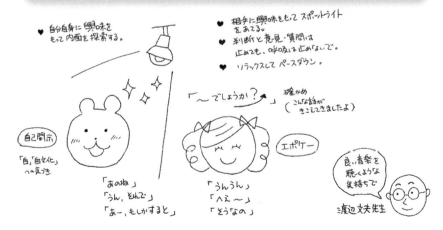

137

このエクササイズにありがちなこととして、エポケーを忘れると「こういうことでしょ？」という自文化中心主義的な決めつけ、意見やアドバイス、「私の場合はね」という話の横取り、否定や批判などが出てきてしまう。**自分の経験値の方が高いと思ってしまうとき「知ってる」、「わかってる」の態度が出やすくなる。**私たちは自分が先輩の立場になるとき（e.g. 仕事や部活動で）、年齢が上のとき（e.g. 人生経験において）、ここは自分のホームグラウンドで相手はビジターだと感じるとき（e.g. 外国人や派遣社員・出向社員に対して）、エポケーを忘れがちになるので気をつけたい。

　もやもやを感じたとき、たとえば後輩が困り事を抱えているようだが正直その気持ちはよくわからないというようなとき、あるいは上司の言っていることに違和感や反感を覚えるというようなとき、エポケーを思い出そう。見えている世界やリアルに思える経験が異なっているのかもしれない。「エポケー対話」をして「確かめ」を返すことは、相手の考えに**「同意する」ことや「受け入れる」ことではないから安心してほしい。**自分の意見を言ってはいけないということでもない。エポケーやエンパシーを習慣化すると、相手の立場で何がどう見え、そこにどのような秩序やシステムが働いているのかを理解した上で、より効果的な意見の言いかたや説明・提案のしかたを考える方がよいと思えてくるだろう。

6　共に構成する世界のはじまり

（1）共感による他者のコンテクストへの参加

　エポケー対話のエクササイズでは、**自分ではうまくいかなかったと思っていても、相手は好意的に感じている**ことが案外多い。**エポケーによって自分自身の解釈から離れ、代わりに見えてくるものに目をこらし、その知覚を使って同じように世界を把握しようと試みることがエンパシーになっている**からだ。それは「異」を介して相手の世界とつながるような経験ともいえるだろう。**エポケーする姿勢がパートナーの主観的な世界を尊重する姿勢になり、それが相手にもちゃんと伝わっている。**そのとき**互いの関係性には変化が生じる。**

　ベネット（Bennett, 2017a）によると、異文化コミュニケーションで共感能力を使いエンパシーすることの主な目的は「想像的参加で世界を“あたかも”異文化に参加しているかのように経験する」（p. 648, 著者訳）ことにある。最

も重要なのは、**単に出来事の解釈を変えるだけでなく、出来事を異なる形で経験することであり、さらにそれを意図的に行うことなのである**（Bennett, 2017b）。エンパシーによって、自分のものとは異なるコンテクストでの感覚をつかむことが、「適応」を促進する（第17章「適応」参照）。他者の視点で現実構成を試みることができるようになると、その図地分化で構成される世界ではものごとがどのように見え、何がどんな意味を持ち、いかなるストーリーが語られているかを想像できるようになる。それは**他者のコンテクストへと移動して、そのコンテクストに展開するストーリーと現実性を経験すること**でもある。このような**コンテクスト間の移動**ことを石黒（2016）は「**コンテクスト・シフティング**」と呼んでいる（第15章「コンテクスト・シフティング」参照）。コンテクスト・シフティングとエンパシーを続けることが自分にとって普通の感覚になると、**カテゴリーを硬直化させず柔軟でいられる流動的なアイデンティティ**が育ってくる（第17章「統合」参照）。

（２）第三の可能性

　互いに相手の秩序立てる世界を一緒に見ようとし合うことで、未来に開かれた対話は始まる。それによって、これまでとは異なる考えかたややりかたの通用する**第三の可能性**が生まれることもある。

　興味深いことに、相手に見えている世界をしっかり受け止めて共有すると、「**そういう目で見る**」（相手の目で見る）ことを**自分でもする**ようになる。こちらの**見る目が変わると、見られる側の反応も変わる。そのとき互いの「間」での調整が始まっている**（i.e. 相互構成, 山本, 2011; 相互適応, Bennett, 2017a）。相互的な構成および適応は、互いの間に共通して参照できる共通知識を構築し、当初の自分の意見でも相手の意見でもなく、互いの間に通用する新しい意見を生み出すきっかけをつくる。**双方の相違点を認識した上で共通目的を探すことが、どちらかではなく双方の間で機能するベストな代替案の創造に寄与するのだ。**このような**第三の選択肢を可能にする異の相乗効果**は「**異文化シナジー**」（Adler, 1991）でもある。「異」を生かす第三の可能性を生み出すためにも、対話の中でエポケーとエンパシーを用いることができるようになりたい。

（第6章　山本志都）

コンテクスト

コミュニケーションは
コンテクスト抜きには
語れない！

　第1章で述べられているように、コンテクストを理解することが、自分とは立場が異なる他者や異文化を理解し、異文化コミュニケーションを円滑に進めるうえで鍵となる。そこで、本章では、エクササイズを通して、コンテクストのさまざまな側面について理解を深めていく。エクササイズに取り組む中で、1) コンテクストとは何かを理解し、2) 普段あまり意識していない多様なコンテクストを徐々に意識できようになる。さらに、3) 人びとの間にある、コンテクストに対する理解のズレが誤解、摩擦、対立につながるしくみを学ぶ。また、4) コンテクストは、コミュニケーションによってつくられていることを理解する。最後に、5) コンテクストは「上書き」できることを知り、新しいコンテクストを創造する経験をしてみよう。

？ エクササイズ ❶

コンテクストってなんだろう？

　これから「教室」について考えてみよう。教室について以下の質問にペアもしくはグループで答えてみよう（制限時間15分）。
①教室内にはどんな物があるだろうか？　挙げられるだけ挙げてみよう！

②教室は何をするところだろうか？ 教室ですることを3つ以上挙げて
みよう！

③教室は誰が使うだろうか？　また、その人たちはお互いどういう関係
だろうか？

④教室にいる人たちが全員知っていて、普段自然にやっていることはあ
るだろうか？　ヒント！　挨拶のしかた（起立・礼・着席）、座る場所、
トイレに行きたいときどうするかなど

1 いろいろなコンテクストにアクセスするには？

　コンテクストとは何だろうか。コンテクストについては、第1章 (pp. 24-41) で触れた。コンテクストという言葉を辞書で調べると、まず「**文脈**」という「国語」の授業で学んだ意味を見つけられる。この文脈は、「**文章の前後関係**」のことで、その文章の中にある言葉の意味を決める働きがある。

　たとえば、「近くのスーパーで安い**りんご**を買った」という文における「りんご」の意味、そして、その味を想像すると、みなさんはどのようなことを思い浮かべるだろうか。また、「青森県産の高級な**りんご**を買った」というときの「りんご」の意味はどのようなもので、その味はどうだろうか。ちょっと周りの人と2つの「りんご」の味について話し合ってみよう。「りんご」の前後で示される文脈、つまり、**コンテクストによって**「りんご」という**言葉の意味、想像する味が変わった**人が多いだろう。このように、私たちが理解する**モノゴト（例：りんご）の意味はコンテクストとともに生成されている**。この「りんご」のような言葉、あるいはりんごの絵・写真のような非言語情報を**テクスト**と呼ぶことがある。**テクストの意味はコンテクストによって変わってくる**とまずはいえるだろう。

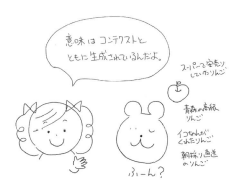

（１）コンテクストの４つの側面

　コンクテストには大きく４つの側面がある。まず、コンテクストはエクサ
サイズ❶の①で話し合ったように、**物理的な環境**、つまり、みなさんの周り
を取り囲む**モノ**を指す。たとえば、教室の雰囲気は、その壁がコンクリート
か、木材かで変わり、みなさんの経験の意味も違ってくる。窓の大きさもそ
の雰囲気に違いをもたらす。教室内の活動も、移動式の机か、固定式の机か
で変わる。また、エアコンがあるかないかで、みなさんの教室での過ごしや
すさ、教室における経験とその意味も変わるだろう。

　ブルーノ・ラトゥール（Latour, 2005）をはじめとする複数の研究者は、こう
した机や椅子、窓、エアコンといった**モノ**や**物理的環境**を「非人間」（**ノン
ヒューマン non-human**）と位置づけ、実は人間と同様に**アクター**として相
互に関係を築いており、相互に影響を与えているという**アクターネットワー
ク理論**という考えを示した。スマートフォンやAIロボットのことを思い浮
かべると理解しやすいと思う。スマートフォンがあると、教室の中にいても、
教室外にいる人とSNS、メール等を通じてつながることができる[1]。こうし
たモノの影響というのは、私たちのコミュニケーションとそこで生成される
意味に重大な影響を与えうる。

　ここで、やや難解だが、重要なことを述べたい。教室のような**物理的な環
境は、私たちの理解のフィルターを通して「コンテクスト」として意味を与
えられ、そのコンテクストの意味によって、私たちの経験の意味も変わって
くる**。たとえば、「教室」という物理的環境を「エアコンが効いた過ごしや
すい場所」という理解のフィルター[2]でとらえるか、それとも「窓が少なく
息が詰まる場所」ととらえるかで、そこでの経験の意味が変わってくる。み
なさんにとってはどちらだろうか。このように、コンテクストは、その物理
的環境を利用している人によって、それぞれ少しずつとらえかた・感じかた
が違うことがある。それは、私たちの理解のフィルターに共通している部分
があり、同時に、人によって異なる部分もあるからである。電車好きの人は、
同じ電車に乗っていても、電車の音、内装、車両の種類、アナウンスの内容
などいろいろな点に関心を持ち、電車という物理的コンテクストを理解する

1　鈴木（2013）は、スマートフォン等の使用によって、人びとが教室のような物理的な空間にいても、他の情
　報空間や外部の人びととアクセスできる状況を、物理的空間の現実に孔が空くような状態という意味で、現実
　の「多孔化」という概念で説明している。
2　批判的談話分析で著名なヴァン・ダイク（van Dijk）はこの理解のフィルターを通して人びとの認識世界に
　立ち現れるコンテクストを「メンタル・モデル」あるいは「**コンテクスト・モデル**」と呼んだ。我々は、こう
　した理解のモデルを物理的環境から生み出しているのだ。

フィルターのきめが細かく、電車のさまざまな点を把握しているかもしれない（第4章「知覚的複雑性」参照）。同じ物理的環境にいても、人びとが理解している「コンテクスト」が違う可能性があり、そこでの経験の意味も変わってくるといえるだろう。

コンテクストは、**状況・場面**も意味する（エクササイズ❶の②）。たとえば、「授業」という場面がある。同じ教室であっても、「休み時間」という場面や「給食」という場面では状況が変わる。その他にも「掃除の時間」といった場面がある。多くの人びとは、**そうした場面に応じて適切で効果的な行動**をとろうとする。「授業」というコンテクスト（場面）で勝手にお弁当を食べはじめたり、ゲームをしたりすると「ルール違反」になる。また、先生が教科書の説明をしている場面で、みなさんが急に立ち上がって話しはじめれば、「変わった行動」、「不適切な行動」とみなされるだろう。したがって、**ある言動の意味、適切さおよび効果は状況・場面としてのコンテクスト**によって変わることがわかる。

また、エクササイズ❶の③では、学生、生徒、児童、教員、教師といった人びとを思い浮かべた人が多いだろう。授業参観や学校の保護者説明会などが開催されれば、保護者も教室に入ってくる。そうした人びとの間でいろいろな関係が形成される。関係には、上下（権力）関係、対等な関係、協力関係、教える側と教わる側、いじめをする側とされる側の関係、性別をもとに生まれる関係などがあり、LGBTQのような性的多様性の視点を踏まえると、男女という二元論的区分けでは語りえない関係も出てくる。こうした**対人関係もコンテクスト**であり、対人関係にもとづき、行動、役割ならびにモノゴトの意味が決まる。たとえば、対等な関係を重んじる教室では、多くの人が対等に発言し、その行動は肯定的にとらえられる一方で、上下関係を重んじる教室では、教師の発言が多く、学生、生徒、児童の発言が少なく、「それが当たり前」と考えられているかもしれない。

人びとの間に形成される対人関係には自己と他者をグループ化するプロセスが関わっている。言いかたを変えれば対人関係は、自分と他者の間に**線引き**をし、**境界**をつくり出すプロセスとも言える。たとえば、教室という場面で、「日本人／外国人」、「親友／友人／知り合い」、「自分と合う人／自分と合わない人」といったさまざまな境界とそれにもとづく対人関係が教室でのやりとりを通じてつくり出され、その後のコミュニケーションの前提となる。

さて、私たちは、ある場面に「問題なく」、「円滑に」参加するために、さまざまなルール、知識を意識的にも無意識的にも身につけている。そのよう

な**共有知識もコンテクスト**だといえる（エクササイズ❶の④）。たとえば、日本の大学では学生たちが、男女のグループに分かれて別々に座っていることがよくある。大きな教室で授業を受ける場合は、大半の学生は教室前方の席を空け、うしろの方に座る。多くの人はあまり考えずに、このような行動を取っている。みなさんは、どこに座るだろうか。そして、それはなぜだろうか。その背景にあるコンテクストはいかなるものだろうか。

　少し話を変えて、毎朝、電車で通勤・通学をする人について考えてみよう。たとえば、東京では、電車を使う人は、乗車する際に列に並んで順序よく乗り、乗り降りする際には、降りる人を先に降ろしてから乗る。みなさんの日常生活は、こうした行動で溢れている。このような行動のもとになっているのは、**あまり意識しないけれど自然に身につけてきた共有知識であり、その共有知識もコンテクスト**である。コミュニケーションの参与者が**類似した共有知識を持っていれば、スムーズなやりとりになり、問題も起きにくい。一方で、共有知識に違いがあれば、つまり、コンテクストのズレが生じれば、問題が生起することがある。**上記の電車の事例では、並んで乗車する人とそうでない人との間で摩擦が生じる可能性があり、特に、並んで乗車する人びとがそうでない人に対して違和感、不満感などを抱きやすい。

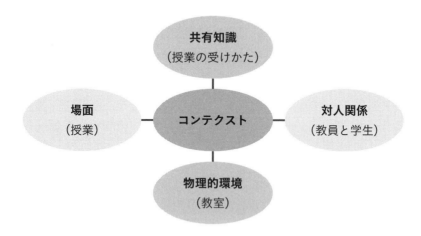

図7-1：コンテクストの4つの側面

　さらに話を展開させると、共有知識としてのコンテクストには**歴史**も含まれる。歴史は教科書などの活字媒体やドキュメンタリーなどの映像媒体で示

されたり、人びとが語り合ったりして、言葉や映像などで表現され、記憶されている。言い換えれば、歴史はさまざまな立場、観点から表現される。その歴史を前提として、私たちの現在の状況が評価されることがある。たとえば、日本社会には、江戸時代に身分制度があったことを歴史で学び、その歴史を前提（コンテクスト）として、その制度がない現在の人間関係がより民主的で対等なものとして評価される[3]。

やや難しい話になるが、さらに発展させて考えてみよう。私たちが使っている共有知識としてのコンテクストの中には、さまざまな**概念のコンテクスト**がある。たとえば、エコロジー（ecology）、民主主義（democracy）、グローバル市民（global citizen）、持続可能な開発目標（sustainable development goals, SDGs）、アクティブ・ラーニング（active learning）、ワーケーション（workcation）といった概念だ。最初に例として挙げた「エコロジー」は、「エコ」という略語で社会のあちこちで使われている。日常生活でも、ペットボトルを資源ゴミとして分別して捨てるのは「エコ」な行為で、「エコロジー」というコンテクストの中でよい意味を持つ行為とみなされる。このように、私たちは、概念のコンテクストに沿ってモノゴトについて考え、行動している。

コンテクストは生活の一部となっており、あまりにも自然であたりまえのものが多いがゆえに、**意識しづらくなっている**。しかし、たとえ意識しづらくとも、エクササイズで取り上げた「教室」という場所1つをとってみても、**物理的な環境、状況・場面、対人関係、共有知識といったさまざまなコンテクストが同時に関わっている**。一見見えにくいコンテクストに注意を向け、そのコンテクストの意味生成における働きを理解すると、私たちが、**コンテクストの影響を受けながら、モノゴトの意味をつくり出し、**また、**モノゴトを感じている**ことがわかる。あらゆる出来事に多様なコンテクストが介在していることがわかると、その出来事を見る目が多面的、複層的になり、さまざまな発見があるだろう。異文化コミュニケーションで興味深いのは、人びとが同じ場所にいても、それぞれの文化や**ポジショニング**（第12章参照）に応じて、**異なるコンテクストを持ち込んでモノゴトの意味を生み出している**可能性がある点だ。そこで、次に、主に文化によるコンテクストの違いについて学び、コンテクストの違いによって起こる摩擦・対立のしくみについて考えたい。

3 　もちろん、それぞれの時代の状況があるため、一概に過去の時代が「間違っている」といった単純な言明は避けたいところだ。それぞれの時代背景（コンテクスト）の中で、ある制度や出来事がどのように形成され、当時の人びとにとってどのような意味を持っていたのかを丁寧に考察すべきだろう。

（2）コンテクストの違いによって誤解、摩擦、対立が起こるしくみ

　「日本文化」、「アメリカ文化」のように、日本やアメリカといった**国を単位**として、その国で生まれ育った人びとの多くが共有している文化を表現することがある。それを**国民文化**（national culture）という。ここでいう**文化とは、人びとによって学習され、共有され、継承されている思考や行動のパターン、その背景にある価値観**などを指す。もちろん、一国内にも異なる民族、宗教、世代、性別、職業の人びとがおり、そのような多様性に起因する思考・行動のパターンがあり、それぞれ多様な文化を共有している。そのため、国を基準にした画一的な文化のとらえかたは、国内の**多様性を隠蔽する**ものとして批判されてきた（**文化の隠蔽性**）。また、文化を輪郭のはっきりした一様なものとしてとらえ、個人の本質を国民文化で説明する営み（例：「日本人はシャイだ」）は、そうした隠蔽性をはらんでおり、文化本質主義として批判されている。とはいえ、似かよった文化を生きる人びとがおり、そうした人びとが共有しているコンテクストがある。

　たとえば、「異文化コミュニケーション」という言葉を初めて用いたといわれるアメリカの文化人類学者**エドワード. T. ホール**は、文化を比較し、その特徴を捉えるために、**高コンテクスト**（hi-context）と**低コンテクスト**（low-context）という概念をつくり出した。高コンテクストな文化とは、言葉よりもコンテクスト（場所・場面、すでに共有されている知識や対人関係）を重視してモノゴト（情報）の意味を伝達し、理解する文化といえる。たとえば、日本で育った人びとの多くは、「一を聞いて十を知る」、「沈黙は金」、さらには、「そこまで言葉にしなくても…」といった日本語表現が示唆しているように、言葉よりコンテクストを重んじて意味を伝達し、理解する高コンテクストな文化を共有しているといわれる。そのため、自分の意見も明確に伝えるより、間接的に伝え、真意を察してもらうという**察しの文化**（Ishii, 1984）が発展してきた。察しの文化では、人の微妙な表情を読み取るといった非言語コミュニケーションも重視される。人びとは、メッセージの意図を明示する直接的な言葉を発しないこと、言い換えれば、間接的で婉曲的な表現を用いることで人間関係における摩擦や対立を減らし、調和的な人間関係を維持すると同時に、自身の安全（生存）を担保しようとする。

　一方、低コンテクストな文化とは、高コンテクストとは逆で、**コンテクストよりも言葉を重視し**、言葉でできるだけ明確に説明してモノゴトの意味を伝え合う文化である。国家の成立時から、多民族が関わりあってきたアメリ

カは、互いに価値観や考えかたの違いがある民族間のやりとりにおいて、共有できるコンテクストが少なく、言葉で明確に説明する必要があったため、言葉での説明を重視する低コンテクストな文化が醸成されてきたと考えられている（高／低コンテクストについては第5章の「高コンテクストと低コンテクストで観測」も参照）。

　もちろん、ある集団に属するすべての人が高コンテクストであるといった考えかたをしているのではない。あくまでも、ある集団に属する多くの人びとが持つ傾向を一般化したとき、高コンテクストか低コンテクストかどちらかに近いかという話だ。さらに、**国単位、国民文化単位で高コンテクストか低コンテクストであるかという議論にも限界**がある。たとえば、インド、パキスタン、バングラデシュ、スリランカでは、ビジネスの場面（コンテクスト）とプライベートの場面で違いがあり、ビジネスでは、低コンテクストでプライベートでは高コンテクストという報告[4]もある。職種などによっても当然違いがあるだろう。たとえば、より明確な言語化を要する仕事と言語化よりも「阿吽（あうん）の呼吸」で行われる仕事もある。さらに、グローバル化が進む社会において、1つの国の中で、多様な文化を背景とする人びとが共在する地域や職場もあり、状況が複雑化している。したがって、現代社会における異文化コミュニケーションでは、そのコミュニケーション場面にその都度関わっている種々のコンテクストをより丁寧に捉えていく必要があるのだ。

（3）前景化と後景化

　もっといえば、場面、話のトピック、相手との関係などによって、人びとの思考の中で重要になるコンテクストは変わってくる。人びとの頭の中で、何かが重視され、前面に出てくることを「**前景化**」という。たとえば、ビジネス場面で、商品の特徴、価格、納品期限など、言葉や数字で明確に伝える必要がある場面では、その場面に関わる人びとの認識の中で、言葉や数字で明確に伝えるという低コンテクスト文化における共有知識（意識）が前景化されることがある。一方で、互いが共有している知識を前提とし、あいまいなやりとりも許されるという高コンテクスト文化における共有知識は**後景化**される。つまり、重要でないものとして意識されなくなる。

　私たちは、コミュニケーションにおいて、様々なコンテクストを前景化し

4　林吉郎（1994）『異文化インターフェイス経営』日本経済新聞社p.74

たり、後景化したりして、前景化したコンテクストの中で意味を生成している。たとえば、今、あなたが授業中に、お腹が空いてどうしようもない状況だとしよう。その場合、前景化されているコンテクストは「お腹が空いている」という状況である。そうなると、「授業」というコンテクストは認識の中で後景化され、教員のレクチャーは重要なものとは理解されず、何を食べるか、いつ食べるかといったことが、思考の重要な対象となるといったことが起こる。このように、現実の意味を理解する枠組みであるコンテクストは様々な要因によって変化していく。

2 ギャップで、もやもやしたことない？

　異文化コミュニケーションでは、**1つのコミュニケーション場面において、人びとがそれぞれの立場で前景化している複数のコンテクストがあるといえる**。ここでいう「1つのコミュニケーション場面」とは、対面状況でのコミュニケーションに限らず、たとえば、電話で2人が話す場面や、インターネット会議、さらには、Facebook、InstagramやLINEといったSNS（ソーシャル・ネットワーキング・サービス）でのやりとり場面も含む。どのコミュニケーション場面でも複数の人びとが関わっているため、人びとがそれぞれの視点・立場から自分なりのコンテクストを背景にしつつ意味を生成している。次のエクササイズでは、1つの場面で複数のコンテクストが交錯し、異文化摩擦が生じた例について考えてみよう。

？エクササイズ 2

コンテクストに対する理解の違いが摩擦・対立を生む

以下の3つの事例を通じて、異文化間の摩擦や対立について考えてみよう。

つまり、私たちがその場に自分のコンテクストを生み出しているってこと。

同じ場面にいても見ているコンテクストは人によってちがっている。

きょろきょろ

①日本の電車内（物理的なコンテクスト）で、外国人観光客が大きな声で話をしている。そのうち1人は携帯電話で話をしている。それを見ている日本人乗客の数名はいらだっている様子だ。外国人観光客と日本人乗客との間にあるコンテクストに対する理解の違いとはどのようなものだろうか。

②ニューヨークのマンハッタンの横断歩道（物理的なコンテクスト）で、信号待ちをしている日本人会社員がスマートフォンで電話をしながら、何度もお辞儀をしている。周りでその様子を見ている現地のアメリカ人がクスクスと笑っている。日本人会社員と現地アメリカ人との間にあるコンテクストの違いはいかなるものだろうか。

③アメリカの大学に留学をしている日本人学生の太郎は、アメリカでの最初の授業に出席した。教科書を70ページ読むという太郎にとっては大変な課題も何とか終わり、よい準備ができた。授業の冒頭で、教科書に書いてあった基本的な事項について、教員が質問をし、それにアメリカ人学生たちが矢継ぎ早に答えている。太郎は、なんであんな簡単な質問に一生懸命答えているのだろう、とやや不思議に思いつつ、より深い議論になったら、自分は良い意見を述べてやろうと準備をしていた。結局、ほとんど発言できずに授業が終わってしまった。太郎は学期を通じて、このやりかたで授業に臨んだが、結果的には、良い成績はとれなかった。積極的に発言していたアメリカ人学生たちと太郎との間には、コンテクストに対する理解において、いかなる違いがあったのだろうか。

（エクササイズのポイント）○各事例の場面から読み取れる**コンテクスト（共有知識）**についてみなで意見を出し合ってみよう。
○各事例において、**自分ならどうするか**考え、周りの人と意見を共有してみよう。
○なお、ペアワークやグループワークの最中に、ペアやグループを組んだ人とコンテクストに対する理解の違いがないか意識しよう。たとえば、みなさんは、ペアワークやグループワークを、どういうことをする活動だと思っているだろうか。ペアワークやグループワークに関する**共有知識としてのコンテクストに対する理解のズレ**があるかもしれない。ズレがあれば、コンテクストの擦り合わせ[5]を行い、共通了解を得てから、エクササイズに取り組もう。

5　コンテクストのズレや擦り合わせについては、平田オリザ（2004）による『演技と演劇』（講談社新書）が参考になる。

エクササイズを通して、コンテクストに対する理解の違いがはっきりと示されただろうか。また、その違いが誤解、摩擦、対立もしくは悪い結果を生んでいることを実感されただろうか（もちろん、ズレに気がつくことで、新しい発想が生まれ、よい結果につながることもある）。では、エクササイズ❷を解説していこう。

エクササイズ❷の①に登場する「電車内」という物理的なコンテクストは、**物理的なコンテクストであると同時に**、「電車内では大声で話をしない」や「携帯電話で通話はしない」という日本の関東圏では広く認知されている**共有知識（ルール）としてのコンテクスト**を思い出させる**サイン（合図）**でもある。このサイン（例：電車内）のように、人びとがある行為（例：通話）の意味を理解するときに参照するコンテクスト（例：電車内では通話はしない）を想起させる合図のことを「**コンテクスト化の合図**」(contextualization cues)[6]という。一方、外国人観光客は、「大きな声で話をしても問題なく」、「電車内で通話しても大丈夫」というコンテクストを持ち込んでいる。つまり、同じ合図（電車内）から2つの異なるコンテクスト（「電車内では通話しない」vs.「電車内で通話しても大丈夫」）が読み取られている。通常、人は自分のコンテクストを「あたりまえ」と思っているので、自分が正しく、相手が間違っていると考える傾向がある。このようにして摩擦や対立は生じる。

コンテクスト化の合図のわかりやすい例を挙げてみよう。学校の教室で、生徒Aがエアコンのスイッチの近くに座るクラスメートBを見て（非言語）、「ちょっと、暑いね。」（言語）と語りかけ、さらに、自分が着ている上着を脱いだ（非言語）。こうした言語・非言語が合図になって、エアコンのスイッチの近くに座るBは、Aの「ちょっと、暑いね」という発言が「冷房をつけてほしい」というメッセージであることを読み取り、冷房のスイッチを押す。この例のように、メッセージを理解する土台となるコンテクストを示す合図が言語と非言語のコミュニケーションによって出されている。このように、**人びとは、共起する複数のコンテクスト化の合図から、そこで有意味なコンテクストを想起し、そのコンテクストの中で言動や事物の意味を生成している**。エクササイズ❷の①では、「電車内」という同一の合図が日本人乗客と外国人観光客の両方に知覚されているが、その合図から思い起こされるコンテクスト（共有知識）が異なり、摩擦へとつながったというわけだ。

6　ガンパーズ, J. (2004)『認知と相互行為の社会言語学：ディスコース・ストラテジー』松柏社 pp. 172-196

　エクササイズ❷の②のスマートフォンで話しながらお辞儀をする日本人会社員の行為は、日本社会（コンテクスト）では時折観察され、また、それほどおかしな行為ではないが、ニューヨーク（コンテクスト）では、日本人の非言語行動について知識がない人びとの視点から、「奇異」なものとして理解され、場合によっては嘲笑の対象にもなりえる。以下の図からもわかるとおり、非言語メッセージの意味（解釈）は、コンテクストによって変わるのだ。

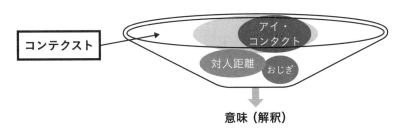

図7-2：コンテクストと意味の解釈

　エクササイズ❷の③の教室における積極的発言に関する例では、日本人学生が、「簡単な質問にも答え、積極的に発言すること」を軽視し、「よく考えられた深い意見を述べるのがよい」という共有知識（コンテクスト）をあたりまえの前提としており、授業で積極的な発言が期待されるアメリカの大学における考えかた[7]とは違う行動をとってしまい、結果として成績も芳しくなかった、という事例だ。この事例は、自身があたりまえとするコンテクスト以外にも、さまざまなコンテクストがある可能性について考える意識の大切さを示唆している（第10章参照）。

3 **コンテクストは「上書き」される？**

　コンテクスト化の合図について述べてきたが、言語、非言語のサインを使って、ある場面で前提とされる**コンテクストを上書きし、変えてしまうこともできる**。たとえば、教室を「勉強をする場所」と理解している児童たちが、より自由な発想で、「教室でピクニックをしたい」「ピクニック気分を味わいたい」と考え、それを実現するために、先生の許可を得て、1）机といすを

7　もちろん、アメリカの大学においては、深い考察にもとづく意見も大切である。ここでは、積極的発言（参加）を重視するアカデミック・カルチャーが多くの人びとによって共有されている点に特に言及している。

廊下に出して、2）レジャーシートを引き、3）お弁当と水筒を持ってきてみなで楽しく話をしながらピクニック的な体験をしたとする。2）の「レジャーシート」と3）の「お弁当」と「水筒」は、ピクニックというコンテクストと強く結びつく合図で、特に2）は、教室でもピクニック的な雰囲気（コンテクスト）を醸し出す合図と言える。このように、コンテクストを上書きし、変えていくことは可能だ。

　この「上書き」を日常生活に当てはめてみよう。日本の大学の大教室では、席が指定されていないことが多く、学生たちは自分たちが座りたいところに座れる。そこで、多くの学生は、前方の席を空けて座ることが多い。この座りかたは、日々の授業で繰り返される。そのため、その座りかたは、あたりまえのコンテクストとして学生間で共有知識化されていく。

　しかしながら、ある教室でみなが「あえて前方に座る」という行為を行えば、何が起こるだろうか。前方に座る行為が繰り返されると、それが教室内の新たなコンテクストとして定着する可能性がある。また、座りかたを変えるという行為によって、以前あった「前方を空けて座り消極的な学生とそれを不満に思う教員」という**対人関係のコンテクスト**も、「積極的な学生とそれを喜ぶ教員」というコンテクストに変化するかもしれない。ただし、新型コロナウイルスのような感染症が拡大しているような**マクロ・コンテクスト**（第10章参照）が認識されている場合は、対人距離を2メートル以上取ることが重視され、教員が教卓で話すことで生じる飛沫を避けるため、前方を空けて座るという行為がよいものとされるだろう。

　さらに、別の例を挙げれば、あまり発言しなかった学生たちが少しずつ発言し始めると教室が「より多くの学生が発言する場」というコンテクストになり、そのコンテクストに沿ってみなが繰り返し行動すれば、それが文化（言動パターン）として定着していく（このように、ある言動がパターン化する現象を**テクスト化**と呼ぶこともあるので覚えておきたい。第4章の「物象化」も参照）。言ってみれば、本書の読者も身の回りのコンテクストを、自身の一つ一つの言動で上書きし、新しいコンテクスト、そして文化をつくり上げていくことができるのだ。いま・ここのコミュニケーションを通して文化を生成してみよう。

　多国籍なメンバーで構成される地域社会や会社のプロジェクトチームなどでは、同じ場面であっても、多様なメンバーの認識の中でさまざまなコンテクストがその場で前景化されることがあり、摩擦や対立が生まれる傾向があ

る。たとえば、会社での「会議」について考えてみよう。会議の進めかたに関する共有知識・ルール（コンテクスト）が国によって異なっていると、誰がいつ何をどの順番でどのようなトーンで話すかといった会議の進めかたに違いが出てしまい、多国籍なメンバーの間で摩擦、対立が起こりうる。日本の伝統的な会議では、事前に根回しが行われ、周到に準備・確認された情報が共有されることが多く、結論も決まっていて、「何かを議論する会議・決定する会議」というものではなく、「事前に決められたことを共有する会議」であることも多い。そのような会議で、外国籍メンバーや海外で長年生活した日本人メンバーが突然新しい議題を持ち出して会議を混乱させることがある。

　ただし、こうした摩擦、混乱も、**コンテクストの上書きという視点で考えると、その場で支配的だったコンテクスト**（事前に決められたことを共有する会議）**を変え、新しいコンテクストを生み出すチャンスにもなる**。上記の例では、伝統的な会議の進めかたに加えて、ビジネス環境の変化に柔軟に対応するため、急ぎ議論すべき新しい議題を提示してもよい時間を会議の時間枠内に設定することもできるだろう。こうした試みは、2つ以上のコンテクストを**擦り合わせ**（第4章「相互理解・相互適応」参照）、新しいコンテクストを生み出す**創造的なプロセス**といえる。このような創造的なプロセスを異文化コミュニケーション研究では「**異文化シナジー**」（intercultural synergy）(Adler, 1991) という。シナジーとは相乗効果のことで、2つ以上の異なるものが出会い、お互いを活かすような新しい考えかたを創造し、今まで以上の効果を生み出すことである。これは、社会や組織に**イノベーション**（**革新**）をもたらす。そのため、新しいアイデアを求める企業において多様なコンテクストを背景とするメンバーでチーム（**多文化チーム**）をつくり(石黒, 2020)、そのチームに企画や開発をさせるという試みも行われている。コンテクストの違いは誤解、摩擦、対立につながることが多いが、同時に、このような可能性も秘めている。

コンテクストの上書きについて考えてみよう！

①みなさんの生活の中で、変えてみたいコンテクストは？

　　例：会社、サークル、部活動における上下関係の厳しさ

②そのコンテクストを維持するために、繰り返し行われている／きたことは？

　　例：何事も先輩が先に行う。先輩が後輩に買い物を頼む。

③そのコンテクストを上書きするために、やれる行動はあるだろうか。

　　例：先輩と後輩関係なく、平等にじゃんけんで順番を決める。

　もともとあると思っているコンテクストも実は人びとの理解のフィルターや言語・非言語によってつくられたもので、そのコンテクストを維持するために**必要な言語、非言語の行動（合図）が**繰り返し実践されている。同時に、人びとにはそのコンテクストに変化を与える力もある。グローバル化が進展する社会において、多様なコンテクストを前景化している人びととともに、どのようなコンテクストを協同でつくっていくのかということが国、地域、組織といったさまざまなスケールで今問われている。

（第7章　石黒武人）

コンテクストって おもしろい！
新しい アイデアや 文化を
生みだす 鍵だね！

わくわく

New idea
New culture

第8章

未発の異と異対面

見えなくなっているところの異に気づく！

　人は同じものを見ているようで見ていない。注意の向けかたによって見ているものが違っているからだ。何がリアルに知覚できる存在なのかが互いに異なることによってできるギャップも「異」といえる。この章では「見る」ことについて考える。「見る」とは、目で見るという意味以外に、「注意を向ける」、「意識を向ける」、「よく観察する」という意味が含まれている。

　コンテクストごとに異なる立場ができ、その立場でリアルに知覚される現実があるというとき、気づくまでは気づけない「異」が発生していることもある。わかってみると「目からウロコ」だったり、ハッとさせられたりして、「その発想はなかった！」とか「そこがコンテクスト化するとは！」となる。ここでは、知覚する上で顕在化しておらず、不可視になっている「異」を「未発の異」、その「異」に気づく出会いを「可視化」、そして「異」を直視することが新たな地平を切りひらく出会いを「異対面」と呼んでいる。見えなくなっているところの異に気づく経験について考えよう。

1 「見ること」とは、「見ない」こと

？エクササイズ❶

「何でしょう（PART 3）」直感でサッと答えて！

① 右の図は何に見える？　→
　［　　　　　　　　　　　　　］

② 右の図には何が見える？　→
　　　[　　　　　　　　　　　　　　　　　　]

（1）図地分化による焦点化

　人は全体の中に線を引き、意味のある「図」を浮かび上がらせ、残りを背景の「地」に分化して知覚している（第2章参照）。①の図を見ると何か黒いもののシルエットを想像しなかっただろうか。白い紙の黒いインクに意味があることを過去に学習していると、習慣的にフォーカスを黒の方へ合わせるが、この図で白と黒を反転させると、FLYの文字が浮かび上がる。**ある側面に注意を向け、焦点化して見ている間、背景に埋もれ見過ごされてしまう、もう1つの側面ができている。そのことへの気づきがこの章のテーマとなる。**突出して目につく「異」は意識しやすいが、**私たちが焦点を合わせないがゆえに見過ごされる「異」に意識的になる**こともまた、とても重要なことといえる。

　②の図は通称「**ルビンの壺**（つぼ）（または杯（さかずき））」と呼ばれている。「**図と地**」（figure & ground）の概念を提唱したデンマークの心理学者、エドガー・ルビン（Edgar Rubin, 1886-1951）が作成した、**図地反転を示す多義図形**で、ゲシュタルト心理学により広く世界に知られるようになった。多義図形の**多義とは1つのことに複数の意味があること**をいう。白いところを焦点化すると壺に見え、黒いところを焦点化すると向かい合う人の顔に見える。**視点を素早く切り換えることはできても、壺と顔を同時に見ることはできない。**「図」を見ると、「地」を形として見ることはできなくなる。「**見ることとは見ないこと**」だ。

（2）ラベリング

　最初から「この図はルビンの壺ですよ」と言われたら、「壺」をメインに知覚してしまいそうな気はしないだろうか？　壺と顔のどちらでもある全体を表すからこそ多義的な図形といえるのに、顔より壺を主役にしてしまう。「壺」という呼称が**ラベルとしての効果**を発揮して私たちの意識をそちらへ引っ張り、最初から「壺」にフォーカスするようになるからだ。このような**レッテル貼り**のことを「**ラベリング**」という。しかしラベリングも人がつくっ

たカテゴリーを特徴づけるための名づけに過ぎない。それを忘れて**物象化すると、ラベルが囲い込んで見せている一側面でしかないことを本質扱いし始めて、本質主義**（第5章参照）**に陥りかねない**ので気をつけたい。

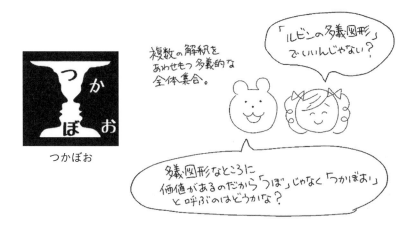

つかぼお

ラベリングでは「**スティグマ**」（Goffman, 1963）にも注意したい。スティグマとはもともとは罪人に付けられた「烙印」のことで、**あるカテゴリーを社会的にネガティブで排除されるべきものとして扱い**、そのカテゴリーを用いて、**人に対し社会的におとしめるようなレッテル貼りをする**ことをいう。一方的につけられるあだ名が、1つの特性をネガティブに焦点化させる社会的なスティグマになることもある。身体的特徴や病名、職業、宗教、民族性などのスティグマ化は、その対象にされる人の尊厳を奪い、社会での立場を著しくおとしめかねないので使用されるべきではない。ラベリングによって自分や他人を一義的な属性に押し込めてしまわないように気をつけて、いつでも多義性を維持していられるようにしよう。

2 過去の学習と経験で、予測して見ている

（1）経験盲とシミュレーション

　私たちの知覚体験は、過去に学習し習慣化したものの見かたによって構成されている。次ページの図8-1（A）には何が見えるだろう？　心理学と神経科学の両面から情動を研究しているバレット（Barrett, 2017）によると、このように**不定形な図を初めて見ると、視覚皮質のニューロンは線と輪郭を処理しよ**

うと働き、脳内ではそれに似たものがない
か過去の経験からの検索を始めるのだが、
そのようにしてもわからないとなる状態を
「経験盲」(experiential blindness)という。

　それでは、次のページにある図8-2（B）
を見てみよう。Bでは何かが見えてきた人
もいるかもしれないが、今度は曖昧で雑然
とした情報が多すぎて、そこに輪郭と形を
見つけるのはやはり難しい。Bのように、
環境が曖昧で雑然とした情報に満ちあふれ
たものとして知覚され、そこに**意味のあ**

る**「境界形成」(boundary formation)をし**
て形を見出すことができない状態を「未分
化」(undifferentiation)の状態という。では、
この章の最後にある図8-3（C）を見てから

図8-1 (A)

再び図8-1（A）と図8-2（B）を見てみよう。Cで見た何かの像が見えるよう
になったなら、経験盲が解消された。Aを見るときは存在しない情報をCか
ら補うことができるようになっていて、Cで見た像を、完全にとまではいか
なくとも、Aに再現できるようになったのではないだろうか。

　Bでは雑多すぎる情報からCで見た像と合致する部分だけを「図」として
境界形成し、残りを「地」として背景に分化できるようになったのではない
だろうか。このように、全体の中から**自分にとって意味のある情報だけに**
注意を向けて知覚することを「選択的知覚」(selective perception)という。
何に注意を向けて反応するかには、興味・関心、言語、文化などが関わって
いる。通りを歩いていて、お腹を空かしているときはレストランの看板が目
にはいるし、新車の購入を考えているときはやたらと車が目に留まる。情報
や刺激が無数にある中で、あらゆる方向へ注意を向けると負荷がかかり過ぎ
て脳の情報処理が追いつかなくなるため、選択的知覚は私たちが必要とする
情報にアクセスしやすいようにフィルターをかけている。見たくないものを
無視させるようなフィルタリングもしている。**過去の経験にもとづいた知覚**
の自動補正によって、実際にはない情報を追加することや、自分にとって意
味ある情報だけを知覚することは、コミュニケーションする上でも起こって
いる。だから私たちは「見たいことを見て、聞きたいことを聞いている」。

　Cを見た後でのAやBの知覚体験は、どちらも不明な何かを見た当初の経験から変化して、ある特定の何かの像を見た経験となっている。見えていなかった状態には戻せない。図地分化のプロセスは習慣化されやすく、一度解消された経験盲を再び経験することはない（Barrett, 2017）。

　このような脳内補正は「**シミュレーション**」の働きによる。辞書的な意味のシミュレーションは「ある現象を模擬的に現出すること。現実に想定される条件を取り入れて、実際に近い状況をつくり出すこと。模擬実験」（デジタル大辞泉）であるが、脳の**シミュレーションは周囲で起きていることを推測**（Barrett, 2017）する。環境から得られる知覚情報は、過去の経験にもとづいた仮説、別のいいかたをするなら、過去のデータから構築したプログラミングでシミュレーションされ、その結果にもとづいた意味を与えられている。**経験盲とはこのシミュレーション**

図8-2（B）

に利用できるカテゴリーや概念などの情報が欠けているがゆえに経験を適切に構成できない状態にあることともいえる。ここでいう「脳」や「脳の働き」とは、神経回路（神経伝達のネットワーク、神経と脳の配線）による情報処理のプロセス、および、認知することの両方を指す。

　シミュレーションは、ときには「ない情報」を補うことをしてまでも、リアルな現実として知覚できる経験を構成する。次の図8-4が何の図か、まず自分の知覚を試してみよう。これは習慣化したものの見かたが予期を生み、「ない情報」を補ってまでも形を知覚させる例にあたる。アメリカの大学の授業でこの図を見たとき、私にはインクの染みにしか見えなかったが、しばらくするとあちこちから"Jesus"とつぶやく声が聞こえてきた。そう言われても私にはなかなかその像を見出すことはできなかった。図8-5（p. 170）を見て、経験盲を解消してみよう。**一度見えるようになると、次からは予期が生まれる**。なじみある形に像を結ぶべく、輪郭線を探し出し、ない情報も自動的に補われるようになる。経験盲が解消されると図8-5で見たものを予期す

るシミュレーションがはたらいて、図8-4にその像が再現されるようになる。そのようになるのは、**予期にもとづいたシミュレーションによって想定通りのことを経験する「予言の自己成就」でもあるといえる**（第11章, 第17章を参照）。

図8-4
引用元：Porter, P. (1954). Another Puzzle-Picture. The American Journal of Psychology, 67(3), 550-551. doi:10.2307/1417952

（2）シミュレーションと情動・感情

　見る、聞く、触る、かぐなどしたときの反応とは、**単に外にある刺激に反応しているというよりも、それらに関するシミュレーションである**と考えられている（Barrett, 2017）。第2章の「情動と感情」のところで紹介したように、私たちは周囲の人びとを含めた環境とのやりとりの中で、内受容感覚や情動を伝える神経回路を発達させている。何かに反応して、うれしい、悲しい、怖い、安心などといった感情を認識するときは、あたかも自然にわきおこったかのように思えるかもしれないが、感情もまた、社会的に構成された概念といえる。この意味において**シミュレーションとは仮説にもとづいた世界観の生み出すストーリー**で、小説を読んではらはらドキドキするのと同様に、私たちは**ストーリーの提供する知覚情報に反応した感情を経験している**ともいえる。

　黒い円が3つ並んでいるだけの図（第2章 p. 43）を見て「ミッキーマウスだ！」と目を輝かせた人にはミッキーマウスがポジティブに概念化されていて、その記号に楽しいストーリーが想起されている。では図8-3（C）のようなトイプードルが足元に寄ってきたところを想像すると？　犬の概念を家族、かしこい、かわいいなどポジティブに抽象化している人には、それらが感覚器官と連動するため、反射的に笑みが浮かぶかもしれない（情動）。「うれしい」という感情も自覚されるかもしれない。しかし過去に犬で不快な経験をしたことのある人の場合、思わず写真から目を背けたり、冷や汗が出たり、筋肉がこわばったりするかもしれない（情動）。そのことは嫌悪や恐怖

の感情として認識されるだろう。

　アメリカ社会で白人の警察官が無抵抗の黒人住民に対して暴力をふるい、発砲して死に至らしめる事件が繰り返し起こる背景にも、差別意識のあるほかに、偏った世界観によるシミュレーションのあることが考えられる。黒人は乱暴者という先入観と偏見にもとづきシミュレーションした世界には、やらなければやられるというストーリーが成立する。そうなると、相手が背中を向けていたとしても反射的に身構え、携帯電話の所持を銃と勘違いして発砲するような、過剰防衛が起こる確率も高まってしまう（第11章 p. 221 参照）。

　「異」に直面したときに、楽しいのも、ワクワクするのも、怖いのも、いら立つのも、**表に出て認識できる感情のラベルだけで理解しない方がよい。それ以前に、神経系が情報処理をしてシミュレーションを行い、とっさの反応としての情動を引き起していることに注意を向けてみるとよいだろう。感じたことをどう言語化するかで経験は変わる**。過去に経験した有害な環境に合わせて配線された脳のネットワークが不安を引き起しやすいとしても、その経験の概念的な解釈を変えることができると、神経回路の配線も変わる（Barrett, 2017）。必ずしも簡単なこととはいえないが、**新たなまなざしを得て見える世界を変えることや、身体と心をゆるめてリラックスできるようにすることは、どちらも自分自身の反応を変えることに役立つ**[1]。

3　何がコンテクスト化するかは、立場によって異なる

? エクササイズ ❷

どんな異が現れる？

　駅やホテルなど大規模な商業施設にあるユニバーサルトイレ（多目的トイレやみんなのトイレなどと表示されている場合もある）を心の中で映像化して思い出してみよう。ユニバーサルトイレの中に何があるのが見える？　できるだけ詳細にリストアップしてみよう。

1　概念からではなく、逆に身体や感覚に働きかけ、自律神経の働きを調整するようなアプローチもある。神経生理学的なアプローチとして、EMDR（Eye Movement Desensitization and Reprocessing：眼球運動による脱感作と再処理法）という手法では、目を左右に動かす眼球運動や他の両側性の刺激（左右の対称な部分に交互に触れる等）がPTSD（心的外傷後ストレス障害）などの症状に対して効果をあげている（日本EMDR学会公式HPより）。神経系エクササイズ（浅井, 2017）も、自律神経系に働きかけることで柔軟性と回復力を高めながら安心感を得て自己受容できる力を養う。

（１）コンテクストのレイヤー

　この章の最後のページにTOTOの開発したコンパクト多機能トイレ（2020年6月時点）の写真がある。この写真では、手すり、オストメイト用の設備、ベビーチェア、フィッティングボードなどを見つけることができる。オストメイトは病気や事故などが原因でお腹にストーマ（人工肛門・人工膀胱）をつくった人たちのことで、写真の左側にあるタンク型の設備はストーマ装具の交換に利用できる。衣服の着脱を伴うこともあるため、TOTOではすぐ横の足元にフィッティングボードを設置する工夫をしたそうだ。フィッティングボードにはトイレトレーニング中の子どもの衣服着脱も想定されている。ベビーチェアには乳幼児連れの人がトイレ利用する間、子どもを安全に座らせておくことができる。車椅子利用者がスムーズに方向転換できるような空間を確保し、洗面台の下にも足元がぶつからないようすき間を空ける工夫がなされている。操作パネルのスイッチは手すり近くにあるため、手すりに手首を置いたままで押せ、人差し指でなくても指の第二関節甲側で押すことが可能になっている。**1つの空間にも、さまざまな立場でのコンテクストがレイヤーのように折り重なり交錯している**のが見えてきただろうか？　コンテクストは「解釈の枠組みを引き出す情報の集合」（井上, 2003, p. 21）でもあるので、それが異なることで経験の意味づけは異なってくる。**同じ空間にも異なる立場やニーズがあり、何に関連づけてコンテクスト化するかによって、別の意味を持つようになる。**

　これまで何度も見たことのある場所でも、見えて知っていたコンテクストもあれば、**未分化で「見ても見えない」状態**になっていたコンテクストもあっただろう。社会の中でコンテクストの多くのレイヤーが重なり合う一方で、通常私たちの注意や意識は、生きていく上で重要な意味を持つことや自分にとって関わりの深いことだけに向けられている。そのため、**ある場面において、自分に関連性の高いコンテクストが前景化して焦点となっている間、ほかの誰かにとっての大事なコンテクストが後景化して埋もれ、見えなくなっている**ということがある。**「見ても見えない」状態は、さまざまなコンテクストのレイヤー間で起こり得る。**たとえば乳幼児連れの人には視覚障害者のコンテクストが見えないかもしれないし、視覚障害者には車椅子利用者のコンテクストは見えないかもしれない。となりあっていても見えていないレイヤーというのもあるかもしれない。障害（バリア）を価値（バリュー）に変える、すなわち「バリアバリュー」（第9章参照）を目指す、ミライロという会

162

社のある新入社員は、「たとえば、点字ブロック。これは視覚障害のある方にとって役立つものでも、車いす利用者とってはバリアとなってしまうことがあります。そしてこうした事情を、両者はなかなか知る機会がないのです」と、その気づきを細やかに語っている（talentbook, 2017）。

（2）コンテクストの薄さ

本書では**注意が向かないために何かがコンテクスト化していることに気がつかず、見えなくなっている状態**のあることを「**コンテクストの薄さ**」[2]で表現する。コンテクスト（コンテクストの層、あるいは、コンテクスト意識）が薄くなっているとき、見ても見えないので、見過ごされてしまう。

このような状態には、以下の3つの場合が考えられるだろう。

① **「見えない」**：全くの未分化
　ある特定の対象にフォーカスしてコンテクスト化する発想がなく、未分化になっている。注意を向けることがないため、見ても見えない。
② **「見えづらい」**：気配を感知することができても未分化
　曖昧で雑然とした情報の中に、**瞬間的なひっかかり**を感じることや、**気配**として何かを感知することができたとしても、**ほとんど未分化のため、図地分化してイメージを立ち上げることができない。**見ても見えづらく、意味を成す出来事として知覚されない。
③ **「見落とし・見過ごし」**：後景化
　選択的注意において焦点化されにくく後景化している。アクセスすることが習慣づけられたコンテクストや関心のあるコンテクストが他にあるため、意識の上で希薄化して注意が向けられにくく、見落とされる／見過ごされる。

4　未発の異と可視化

知ればわかるけれど、知るまではわからないことがある。生きていく上で

2　「異」を尊重する基本的態度のある人が、ある側面ではまるで配慮が抜け落ちてしまうことのある現象について、著者の一人の岡部と編集者の三井が、それぞれ別の機会に疑問を投げかけていたことがあった。それをどう考えるかを改めて石黒と私（山本）で掘り下げていたところ、石黒の発した「コンテクストの薄さ」という言葉がきっかけとなり、著者らの間で概念化した表現である。

重要な意味を持つことや、くり返し経験してきた
ことには注意が向きやすい。だがそのかたわらに
は、知らないことや気づかないことがたくさんあ
る。「異」が関わっている（ギャップが生じてい
る）ことに対し、その情報を受け取って対応した
方がよい場合においても、「見ても見えない」状
態では、異に気づかず適切な対応ができない。

見ても見えない
未発の異

？

未分化な情報は
知覚されない。

　このように、**顕在化していないがゆえに気づか
ず見過ごしている異を「未発の異」と呼ぶことに
する。未発とは、まだ姿を現していないという意
味である。新たな図地分化によって新しく境界形
成したカテゴリーが立ち上がると、カテゴリーの示す対象は「可視化」され、
自分の見ている現実の中にも存在するようになる。**そして、そのカテゴリー
の示す現象は、世界の一部になる。

　たとえば、2019年度のユーキャン新語・流行語大賞のトップ10に入った
「#KuToo」は、多くの人にとって「**未発の異**」だったのではないだろうか。
「#KuToo」とは企業が女性にかかとの高いパンプスやハイヒールの着用を
指定することへの反対運動で、きっかけは石川優実さんという女性によるツ
イート（https://twitter.com/ishikawa_yumi/status/1088410213105917952）だっ
た。パンプスをはいて足を痛め、怪我をしながら仕事をする辛さを味わっ
た経験から「いつか女性が仕事でヒールやパンプスを履かなきゃいけないと
いう風習をなくしたい」とつぶやいたところ、瞬く間にツイートが広がり、
「靴（くつ）」＋「苦痛（くつう）」と「# MeToo」（性被害やセクハラを告発する運動）をか
け合わせた「#KuToo」というハッシュタグがついた。就職活動でパンプス
をはく機会の多い大学生も反応した。ヒールの高い靴は不安定なだけではな
く、つま先に体重のかかる痛みや、前すべりした指の形がくの字に曲がって
固まってしまうハンマートゥの症状、外反母趾（がいはんぼし）などの健康被害を招く。靴を
選ぶことができず足の痛みを我慢していたというリアリティのあることが、
大勢の人の知らない「未発の異」になっていた。「靴のせいで足が痛い」と
いう訴えに対し「プロ意識が足りない」としりぞけるのは、**他者の現実知覚
を肯定せず、そのようなリアリティをないものとして知覚するものであり、
ギャップが「異」として出現することを認めない態度**だったといえるだろう
（第15章「防衛」参照）。世界に散らばる点と点でしかなく、1人ではかき消され

て届かなかったような個人の声を SNS がつなぎ、**多くの人が触れることのできるコンテクストとして可視化した**。自分もそのコンテクストを現実の一部として生きている人間の 1 人だという人や、当事者ではないけれど、そのリアリティを知って、想像すると理解できるという人が増えた。**未発の異はそうやって顕在化していった**。

　石川さんはさらにこの事実を**女性差別の問題としてコンテクスト化した**。オンライン署名活動によって集められた 1 万 8800 人の署名は 2019 年 6 月に厚生労働省へ提出された。#KuToo は、靴の話といっても、靴だけに留まる話ではなかった。職場や社会の秩序を動かすシステムにおいて、「女性」というカテゴリーや「女性らしさ」のアイデンティティがどのように組み込まれているか、その**構造に焦点を当てることによって**「差別」**の見える現実がつきつけられた**（第 9 章「制度的差別と構造的差別」参照）。ところが #KuToo の話を女性差別の概念でコンテクスト化することへの反発は大きく、「スーツやネクタイを強要される男性は？」や「私はヒールで女らしさを楽しみたい」、「好きでやっていることを差別の話にされたくない」など、男性にも女性にも、抵抗を感じる人が少なからず出てきた。未発の異と出会うとき、「ドレスコードの問題」であれば受け入れられても、「差別の問題」として可視化されることには、違和感や負担感の出た人たちがいたと考えられる。

　新たな目で（新たなまなざしによる図地分化で）**現実を直視せざるを得なくなったとき、それまで安定していた世界は大きく揺さぶられ、再組織化を迫られる**。想定が変わることや、以前の現実が否定されることには、痛みや葛藤を伴う。どんなストーリーに仕立てるのがふさわしいかにはレイヤー間でのせめぎ合いも生まれる。個人的にも、社会的にも、気持ちの上でも、制度上でも、神経回路の情報処理でも、新たな状況に対応する、つまりは適応することへの拒否反応が出ることもある。そのとき可視化された異から生まれる違和感や負担感をどう落ち着かせるかが問題となる。この話は「異文化感受性発達モデル」（Bennett, 1986, 2017a）の「**否認**」から「**防衛**」への移行と深く関わっているので第 15 章で詳しく取り上げたい。

　一度見えたら経験盲には戻らないように、顕在化した「異」もないことにはならない。日本航空は客室乗務員に 3〜4cm、地上職スタッフに 3〜6cm のヒールを指定していた規定を見直し、2020 年 4 月よりヒール無しでも可とした。「異」の顕在化は社会の変化を促していく。

5　異に出会うと、見えるようになる

（1）異対面

　過去に誰かと接していて「目からウロコ」や「ハッとさせられた」というような経験をしたことはないだろうか？　**経験盲が解消されたときは「目からウロコ」の落ちる思いがする。**「ハッとさせられる」のは自分の**想定になかったコンテクスト化の合図に気づいた**からといえる。単に可視化することにとどまらず、知覚した「異」で現実をとらえなおす。このような**再組織化の起こる出会い**を「初対面」や「ご対面」からもじった「**異対面**」と私は呼んでいる。あることをきっかけに、**これまで自分が知覚していた範囲を超える何かを知覚すると、「異」を「異」として直視することができるようになる。**

　一瞬でまなざしが変わり、見える絵も一変する異対面とは、非連続的な知覚の生まれる経験であるといえる。**一瞬で知覚が変わるところ**は、ふとしたきっかけで「あ、わかった！」となる「**アハ体験**」(aha! experience) に通ずる。「そんな発想があったとは！」、「その手があったか！」、「そういうことだったんだ！」など、異対面は驚きや発見に満ちている。異対面は唐突に来ることもあれば、徐々に予兆のようなものが出来てきて、あるときコップから水があふれ出す瞬間のように来ることもある。異文化感受性発達モデルの「**最小化**」から「**受容**」への移行に関わる (第17章参照)。

　一度気がつくとその後は見えなくならないが、気づくまでは自分がわかっていないことにすら気づけない。そのことを痛感する異対面もある。私にも数多くあるが、その1つはアメリカから帰国して日本の大学で英語の非常勤講師を始めた直後の出来事だった。あるとき留学の有意義さを学生に語っていると、1人の学生がキッとした目でこちらを見て、「留学したくてもできない人もいるんです。私の姉はアメリカの大学に行きたかったけれど家の経済的な事情であきらめたんです！」と、怒っているような泣きだしそうな顔で私に言った。その学生が留学に見ている現実の一部に触れた気がして、ハッとさせられた。社会における多層なコンテクストのレイヤーから、私が「自

己成長」や「語学スキル」に焦点を当てて留学をコンテクスト化していたのに対し、その学生は家庭の収入など経済的事情でコンテクスト化していた。今思うと恥ずかしい話だが、費用を親に出してもらった私は留学のコスト意識に鈍感だったのだ。その学生の言葉や表情によって異対面すると、私にも彼女の言っていることが**切実な現実感を伴うリアリティ**として見えるようになった。次の「対話の時間」では異対面したときの経験がどのようなものであったかを手探りしながら語ってみよう。

対　話の時間　異対面で経験盲が解消された話をしよう

　過去に誰かと接して、目からウロコやハッとさせられた経験はないか探してみよう。そのとき異対面しているはずだ。
　第2章で学んだ「オープン・クエスチョン」を使ったインタビューの要素と第6章で学んだ「エポケー」と「確かめ」を取り入れて、この対話を探索的に行うことにもチャレンジしてみよう。

（2）「自」への気づき

　異対面を一度すると次から気がつきやすくなるし、「そういう目で見る」ということもする。そういう目で見ると、留学の話になったとき沈黙する人はいるもので、そんなときはその人の背後にあるコンテクストを思うようにもなった。「**異**」を知るとは「**自**」や「**自文化**」を知ることでもある。留学費用のコンテクストで自分をかえりみると、私の両親は私や妹が何かやりたいときに費用を気にかけると「子どもがお金のこと心配するもんやない」と決まって言っていた。その教育効果で（？）、本当にコスト意識を持たずに留学したのだが、もう少し吟味すると、両親は第二次世界大戦の直前から戦中戦後という時代に生まれ育ち、その世代の多くの人がそうだったように親を早くに亡くして経済的に苦労し、学校で十分学べる環境になかった。同じ苦労をさせたくないという親の気持ちや教育への価値観があったのはもちろんのこと、しかしそれに加えてバブル景気という経済的な背景があったからこそ、費用の問題は解消され、留学は可能になっていた。近年では海外留学者数の減少を若者の内向き志向のせいにする言説がみられるが、経済的な背景によるところも大きい。「**異**」と出会って「**自**」をたどると、そのよう

な自分自身の背景にあるストーリーも見えてくる。**自分自身の背景にストーリーがあるように、他者の背景にも豊かで複雑なストーリーのあることを想像できるようになることが大切**だ。

（3）痛い面もあるけれど

　異対面すればするほど視野は広がる。「そんな"異"があったとは！」と新しい発見にワクワクする。しかしそうは言っても、「そこが"異"になっていたとは！　気づいてなくてごめんなさい」と内心冷や汗の出ることも多いわけで、異対面には「痛い面」を伴うことがある。ストレッチと同じで無理に可動範囲を広げようとすると怪我をするので、楽に動ける範囲から始め、痛みが強くなり過ぎない工夫をして範囲を広げよう。異文化コミュニケーションの理論やスキルはそのようなときのセルフケア（自己内調整）に役立つ。**楽じゃない経験をするからこそ、異対面をケアして楽になれるようにもしておきたい。それは楽をするのとは違う。**

　異対面することが楽ではなくても必要なのは、アイルランド人の夫と結婚し、20年以上イギリスに在住しているブレイディみかこさんの、次のようなストーリーからもわかるだろう。ブレイディさんはブライトンという町の「荒れている地域」と呼ばれる公営住宅跡地に住み、中学生になる息子の学校生活や地域の人びととの交流を描くことを通して、イギリス社会階層の「底辺」を生きる人びとのリアルやそこでの息子の成長を伝えている[3]。以下は公立中学へ通う息子との多様性に関する会話からの抜粋になる。

> 「どうしてこんなにややこしいんだろう。小学校のときは、外国人の両親がいる子がたくさんいたけど、こんな面倒なことにはならなかったもん」
> 「それは、カトリックの子たちは、国籍や民族性は違っても、家庭環境は似ていたからだよ。みんなお父さんとお母さんがいて、フリー・ミール制度なんて使ってる子いなかったでしょ。でもいまあんたが通っている中学校には、国籍や民族性とは違う軸でも多様性がある」
> 「でも、多様性っていいことなんでしょ？　学校でそう教わったけど？」

3　ブレイディ（2019）によると、イギリスの田舎町では優秀でリッチな学校にのみ人種の多様性は確保されている。彼女の息子の通う「元底辺中学校」のような学校ではほとんどが白人労働者階級の子どもたちで、差別行為を危惧するミドルクラスの英国人や移民は避けようとしている。学校プログラムで多様性を尊重するための教育が行われ、子どもたちは多くを学ぶ一方で、白人労働者階級の子どもたちは移民の子どもたちを、移民の子どもたちは人種やどの国の出身かの違いによって、互いが互いを差別する状況のあることも描かれている。

「うん」

「じゃあ、どうして多様性があるとややこしくなるの」

「多様性ってやつは物事をややこしくするし、喧嘩や衝突が絶えないし、そりゃないほうが楽よ」

「楽じゃないものが、どうしていいの？」

「楽ばっかりしてると、無知になるから」

と私が答えると、「また無知の問題か」と息子が言った。以前、息子が道端でレイシズム的な罵倒を受けたときにも、そういうことをする人は無知なのだと私が言ったからだ。

「多様性は、うんざりするほど大変だし、めんどくさいけど、無知を減らすからいいことなんだと母ちゃんは思う」

ブレイディみかこ『ぼくはイエローでホワイトで、ちょっとブルー』(新潮社) pp. 59-60

子どもが時代錯誤的な差別用語を使うのは、その言葉を使う大人が周りにいるのを真似しているだけという話では、ブレイディさんは「頭が悪いってことと無知ってことは違うから。知らないことは、知るときが来れば、その人は無知でなくなる」(ブレイディ, 2019, p. 35) と息子に言っている。**認知に負荷のかかることを避けて楽ばかりしていると異対面のチャンスが奪われる**。未発の異にハッと（ときには自分のまずさに気づいてヒヤッと）させられる経験は年齢を重ねたって減らないし、相変わらず痛い面もあるが、異対面すると世界を新たな側面からコンテクスト化して再構成し、新しい図地分化で組織化することができる。新しい目で見る世界はフレッシュな感覚をもたらし、経験を豊かにする。そう考えると大変でも価値のあることと思えてこないだろうか。

 ミニリサーチ

未発の異と出会いにいこう

インターネット上には情報がカオス的にあふれている。いろんな人がいろんな問題意識からさまざまなことを取り上げている。SNSによる発信も多い。「未発の異を探す」という目で見て、今まで「異」として意識したことのなかったコンテクストを探索してみよう。うっすら気になっていたというようなことがあれば、この機会にしっかり調べて異対面しよう。どんな未発の異と出会うことができただろうか？

元写真　トイプードル

図8-3（C）

図8-1（A）は図8-3（C）に楕円形を
乗せて白抜きにした。

図8-5

図8-4に肩のライン、さらに上には頭部を加えた。
イエス・キリスト

一般的なキリストのイメージ画像

TOTOコンパクト多機能トイレの写真
（提供：TOTO株式会社）

（第8章　山本志都）

第 9 章

異文化と異分化

一様なものを
多様にする！

1 「普通」と「普通でない」の境界線

（1）無標と有標

　「普通はそんなことしない」、「ここではこれが普通」などと言われることに、どことなくもやもやするとしたら、そこから不満や批判、「だからあなたも同じようにやりなさい」という命令の匂いをかぎ取っているのかもしれない。「普通」と「普通でない」とは、いったいどのように区別されるのだろうか？

　ここに言語学でいうところの「**無標**」（unmarked）と「**有標**」（marked）の考えかたをあてはめて眺めてみると興味深いことが見えてくる。無標と有標とは二項対立の法則性から構造を見つけ出そうとする構造言語学の概念で、**無標を基本となるものとしたとき、その枠から外れたイレギュラーなものや、一種のバリエーションとして認識されるものに「標識」（マーカー）がつくと有標になる**。たとえば男性を意味する無標の語に標識をつけ足すと、「man（男性）」は「<u>wo</u>man（女性）」、「prince（王子）」は「prince<u>ss</u>（王女）」になる。「sense（分別のある）」と「<u>non</u>sense（分別のない、ばかげた）」、「常識」と「<u>非</u>常識」のように、「A」を無標として「Aでない方」に「non」や「非」をくっつけるパターンもある。

　言語学者の大橋 (2010) によると、「non」や「非」といった明示的な標識がつかなくても、同じ法則性によって暗示される語、たとえば「日本人」に対して「非日本人」を指す「外国人」も有標形になる。さらには、このような言葉が日常で用いられるとき、AからAでない方を分けて隔てる疎外的な意識の働きが言語活動の中に現れるという。つまり、**Aを基本と見なすコン**

テクスト上で、Aでないという非対称な関係性が可視化されると、区別のための標識がついて有標化し、両者を分け隔てる意識が働く。「非対称」（アシンメトリー）とは一般的に、互いにつり合っておらず、バランスを欠いた状態のことをいう。

　「普通」と「普通でない」（非普通）のように二項化した関係を無標と有標でもう少し見ていこう。「女流作家・女性弁護士・女医・女子アナウンサー」のように女性が有標化しているのは、これらを男性の職業と認識することが普通になっているからで、保育士や看護師のように女性の多い職業であれば、男性の方が有標化する。プロ野球の「選手」は無標で「助っ人選手」は有標、「タレント」は無標で「外国人タレント」や「ハーフタレント」、「お笑いタレント」などは有標だ。右利きは無標、左利きは有標で、異性愛は無標、同性愛は有標になる。**「普通」と思われる基準から外れると、イレギュラーなこととして標識がつき、有標化する。無標はマジョリティ、有標はマイノリティの立場と重なり合っていることが多い。**

　次のエクササイズでは、無標と有標の関係性をストーリーの中でとらえてみよう。そしてそのような立場にはコンテクストが関わっていることを確かめてみよう。

？エクササイズ❶

普通の立場と、普通でない立場

　Aは無標、Bは有標。ストーリーを読みながら、自己との対話（個人内コミュニケーション）で「これってどんな場合があるかな？」、「自分がBの立場になったと感じることはあるかな？」、「社会で何か問題になっていることがあったかな？」など、自分に問いかけながら探索していこう。

> 　あるコンテクストにおいて、「無標」の立場にあって、「私たちは普通」と思うことのできる人たちを「A」と呼ぶ。Aを普通と見なす社会において、Aと異なる人たちはイレギュラーな立場であり、「B」という名称で有標化されている。社会は標準的なAにとって便利になるよう、長年の間に制度や設備が整えられてきた。日常生活や人間関係における習慣にも、A方式のやり方が確立している。Bにとっては何かとやりづらいことが多い。

Bには周りから浮いたり目をつけられたりするようなことも起こる。しかしBがそんな状況にあることにAは気づいていない。BがやりづらさをAに訴えると、「私たちは普通に、普段通りにしているだけ。悪いことはしていません」と意に介さないようだ。

① AとBには、どんな名称や、カテゴリー名が入る？
Aが（　　　　　　　　　　）のとき、Bは（　　　　　　　　　）

② AとBの立場に差が目立つのは、どのようなコンテクスト（場面・状況・概念あるいは考えかた）においてだろうか？
（　　　　　　　　　　　　　　　　　　　　　　　　　　　　　）

③ Bの立場にある人びとには、どのような「〜づらさ」（例：やりづらさ、食べづらさ、入りづらさ等）が生じている？
（　　　　　　　　　　　　　　　　　　　　　　　　　　　　　）

（エクササイズのポイント）「無標」と「有標」の立場や関係性を語るストーリーは、さまざまに有標化する立場にあてはまる。どのようなコンテクストとひも付けられるときに立場の差が目立つ（顕在化する）ようになるか、具体的な例を考えよう。

（2）「普通でない」と負担が増えるのはなぜ？

　有標化して「普通でない」方の立場になると負担や困りごとが増えるのは、一体なぜだろう？　たとえばこの世界は右利きを普通とした「右利きワールド」だ。人から「右利きなんだね！」と言われることはないのに、左利きの人だけは「あ、左利きなんだ！」と言われ注目される（特別な感じがして嬉しいという人も、毎回言われることにうんざりという人もい

レードル
これを左手でむりやり
使おうとすると
腕がつりそうになる。

る）。教室でノートを取るときやレストランで食事をするとき、左利きの人たちはひじを張る方の腕が違うので、ぶつからないように気をつかっている。駅の改札でICカードをタッチするにも、自販機でお金を入れるにも、位置が右側なのでやりづらい。スープを自分で注ぐ形式のレストランではレード

ル（おたま）が使いづらい。

このように、**無標を基準とした制度設計や設備開発の行われた社会で、マイノリティの立場になると、さまざまなことに制限が出て困りごとが増える。**「やりづらい」、「わかりづらい」、「生きづらい」などの「〜づらさ」が増えると**心理的・身体的に対応しなくてはならないことが増え、そこにストレスが生じる**（第11章「アイデンティティ付随条件」参照）。しかし左利きの人のやりづらさを右利きの多くの人が言われるまで気づけないように、**構造や制度の中に不平等性が埋め込まれている**ことは、気がつかれにくくなっている。

（３）意図のない構造的差別

社会学者のピンカス（Pincus, 1996）は、ある集団の個々のメンバーが他の社会的集団のメンバーに差別的かつ／または有害な影響を与えることを意図して行う行動を指して「**個人的差別**」（individual discrimination）と呼び、**差別的な意図が制度化されていたり、制度の運用に反映されていたりすることを「制度的差別」**（institutional discrimination）と呼んで、区別している。制度的差別には、差別が重要な社会的制度に組み込まれている例（たとえばジム・クロウ方式の隔離政策）や、差別を黙認する雰囲気が組織的に常態化している例（たとえば白人警官による黒人への暴力事件。背後に人種差別を容認する雰囲気があり、これを組織全体の方針の問題としてとらえる）などが挙げられる（Pincus, 1996）。いずれの場合も相手に**害を及ぼすことを意図した行動**といえる。

ところが、**害を及ぼすことを意図しない行動が、無標には恩恵を、有標には不平等な待遇を、気づかないうちにもたらすことがある。意図が中立的であったとしても少数派の集団に差別的かつ／または有害に作用する行動のことを「構造的差別」**（structural discrimination）として重視することをピンカスは主張している。制度的差別であれば組織の責任者にはたらきかけることで是正をうながせる。だが差別する意識も違法性もなく、単に普段通りという構造的差別の何が悪影響であるかは理解されにくく、基本的な文化的価値観や社会の基本の見直しが必要になることから、是正はより難しい（Pincus, 1996）。このような不平等は、目に見えず気づかれにくいところで作用するという意味で、「**構造に埋め込まれた差別**」ともいわれている。これまで「普通」だったことをするだけで、**個人の意図に関わらず不平等な待遇を再生産してしまうコンテクストのある**ことに気づいておきたい。日本で管理職に女性が

少ないことや男性が育児休暇を取りにくいこと、髪の色が黒くない生徒が地毛証明を提出すること、雇用で「新卒」が有利なこと、日本語のわからない人が災害時に情報を得られないことなどを、「普通のこと」や「そんなものだからしかたない」と思い、「選択肢がないのはなぜ？」と考えないとしたら、これらの不平等性に気がついていない。

　差別的意図がないから構わないのではという風潮が有標の立場にマイナスの影響を及ぼすかもしれない例として、AIアシスタントを挙げることを意外に思うだろうか？　アマゾン社によるスマートスピーカーのアレクサ（Alexa）は女性名で、その声も初期設定では女性になっている。マイクロソフト社のコルタナ（Cortana）は姿形も女性として映像化され、アップル社のシリ（Siri）には北欧語で「あなたを勝利に導く美しい女性」の意味があるなど、サポート役の技術は女性化され、その一方で、権威ある立場でサービスや情報を提供する技術には、多くの企業が男性の声を採用している（West, Kraut & Chew, 2019）。これに違和感を覚えなかったとしても、というよりは、それだからこそ、アシスタント役には女性の方が好ましいとする構造の再生産に一役買っている。**構造的差別は問題視されにくいことが問題**だ。

（４）「普通でない」立場は入れ替わる

　立場が分かれるときは特定のコンテクストが関わっている。たとえば「現金派」と「キャッシュレス派（電子マネー・クレジットカード等）」は、「買い物をする」コンテクストで現れる。では現金派とキャッシュレス派ではどちらが「普通」なのかというと、それは場所による、時代による、人による、つまりは**コンテクストによる**。大橋（2010）は「**有標性の交替**」（markedness reversal）という概念を用いて、**対立する二項のうちどちらを有標と見なすかは、時代や状況、何を原則とした使用域を設定するか次第で入れ替わる**ことに言及している。現金派とキャッシュレス派でいうと、海外の経済先進国では以前よりキャッシュレス決済を普通とするところが多かったが、日本で普通なのは圧倒的に現金払いだった。ところが状況が変わりコロナ禍になると、非対面接触の必要性から日本でもスマホ決済などキャッシュレス化が進んだ。現金払いもまだ多いとはいえ、交通系ICなど電子マネーやスマホ決済によるキャッシュレスも「普通」になった。**コンテクストが変わるごとにどちらが「普通」になるかは入れ替わる**。

　立場の入れ替わりがあるとしても、**社会生活を送る上で有標化する立場に**

なる機会が多ければ多いほど、窮屈さや不自由さを感じることになるし、実際のところ不利にもなりやすいことを忘れてはいけない。いったん構造に縛りつけられてしまうと、自力でそこから抜け出すのが難しくなるのもまた現実だ。しかし、だからこそ知っておこう。それさえもまた絶対ではないことを。カテゴリーは解除できる。

だから知っておこう。カテゴリーは解除できる。

2 「普通でない」から生まれる価値

（1）有標が増えると多様化する

　「多様」の反対の「一様」とはみんな同じでそろっているということだ。一様に普通であることを重視すると、ことわざにもあるように「出る杭（くい）は打たれる」。そんな中で「（出る杭が）打たれないためにはどう過ごしていったらいいですか」とたずねる生徒に対し、野球のメジャーリーグで長年活躍したイチローさんは、「それは簡単です！　もっと出たらいいんですよ！　突き抜けちゃえばいいんだよね。突き抜けたら、人は『こいつもう手に負えない』となるので」と即答している（SMBC日興証券「おしえてイチロー先生」https://www.smbcnikko.co.jp/ichiro-sensei/index.html より）。「出過ぎた杭は打たれない」ということで、スポーツ・芸術・学問・産業等、**どの分野でも、一様なところの常識を破って突出する「異」は、たとえそれが通常とかけはなれて「異様」に見えたとしても、普通でないことが価値を生んでいる。**

　他を凌駕するくらい突出するのが難しいときは、もう１つの方法として、あちらこちらでいろんな人が少しずつ出っぱってみるというのはどうだろう。大勢の人が少しずつ有標化すると、無標は一様さを保てなくなり多様化する。簡単にいうと、デコボコにしてしまうという作戦だ。**同じ人なんて１人もいないのだから、本当のところは社会が一様に均質化しているはずなどない。**有標化してマイノリティの立場になるコンテクストが１つもない人もいない。一人一人が有標化することを自身の多様性として肯定することができれば、あちらこちらで少しずつ出っぱる杭が増え、「出る杭になるからこそ見える景色がある」や「出る杭もいいもんだ」などと思えるようになるかもしれない。次の節では、誰でもいずれかの側面では有標化することについて考えよう。

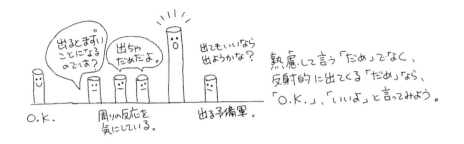

（2）1人の中の無標性と有標性

　ここでは1人の人の中の無標性（普通でいること）と有標性（普通ではいられなくなること）について考える。**同じ人でも、状況や場面などコンテクスト次第によって立場が変わる**。次の「対話の時間^{ダイアローグ}」では、ある人物のプロフィールから連想されることについて、**さまざまなコンテクストへ視点を移動させながら**対話をしてみよう。1人の人の中にも、普通でいるときと、普通でなくなるときがあって、多様性のあることが確認されるだろう。

> **対　話の時間**^{ダイアローグ}　　普通でいるとき、普通でなくなるとき
>
> 　プロフィールから想像されることをイメージしてみよう。佐藤さん（仮名）はどんな人だろうか？　佐藤さんはどんなコンテクスト（場面や状況）で、普通ではなくなる（有標化する）可能性があるだろうか？　言いかえると、佐藤さんに何らかの「〜づらさ」が出たり、浮いてしまったり、目立って特別視されたりするのはどんなときだろう？
>
> 　ペアかグループでこれについて思いつくことを話しながら、探索的にダイアローグしてみよう。話を聴くときはエポケーで受け止めて、確かめを返すのも入れてみよう。オープン・クエスチョンを使って質問できると、探索の幅はさらに広がる。
>
> | 佐藤　蓮のプロフィール |
> | --- |
> | （地域）　　神奈川県在住・兵庫県出身 |
> | （所属）　　日本異文化大学コミュニケーション学部 |
> | 　　　　　　サッカー部 |
> | （将来の夢）調理師（スペイン料理を究めたい） |

（国籍）	日本
（性別）	男性
（血液型）	AB型
（利き手）	左利き
（経験の有無）	海外留学経験者・ひざの手術経験者
（体質・病気）	スギ花粉アレルギー・右耳難聴
（嗜好）	アニメファン・読書好き・ペットは金魚派
	ファッションではメイクにも関心がある

佐藤は日本で1番多い姓、蓮は2018年度の男の子名付けランキング1位（明治安田生命調べ）

（ダイアローグの目的）コンテクストごとに、現実の見えかたを切り替える「コンテクスト・シフティング」のトレーニングにもなっていることを意識しよう。

プロフィールとはフランス語で横顔を意味する。私たちはたくさんの顔や側面を持つ多面的な存在だ。コンテクストによって現れる顔は変わる。顔はアイデンティティといい換えてもよい。**無標と有標、どちらの立場になる確率が高くなるかは、そのときどきのコンテクストで関連性の高くなる側面が何であるかによって変わってくる**。大学で授業を受けているとき、部活のとき、家族といるとき、同じ趣味の仲間と集まっているときなど、場面や状況によって、出てくる顔は変わる。**さまざまなコンテクストで普通でなくなることが、その人の経験を複雑で多面的なものにする**といえるだろう。さて、佐藤さんは自分が有標化するコンテクストをどう活用していくことができるだろうか？　つまり、「普通」とはいえない経験を使って、どのように人生を豊かにすることができるだろうか？　想像して（あるいは妄想して）、佐藤さんならではのユニークな人生を、笑いあり、涙あり、感動ありのストーリーに仕立ててみよう。

（3）コンテクスト・シフティング

　視点を移動させながらコンテクストを変えていくのは「コンテクスト・シフティング」することでもある。コンテクスト・シフティングとは石黒（2016）が提唱した概念で、本書では第14章で詳細が述べられる。この概念は、否定的な判断が思い浮かんでいるとき、人はぱっと1番思いつきやすいコンテクストだけで考えて、嫌な気持ちになっていることが多いことに気づかせて

くれる。本当はほかにもいろいろあるはずなのに、１つの視点に固着してしまうのだ。**その状態から抜け出すために、視点を移動させながら、普段あまり意識を向けることのないコンテクストにも注目していこうという発想が、**コンテクスト・シフティングになる。シフトとは転換することや切り替えることを意味するので、**コンテクストを切り替えながら視点を移動させていこう**ということでもある。この力をきたえると、**１つの現象、１人の人の中にも、多面性・多様性・複雑性を見出すことができるようになり、知覚的複雑性と認知的複雑性も高まる。**１つのコンテクストで固めて見てしまわないように、コンテクスト・シフティングしながら１人の人の多面性や多様性を発見できるようにしよう。

（4）「異」を語ろう！

　「普通でない」ことは「普通」の多い社会に多様性をもたらしている。**多数派の無標に対して有標が少数派であることには、希少性という価値が生じる。**大多数の人が見えなくなっていることに気づける希少性の高いレアな視点という価値だ。次のエクササイズ❷「異を語ろう！」では、自分自身がどのようなコンテクストにおいて、どのような形で有標化する経験をしているかを考える。**自分が有標化する「異」を繊細に感じ取り、分析することによって、自分の中の多様性とつながることができる。**

　このエクササイズを行う上で、「私は平凡な人間で、特に人と違ったところは思いつきません」という人は、**あえてズレ幅を大きく感じ取って、有標化している自分にアクセスしてみよう。**「誰かのことを普通でないと思ってはいけない」とか「区別が差別にならないように」とか、日ごろからあえて「異」を直視しないようにしている人にとっては、「異」をオープンに語ることが少々居心地悪く感じられるかもしれない。そのときは無理なく自己開示できる「異」から始めよう。エクササイズを通してたくさんの「異」と出会い、安心感が持てるようになれば、「"異"に気づかないようにすることより、気づいた上でさまざまな立場からものごとを見ることの方が大切だ」と思うようになるかもしれない。

「異」を語ろう！

　このエクササイズは自己分析として自分だけで行うこともできるし、プレゼンテーションに仕上げて、互いの発表を聞くようにもできる。プレゼンとして行う場合のヒントをこの下の欄外にまとめておく。無標と有標という分けかたがわかりづらい場合は、マジョリティとマイノリティと言いかえてもかまわない。両者は重なり合っていることが多い。

① あなたはどのようなコンテクストにおいて、どんなふうに有標化することがあるだろうか？
　　有標化したカテゴリー名や立場の名称　〔　　　　　　　　　　　　〕
　　そのように境界が形成されるコンテクスト（場面・状況・経緯等）
　　〔　　　　　　　　　　　　　　　　　　　　　　　　　　　　〕

② 有標化した立場になっているときのあなたは、無標の側との間にどのような「異」を感じているのか。逆に無標側からすると、それらはどのような「異」として認識されるものなのか。

③ その「異」に弱みや困りごとがあるだろうか？　逆に、その「異」の価値や強みとなるところは？　活用法は？

④ その立場でいるときに、無標の側に期待することは何か？

⑤ 無標側の不用意な発言や行動でもやもやしたとき、その「異」を自分になじませて安定するために、どのような調整を行っているか？

⑥ あなたと同じような立場になっている人たちはいるだろうか？　オンライン上のSNSやブログ、または新聞や雑誌の記事などで、似たような経験の当事者として発言している人がいたら、その紹介をしよう。その中に、あなたにとって何か参考になったり、考えさせられたりしたことはあっただろうか？

　〔 プレゼンとして行うときのヒント 〕プレゼンとして行うときは、上の①〜⑥の要素を入れるという決まりがあるだけで、順番や各要素をどの程度の割合で入れるかは自由とする。話す有標性は1つに絞る。自分自身の経験を話す。この機会に明確にしてみようという気持ちで取り組めることを探してみるとよい。たくさんあるときは

　より頻繁に感じるものを選ぶか、この機会に自分自身で深掘りしてみたいものを選ぼう。頻繁に感じるとは、社会やコミュニティなど、一定の流れや構造のあるところに引っかかりの多い「異」であり有標性になる。選択したものについて書くことがないとか、困りごとも強みも思いつかないとかであれば、次のようなことを検討してみよう。自分にとってあまり重要ではないカテゴリーを取り上げていないか？　自分に興味を向けて掘り下げてみたか？　自分自身が向き合う準備のできていないカテゴリーを選んでいないか？　無理は禁物。できる範囲でのチャレンジをしてみよう[1]。

　いろんな人の「異」に触れると、最初は「言うほど有標化した経験（もしくは、マイノリティになる経験）がないので思いつきません」と言っている学生にも変化が現れる。たとえば部活の吹奏楽部で周りは楽譜が読めるのに自分だけが読めなかったときの話や、久しぶりに集まった高校時代の部活の友人らが大学でも競技を続けていて、やめてしまった自分は話題に入れなくなっていたという話、本当は光のまぶしさに敏感で外で活動するとき困っている話、他人からの理解を得にくい趣味の話、食事に制限がかかる話、他の人たちが好きなものに自分だけが興味を持てないという話、日頃は人前で話しにくいという宗教の話など、**多くの「異」に触れることで、限られた文脈でしかとらえられていなかった有標性やマイノリティ性への感度が高まり、知覚的複雑性が発達する**。知覚的複雑性が発達すると、見る目がより細やかになり、繊細で複雑なとらえかたができるようになる。**自分自身を含め誰しもが無標性と有標性、言いかえると、マジョリティ性とマイノリティ性を併せ持つ存在であることがわかり、そこに新たな意味や価値を見出せるようになると、それが社会の多様性につながることを確信できるようになるだろう。**

　リマインドしておきたいのは、ここでの「〜性」という表現だ。あくまでも**観測カテゴリー**（第5章参照）**として、これらの概念を用いて現象を理解するときに可視化して現れる性質**を指している。「有標の人」や「マイノリティの人」など「**そういう本質を持つ人がいる**」というとらえかたはしないように気をつけておこう。「有標化した自分」もまた、そのコンテクストにおい

1　私の授業では5分から8分程度のプレゼンをパワーポイントで作成した資料を提示しながら行ってもらっている。事前にプレゼン作品を撮影したビデオ動画で提出してもらい、授業中はそれを視聴する形式で行うこともできる。オンライン形式の授業では、あらかじめ学生が1人でZoomミーティングを開き、資料を画面共有しながらプレゼンする様子を撮影した動画を提出し、授業ではそれを視聴する形式をとった。本人にテーマを選んだきっかけとどこにフォーカスして見てもらいたいかを言ってもらってからビデオ視聴した。見ている間ほかの人たちには印象に残った言葉をメモしてもらいもらい、終了時にコメントとともに発表してもらった。最後にグループで対話の時間を持って、プレゼンで触れたさまざまなことがらを手がかりに意味の再構成を行い、気づきを言語化してもらった。

ては確かにその現実性を生
きるリアルな存在であると
いう反面、それが本質であ
り自分のすべてであるかの
ようには思わないでおこ
う。私たちはもっと多面的
で複雑な存在だし、自分も
環境も（生活環境や人間関
係の環境も）いつまでも同
じではなく、ライフステー

ジが変わるごとに常に変化していくものだ。

（5）非対称性が価値を生み出す

　無標を基準にしてつくられた社会構造や制度は、無標にとっては恩恵を、有標にとっては不平等をもたらしやすいことから、これらの文脈において非対称性は是正して解消されるべきものとして語られることが多い。たとえば社会学者の上野（2006）は、無標と有標が規範的な価値と結びつくことが権力や資源における優劣や上下関係の格差をもたらすとジェンダー研究の立場から述べている。**構造に埋め込まれた不平等性は解消されるべきだが、それは非対称性をなくすことと同義ではない**。ここでは一見すると不利に思えるような非対称性を、そのままで価値として転換する発想にも目を向けたい。

　有標化した立場で生じる制限は、そのまま価値を生み出す視点にもなる。たとえばミライロという会社には、障害を取り除く「バリアフリー」ではなく、**障害を価値に変える「バリアバリュー」**という信念があり、国籍、性別、年齢、身体特性や能力などの多様性を力に変え、新たな価値を創造するためのサービスや商品を開発している。創業者の垣内俊哉さんは、骨形成不全症という生まれつき骨が弱く折れやすい病気のため、車いすでの生活を続けている。くやしさや絶望を何度も経験する中で、あるとき、「車いすでも、できること」ではなく、「車いすだから、できること」に目が向いたそうだ。そこから**弱みと強みをセットで考える「バリアバリュー」**という新しい発想が生みだされた。垣内さんいわく、障害者の視点はバリアの正体を見極めることに強い。たとえばホテルのバリアフリールームにありがちな、スペースばかりが広くて手すりだらけのあまり人気のない部屋がそうだ。旅行を楽し

みたいと思っている障害者や高齢者にとって、気の滅入る病室のような部屋は不評なのだそうだ。そのままでは「ホテルにとって稼働率の悪化というバリア（障害）になる」としてとらえ、そこへ新しい価値をもたらす提案をする。新宿の京王プラザホテルには、利用者のニーズに合わせてカスタマイズが可能なユニバーサル対応ルームを提案した。手すりやスロープを着脱式に変えると障害のある人にもない人にも使い勝手がよくなり、機能性とデザイン性も上がったため、稼働率は8割以上になったそうだ（垣内, 2016）。

　バリアバリューの発想は、**人びとを「健常者」と「障害者」に分けないようにする平等や、「みんな同じ」と障害を見えなくさせる同質化のアプローチではない。非対称性を活かし、どちらかに合わせるのではなく、どちらも尊重しながらクリエイティブに課題解決する**ことが、**異文化シナジー**による**付加価値**を生み出している例といえる。

3　「異文化」と「異分化」

　有標性は、基準となる無標性の生じるコンテクストにおいて、イレギュラーなズレやギャップ、すなわち「異」の知覚されることによって現れる。しかし「異」はいつでも同じようにそこにあるわけではない。先に行った「対話の時間」（ダイアローグ）からもわかるように、同じ人であっても「普通でいるとき」と「普通でなくなるとき」がある。何をイレギュラーとして見なすか（知覚するか）は、そのつど変わる。つまり、**何が無標で何が有標になるかは、コンテクストごとに関連性の高い有意味なことが何であるかに従い変化して、そのつど異なってくる。**このことに注目して、本書では**異文化コミュニケーションを、コンテクスト上に浮かび上がる関連性にもとづき境界形成したカテゴリー間の「異」をめぐる相互作用としてとらえている**（第1章参照）[2]。

　このようにして「異」をとらえるアプローチは、西阪（にしざか）（1997）による「**異文化性**」の議論に通ずるものでもある。西阪はエスノメソドロジーの観点から、**コミュニケーションの参与者間の文化差が、当事者間の相互行為の中で志向され、有意味（レリバント）になることを「異文化性」の現れ**と呼んでいる。西阪によると、異文化性は相互行為の具体的な展開の中で、その展開を通して達成される。「日本人」と「外国人」のような**カテゴリー対**（つい）が、会話の中で相

2　ここで述べている「関連性の高い有意味な」は「レリバント（relevant）」、「関連性」は「レリバンス（relevance）」としていい換えることができる。

互行為的に達成されるとき、異文化性は立ち現れているという見かたになる。

　一般的に、異文化コミュニケーションというときは、まず先行して2つ以上の文化的・社会的カテゴリーがあるという前提で、それらの間のコミュニケーションを指すことが多い。一方、「異」や「異文化性」は、相互作用する「間」（間柄・関係性）に境界の生じることによって、カテゴリーが生成されるというところに焦点を当てている。したがって、**コンテクスト上で分かれて、境界形成・図地分化してできた立場に「異」（ギャップやズレ）の生じる相互作用を扱っている。**これをごく簡潔にいうと「異に分化するコミュニケーション」つまり「異分化コミュニケーション」になる。異文化があるのではなく、異に分化するのだと、言葉遊び的に発想転換してみよう。同じ「**いぶんか**」の音でも、「**異分化**」を当て字してみると、構成主義的な着眼点に切り替わる。

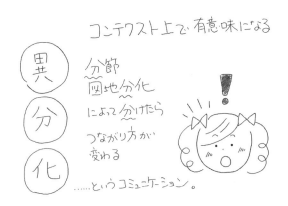

4　マジョリティとマイノリティ

　マジョリティやマイノリティなどの社会的なカテゴリーは**あるコンテクストを契機として現れる立場**を表している。ゆえにその**差異はコンテクストに依拠している**。分かれた立場のうち、**コンテクストに関連性の高い部分と連動して可視化する側面が、無標になる確率の高いのがマジョリティ、有標になる確率の高いのがマイノリティとなる。**したがって構成主義的に、そして異分化コミュニケーション的にマジョリティとマイノリティを考えると、以下のようにまとめることができる。

184

マジョリティ：コンテクストにひもづけられて可視化される側面が無標になる確率が高い。そのコンテクストと関わっている限りにおいては「普通」でいられる立場。制度設計や設備開発で利便性・利益性を向上するための基準となる立場であることが、有利に働くコンテクストのある反面、普通であるがゆえに注意の上で焦点化されず見落とされるコンテクストや、普通を維持する同調圧力からの影響を受けるコンテクストがある。無標を土台に発達させた構造上に位置する間は不都合を感じにくい。そのため、変革への動機づけが低くなることがある。

マイノリティ：ある特定のコンテクスト上で分かれてカテゴリー化したときに見えるようになる側面が、無標を基準とする社会において有標化する確率が高い。そのコンテクストと関わっている限りにおいて「普通でない」と見なされ得る立場。無標を基準につくられた制度や設備ではその基準から外れる変則性が不利に働くコンテクストのある反面、希少性が価値を生み出すコンテクストがある。無標を土台に発達させた構造上では負担が増えやすいが、その課題に焦点を合わせた解消法を生み出すことが、既存の構造に革新をもたらすことがある。

5　二項対立の解除法

　善悪やマジョリティとマイノリティを二項対立でとらえると、AかBかの決めつけが起こりやすくなる。しかしどうやら、**人の情報処理のクセとして、まず基本を定め、そこから外れる方を有標化して二項対立をつくる認識のしかたがある**ようだ。「普通」から「普通でない」がつくられることにはこのような情報処理のしかたが関わっている。

　上野（2006）は、生物学的な性差研究における性別には連続性のあることがわかっている一方で、二項化されたジェンダー（男性／女性）には、連続性や中間項を排除する性格があると述べている。ジェンダー・アイデンティティを「男性」もしくは「女性」でしか見ないことを初期設定で習慣化していたなら、より複雑に細分化したカテゴリーが見えるように**知覚的複雑性**（第4章参照）を高めていこう。現在ではLGBTQ+ と認識する見かたも広まっており、その視点を獲得した人にとって、ジェンダーのコンテクストにおけるリアリティはより豊かで複雑な経験になっている[3]。

自分とはかけ離れた存在として、本質的な違いがあるかのように見てしまっているときは、つくられた境界をぼやかして**曖昧化**（第5章参照）させてみよう。虹を7色でなく複雑なグラデーションとして見るように。曖昧化するとつながりが回復する。虹の色を7色に定めたのはアイザック・ニュートンで、波長がプリズムで7つに分かれるとしたからなのだが、日本ではそれが教育で普及したために、虹の色は7色になった（荒木, 2014）。アメリカでは虹の色は6色、ドイツでは5色で、ほかに3色とする地域もある（大林, 1999）。**人工的な色の数を解除して虹を眺めてみよう。「普通なんてつくりものに思えてきた」と思えるかもしれない**。このほかに、ぼやかすのではなく、別のコンセプトでカテゴリー同士を合体させるという**再カテゴリー化**（第5章参照）も取り入れることができる。

　頭の体操のような話が多いと思っただろうか？　発想を切り替えるトレーニングには頭の体操以上の意味がある。第8章で学んだように、脳は**過去の経験から構築した仮説を基に情報処理をして予測を行っている**。たとえ情報が曖昧でも、予測にしたがって輪郭線を引き、ない情報を補ってまでして、シミュレーション通りの図を知覚させる。だから「この世はバラ色！」と思えるとき、見るものすべては輝いている。だが「真っ暗闇の世の中よ」としか思えないときは、すべてがどんよりと暗く沈む。最後に、**発想を変えられることが未来を変える可能性**について考えてみよう。

6　発想を変えて「予言」をすれば、現実が変わる

　予期をもつことが一種の「予言」としてシミュレーションに作用して、自分の予言した通りの未来を引き寄せて実現する結果を招くことを「予言の自己成就」という。たとえば、「私は動物に好かれない」と思っている人の場合、まず動物に近づく行動を選択する確率は下がる。近づいたとしても、次に起こることをネガティブなイメージで予感すれば、不安や緊張の高まる確率が上がる。全身をこわばらせながら警戒した動きで近寄ってくる人間に対

3　LGBTQ+のLGBTはゲイ、レズビアン、バイセクシュアル、トランスジェンダー（ジェンダー・アイデンティティが出生時に決められた性別やジェンダーと一致しない人）、Qはクィア（社会的規範の枠外にある性的アイデンティティやジェンダー・アイデンティティを表現するために使う総称）またはクエスチョニング（自分の性的指向や恋愛の傾向、ジェンダー・アイデンティティが不確かな常態）のことで、プラスはインターセックス、アセクシュアル、アロマンティック、および、ストレートやシスジェンダーではないすべてのアイデンティティを表す（Mardell, 2016）。

し、動物の反応はというと、おびえて威嚇したり、距離を取ったりしたものになる可能性が高いだろう。そうなると、「動物に好かれない」という予言が見事に的中したことになる。

　予期にもとづくシミュレーションとは予行演習のようなものだ。次はこうなるとイメージしたことをリアルであるかのように疑似体験する。前もって予測し、何が起こるかを期待しているのだから、あとは実演あるのみとなる。だからよくも悪くも、**予期をすることが想定した通りのふるまいの選択確率を高めているといえる。**それは、自分で自分の選択の幅をせばめて道筋をつくるようなものであり、未来へのレールをしく行為ともいえるだろう（第8章・第11章も参照）。相手に対してポジティな予期をもっていると、その予期を持たれた人は力を存分に発揮できるようになるという「**ピグマリオン効果**」もまた、予言の自己成就に該当する。

　だから、世界を変えるには、目のつけどころを変えて、発想を変えることが大切だ。**観点を変えてフォーカスが変わると、図地分化が変わり、情報の整理のしかたが変わって、リアルに見える世界が変わる。**そうすることで、その世界における**行動の選択も変わる。**みなさんが本書で紹介するさまざまなトレーニングを通して**異文化コミュニケーション的な目を養い、そういう目で見た将来を予期するようになる**ことを願っている。異文化コミュニケーション的な目で見ている仲間が増えると、それが**集合的な予言の自己成就になって、多様性をよりしなやかに考える人びとが大勢いる社会が実現される**のではないだろうか。

（第9章　山本志都）

予測は、これから起こると、観察者としてのぼくらが期待しているものを、あらわにする。
by マトゥラーナ＆バレーラ

希望の見える未来を予測していたいな。

第10章

コンテクスト・シフティング

視点を移動させながら、
つながろう！

　異文化コミュニケーションの視点から人生を生きるには、様々なコンテクストに視点を移動して、他者の理解や感覚に近づき、他者とつながっていく営みが必要だ。第7章では、コンテクストが場所、場面、対人関係、共有知識といった様々なものを意味し、人びとのコミュニケーションの意味がコンテクストの影響を受けながら生成されていることがわかった。そのため、コミュニケーションに参加している人びとが読み取っているコンテクストに違いがあると、摩擦、対立、生きづらさが生まれやすい。同時に、コンテクストのズレを契機に新しいアイデアも生まれやすい、という可能性も示された。さらには、人びとはコミュニケーションを通して今あるコンテクストを**上書きし**、そこに関わる人びとにとってより生きやすい新しいコンテクストを生み出せることが示された。そこで、本章では、エクササイズを通して、多様なコンテクストへアクセスし、コミュニケーションにおける理解ひいては行動の幅を広げる「**コンテクスト・シフティング**」（Context Shifting、以下略してCS）について学んでいく。

　本章では、以下に示すエクササイズに取り組むことで、1) モノゴトの意味を決めるときに、頭に浮かぶコンテクストの数を増やし、2) モノゴトに与えられる複数の意味を理解できるようになる。さらに、3) モノゴトについて多面的に考えられるため、考えの幅が広がり、自分とは異なる他者の考えかた・感覚・立場性を理解する力がつく。1) から3) によって、自分とは異なる立場の人、ならびに様々なモノゴトを、より多面的に理解でき、そのうえで自分の対応を選択できるようになる。

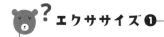 **エクササイズ❶**

友人関係の終わり？

次の事例を読んで、以下の質問に答えよう。

カナダの大学に通う中国人留学生のリー（仮名）は、留学生の交流会をきっかけに日本人留学生花子（仮名）と友達になった。友達になって6か月が経ったあたりから、日中の間で領土の問題や歴史の認識に対する立場の違いから、インターネットのニュースやSNSなどのメディアで両国の対立について報道されはじめ、2人が通う大学でも中国人留学生によるデモ行進が行われた（＊リーさん自身はデモ行進には参加していない）。そのため、2人は大学で会ってもお互いに気まずく、少しよそよそしくなり、結局、話さなくなった。

① 気まずくなってしまった2人が頭に思い浮かべているコンテクスト（状況・場面・関係性）はどのようなものだろうか？ それは数ある背景情報のコンテクストの中でも、今2人が焦点を合わせていて、一番リアルなものとして感じている（前景化している）コンテクストといえる。

② そのコンテクストはどのようにしてつくられたのだろうか？

③ 気まずくなる以前のことを含め、この2人の間に関わりのあるコンテクストにどのようなものがあるか、可能性のあるコンテクストをリストアップしていこう。想像力を働かせて考えてみよう。

④ あなたなら、同じ状況でどのように考え、いかなる行動をとるだろうか？

エクササイズ❶において、2人の留学生が話さなくなった背景には、どのようなコンテクストが介在していたのだろうか。まずは、1つ目のコンテクストとして、インターネットのニュースやSNSといった**メディア**を通じて社会に広がり、共有された情報がある。それは第7章で詳しく学んだ共有知識としてのコンテクストに当たる。それは国内のみならず国を超えてより大きな社会に広がる。このようなコンテクストを**マクロ・コンテクスト**という。マクロには「巨視的な」という意味があり、ここでは「大きな」という意味でまずは理解しておこう。現在ではインターネットを通じて、世界各地に瞬時に情報が拡散していく。そのため、マクロ・コンテクストも短い期間で多くの人びとに共有される。マクロ・コンテクストには、情報に限らず、2020年から2021年にかけて世界中に広がった「新型コロナウイルス」のパンデミックのような現象も含まれ、我々の生活、認識に大きな影響を与えうる。

話をエクササイズ❶の事例に戻せば、メディアを通して、双方の**政府**高官の言動やそうした言動に対するそれぞれの国民の反応などが報道され、徐々に広がっていった。こうした**メディアの情報**の多くは、リアルな映像や写真（非言語）と一緒に提供される。また、**SNS**の場合、参加者の過激な発言を含め、**ライブなやりとりの中で「現実」の意味が交渉されていく**。メディアの情報とそれにもとづく人びとのアクション（行為）とインターアクション（相互行為）が、双方の国や国民に関する「現実」を作り上げ、事例では身近な友人を理解するときにも、そうした「現実」が前提となり、友人関係に多かれ少なかれ否定的な影響を与えたと考えられる。

SNSでは、同じような興味・関心を持った人同士が集まるコミュニティが形成される傾向があり、そのような言説空間の中では、多様な意見に対する閉鎖性が生まれ、同じような意見が繰り返し、響き合うようにコミュニティ内で伝えられる。そのコミュニティ内で、自分と同じような「現実」を経験し、類似した考え、信念、感情をもつ人の話に繰り返し触れることで、自身の考え・信念がそれに伴われる感情ともに強化され、「現実」が確固たるものとなっていく。このような効果を、**エコーチェンバー効果**という。エコーチェンバー（echo chamber）とは、音楽録音用の残響室のことで、閉鎖空間で音が響き合い音響効果を高める現象がある。その現象にたとえて、上記のような閉鎖的な言説空間で特定の考え・信念が飛び交い、その信憑性を高め

ていく様子をエコーチェンバー効果と呼んでいる。

　少し話が変わるが、読者のみなさんも日本のメディアにおける「外国人」に関する報道を目にしたことがあるだろう。もちろん、よいイメージとともに「外国人」の情報が提示されることもあるが、ニュースになる場合、その多くは「○○人窃盗団」や「○○人の男逮捕」のように、国籍・人種と否定的なイメージがセットで示される。

　ただ、何気なくニュースを見ていると、「○○人」という見出しに特段違和感はないかもしれない。しかし、よく考えると、見出しに「○○人」という表現は必ずしも必要ないようなニュースもある。つまり、偶然その人が外国人だっただけで、わざわざ外国人であることを強調する必要がないようなニュースだ。一方、日本人のグループが窃盗を働いた場合、「日本人窃盗団」という見出しは使われない。メディアには、ニュースの対象となった事件に外国人が関わっている場合に、こうした**国籍や人種、外国人性を前面に出す（前景化する）パターン**が存在する。メディアにおけるこうした情報提示のパターンもメディアの受け手にとって「普通」で「あたりまえ」となっていれば、1つの社会で広く受け入れられた**マクロ・コンテクスト**として作用する。**とはいえ、そのコンテクストは、誰のためのもので、誰の視点から生み出されたものだろうか。**エクササイズ❷では、その点について考えてみよう。

？エクササイズ❷

○○人という視点から外れると！？

　スマートフォンやタブレットをフル活用して、「○○人」という国籍、人種、あるいは「外国人」という表現を見出しに含むニュースを検索してみよう。記事を1つ選び、その内容について話し合ってみよう（授業で、担当講師がニュース記事を用意している場合は、その記事について話し合ってみよう）。

① 　ニュースの見出しに「○○人」を入れる必要はあるだろうか。この見出しは誰の視点（コンテクスト）からつくられているだろうか？

② 　視点を変えて、いくつかのコンテクストからニュースを捉え直してみよう。

③ 　ニュースの見出しを新しくつけ直すとしたら、どのような見出しをつけることができるだろうか？

（1）コンテクスト・シフティング：マクロ・メゾ・ミクロのレベル

エクササイズ❷を通じて、**背景にあるコンテクスト**が見えてきただろうか。背景にある複数のコンテクストが見えて、ニュースを最初に読んだときと理解のしかたが変わり、ニュースの捉えかたが変わった人は、**コンテクスト・シフティング**（context-shifting）をしたといえる。コンテクスト・シフティングとは、自分、他人、そして自分と他人の関係といった**自分の頭に浮かぶモノゴトを、ある１つのコンテクストの中で単純化して捉えてしまったときに、想像力を働かせて、他のコンテクストの中で捉え直してみる**ことだ。つまり、別の新しいコンテクストへ移動してモノゴトについて**考え、感じてみる**ことである（石黒, 2016）。

コンテクスト・シフトするときは、場所、場面、対人関係、共有知識、雰囲気など、シフトする先のコンテクストについて詳しく想像してみることが鍵となる。これは日常的に訓練をしないとなかなか難しい。そうはいっても、ただ「想像してください」「感じてください」といわれても正直困ってしまうだろう。そこで、コンテクスト・シフティングを行う手始めとして、コンテクストの３つのタイプを思い浮かべるという方法がある。3つのタイプとは、**マクロ・コンテクスト、メゾ・コンテクスト、ミクロ・コンテクスト**である。以下に、それぞれについて説明したい。

まず、エクササイズ❷で紹介した**マクロ・コンテクスト**について説明する。マクロ・コンテクストは、「日本社会」、「アメリカ社会」、「日系人社会」、「グローバル社会」のような大きな社会や「外国人」「女性」「障がい者」といった社会集団に関するカテゴリーを使ってコミュニケーションをとる時に**前提となっているコンテクスト**（**場所、場面、考えかたやルールなどの共有知識、対人関係**）であった。つまり、ある社会において**どういう場所、場面で、どのような考えかたやルールが用いられ、いかなる人間関係がつくられるか、**ということだ。日本社会で広く共有されたマクロ・コンテクストの例として、「駅」という場所で「電車に乗り込む」という場面では、「降りる人を先に降ろし、列に並んで順番に乗ることで争いを避け、和を保つ」という考えかたやルールが多くの場合あまり意識されずに用いられ、「乗客同士」の円滑な人間関係が達成される。

また、日本社会では、「女性は結婚したら会社を辞める」という考えかた

が社会で広く流通し、「結婚までの腰掛」、「寿退社」といった表現があたり
まえに使われてきた。しかし、過去において、様々な社会で女性たちが活動
の場を切り開いてきた事実、また、近年、政府主導で始まった「女性活躍推
進」といったマクロ・コンテクストもあり、「結婚後も働き続ける」という
考えかたやそれにもとづく取り組みも社会の中で広がっている。このように、
**マクロ・コンテクストは人びとの運動や時代の社会状況・価値観によって変
わってくる。また、古い考えかたと新しい考えかたが同時に存在したりもす
る。**そう考えれば、ある**コミュニケーション**場面において、**コミュニケーショ
ンをしている人がどのマクロ・コンテクストの中で話しているのかを見極め
ることが大切になる。**

　この他にも、日本では重要性が高いマクロ・コンテクストが、海外ではあ
まり関係がないケースもある。たとえば、2019年9月に、映画「天気の子」
がトロント国際映画祭で上映され、その後カナダ人から「晴れ女って何です
か？」という質問があった。日本では、「晴れ女」「雨女」といった社会的カ
テゴリーがコミュニケーションにおいて1つのコンテクストとなりえるが、
カナダではそうではなかったようだ。私がアメリカに留学していたときに気
がついた類似した例がある。それは血液型によるタイプ分けだ。アメリカで
は自分の血液型を知らない人もかなりいたことに当時驚いた。つまり、日本
では血液型で性格を語るというコンテクストが多くの人に知られているが、
アメリカでは自身の血液型を性格と結びつけて語るというコンテクストは前
景化されていないわけだ。上記の例は、自分があたりまえに思っているマク
ロ・コンテクストが他の人びとにとってはコンテクストとして存在しない、
もしくは後景化されている例である。（異文化）コミュニケーションにおい
ては、**自分がよく知らないマクロ・コンテクストが他者の意識の中で前景化
されている可能性がある**（第8章「未発の異」参照）。

　次に、**メゾ・コンテクスト**だ。「メゾ」（Mezzo）には「中間の、中くらいの」
という意味があり、上記のマクロ・コンテクストより小さな対象である組織、
団体に関わるコンテクストを主に指す。たとえば、高校、大学、会社といっ
た組織の中で見いだせるコンテクストで、そこでの物理的環境・場面、考え
かた・ルールといった共有知識、対人関係のありかたを指している。対人関
係を例にあげると、職場での上司との関係がある。上司は、行動をしっかり
監視してさぼらないように仕事させるタイプだろうか。それとも、自主性を
重んじ、見守るタイプだろうか。上司との関係次第で組織の雰囲気も随分変

わってくるだろう。この上司の姿勢は、その組織の方針である可能性もある。このように、**それぞれの組織によってコンテクストがあり、私たちの経験の意味を枠づけている。**

　最後に、**ミクロ・コンテクスト**を説明する。ミクロ・コンテクストはコミュニケーションをとっているときの場所、場面、話題、そこに関わる人びと同士の対人関係（例：友人、親子、恋人）、そしてお互いに対してとるポジショニングなどを指す。たとえば、カフェで友人と映画について話す状況で、お互いを「映画マニア」として見ているといったポジショニングだ（「ポジショニング」については第12章参照）。

（2）コンテクスト・シフティングの「横シフト」と「縦シフト」

　コンテクスト・シフトでは、**ミクロからメゾ、マクロへ**、また、**マクロから、メゾ、ミクロへ**といった、異なるコンテクスト間での**縦（上下）方向の移動**をすることができる（実線の矢印↕　略して「**縦シフト**」）。たとえば、エクササイズ❶の留学生同士の友人関係の事例では、２人は**国**や**人種**といった**マ**

図10-1：コンテクスト・シフティング

中国 v.s. 日本
だけじゃなく
「東アジア」の
仲間だよ！

中国人 v.s. 日本人
だけじゃなく
「同じ大学」のメンバーで
「友人」だよ！

横シフト

マクロ・コンテクスト

縦シフト

メゾ・コンテクスト

ミクロ・コンテクスト

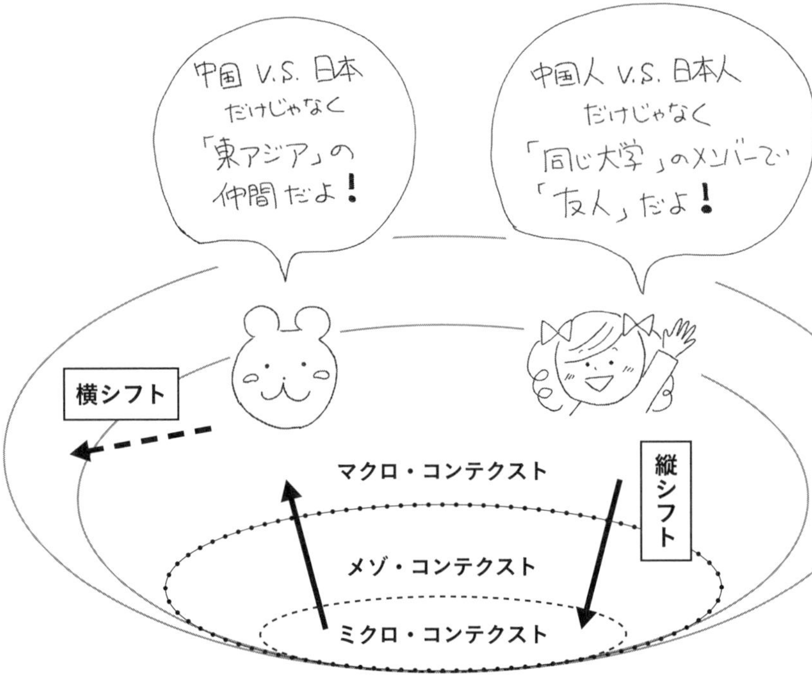

クロ・コンテクストでお互いを見ていたが、**メゾ・コンテクスト**にシフトして考え、感じると、実は「**同じ大学**」という組織に所属する大学生であり、また同じ「**留学生同士**」でもある。また、**ミクロ・コンテクスト**へシフトすると、6か月間「**友人**」として過ごしてきた2人の対人関係（ポジショニング）があるわけだ。

　上記のように、マクロからメゾそしてミクロへとシフトして考える方法に加えて、同じレベルのコンテクスト、つまり、マクロ・コンテクストであれば、**別のマクロ・コンテクストへ横（左右）方向へシフト**することも大切である（点線の矢印←⤍略して「**横シフト**」）。たとえば、エクササイズ❶では、中国と日本という国単位にもとづいたマクロ・コンテクストが用いられていたが、図10-1のように、「**東アジア**」といったより広い地理的な範囲のコンテクスト（表10-1の「空間的把握」における「国」から「東アジア」への横シフト）や、「**環境問題**」といった国家間の協力が必要な共通のコンテクストの中で両国の関係、お互いの関係を考えることができていたら、同じ東アジアに生きる者同士で、環境問題でも共に手をたずさえる立場であるという

表10-1：コンテクスト・シフティングの手がかり（縦シフト・横シフト）

コンテクスト・タイプ： **縦シフト** （展開）	シフト領域	**CSの横シフト（展開）：** 様々なコンテクストへ移動 ◀━━━━━━━━━━━━━━▶
マクロ・コンテクスト	概念	感染症、SDGs、テロ対策、国際協力、倫理、自由、新自由主義、歴史認識…その他（☆自分で考案） ㋹「SDGs」というコンテクストでは同じ立場
	アイデンティティ	国籍、民族、文化、人種、ジェンダー、世代… ㋹異なる「民族」だが、同じ「ジェンダー」同士
	空間的把握	オンライン空間／ミックス空間、宇宙、地球、国、州、県、市、町、村（漁村、農村）、盆地、砂漠… ㋹国は違うが同じように「漁村」に生活する者同士
メゾ・コンテクスト	組織の種類	国際機関、政府、企業、学校、病院、NPO… ㋹国は違うが同じように「学校」で働く者同士
	職種・組織における立場性	管理者、エンジニア、看護師、販売員、事務員、学生、新入社員、… ㋹異なる企業だが、同じ「事務員」同士
ミクロ・コンテクスト	直近の要素	話し手、聞き手、時間、場所、場面、人間関係、話題… ㋹歴史認識は違い、民族も違うが6ヶ月間「友人」

見方をもてれば、2人の関係も変わっていたかもしれない。このようなより大きなコンテクストで、両者を仲間、もしくは共通点を持つ内集団としてみる方法を「**共通内集団アイデンティティ・モデル**」（Brewer, 1997）と呼ぶ。CSをすることで、他者との差異を理解できると同時に、潜在的にはあるが、意識の中で前景化されていない共通のコンテクストを浮かび上がらせることができる。

3 異文化アライアンス

　言いかたを変えると、コンテクストをシフトすることで2人が**結びつくポイント**（**結節点**）を見いだすことが可能になる（もちろん、逆もしかりで、シフトするコンテクストによっては2人の間にある差異がより明確にもなる；この差異は、他者と自他の関係性をより深く理解するうえで重要なものである）。表10-1では、様々なコンテクストへシフト（縦・横シフト）し、自他の差異や共通点について考察するためのCSの手がかりが示されている。エクササイズ❶の事例でもあったように、お互いに否定的なイメージを生みやすいコンテクスト（歴史認識の問題など）があるが、同時に、その他の肯定的なイメージを生み出したり、協力すべき関係であることを示唆したりするコンテクストもある。結果として、お互いをよりバランスよく見ることができ、摩擦や対立が生じやすい歴史についてもより冷静で多角的な視点から話し合うことができる。場合によっては、より深い友人関係を築ける可能性もある。

　このように、表面的ではなく、お互いの歴史や特権、社会的なアイデンティティについて語り合える人との深い関わりをコリエー（Collier）は「**異文化アライアンス**」（intercultural alliance）と呼ぶ[1]。異文化アライアンスを実現するには、自他の背景にある歴史、特権についてお互いに話し合えることが必要だという。そこでは、過去の戦争やBLM（Black Lives Matter）運動に見られる人種間にある特権の問題（白人優越主義　White Supremacyやその考えかたを指すWhiteness、日本社会における日本人に当てはめて考えると、Japanesenessとも言える）など、一見一個人には関係が無いように思われるマクロなコンテクスト（差別・格差の構造）が個人にどう関係しているかを反省的に考察することが求められる。こうした摩擦や対立を引き起こしやす

---

1 Collier, M. J. (2003). *Intercultural alliances: Critical transformations*. Sage.

いコンテクストについて語り合うためにも、CSの実践により、様々なコンテクストへシフトして、お互いの関係をより多面的に捉えたい。つまり、否定的な面ばかりに偏らず、バランスよく捉え、お互いのつながりを見いだせる結節点を探ることが必要である。表10-1の「概念」の横シフトの例に続けて「その他（☆自分で考案）」とあるが、**シフトする先のコンテクストは読者やその仲間で独自に数多く考案することができる**。

「いま・ここ」という時空間には、想像すれば、**数えきれないほどのコンテクスト**がある。いまは見えていないけれど、実は**潜在するコンテクストにアクセスできると、モノゴトの意味や相手との関係が変わる**ことがある（山本, 2019も参照）。ただ、私を含め、多くの人びとは、自分が慣れ親しんだコンテクストをほぼ自動的に用いてモノゴトを理解する傾向がある。逆にいえば、なかなか意識にのぼってこないコンテクストもあるのだ。

？ エクササイズ❸

コンテクストに対する理解の多面性と深さ（精密さ）

みなさんは、次のような行為の背景にどのようなコンテクスト（場所、場面、価値観・ルールといった共有知識、対人関係）を思い浮かべるだろうか。想像力を働かせて、行為の背景にある様々なコンテクストについてグループで話し合ってみよう。

a) （湯船に入らず）シャワーを浴びる

b) プラスチックの袋を使わない

4 気づいていたけれど、限界がある

コンテクストには**意識しやすいものと意識しづらいもの**がある。さらにいえば、**全く意識できないもの**もある（第8章「コンテクストの薄さ」参照）。異文化コミュニケーションにおいては、自分とは全く異なるコンテクストを背景にしている人びとと関わることも多々ある。

エクササイズ❸の2つの行為を通じて、コンテクストについて考えてみよう。まず、「シャワーを浴びる」という行為の背景にあるコンテクストとし

て、たとえば、アメリカで生活したことがある人であれば「あまり浴槽（湯船）に入らない文化」を思い浮かべる人もいるだろう。また、「温暖化の影響で気温が上昇していて汗をかきやすいので頻繁にシャワーを浴びて体を清潔に保つ」いった考えを持ち、背景になる「温暖化と気温の上昇」を考える人もいるかもしれない。オーストラリアでホームステイしたことがある人であれば、「短い時間（3分から5分）でシャワーを浴びなさい」とホストファミリーから指示を受けたことがあるかもしれない。そんな人はその背景にある、水が少ない地域での水の貴重さを理解している。このように、1つの行為の背景にも潜在的には様々なコンテクストを想起できる。以上の例からわかるように、**人にはその知識や経験、関心や価値観によって、意識しやすいコンテクストと意識しづらいコンテクストがある。**

コンテクストの「厚さ」と「薄さ」

　他者とコミュニケーションをとるとき、自分と他者の背景にあるコンテクストやそのコンテクストに対する理解の深さ（精密さ）の違いにも気を配りたいところだ。どうもコミュニケーションがうまくいかない、話がズレているという場合には、おそらく背景にあるコンテクストに違いがある可能性がある。自分にとっては意識にのぼりにくいコンテクストも他者にとっては意識にのぼりやすいものであり、その逆もある。こうしたコンテクストに対する意識や理解の度合いに違いがあるのは避けられないことで、これは、特定のコンテクストに対して人びとが持つ意識の高低の差と言ってもいい。ある人は、防災というコンテクストについては非常に意識が高いのに、ジェンダー格差というコンテクストについてはあまり関心がない、いうケースがある。この場合、「防災」については、細かい事実や防災対策などについて豊富な

経験によっては意識しづらいコンテクストもあるんだね。

だから多様な人たちと一緒にモノゴトを考えることには大きな意味がある！

知識と見識を持ち合わせ、その理解は深く、精密であり、そのコンテクストには「**厚み**」があるが、「ジェンダー格差」のコンテクストについてはあまり意識しておらず、そのコンテクストは「**薄い**」と表現できる。コンテクストに対する意識、知識量、経験に差があるのだ。読者にとっては、どのコンテクストに厚みがあり、どのコンテクストが薄いだろうか。

　「コンテクストが厚い」というときの「厚さ」を、第４章で学んだ「**知覚的複雑性**」で言い換えると、コンテクストに対する知覚的複雑性が高いといえる。そのコンテクストについて意識している度合いも高く、かつ詳細に知覚している状態である。

　一方、第４章で学んだ「**認知的複雑性**」という概念で考えると、認知的複雑性が高い人は、関連するさまざまな項目を踏まえて、ある現象を多面的に理解できることから、CSにおける横シフトと縦シフトを縦横無尽に行い、さまざまなコンテクストに移動して、ある現象を多面的に理解する認知的活動を行っている。そのため、多様な文化に対応するうえで、この認知的複雑性は欠かせない。

　また、文化間の橋渡しをする「**文化的仲介**」（cultural brokerage, Jang, 2017）を実践するうえで「**統合的複雑性**」（integrative complexity）も重要だといえる。統合的複雑性とは、"the ability to recognize and integrate competing perspectives on the same issue"（同一の問題について矛盾、競合する視点を理解し、統合する能力〈著者訳〉）(Mell, Jang, and Chai, 2020, p. 7) のことをいう。Mellら（2020）によれば、文化間のコーディネーション行動では、異なる複数の思考世界／コンテクストに関わることで、統合する能力が磨かれる。この統合的複雑性は、コンテクスト・シフティングにおいて多面的に現象を理解し、多様なコンテクストに関する認知的複雑性と特定のコンテクストに関する知覚的複雑性を高めつつ、他者と協力できる結節点としてのコンテクストを見出す能力と類似している。

次の事例を読んで、その原因について考えてみよう。

> 花子さんは、様々な文化やマイノリティの立場を尊重し、豊富な留学経験を持つ大学の先生を日頃から尊敬していた。ところが、ある日、先生がキャリア形成の話をしていたときに、「英語ができることがこれからの社会では当然だ」と言われたため、英語がそれほど得意ではない花子さんは戸惑った。花子さんは、日頃の先生のマイノリティを尊重する様子を見ていたため、英語が得意でない自分の立場もわかってもらえるのではないかと思っていたのだ。

さて、先生は様々な立場の人びとを尊重できる人のようだが、英語が苦手な人についてはそれほど理解がないようだ。これはなぜだろうか。また、花子さんは、先生の英語に関する発言をどのように理解すればよいだろうか。

エクササイズ❹では、尊敬する先生が自分の立場をわかってくれないために、戸惑いを覚えた花子さんが登場した。まず、前提として、**我々人間が意識できるコンテクストにはその数（認知的複雑性）や知覚の精密さ（知覚的複雑性）に限界がある**、というあたりまえで重大な事実を心にとどめておく必要がある。そのため、コミュニケーションの中で、自分の背景を説明したり、相手の背景について詳しく話を聞いたりしながら、お互いの背景にあるコンテクストへの理解を得ていく。そのとき、相手の人は「自分の知らないコンテクスト」を背景にしているかもしれない、といった慎重かつ謙虚な姿勢を保っていられると、相手のコンテクストを理解するために質問を投げかけるようにもなるだろう。このように、やりとりを通じて様々なコンテクストについて学ぶことが大事だ。

エクササイズ❹に話を戻せば、花子さんが尊敬する先生は英語圏での生活が長く、英語は上手で、英語が上手な人が意識しているコンテクスト（ネイティブ・スピーカーとディスカッションする状況）には慣れているかもしれないが、英語ができない人が意識しているコンテクスト（発音に自信がなく、英語が通じない状況）は十分に意識できない可能性がある。

　また、理解できない相手の言動には、背景となっているかもしれないコンテクストについて**想像力を働かせて考えてみる**のもよいだろう。電車の中で携帯電話で話している外国人の人がいたら、どのような背景、コンテクストを想像できるだろうか。会社で昼寝をしてしまう外国人の同僚がいる場合はどうだろうか。電車の優先席に座っている若者はどうだろう。いろいろなケースで背景にあるコンテクストを考えてみよう。

　異文化コミュニケーションの摩擦やトラブルでは、これまでの異文化コミュニケーション教育や研修がそうであったように、個人が異文化コミュニケーション能力を高め、問題を解決していくことが前提で話が進められることが多かった。しかしながら、上記のように、1人の人間が意識できるコンテクストの数、そして、あるコンテクストに関する知覚の精密さ・理解の深さには限界がある。したがって、異文化コミュニケーションの摩擦やトラブルに対処する際は、**複数人体制で話し合いつつ、複数のコンテクストから多面的に問題解決の道を探る**、という考えかたも有効だ。第16章では、複数人体制でアイデアを出したり、問題を解決したりするうえで役立つ考えかたと技法である「ファシリテーション」について考えていく。

（第10章　石黒武人）

多面的！

コンテクスト・シフティングは
モノゴトを多面的に理解し、
相手とより良い関係を築く方法！

クマちゃん
それは分身の術。

Ⅲ　異と生きる

第11章

社会的カテゴリーと
ステレオタイプ

固めた見かたをさせる
頑固ものを、
ほぐそう！

カテゴリー化する方法は、知覚する者である観察者の視点によって変わる。私たちは交流の目的や自分と相手との関係性を見きわめながら、そのときどきのコンテクストに応じてカテゴリー化を使い分けている。この章では、人びとを分類する「**社会的カテゴリー**」とそこに所属する意識や一体感を見いだす「**社会的アイデンティティ**」ついて学び、それらのカテゴリーに対して頑固な見かたをさせてしまう「**ステレオタイプ化**」について考えよう。

1 自分が誰かを表現するカテゴリー

（1）社会的カテゴリーと社会的アイデンティティ

初対面の人と話すとき、私たちは自分に関する情報を選択して提示することによって、その場のコンテクストにふさわしい関係を構築しようとしている。次のエクササイズではそのことを確かめてみよう。

？エクササイズ❶

自己紹介

人はコンテクストに応じて自分自身のどの側面を表に出すかを決めている。次のa〜cはいずれも初対面の人と出会うコンテクストであるが、自己紹介の「私は〇〇です」の「〇〇」に入れる自分の情報として、それぞれ何を伝えるか書き出してみよう。相手に伝える自分の情報がコンテクストごとに異なるのはなぜだろうか？

a.　入会したてのサークルや部活動、入社したての会社などで行う歓迎
　　会の挨拶で自己紹介するとき
b.　旅先で出会った人に自己紹介するとき
c.　仕事の話をするために、顧客を訪問して自己紹介するとき

（エクササイズのポイント）自分が誰であるかを伝える際に、カテゴリーを用いるこ
とが多いことを実感してみる。自分をどのカテゴリーと一体化させて表現するかは
コンテクストによって異なることを確認する。

　「私は〜」の後には、好きなものや性格など「個人的特性」を表すものの
ほかに、所属する集団、地位や肩書き、出身など、「属性」を表すものが含
まれていたのではないだろうか。どちらも自分自身のイメージやアイデン
ティティに関わっている。**個人的特性のように、他の人と比較して自分に特
有のものと認識する自己概念や自分らしさのことを「個人的アイデンティ
ティ」**という。自己概念とは自分自身が把握している自分のことで、自己イ
メージと読みかえることもできる。
　一方で、出身地、出身校、職業、性別、年齢、人種、宗教など**人びとの社
会的な特徴に焦点を当てた「属性」として表すことのできるカテゴリーを「社
会的カテゴリー」**という。**社会的カテゴリーに関連づけて認識される自己概
念や自分らしさは「社会的アイデンティティ」**と呼ばれる。自分や他人が誰
であるかなど、自己理解や他者理解の手がかりとして、人は社会的カテゴリー
を利用している。みなさんにも、学生としての私、息子や娘としての私、ショッ
プのアルバイト店員としての私、クラブやサークルのメンバーとしての私な
ど、自分が所属意識を持っている社会的カテゴリーと一体化させた自分がい
るだろう。
　人は自分1人で自分になっているのではない。他の人が自分をどう見てい
るか、どう扱うかなど、**他者との相互作用の中から見えてくる自分の姿によっ
て、自分が誰で、どんな人間であるかを認識している。**アイデンティティは
社会的に構成されている。

（2）個人的特性の社会的カテゴリー化

　社会的カテゴリーを動態的にとらえると**社会的カテゴリー化**をすることに
なる。そこへ注目すると、人が人をタイプ分けする動的なプロセスに注目を
払うことができる。たとえば社会的カテゴリーの中に、好きなことや趣味な

どの個人的特性が社会的カテゴリー化して、属性として用いられているものがある。「私は猫が好きです」というのが個人的特性について話しているのに対し、「猫派の人は〜」になると、猫好きの共通点でくくったカテゴリーにあてはまる人全体の特性を一般化した話をしている。「猫好きあるある」など、「〜あるある」について語ることができるのは、ある行動や考え方を、特定のくくりで表される人たちに見られる定番のパターンとして、一般化して認識しているからといえる。以下に個人の特性や特徴がどのようなコンテクストで社会的カテゴリー化しているか、その一例を挙げる。

「〜派」「〜好き」で表される嗜好	猫派、アウトドア派、車好き、読書好き
「〜経験者」で表される経験の保有	野球部経験者、離婚経験者、震災経験者
「〜持ち」「〜体質」で表される特性	アレルギー持ち、借金持ち、恋愛体質、パワハラ体質

　もっと単純に「〜の人」と「〜でない人」のように大雑把な「くくり」で二項化することもある。またあるコンテクストで議論する際に、「〜派 対 〜派」という対立の構図がつくられることもある。こうすると話がわかりやすくなるし、「自分はどちらだろう？」と参加もしやすくなる。しかしその二項対立の構図を他のコンテクストにまでもち込むと、対立や分断を招くので気をつけよう。どの社会的カテゴリーであっても、そのつどの**コンテクストにおいて、関わりのあるものを前景化して観察可能にする「観測カテゴリー」**（第5章参照）でしかないことを忘れてはいけない。本質があるのではなく、ただカテゴリーをつくり、それでものごとを見る人間がいる。一歩引いた位置からメタでとらえておかないと、「猫派の人」や「離婚経験者」といった本質を持つ人がいるかのような錯覚が起こり、物象化してしまうので注意が必要だ。

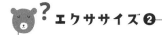**エクササイズ❷**

個人的な「くくり」の社会的カテゴリー化

　社会的カテゴリー化している個人的な「くくり」の例を探して書きだそう。

（エクササイズのポイント）身近で個人的な「くくり」がどのように属性として扱われているか意識できるようになる。

2　自分が誰かを、決めつけられるとき

（1）ステレオタイプ

エクササイズ❸

来週会う人はこんな人

　来週会う予定になっている人についての情報があなたの耳に入った。①〜③のセリフを聞くと、それぞれにはどのような人物像がイメージされるだろうか？　その人物の見た目や雰囲気のイメージも浮かぶだろうか？ペアやグループで話してみよう。

　①　「来週会う人は、青森出身の女性だよ」
　②　「来週会う人は、東大の法学部の学生で、将来は弁護士になりたいんだって」
　③　「来週会う人は、父親がアフリカ出身で、実家は飲食店を経営しているんだって」

（エクササイズのポイント）社会的カテゴリーから想起するイメージを自分がどんな風にもっているのか確認する。他の人と共有された一般的なイメージが含まれているかも確認する。

　それまで会ったことのない人のことでも、年齢や職業、出身地などを聞くと、特定のイメージを思い浮かべることができる。それは社会的カテゴリーについて知っている「知識」を利用しているともいえるが、もし自分と周りの人が共通したイメージを持っているとしたら、それは「**ステレオタイプ**」になっている可能性がある。**ある社会的カテゴリーを過度に一般化して、単**

純化したイメージや固定観念をコミュニティ内での共通の認識とすることを「**ステレオタイプ化**」（stereotyping）という。ステレオタイプ化すると、**無意識のうちに、そのカテゴリーに分類される人であれば誰にでも同じイメージを当てはめる**ようになる。自分独自の思い込みで持っている固定観念というよりは、集団内で共有されたイメージになっているところが、ステレオタイプの特徴になる。

　ステレオタイプは、今から100年ほど前にアメリカでジャーナリスト活動をしていたウォルター・リップマン（Walter Lippmann, 1889-1974）によって概念化された。1922年の『世論』という本の中で、リップマンは、さまざまな対象について社会で集団的に集約されたイメージ（世論）ができると、それが頭の中の映像となって、**実際に何かを見る前からそのものを定義するようになる**と述べている。そし

て型通りのイメージをあてはめて見るようになってしまうことを、当時の活版印刷で用いられたステロ版（鉛版＝ステレオタイプ）[1]に例えた。人がカテゴリーとその概念を用いて世界を型通りに抜き取った知覚をすることを、リップマンは次のように述べている。

　　われわれはたいていの場合、**見てから定義しないで、定義してから見る。**外界の、大きくて、盛んで、騒がしい混沌状態の中から、すでにわれわれの文化がわれわれのために定義してくれているものを拾い上げる。そしてこうして拾い上げたものを、われわれの文化によってステレオタイプ化されたかたちのままで知覚しがちである。

　　　　　　　　　　　　　（Lippmann, 1922, p. 111-112, 太字は著者による）

1　ステロ版は当時主に新聞の印刷で使用されていた。語源はstereosがギリシャ語で固い、typeはフランス語で版を意味するので、直訳すると「固い版」になる（Online Etymology Dictionary）。当時の技術を紹介している寿印刷株式会社（2012）によると、ステロ版を作るには最初に紙型を作る。紙型は、湿らせた厚みのある紙に活字版という金属でできたハンコのようなものを押しつけ、文章を刻み込むように型押ししてへこませた後、乾燥させてつくる。その凹凸へ鉛を流して固めたものをステロ版（鉛版）という。ステロ版にインクをのせ紙を押しつけると、同じ文字や文章を何度も刷ることができた。

次のエクササイズでは「〜といえば」の後に続く定番の言葉を入れて、私たちのステレオタイプ化された知覚を検証しよう。

？エクササイズ❹

ステレオタイプ「…といえば」の定番あるある

① 地域とそこに住む人たちへのステレオタイプ化したイメージ

大阪／大阪人といえば…

アメリカ／アメリカ人といえば…

中国／中国人といえば…

コンゴ／コンゴ人といえば…

② ①に出てきたステレオタイプをどうやって得たのだろうか？ すぐに書けたものと、あまり書けなかったものがあるのはなぜだろうか？

③ 職業とジェンダーのステレオタイプ化したイメージ

男性の職業といえば…

女性の職業といえば…

④ 個人的特性を社会的カテゴリー化した対象に対するステレオタイプ化したイメージ

エクササイズ❷で社会的カテゴリー化しているくくり（例：猫好き）として挙げたものを入れよう。

（　　　　　　　　　　）といえば…

（エクササイズのポイント）社会的カテゴリーから想起するイメージを自分がどんな風にもっているのか確認する。他の人と共有された一般的なイメージが含まれているかも確認する。

ステレオタイプは自分で考えて個人的に持つようになったイメージではない。「みんなが言っている」や「昔からそういうものと決まっている」、「テレビで見た」など、深く考えることなく受け入れたイメージがコミュニティ内で共有されている。たとえば、「ハーフの赤ちゃんが欲しいから外国人と結婚したい」というセリフに対し、「ああ、白人と結婚してかわいい赤ちゃんを産みたいのか」とすぐ理解することのできるコミュニティ内では、「ハーフとは白人と日本人との間の子どもで、容姿端麗」というステレオタイプが

共有されている。

　ステレオタイプはインターネット、SNS、テレビ、雑誌などのメディアで見聞きした間接的な経験にもとづいていることが多い。**全くなじみのない対象を表すカテゴリーは未分化なので認知されない。あまりよく知らない対象のカテゴリーに対しては、構造が未発達であるがゆえにイメージらしいイメージを形成しにくい。**先のエクササイズではコンゴのステレオタイプがあまり出てこない。逆に、家族など**きわめてよく知っているカテゴリーの場合は、知覚的複雑性が高いがゆえにステレオタイプが形成されにくくなる。**メディアへの露出がそこそこにあり、社会でほどほどに知られているカテゴリーにおいてステレオタイプが最も活性化しやすい。次のミニリサーチでは「コンゴ」について調べ、知覚的複雑性を高めよう。

 ミニリサーチ ────────

カテゴリーとの出会い

① 　コンゴのステレオタイプはあまり出てこない。野生動物、貧困、スポーツ選手、ジャンプする人（ケニアのマサイ族と混同）などに限られていることが多い。コンゴ共和国とコンゴ民主共和国にはサップというファッション文化がある。どのような価値観や信念による文化的実践が行われているか、「サップ」や「サプール」で検索して調べてみよう。NHKのドキュメンタリー番組『地球イチバン』では「世界一服にお金をかける男たち」（2014年12月11日放送）と題して、コンゴ共和国のサプールが取り上げられたこともある。

② 　調べる前のイメージと今のイメージを比較してみよう。

③ 　コンゴと名のつく国には、コンゴ共和国とコンゴ民主共和国の2つあるのはなぜか、調べてみよう。これらの地域における鉱物資源をめぐる近隣諸国との紛争および内紛は、人びとの生活を苦しめている。それは日本に住んでいる人たちにも欠かせない「あるもの」と大変深く関わっているので、それについても調べてみよう。

（ミニリサーチのポイント）知らなさすぎてステレオタイプさえあまり出てこないような新しいカテゴリーとの出会いは、ポジティブであった方がよい。不用意にネガティブな情報や衝撃的な内容を与えられると、人は対象のカテゴリーに対し不安を感じて避けるようになってしまう。中央アフリカの2つのコンゴの場合も、植民地時代のこと、独立後の紛争や子ども兵士の話など、暴力のリアリティを知るべきで

あるが、その一面から入って、そこだけで終わらないようにしたい。今回は、不安定な暮らしの中で人びとを魅了して勇気づけるサプールのコミュニティとその文化的実践が果たす役割について考えてみることによって、**人としての生き様**に触れていこう。その後で、紛争に巻き込まれる人びとのコンテクストにも触れてみよう。たとえばNPO法人「フリー・ザ・チルドレン・ジャパン」の提供する「コンゴ民主共和国の元子ども兵士ミシェルの話を聞こう」では紛争が人びとを苦しめる現実が語られている[2]。

（2）「日本人」のステレオタイプ化

　ステレオタイプ化された「日本人」をどのように表すことができるだろう？両親共に日本人で、名前が漢字やひらがなで、日本で生まれ育ち、日本語を話す、見た目が東アジア系の人？　「日本人」をそこまでステレオタイプ化してしまったら、そのイメージに少しでも合わない人に出会ったとき感じる「異」が大きくなりすぎはしないだろうか？　実際そのようなとき、「外国人」や「ハーフ」のカテゴリーとそのステレオタイプ化によって相手を理解しようとすることが起こりやすい[3]。

　「ハーフ」という呼称については「半分」を意味することにさまざまな議論があり、最近ではSNSをはじめとするメディアを中心に「ミックスルーツ」（mixed roots）の使用も増えてきた。ここでは日本で「ハーフ」にカテゴライズされることに伴う現象に注目することを目的とするために「ハーフ」という語を用いている。カテゴリーは必要なとき拡張や曖昧化、再カテゴリー化によって、その名称やカテゴリー幅を変化させていく（第5章参照）。日本人カテゴリーも、現在のステレオタイプ化された日本人像も、長期的な視点で見れば変化の途上にあると考えてよいだろう。

---

2 NPO法人「フリー・ザ・チルドレン・ジャパン」による「コンゴ民主共和国の元子ども兵士ミシェルの話を聞こう」のビデオ教材と話し合いのための資料。
https://ftcj.org/we-movement/texts/ftcj-texts_michel
3 「ハーフ」は「混血」、「ダブル」や「ミックス」など歴史的な名称の変更をたどってきたが、名称変更に積極的なのはアカデミックの世界でのことで、一般にはダブルは浸透しなかった（下地，2018）。現在ではハーフにカテゴリー化される人たち自身が、日本社会での自分たちのハーフとしての立ち位置に意識的になることや問題意識を含め、ハーフという名称を名乗るという考えかたもある（映画『HAFUハーフ』(2013)監督：西倉めぐみ・高木ララ）。ヘフェリン（2012）は「ダブル」には言葉も文化も2つになせなくてはというプレッシャー　があり、「ミックス」にもなじめず、「国際児童」は無難だが人人に適用できないなどと述べ、自身で「ハーフ」と自認することから「ハーフ」の名称を使用しているという。このような経緯を踏まえ、ここでは「ハーフ」の名称を使用するが、この語の関連するさまざまなコンテクストを考え続け、名称は常に変化することを意識しておかなくてはならない。最近では「ミックスルーツ」の使用が増えてきてもいる。ほかにも「在日コリアン」、「帰国子女」、「帰化者」などのカテゴリーも用いられている。

（3）曖昧性耐性

　『まんが　アフリカ少年が日本で育った結果』(2018) を書いた星野ルネさん
は、アルバイトの面接に行って「星野ルネちゃんだからハーフの女子が来
ると思ってたら…まさかのMCハマー的な人だったからびっくりしたわ」と
店の人から驚かれたことがあるそうだ。店の人は、「星野」という姓にカタ
カナの「ルネ」の名前なのでハーフだと思い、「女性」で「白人とのハーフ」
と思い込んでいたそうだ。本人に会うと、その外見から「アフリカ系アメリ
カ人」で「男性」のMCハマーさん（ヒップホップやラップのミュージシャン
でダンサーとして有名）を連想したようだが、そこにも「黒人男性＝アメリカ
人」の先入観がある。星野さん
はアメリカ人ではない。アフリ
カのカメルーンでカメルーン人
の両親の間に生まれた。父親と
は大人になるまで会ったことが
なく、幼少時は母親と村の人に
育てられていたそうだ（地元で
はよくあることらしい）。母親
が調査のためカメルーンへ来て
いた日本人研究者の男性と出

星野ルネ（2018）「はだいろのクレヨン」（『まんが
アフリカ少年が日本で育った結果』毎日新聞出版
p. 43より）

星野ルネ（写真提供／毎日新聞出版）

会って結婚したことをきっかけに、4歳直前で来日し、以降は兵庫県姫路市で育ったそうである。星野さんは日本とカメルーンの両国で「異」の発生する瞬間を数多く経験する日常を、洞察力鋭くユーモアたっぷりな漫画に描いて考察している[4]。日本語（関西弁、正確には播州弁）が話せることや箸が使えることに驚かれるのは日常茶飯事で、英語で話しかけられることも多い。が、本人いわく日本語とフランス語は話せるが、英語には苦手意識があるそうだ。

　この話にもやもやして「結局何人？」と言いたくなったら、認知にかかった負荷を早く取り除いて答えを出し、すっきりしたい気持ちになっている。しかし異文化コミュニケーションの実践という意味では、そのようなときこそエポケー（第6章参照）で判断をいったん留保して、同時に複数のカテゴリーを使いながら多面的な理解ができるようにしたい。そのためには、これまでに学んだ認知的複雑性と知覚的複雑性（第4章参照）に加え、**曖昧で不確実なことに耐える力**としての「**曖昧性耐性**」（tolerance for ambiguity）が求められる[5]。これは「**もやもや**」**することに耐えられる力**であり、**先が見えず、これからどうなるのかよくわからない状況に不安を感じたときキレずにいられる力**ということができる。

　意味が多義的なまま1つに収束しないのは落ち着かないことではあるが、そんなときこそ、**目の前にいる複雑で多面的な人間を直接的に知覚して（見て・聞いて・感じて）、それに即した知識を生み出す**ことが大事になる。次のエクササイズでは容易に定義し得ない情報をそのまま受け止める「曖昧性耐性」の力をトレーニングしよう。

---

4 星野ルネさんは、出版のほかに、オンライン上でもcakes（ケイクス）で「星野ルネのワンショット」という漫画を配信し、YouTubeでは「アフリカ少年が日本で育った結果TV」の動画配信を行っている。そこではカテゴリー化やステレオタイプを始め異文化コミュニケーションにまつわる日常の中の様々な事柄が取り上げられいいる。

5 英語での"tolerance for ambiguity"という概念には日本語の定訳がなく「曖昧なことに耐える力」や「tolerance」が「耐性・がまん」のほかに「寛容性」とも訳されることから「曖昧なことへの寛容性」とも呼ばれている。「寛容性」の方がポジティブな響きではあるが、耐えることが必要な場面でこそ発揮したい力なのでここでは「曖昧性耐性」とする。

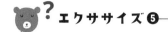
来週会う人は、実はこんな人

エクササイズ❸の「来週会う人はこんな人」で取り上げた３つの情報は、実は１人の人を表すものだった。<u>３つの情報を統合して１人の人物にしたイメージ</u>を作り上げてみよう。

来週会う人は、
　　　　青森出身の女性で、
　　　　東大の法学部の学生で、将来は弁護士になりたくて、
　　　　父親がアフリカ出身で、実家は飲食店を
　　　　経営しているんだって。

（**エクササイズのポイント**）多面的な情報を統合して複雑な個人を立体的に見ることができるかどうかを試してみる。容易に定義し得ない情報をそのまま受け止めてみる。

（4）ステレオタイプを引き受けさせようとするプレッシャー

　星野ルネさんの国籍はカメルーンで、日本在住は30年以上。自身を日本人でありカメルーン人であると認識しているそうだ。そういっても腑に落ちない人からは、「国籍でどちらかを選ぶなら？」とたずねられることもあるそうで、そんなときは「日本人かカメルーン人かを選択するのは心臓と脳みそ、どちらか一方を選べといわれているようなもの」(星野, 2018, p. 119) と感じるそうだ。「**日本人**」と「**外国人**」**という分けかたは、便宜上ある視点で眺めることを目的に分けたときの観測カテゴリー**でしかなく、分けるときの基準も国籍あるいは血統、文化など、コンテクストに依存した曖昧なものでしかない。

　さらに「日本人」と「外国人」の境界形成に揺れ動くカテゴリーが「ハーフ」であるといえる。「ハーフなの？」とたずねられる度に自分が何者であるかのアイデンティティを問われ、自ら望むと望まないとに関わらず「ハーフする」ことをしなくてはならなくなる。「ハーフする」や「お母さんする」など「**〇〇（カテゴリー）する**」**とは、そのカテゴリーの役割を引き受けて、カテゴリーと一体化した者としての振る舞いをする**ということだ。

　サンドラ・ヘフェリンさんは「ハーフを考えよう」(http://half-sandra.com/) というウェブサイトを運営し、執筆活動を行っている。初対面の人から「どこの国のハーフ？」、「英語話せるの？」、「両親のどちらが外国人？」、「お父さんとお母さんはどうやって知り合ったの？」など、たずねられるルーティンを毎回こなすことの大変さについて語っている (ヘフェリン, 2012)。ハー

フの人が英語を話せずバイリンガルでないときは、「ハーフなのにもったいない」と言われることもあるそうだ。学校で、仕事で、遊びで、**1つのカテゴリーばかりに注目されるのはどんな感じのすることか想像してみよう**。「今それは関係ないのでは？」と思うのに、コンテクストと無関係に「ハーフだから」、「男性だから」、「芸能人／政治家／社長の息子だから」、「白人だから／黒人だから」、「母親だから」など、1つのカテゴリーとそのステレオタイプをあてはめられてしまう。そして**それらのカテゴリーを前提にした会話を持ちかけられることで「○○する」ことに参加せざるを得なくなる**。

へフェリンさんはドイツ人の父親と日本人の母親の間に生まれ、ドイツと日本で育った。「ハーフあるある」で、「お箸が上手」や「お国はどちら？」と知らない人から話しかけられることもよくあるそうだ。あるときへフェリンさんは「ハーフ」（スウェーデンと日本）の友人と蕎麦屋で話し込んでいて、隣席の年配女性から「お箸がとってもお上手！日本語もお上手！」と割り込まれ、「お国はどちらなの？」とたずねられたことがある。友人が「私は……ずっと日本なんで……」とかわすように答えると、「ん？　でも『元々』はどこの国なの？」とその女性から食い下がられ、観念したへフェリンさんは「ドイツ」と言ってしまったそうだ。この女性との会話では「ハーフする」ではなく、もはや「外国人する」ことをさせられているといってもよいだろう。

自分が「ハーフ／外国人／女性／男性／長男／母親／優等生／不良」などとして振る舞いたくなくても、**周りがそう扱い、その前提で接するラベリングにあらがえず、「○○する」ことをせざるを得なくなる**ということがある。**そうしなければみなが共有しているであろうその場の想定にふさわしいコミュニケーションを維持できないと直感的にわかっているからなのだが、**

自分が誰かを決めつけられるのは息苦しいものだ。周りに悪意がなくても、むしろ親しみを込めていたとしても、「あなたはこういう人」と自分の範囲を制限され、他人の筋書き通りに振る舞うことや、周りから区別されて「異」になるストーリーを生きるのはしんどい。コンテクスト次第で誰もがそのような経験をしているのではないだろうか。

ぼく食べる人　　私つくる人

ジェンダーによるステレオタイプ化で、
ラーメンのCMが炎上。
（1975年）

3 頑固なステレオタイプをほぐそう

（1）ステレオタイプの６つの問題点

　ステレオタイプはある集団やカテゴリーについて知っていること、すなわち「知識」であるともいえる。知らなければ話題にもならずステレオタイプ化されない。しかしステレオタイプを持つのはよくないといっても、単にものを知らないというのでは余計に困ってしまうだろう。思考するためにはカテゴリー化が欠かせない以上、ステレオタイプの性質をよく知り、コミュニケーションする上での情報の扱いかたに自覚的になる必要がある。ステレオタイプに無自覚でいることの６つの重大な問題点を以下のリストにまとめた。これらを意識することによって、ステレオタイプが頑固に凝り固まらないよう、ときほぐしていこう。

ステレオタイプの６つの問題点

問題点１　ステレオタイプの無感覚な使用
ステレオタイプがコミュニティで共有され、通用しているがゆえに、深く考えず無感覚に使用してしまう。

問題点２　ステレオタイプの個人への適用
ステレオタイプは特定の社会的カテゴリーに関する集団的なイメージであるにも関わらず、そこに属すると見なした個人に対して適用し、集団レベルにおいて観察される現象を個人の性質であるかのように見なしてしまう。

問題点３　ステレオタイプによる先入観や決めつけ
ステレオタイプは対象となる社会的カテゴリーに対する知覚的複雑性が低い場合に用いられる。大雑把な分節と単純なイメージしか利用できないとき、対応が先入観や決めつけにもとづいたものになって、相手に対する配慮を欠いてしまう。さらに、ステレオタイプによる単純明快な理解が通用しないとき、「**曖昧性耐性**」を発揮することができず、情報を整理し直すことが必要な場合でも、既存の知覚構造を維持してしまう。

問題点 4　ステレオタイプにもとづいた予言の自己成就

ある特定の予測をしたことがその想定通りの結果を招くことを「予言の自己成就」という。次に何が起こるかを予測するシミュレーションに、ステレオタイプを使うと、ステレオタイプ的なイメージで焦点化した図地分化が行われる。すると、その見えかたで想定した通りに組織化した現実を知覚する。それが予言の自己成就であるにも関わらず、思った通りの結果を得たことがステレオタイプをさらに確信させてしまう。

問題点 5　ステレオタイプにもとづいた偏見と差別

ステレオタイプに**否定的な感情や評価**を伴うことが**偏見**になる。ステレオタイプと偏見にもとづき、特定の社会的カテゴリーに対して**否定的な行動**を取ることは、**差別**になる。

問題点 6　ステレオタイプ脅威

自分に関する特定の社会的アイデンティティがそのままでは不都合になり、自分の側で何らかの対応をしなくてはならなくなるという適応条件を「**アイデンティティ付随条件**」という。その 1 つに「**ステレオタイプ脅威**」がある。**ステレオタイプに反することに取り組んでいる人の感じるプレッシャーやストレスが、パフォーマンスの低下を招くほどの脅威になること**を指している。単純にステレオタイプをあてはめられるのが嫌だという話ではない。そのプレッシャーも大変だが、ここで問題にしているのは、**ステレオタイプで見られがちなことはすでに織り込み済みという人が、意識して、あるいは、無意識のうちにでも、自分はそのイメージにはあてはまらないということを証明しなくてはと思うことが重圧となり、本来の力を発揮できなくなること**だ。たとえばリーダーシップを取るのは男性というステレオタイプのある組織でリーダーシップを取る女性が、「女性だから」と言われないように気を張って肩に余計な力の入ることも、「だから女性はだめなんだ」と思われないように失敗を避け、萎縮するようになることも、本来の力の発揮を妨げる。

（２）気軽なステレオタイプの危険性（問題点１～３）

　初対面では社会的カテゴリーを会話の手がかりにすることが多い。それが気軽なステレオタイプの利用につながっていることがある。私が大学３年生で交換留学生としてアメリカの大学へ行ったとき、オリエンテーションでケニアから来た学生と出会った。ケニアの人との交流は初めてだったし、「ケニアと言えば野生動物」のイメージから、私は少しワクワクしながら「野生のライオンを見たことありますか？」と尋ねた。するとその学生が「ライオンなら家の中にも入ってくるよ！」と答えたので、「本当？　すごいね！」と感心していると、彼は "Just kidding!"（冗談だよ！）と笑い、「毎回そういう質問をされるんだ」とうんざりした顔を作って見せながらも優

しく教えてくれた。自分がテンプレートのようにステレオタイプにもとづいた会話をしてしまっていたことに気づかされた瞬間だった。

　たとえば初対面で、相手の両親がどうやって知り合ったかを尋ねるのはかなりプライベートに踏み込んでいるし、語学力について尋ねるのも本来なら気軽にはできないことのはずだ。それなのにハーフの人（ハーフにカテゴライズした人）との会話で「ご両親はどこで知り合ったの？」や「何語ができるの？」など気軽に言ってしまうのであれば、それは**ステレオタイプの無感覚な使用**といえる（**問題点１**）。そういったことが失礼に当たるとは思わず、「それくらいはいいだろう」と思えるなら、**コミュニティ全体の傾向として、そのステレオタイプに無感覚になっている可能性がある**。

　また、ハーフの人が英語を話さないなどイメージに合わないと、「何で？」や「もったいない」と言うのは、**ステレオタイプを個人に適用している**（**問題点２**）。それはまた、**先入観による決めつけでもある**（**問題点３**）。

　コミュニティの他のメンバーとステレオタイプを介した現実を共有し、話の通じあうことが、**ステレオタイプをステレオタイプと気づけなくさせる**。冷静に考えれば気づけるはずなのに、気づかなくなりやすい。ステレオタイプを個人の性質としてとらえ、細やかな配慮をせず大雑把に決めつけた話を

気軽にしてしまうことは、誰でも行いがちなことなので気をつけたい。

　悪意や差別を意図しないところで誰かを傷つけてしまう攻撃性を「**マイク ロアグレッション**」（microaggression）という。第9章で学んだ構造的差別 は、構造に埋め込まれた不平等に気づくことに役立った。ここでは「日常に 埋め込まれたマイクロアグレッション」（Sue, 2010）を認識することで、**何気な く言っていることが誰かに繰り返し与えるストレスになる可能性**にも意識を 向けられるようにしよう。

　好奇心から、あるいは、曖昧性耐性を保てなくなって、確認したくてたま らないというとき、どうすればよいだろうか？　ヘフェリンさんは、「あの 人、日本人の一般的な見た目とちょっと違うな」と感じることや、ハーフに 好奇心のわくことがあれば、相手に向かって疑問や質問を投げかけるよりも、 本を読むなり、ドキュメンタリー映画を見るなりして、外国にルーツのある 日本人について考える機会を持つことの方を勧めている（ヘフェリン, 2018）。

　これはすなわち、**文章や映像などの作品を通して、「異」をめぐるさまざ まなコンテクストとそこに立ち現れるリアリティに触れ、当事者の知覚する 世界を「追体験」する中から学ぼう**というアプローチになる。追体験とは「他 人の体験を、作品などを通してたどることによって、自分の体験としてとら えること」（デジタル大辞泉）だ。したがって、知り合って間もない人にプライベー トでの疑問や安易な質問をぶつけるよりも、**別のソースから知識を得て、追 体験しながら、自分の中に感覚を育て、知覚的複雑性を高め、理解を深めて いくようにしたい**。これはエンパシー（第6章）の力を発揮することでもある。

　質問してはいけないという意味ではない。気をつかいすぎて「タブー」の ように話せなくなることは、触れられないコンテクストを生み出してしまう。 そのような**アンタッチャブルの領域をつくることは、互いの間での「異」の 調整を不可能なものに変えてしまう**。プライベートなことを直接質問すると きは、互いの自己開示（自分についての本当の情報を自発的に話すこと）が 進み、信頼関係ができてから、そういった話をすることが適切と思われるコ ンテクスト（タイミングや場所）を選ぶようにしたい。

（3）予言の自己成就に要注意（問題点4〜6）
❶　ステレオタイプにもとづいた予言の自己成就（問題点4）
　次に何が起きるかを特定のイメージで推測したことによって、実際その通 りのことが経験されることを「**予言の自己成就**」（self-fulfilling prophecy）

という。「prophecy」は予言で「fulfill」は「果たす」、「実現する」なので、そこに「self」をつけると、「自分が予言したことを自分で果たす」という意味になる。気にしていたことが本当にその通りになった経験は誰にでもあるだろう。ステレオタイプでイメージした将来予測のシミュレーションにも、これがあてはまる（**問題点4**）。予言の自己成就には社会的な予言だけでなく個人的な予言も含まれており、たとえば、1) 私は「あがり症」だから人前でうまく話せないという予言（予期）によって、2) プレゼンが始まる前から失敗を予想して自信が持てず、緊張するので、3) 実際のプレゼンでもあがってしまい、4) プレゼン後に「やはり私はあがり症だから人前でうまく話せない」と確信する。ここから1) に戻り、自分の思い込み通りに描いた世界を維持していく。つまり、**ある予期が思い込みにもとづいたものであったとしても、その想定に沿った行動をすれば本当にその通りになる**。予期の的中は確信を深めさせ、さらに次の**予言を自己成就させる確率を高める。必要に応じて「想定を外す」ことを意識的に行わないと、シミュレーションの見せる世界に縛られてしまうかもしれない。**

　ステレオタイプにおける予言の自己成就は、**特定の社会的カテゴリーとそれに付随したステレオタイプを用いることが選択的注意を引き起こし、そこにフォーカスした図地分化によって引き起こされる**と解釈できる。たとえば、「アメリカ人はフレンドリー」というステレオタイプを持っていると、そのテンプレートを当てはめた通りの経験のしかたをするようになる[6]。「フレンドリー」にフォーカスしてものごとを見るのだから、笑顔で親しげに話しかけてくれるエマのことをアメリカ人らしいと感じ、「エマという個人が」ではなく、「アメリカ人はやっぱりフレンドリー」という確信を深める。一方、人見知りで物静かなウィリアムについては「ウィリアムってアメリカ人っぽくない」、「日本人みたい」、「彼は例外だ」などと考えることによって、ステレオタイプを維持しようとする。

---

6 ケリー（Kelly, 1955）が言うところの、出来事の解釈として構成する主観的経験。

❷　ステレオタイプにもとづいた偏見と差別（問題点5）

　アメリカ社会で警察官（特に白人警察官）の中に黒人の住民に対し暴力を ふるう人がいる背景には、明らかな差別意識のほかに、黒人男性に対する「犯 罪者」や「乱暴者」といった**ステレオタイプから来る偏見と差別にもとづい た予言の自己成就**が作用していることも考えられる。偏った認知でシミュ レーションした現実を見ているにも関わらず、それをリアルなものとしてと らえることによって、無抵抗の黒人に発砲し、乱暴を働いて死に至らしめる ことがくり返し起きている。2018年3月にアメリカのカリフォルニア州で起 きた事件では、22歳のステフォン・クラークさんというアフリカ系男性が、 車の窓ガラスを割り、近隣住宅の引き戸を破損したことで通報されていたが、 その後祖母の家の裏庭にいたところを警官に発砲された。「武器を所有して 向かってきた」という理由で、2人の警官から20発の発砲を受け、そのうち 7発の銃弾を受け、命を落とした。検証でわかったのは、クラークさんが手 にしていたのは「武器」ではなく「携帯電話」で、「向かってきた」なら正 面にあるはずの銃創は「背中側」にあった。2人の警察官は翌年に不起訴処 分となっている（AFP通信, 2019年3月6日 https://www.afpbb.com/articles/-/3214410）。

　誰もが自らの構成した現実を見ている。「疑心暗鬼」や「幽霊の　正体見 たり　枯れ尾花[7]」といった言葉にある通り、疑う心が鬼を見せ、怖がる心

---

7 幽霊だと思って怖がっていたけれど、よく見たら枯れたススキの穂だったという意味。

がススキを幽霊に仕立て上げる。猜疑心や恐怖心に駆られると、防衛本能から人は過剰な反応をすることがある。警察官が日常的に危険と隣り合わせの現実を生きているのは確かなことではあるが、20発もの発砲で射殺する過剰防衛は、偏見と差別からの思い込みでつくった世界を「リアルなもの」と知覚した結果ともいえるのではないだろうか。

❸ ステレオタイプ脅威（問題点6）

　人びとが自分をある社会的カテゴリーに属する人と見なすときの、独特の反応というものがあるがゆえに、そのことに対応せざるを得なくなるのであれば、そこには「**アイデンティティ付随条件**」（identity contingencies, Steele, 2010）が作用している。欲しいものや必要なものを手に入れるのに対処せざるを得ないことが生じる（Steele, 2010）という適応条件のことで、「高齢者なんだから」、「学生なんだから」、「母親なんだから」という目で見られ、やりたいことをやるには「高齢者なのに？」、「学生なのに？」、「母親なのに？」という声に対処しなくてはならないというのもそうだ。

　周りの人があてはめてくるステレオタイプとは真逆のことをしている自覚のあるときや、ステレオタイプ通りの人間ではないことを証明しなくてはと気を張るとき、プレッシャーを感じる。このタイプのプレッシャーが不安や緊張を招き、本人にはどうすることもできないリアルな脅威になることを、スティールとアロンソン（Steele & Aronson, 1995）は「**ステレオタイプ脅威**」（stereotype threat）と名づけた。たとえば100メートル走に出場したトップクラスの白人選手が、黒人選手の方が短距離走に強いというステレオタイプを自覚している（Steele, 2010）という例にもそのことがいえる。失敗したら「ほらやっぱり」、「柄にもないことをするから」、「しょせんあなたには無理」など、ステレオタイプ通りの見かたをする人たちの考えの方が正しいと思われかねない。そうなりたくないと思うがゆえの緊張もあるし、ステレオタイプを意識することが予言の自己成就としてはたらくと、自分でもステレオタイプ通りのイメージを払拭できず、自分を信じきれなくなる可能性も出てくる（例：しょせん白人に短距離走での結果は出せないのではという疑念にとらわれる）。

　仕事でも、学業やスポーツでも、**ステレオタイプ的に思われていることとは真逆のことに挑戦している人たちのパフォーマンスを低下させるのがステレオタイプ脅威の問題点**で、ストレスやプレッシャーを与えるだけでなく、

ときにはがんばろうとしている人たちの気持ちをくじくことにもつながりかねない。

　中には、まじめに働くことや穏やかな生活を送ることだけが望みなのに、不審に思われないかという緊張を日々強いられているという人びとのケースもある。この種のアイデンティティ付随条件とステレオタイプ脅威の例として、スティール（Steele, 2010）は "Whistling Vivaldi"（ヴィヴァルディを口笛で吹きながらの意味）と題するエピソードを紹介している。

　これはニューヨーク・タイムズ紙のコラムニストで、アフリカ系アメリカ人のブレント・ステープルズさんの学生時代の話になる。当時のステープルズさんは、シカゴのハイドパーク地区をラフな格好をしてよくぶらついたそうだ。だがすれ違う人びとが道路の反対側へ行ったり、彼の近くまで来ると会話をやめて、前方に集中しながら通り過ぎようとしたりしていることに気がつくようになった。この地区の若い黒人男性には「暴力沙汰を起こしやすい」というステレオタイプが持たれている。彼は自分の存在自体が周囲から暴力と見なされ、怖がられていることを知った。なんとかして無害であることをわかってもらおうと編み出した方法は、口笛でビートルズの曲やヴィヴァルディの『四季』を吹くことだった。すると周囲の人びとの緊張が解けていき、微笑みを浮かべる人さえ出てきたという。

　スティールは口笛による効果を解釈して、周囲の人びとのステープルズさんに対する評価が、「暴力沙汰を起こしそうな黒人男性」から、有名なクラシックの曲、すなわち「高尚な白人文化」を知っている「教養ある洗練された人間」（p. 23）に変わったと述べている。そう聞くと、問題はなくなったかのように思えるかもしれない。しかしこれは、周りの人びとが黒人男性に対する**ステレオタイプ的な見かたを変えた話ではない**。これは、自分にあてはめられたステレオタイプをはね返すために、身なりや行動に気をつかって、**適応行動の労をとった人の話**だといえる。この一苦労が毎回必要となると、大きな苦労になるだろう。

　アイデンティティ付随条件は、年齢、性別、性的志向、人種、支持政党、障害、病気など、さまざまなカテゴリーに生じており、それゆえに**ステレオタイプ脅威は誰もが経験する**もので、白人の場合なら不用意なことを言って人種差別者ではないかと思われたらどうしようという脅威を経験する（Steele, 2010）。**コンテクスト次第で誰もが有標化する**（第9章「無標と有標」参照）。だからこそ、どの立場でも安心できる環境整備を、すべての人が考える必要があるといえる。

（４）安心感とポジティブな語りでつくる未来

　スティールは、**人の内面は変えにくいが、ナラティブなら変えることがで
き、それによって環境にある否定的なサインを安心につながるサインに変え
ることならできる**と述べている。**ナラティブを変えるとは語り方を変える**と
いうことだ。**安心感**を持つことで、人は自分の持てる力を十分に発揮できる
ようになる。

　ある社会的カテゴリーに対して、「○○なんだから無理」や「どうせ○○
は」、「○○だったらこうでしょ？」、「○○なのに？」といった頭ごなしの決
めつけや否定的な発言（ナラティブ）をしていると、決めつけや否定の形で
図地分化した図を組み合わせた絵、すなわちそういう現実として知覚してい
る世界しか、見えなくなる。だから**私たちは語りをポジティブに変えること
から始めよう**。

　スティールによると、学生に（特にマイノリティの学生に）、自分が**一番
大事にしている価値観の肯定**をしてもらうようにしたところ、成績は長期に
わたり向上した。否定的なフィードバックを返すと自分の社会的カテゴリー
を意識して落ち込む可能性のある学生には、何の達成を目的とした批判なの
かを告げ、その**達成可能性があるからこその批判**であるとわからせると、前
向きになってもらえたという。教師の立場で肯定的な声がけを心がけること
も、学生自身が肯定的な自己を言語化・イメージ化することも、その**予期が
実現可能性を高める予言の自己成就**となり、ポジティブな現実の現れる確率
を高める「**ピグマリオン効果**」として作用する。卵が先かニワトリが先か、
語りが先か現実が先か、本当の起点がわからなくても、**語りを変えれば現実
は変わる**。

　職場や学校でステレオタイプ脅威にさらされることは、人びとのパフォー
マンス低下を招き、社会全体の損失を招く。**誰もが自らのよりどころとなる
社会的カテゴリーを大事に思ってよいこと、それを表現して構わないことが、
メッセージとして伝わる環境をつくり出し、ポジティブな未来を前提とした
語りにふれる機会を生み出す**ことが重要となる。環境調整していく上では、
よくわからなくて不用意な発言をしてしまう人や、逆にその環境に居心地の
悪さを感じて抵抗感を示す人がいたとしても、それさえも**互いからの学びと
できる環境にする**ことが望まれる。これは**心理的安全性**（Edmondson, 1999）を
高める環境づくりでもある。ステレオタイプ脅威を感じないだけでなく、誰
もが対人関係のリスクを恐れずに自己表現をして、批判までを含め、**アサー**

ティブ[8]かつオープンに話せる場では、多様性が学習と創造性のリソースになるだろう。

対 話の時間（ダイアローグ）　**ステレオタイプ脅威**

　ステレオタイプ脅威を感じたことがあるだろうか？　そのとき感じた不安や緊張、プレッシャーはどのようなものだっただろうか？　話せることがあったら対話の中で自己開示をして、経験を共有しよう。自分について話せることがないときは、その立場におかれることがどのようなものであるかを想像して、そのことについて語ってみよう。

　聴くときは「無言承認リスニング」（第6章参照）のときに行った、そのままを肯定し、相手が語ることをサポートし続ける姿勢を思い出そう。黙ったまま語りを支えようとするだけでもよいし、エポケー（判断停止）で受け止めたことを確かめとして話してもよいし、その場の雰囲気でコメントをしたり、質問をしたりするのもよい。（ステレオタイプ脅威のことでなく、ステレオタイプをあてはめられることのプレッシャーについて話してしまう人がいても、それもよいだろう。）

（第11章　山本志都）

---

8 アサーティブ・コミュニケーションやアサーティブネス、アサーションなどとして表されるのは、主張することで自己表現を行うことであるが、単に主張すればよいということではない。自分にも他人にも、我慢もせず攻撃もしない表現を探すことがポイントになる。表面的ないらだちや対立に囚われず、本当に伝えたいことを探すことも重要で、youではなくIを主語において伝える。

ポジショニング
1つのカテゴリーに「居着く」のをやめる！

　異文化コミュニケーションについて調べようとしてインターネットで検索すると、「国籍」や「民族」で境界形成したカテゴリーでの話題や、「日本人と米国人」、「留学生とホスト」など、何らかの社会的カテゴリーを扱う論文の多いことに気づくだろう。しかし、だからといって、異文化コミュニケーションは人を特定のカテゴリー化とラベルでステレオタイプ化していると決めつけるのは、いささか早計に過ぎる。これまでの章で見てきたように、世界をとらえる上でのカテゴリー化は避けられない。私たちは自他の関係性を理解する上で、特定のカテゴリーを用いて世界を分節している。したがって、カテゴリー化すること自体が問題なわけではない。**物象化**（第4章・第5章参照）して、**カテゴリーを「所与」のもの、本質的なもの、実体あるものとしてとらえることが問題を生む**。また、利用できるカテゴリーが1つしかなく、人の多面性を無視した一面的な理解をしているにも関わらず、**自分の視点が固定化し、一所（ひとところ）に居着いてしまっていることに気づかないことも問題を生む**。すなわち、分節してつくった意識をもたないまま、「〇〇人」や「留学生」、「女性」、「社会人」、「高齢者」などの**社会的カテゴリーを動かぬ事実であるかのように扱うことが、「カテゴリー名＝その種の人物」であるとして、最初からこの世に存在するかのような錯覚を生じさせている**。ほとんどの人が、少し考えるだけで、一口に「日本人」といってもそこには多様性のあることに思い当たるだろう。だがそれは、その意識を持たなければ物象化して忘れられやすい。**対象を認識するために何らかのカテゴリー化を行うことが不可避なのと、使用されているカテゴリーを当然視することは、全く異なるとした上での異文化コミュニケーションへの理解が重要**といえる。

　カテゴリー化を柔軟にして、カテゴリー生成者としての立場で現象に関わるためには何ができるかについて、本書では構成主義にもとづいた考えかたを紹介してきた。たとえば、カテゴリーを「**観測カテゴリー**」（第5章参照）として用いることである。私たちが現象を理解しようとしているときには**特定の視点（まなざし）が作用して、その視点で境界形成したカテゴリーを使っている**。つまり、特定の境界で図地分化することによって、ある現象に輪郭を与え、注目できるようにカテゴリー化している。したがって、**観察や観測が終わったら、境界を解除して、カテゴリー内に入れていた情報を全体に戻しておこう**というのが、観測カテゴリーを用いた提案だった。

　「集団主義／個人主義」や「高コンテクスト／低コンテクスト」などの概念カテゴリー、あるいは、社会的カテゴリーを、観測カテゴリーとして利用する方法は、コミュニケーション現象をある特定の側面から浮き彫りにして描写することを可能にする。そのように**特定の位置取りをして視点を定めたアプローチのあるかたわらで、カテゴリー化する以前の相互行為に注目しようというアプローチがある**。この章では「**ポジショニング**」（positioning）という概念を取り上げ、**コミュニケーションの最中にやりとりされる言葉や行為が指し示すことに注目し、それがどのようなカテゴリー生成につながる可能性があるかを見ていこう**。ポジショニングを学ぶことを通して、1つの視点、1つのカテゴリーに「居着く」のをやめ、「居着かない」関わりを提案したい。

1　自分が誰かを表現するカテゴリー

　伝統的な異文化コミュニケーション研究では、社会的カテゴリーを起点に現象を読み解くアプローチが用いられ、人びとの発話、行動、態度を集団単位で説明することが行われてきた。一方、近年の異文化コミュニケーション研究では、コミュニケーションが実際に行われている過程を観察、分析することによって、**コミュニケーションの中でどのような社会的カテゴリーがいかなる形で用いられているか、それがいかなる関係を形成することに結びつくかなどの「言語実践（ディスコース）」**を中心に据えた研究の流れも生じている（cf. Piller, 2017）。ポジショニングの概念も同様の潮流のもとに位置付けることができる。

　ポジショニングについて考えるときは、会話の内容やプロセスに注目する。

会話の中では、話題が移り変わるにつれてフォーカスが変わり、その都度新たな線引きとカテゴリー化が起こる。前景化するコンテクストが入れ替わっていくという言いかたでもよい。また、ふとした言葉づかいが相手をどのような存在として扱っているかを匂わせる

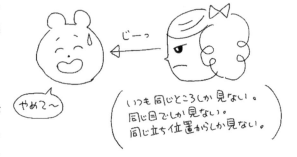

ことや、特徴的な言葉づかいが特定の人物像を浮かび上がらせるといったこともある。ポジショニングの考えかたがわかってくると、**カテゴリーが最初からそこに「ある」というイメージではなく、互いの関係性の中に「浮かび上がってくる」というイメージ**をつかむことができる。カテゴリーは便利だが、最初から「カテゴリーありき」で人や出来事を見るのではなく、**人や出来事にカテゴリー化が立ち現れてくる**と思って見ていると、**構成主義的な感覚をうまく使える**ようにもなる。**1つのカテゴリーに「居着かない」で立ち位置や視点を流動化させていこう。**

（1）カテゴリー化以前の像

　次のエクササイズ❶では、ポジショニングの感覚をつかむために、3人の会話から何がわかるかについて考えてみよう。

? エクササイズ❶

1. ハヤト：なぁ、俺たち今晩何する？　カラオケでも行くか？
2. リク　：おまえ、ナツキのレポート丸写しにしただろ。
3. マサシ：ひっでぇ
4. リク　：参考にするだけだからって頼み込んで見せてもらったんじゃないのか？　先生にばれたらどうすんだよ。ナツキもやばくなるだろ？
5. ハヤト：知ってるか？　あの先生、楽単で有名らしいぞ（笑）　レポートなんていちいちチェックするわけねーから（笑）

6. マサシ：ならだいじょーぶ（笑）

7. リク　：な、わけねーし！　おまえらなぁ(笑)

8. ハヤト：じゃ、カラオケで決まりだな！

※「楽単」とは楽に単位の取れる授業のこと

① ３人はどのような社会的カテゴリーの一員であるか？　そう考えるの
　はなぜか？

② これらの人物に対し、何となくのイメージがわいてくるだろうか？
　認知度の高い名前のある社会的カテゴリーではないところに、どのよ
　うな像を見出すことができるだろうか？　それはどのような言動から
　指し示されている（＝指標されている）のかも考えてみよう。

（**エクササイズのポイント**）会話の中に社会的カテゴリーやカテゴリー化以前の像が
立ち上がってくるところを観察する。

　エクササイズ❶の３人について、何らかの社会的カテゴリーが想起された
だろうか。それともぼんやりとした像という程度だっただろうか。すぐに気
がつくこととして、この例では、会話参加者であるハヤトについて、はっき
りわかるカテゴリーは会話中のどこにも言及されていない。しかし、ハヤト、
リク、マサシの３人が会話を通じて「やっていること」に注目してみるとど
うだろうか。

　この会話では、まずハヤトがこの後何をするかについてのトピックを導入
する（１行目）。次に、リクによるハヤトのレポートに関連した行動の記述
が続き（２行目）、それに対するマサシの評価的な応答（３行目）の連鎖が
構成されている。この一連のやり取りから、２行目で述べられたハヤトの行
動が、何らかの規範に違反していることがわかる。これらに対し、ハヤトは
釈明してはいるものの、笑いを伴っている。笑いは、ハヤトの行動やそれに
対する否定的評価を軽減するものとして作用する。したがってハヤトは、リ
クやマサシの発言からもたらされる帰結、つまり、自分の行為が「盗用」で、
自分は「他人に迷惑をかける人」として「位置づけられる」ことを理解して
いたといえる。そうでなければ、ここでの笑いの意味を適切に理解すること
は難しいことに注意されたい。

　さらに、レポートを話題にするという行為、笑いにつなげて良好な関係を
保とうとする行為など、一連の行為の生み出す効果に注目すると、**アイデン**

ティティとしてカテゴリー化する「以前」の「何となく」な像の発現と、その堆積が、3人について特定の社会的カテゴリーのメンバーとしてのアイデンティティを指し示すようになっていることが理解できる。この場合なら「大学生」や同じ科目

の「履修者」、授業や遊びでつるむ「仲間集団」といったカテゴリーやアイデンティティが会話の中に立ち現れている。

　ここで注目してもらいたいのは、私たちがあらかじめ「大学生」や「同じ科目の履修者」といった社会的カテゴリーを意識した上で、その観点から3名を理解しようとしていたわけではないという点である。上の会話の例では、**3名の行為を通じて立ち現れる、社会的カテゴリーとは呼びがたい「それ以前の像」が会話の流れの中で積み上がっていき、そこから特定のカテゴリーが喚起されていくという過程**をみなさんも観察することができたのではないだろうか。多くの状況において、社会的カテゴリーは名札のように明示されているものというよりは、行為そのものの中からあちこちの部分が分節してカテゴリー化しながら像としての姿を現してくるものといえる。この会話例の途中で立ち現れてくる像自体は、社会的カテゴリーのようにはっきりと名指すことは難しいものの、それらの複合体として、特定のカテゴリーを想起させるようなものになっている。

　非常にシンプルな例ではあるものの、**特定のカテゴリーと人を結びつける過程においては、人と人がつくり出す微細な相互関係の動きが関与している**ことを、この例から見て取ることができた。その微細な関係の動きは、通常ほとんど意識に上らない。したがって、「帰結としての」社会的カテゴリーによって、自他の関係性を理解することになる。固定化したカテゴリーには目が向きやすいが、会話など相互作用の中にイメージ（図）が輪郭線を得ながら（図地分化しながら）立ち上がり、カテゴリー化していくプロセスには気づきにくくなりやすいのは、このためだ。

（2）ポジショニング

　上で見たような、**自分自身やそれ以外の人について特定の像を生み出すようなコミュニケーション行為を「ポジショニング」**（positioning）**と呼び、その行為が引き起こす力や効果を「ポジション」と呼ぶ**（Korobov, 2010）。ポジショニングは、社会的アイデンティティが（所与の「モノ」ではなく）コミュニケーションの中でどのようにしてつくられていくかをつまびらかにする助けとなるものであり、さらには、いかにそれが流動的で断片的で、矛盾に満ちたものであるかを示すものでもある（Moita-Lopez, 2006）。ポジショニングは、「悲しませる」立場と「悲しまされる」立場のように、感情状態のような、社会的属性以外の要素によっても行われる（cf. 末田・猿橋, 2008）。補足しておくならば、ポジショニングは社会的カテゴリーを用いても行われるのであり、社会的カテゴリーとポジショニングは排他的なものではない（cf. Wilkinson & Kitzinger, 2003）。

　ポジショニングはその名が示すように、空間的比喩に依拠してコミュニケーションをとらえようとする（Davies & Harré, 1990）。人が立ったり座ったりする際に、さまざまな空間的位置を一時的に占めるように、**私たちは自分以外の人と関わるとき、特定の場所、特定の状況で、特定のコミュニケーションの目的によって、絶えず自他の関係を変化させている**。ある種のポジションには、相対的に安定している（ように見える）場合も、そうでなく刹那的な場合もあり得る。当然のことながら、それらの固定性や流動性は、どのようなコンテクストでのポジショニングであるかによって違ってくる。関係性は揺れ動いている。**ポジショニングは、自他の関係性の動的側面を焦点化し、変化に対する構えを常態とする。**

（3）指標記号と指標性

　以下ではポジショニングをとらえるための基本概念である「指標性」について見ていこう。アメリカの哲学者パース（C.S.Peirce）は、言語を含む記号が対象を指示する関係性の観点から、記号を、類像記号、指標記号、象徴記号の3つに分ける分類を提示した。ここではポジショニングを理解するために、上記のうち**「指標記号」**（indexical sign）と**「指標性」**（indexicality）について簡単に説明をする。

　指標記号とは、記号と対象とが、何らかの隣接関係にもとづいていることによって、指示を行うことになるような場合の記号を指している。抽象的な

説明なので、具体例を挙げてみよう。よく挙げられる例として、「煙」と「火事」がある。読者の多くは、遠くに黒煙が立ち上っているのを見れば、火事かもしれないと推測するのではないだろうか。これは、火と煙が同一のコンテクスト内に存在している、すなわち、煙をたどっていけばいずれ火の元につながっている、という関係性を前提とすることで、「黒煙＝火事」という理解が可能になっている例である。このときの「煙」と「火事」のように、**互いに互いを指し示すものとして関連付けることのできるような関係性を指標性と呼んでいる**。同様に、発熱という症状は、何らかの病気の存在を指し示すものとして理解されるし、黒い雲を見て雨を予想することも、指標的な関係に依拠したものといえる。

　ハヤト、リク、マサシの３人の青年たちのやりとりでは、直接的な社会的カテゴリーへの言及がないにもかかわらず、特定のアイデンティティを喚起することができたが、これもまた、指標性の観点から理解することができる。たとえば、会話の中で使われる「俺」や「おまえ」の人称や、末尾につけられる「だろ」や「ぞ」の終助詞から手がかりを得て、その会話に参加している人たちの人物像や関係性を読み取ることができるとき、それらの人称や終助詞が指標記号としてはたらいている。「俺」や「おまえ」は男性性というジェンダーや、相手が自分と同等もしくは下位の存在であるという関係性を指し示す。「だろ」や「ぞ」にも同じことがいえる。さらには「レポート」や「楽単」もあわせて、こういった会話そのものに従事するということが、緩やかに「最近の大学生」というものをほのめかすと考えることもできる。**特定の言い回し、トピック、その応答などが、特定のカテゴリーに付随する像を指し示し（指標し）、その一貫した積み重ねがカテゴリーへと結びついていく。**

？エクササイズ❷

　以下の会話から何が指標されているか話し合ってみよう。

　路線バスのバス停にて筆者の１人である石黒が実際に聴いた２人の会話：
　　Ａ：うちバス停からめちゃ遠いべ。
　　Ｂ：でも自転車でいけばけっこう速いべ。

（エクササイズのポイント）２人の間の短いやりとりからでも特定の社会的カテゴリーを指標する（指し示す）言い回し、トピック、応答などのあることを分析することで実感する。

　通常、**言語的特徴やその内容が、人びとの社会的カテゴリーを指標する**。このことを**社会指標性**という。「マジ」という言葉を使う人は、ある年齢層以下の人びとであろう。70歳の人で「マジ」と言う表現を使う人を見たことがあるだろうか。もし70歳の人が「マジ」を使っているとすれば、その人はいかなる社会的カテゴリーを指標しているだろうか。おそらく、70歳の人びとのなかでは「気の若い人」か「変わった人」というカテゴリーに入れられる可能性が高い。このように言語使用とその社会指標性に着目すると、コミュニケーションへの理解が深まっていく。

「べっって方言だよね？」

田舎道のバス停で話している高齢者かな？

　上のエクササイズで文末に「べ」とつくことは、何を指標するとみなさんは考えただろうか。方言を話す高齢者？　それとも元SMAPの中居正広さんがよく使用していた「べ」のイメージから湘南にアイデンティティを感じている人？　「べ／だべ」は北海道および関東、また、「めちゃ／めっちゃ」は関西において、それぞれ用いられる方言ではあるが、テレビの影響などから若い人による使用が広まっている。実際のところ、これは女子高校生による会話だった。

（4）アイデンティティ・ワーク

　「先輩には敬語を使うものだ」と言っているときは、互いの関係を先輩と後輩の軸で分け、「先輩」としての自らのアイデンティティを明示して発言している。同様に、「あの人は『セレブ』だよね」と言っているときも、特定のカテゴリーを明示的に用いて自他を区別している（「セレブ」とは有名人を表す英語 "celebrity" の略）。だが、このように直接的に社会的カテゴリーを使い、自己を特定の社会的集団の一員であるとした上で、他者と区別して明示するような機会は、日々の生活でさほど多いわけではない。自分が何者であるかを「会社員、母親、○○大学卒業者、女性、町内会理事」といった社会的アイデンティティで示す機会が日常の会話でどれくらいあるかを考えてみても、初対面の相手への自己紹介を除いては、あまり思いつかない。

　自分が何者であるかを示す行為は「アイデンティティ・ワーク」と呼ばれており、それは間接的になされることが多い（Auer, 2007）。つまり、自分が何者であるかを表立って名乗るよりも、意識的または無意識的に「誰か」としてふるまう行為がアイデンティティを指し示すはたらきを持っている。たと

えば、相手の間違いを指摘する行為を考えてみよう。見知らぬ2人の間でやりとりされている会話をあなたが聞いているとして、「ここが間違っているから、もう一度やってみて」と言っている人と、その言葉を言われている人がいたら、どちらが知識や経験を有する者（たとえば学校の教師や集団の指導者）で、どちらが相対的に知識や経験の少ない者か、2人の関係性を推測することができるだろう。間違いを指摘するという行為は、指摘する人が「〈指導する〉・〈正す〉ことをする者」というカテゴリーに属していることを、間接的に指し示している。このようにして**アイデンティティ・ワークは、特定の社会的カテゴリーに属する存在としての自と他を間接的に発現させている**。アイデンティティ・ワークは、社会的カテゴリーを直接的に行使して行われることもあるが、自他を分ける境界形成を行わない場合でも行われている。

　次のエクササイズ❸では、文字で書かれていない日常の会話から、アイデンティティの生成を読み取ってみよう。人は意識的にも、無意識的にも、自身のアイデンティティをいろいろなやりかたで示している。このようなエクササイズをしておくと、実際に日常会話をしているときや、映画やドラマのやりとりを観ているときに、自他のアイデンティティ・ワークを繊細に感じ取れるようになる。

 エクササイズ❸

① 　4人1組になり、2人は「好きな映画」について会話する（3分間）。残りの2人は、その会話を観察し、社会的カテゴリー（例：映画評論家）とは呼び難い、「それ以前の像」として、どのようなアイデンティティ・ワーク（アイデンティティを示しているか）が行われているかをメモしてみよう。話の展開から会話者のどんな側面、どんな顔が見えてくるかに注意を払い、それは会話者のどのような発言から気づいたことだったかをメモしておくとよい。セリフとリンクして見えてくるその人らしさのようなものを感じ取ろう。

② 　3分間の会話が終わったら、観察者は会話者がどのようなアイデンティティで（誰として、誰目線で）話をしていたか、気づいたことを報告する。

※報告例：「ホラー映画が好きな人としてのアイデンティティ」をホラー
映画の名前をいくつも挙げることで示していた。アクションを語る上
で、自分の習っている武道に関連づけて解説していたのは「武道にく
わしい人としてのアイデンティティ」を示している。主人公の友人の
裏切りを「許せない」と怒っていたところに「正義感の強い人として
のアイデンティティ」がかいまみられた。

(エクササイズのポイント) 会話の中にアイデンティティ・ワークをとらえる感覚を
身につける。

2 「同じであり、違う」を微細にとらえる

　ある程度社会的に広く受け入れられ、実体視されている既存の社会的カテ
ゴリーと比べ、**ポジショニングは上に述べたような間接性、一時性、流動性
ゆえに、コミュニケーション参与者の意識には上りにくい**。先に見た3人の
青年たちの会話も、最初から「青年」、「大学生」といったカテゴリーに依拠
して眺めてしまうと、彼らが自他に割り当てるポジションやそれらを受け入
れたり、かわしたり、弱めたり、抵抗したりする、繊細な活動（アイデンティ
ティ・ワーク）をとらえることは難しくなる。

　エクササイズ❶の例を再び見てほしい。ハヤトは1行目で一人称複数の人
称詞である「俺たち」を使い、他の2人と自分を「同じ」カテゴリーに含め
ている。その直後、リクはハヤトがナツキのレポートを盗用したことに言及
し、ハヤトを自分とは「違う」存在として位置付けている。マサトも同調し
てハヤトを非難し、リクはさらにナツキの側に立って抗議を続けている。こ
のときハヤトは先ほどの「俺たち」の中からはじきだされてしまったと理
解することができる。しかしハヤトが笑いを交えながら釈明すると、マサト
は即座にそれを引き受け、その文脈で一緒になって笑っている（「ならだい
じょーぶ（笑）」）。リクはその状況にあらがう発言（「な、わけねーし！」）
をするが、すぐにそれを打ち消すようにして笑い出す（「おまえらなぁ（笑）」）。
ハヤトの「じゃ、カラオケで決まりだな！」からは、再び「俺たち」が取り
戻されていることがうかがえる。**ポジショニングに注目してみると、このよ
うな「同じであり、違う」という、カテゴリーではくくり取れない関係性の
ありかたが見えてくる。**

以下のダイキ、シホ、タケルの会話を読み、3人が互いにやりとりをしている中に、<u>どのようなポジショニングが示されているか</u>、分析してみよう。3人が口にしているセリフや言葉づかいの中で、<u>相手との関係性を作り上げているような表現</u>はどこにあるか、よく注目してみよう。ハヤト、リク、マサシの会話の分析例（p. 235）を参考にしながら考えよう。

1. ダイキ：コミュニケーション論のレポート終わった？　実は俺、まだなんだ。
2. シホ　：昨日なんとか仕上げたよ。
3. タケル：ダイキはまだやってないんだ。俺もだよ（笑）。
4. シホ　：2人とも大丈夫？！　しめきりは明日の朝10時30分だよ。
5. ダイキ：アイデアが出ないんだよね。
6. シホ　：ほんとに？　大丈夫？
7. タケル：そっか、じゃ、一緒にやる？　なんかいいアイデアが出るかも。
8. シホ　：それっていいのかな。1人でやるものじゃないの？

（エクササイズのポイント）関係性、および、その関係性の中でのアイデンティティが、相互行為を通じて刻々と生成されていることを感じ取れるようになる。

「ポジション」や「ポジショニング」といった概念のように、**世界を分節化する「道具」を手に入れると、社会的カテゴリーのみで自他の関係性を見ていたときには全く検討の俎上（そじょう）にのぼることさえなかったコミュニケーションの諸側面を取り上げることができるようになる**。これまで「価値観が違う」、「相容れない」などと結論づけていた対人関係を再評価し、新たな関係性を築いていく可能性も見えてくるかもしれない。

エクササイズ❹の3人のやりとりの中にも複数のポジショニングが示されていることがわかっただろうか。たとえば、4行目におけるシホの「2人とも大丈夫？！」という発話（ワーク）をきっかけとして、ダイキとタケルは心配されるような立場におかれ、シホは「大丈夫で心配する人」、ダイキとタケルは「大丈夫ではなく、心配される人」という関係性がつくられている。それに続く5行目で、ダイキは「アイデアが出ないんだよ」と言い、「大丈夫で心配する人」と「大丈夫ではなく、心配される人」という関係性を受け

入れ、さらに「助けを求める人」となっている。このように、関係性とその関係性の中でのアイデンティティは、相互行為を通じて刻々と生成されていく。エクササイズ❹の会話では、ほかにはどのような関係性が相互行為を介してつくられていただろうか。

　こうした日常のたわいのない会話での行為（ポジショニング）を通じて、**人びとは互いのポジションを共同生成している**。こうした行為とその効果に注意を向けられるようになると、異文化コミュニケーションをより微細に捉えることができるようになる。問題の原因は何なのかがわからないようなやりとりからも、問題点を見出せるようになるだろう。

3　「居着かない」関わりに向けて

（１）ポジショニングが異文化コミュニケーションに対してもつ意味

　ポジショニングは、私たちが他者との関わりの中で絶えず関係性をシフトさせているという動的過程を見えやすくし、自他の関係性を固定化しようとする思考に対して、代替的なもう１つの可能性を提供する。これまでの異文化コミュニケーションを語る言説においては、社会的に利用可能なカテゴリーのうち、「○○人は集団主義」のように、国民国家や民族・人種をいわばデフォルトの単位として扱うことが多かったといえるだろう。確かにそれらがコミュニケーションの参与者同士の間で「異」として立ち現れることもあり、国や民族・人種をその場合における観測カテゴリーとして使用することがコミュニケーションへの説明力をもつケースもある。しかし、私たちが切り結ぶ関係性は、そのようにして意識に上りやすいものだけには限らない。**はっきりと言語化できない関係性や違和感の堆積が、関係性をこじらせることにつながっていくこともある**だろう。

　ポジショニングは、特定の社会的アイデンティティが構築され、固定化していく様子をとらえる有用な道具でもある。私たちがどのようにして特定のアイデンティティを自他に見いだすようになるのか、その過程を理解することは、（自他の）望ましくないアイデンティティ構築を回避する契機に気づくことにもつながるかもしれない。たとえば教員としての立場にある人にとって、教室内である生徒がどのような過程を経て授業をかき乱す「迷惑な生徒」としての否定的なアイデンティティを付与されるに至ったかを明らかにする研究などは、教室の人間関係に介入する上で有用な視点を与えてくれ

るものになるだろう（cf. Wortham & Reyes, 2020）。また、もしあなたが大学生であれば、エントリーシートや面接などの選考過程をポジショニングの観点から検討することで、望ましい候補者として自分を効果的にアピールするヒントを見出せるかもしれない。**私たちが切り結ぶ関係の動きをとらえる「まなざし」を備えることは、自分や周囲の人を不必要に縛ろうとする思考を緩め、よりしなやかな人間関係を構築するための手助けとなる**のではないだろうか。

（2）「居着き」から「居着かない」動きへ

　武道の世界には「**居着き**」ということばがある。これは「武術用語で、パニックに陥って判断停止状態になっていること、あるいはすぐに反応できず動けない状態になっていること…（中略）…固定的価値観にとらわれていること」（甲野, 2014, p. 84）であるという。「居着き」とは、「文字通りには、足裏が床にはりついて身動きならない状態を指す。より一般的には、心理的なストレスが原因で身体能力が極度に低下すること」（内田, 2001, p.109）でもある。筆者の一人である岡部が学んでいる武術では、"Keep moving!（動き続けて）"と、動きを止めずにいることへの注意が常にうながされる。動きを止めて居着いてしまっては、動作や意識の連続性が途切れ、最適なパフォーマンスが困難になるということだろう。武道においては、意識が身体の固着を生むと、身体動作を阻害するのみならず、意識が身体に徴候として現れていることが相手に伝わってしまう。当然のことながら、それは武道の実践における勝負、さらには、生死を分けることに直結するものであり、その克服が目指される。

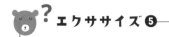

エクササイズ❺

脱「居着き」ボディ・ワーク

2人1組で行う。互いに向かい合い、1人が相手の右肩に触れようとし、もう1人はそれを右手で払って避けようとするエクササイズ。

1回目

① A（触れる人）とB（触れられる人）は互いに向かい合う。このときBは必ず相手の右手をしっかり見ておくこと。

② Aは左手を使ってBの右肩に触れようとする。

③ Bは触れられないように、自分の右手でAの伸ばしてくる手を防ぎ、避けるようにする（やさしく払う）。

2回目 「遠山の目付」

① もう一度Aは左手を使ってBの右肩に触れようとする。

② このとき、今度は、BはAの右手を見ることをやめ、遠くを見るような気持ちで相手の全体をぼっーと見るようにする（これを「遠山の目付」という）。

③ Bは触れられないように、自分の右手でAの伸ばしてくる手を防ぎ、避けるようにする（やさしく払う）。

1回目と2回目では何か変化を感じることができただろうか？

（エクササイズのポイント）「利き手＝右手」の先入観に居着いた状態で触れられるのと、視点を固定させる「居着き」から離れた状態（遠山の目付）で触れられるのとを比較して、その違いを体感する。

通常、人は、相手が攻撃してくるときに、右手で攻撃をしてくると思う傾向があり、右手に注意をし、そこに意識が居着いてしまう。エクササイズ❺では「利き手＝右手」の先入観への「居着き」をまず経験してもらった。この状態では、右肩を触ろうとする左手に反応はできるが、反応が遅れることが多い。

一方、2回目のやりかたで遠くを見るような気持ちで全体を見るようにすると、驚くほど相手の動きを察知することができる。この状態のとき、みなさんはどこにも居着いていない目を持つことになるわけだ。このエクササイズは、**コミュニケーションにおいても、思い込まずに（居着かずに）、いま・**

ここの在り様をとらえることの大切さを示唆している。

　異文化コミュニケーションという現象を考えるとき、程度差はあれ、私たちはしばしば「居着く」。第4章・第5章で見たように、私たちは多種多様なカテゴリーを用いて世界を分節し、現実をつくり上げている。異文化コミュニケーションを、集団への帰属である社会的アイデンティティが顕在化したコミュニケーションとしてとらえるならば（末田・福田, 2010）、自他に対して社会的カテゴリーを割り当てないでいることはできないということになる。自他を「集団のひとり」として処遇することは、どうしてもある程度の単純化を伴う。ある社会的カテゴリーで人を理解するとき、そのカテゴリーに含まれる人たちが共通してもっていると想定される特徴が目立ち、個々の成員がもつそれ以外の特徴は目立たなくなる。それゆえに、そのような理解は「共通性をもっている」とする本質主義に結びつきやすくなる。

　「日本人は〜」や「外国人留学生は〜」といった具合に特定のカテゴリーに依拠して自他を区分けして記述することは異文化コミュニケーションの文脈にも多い。それぞれに特定の社会的アイデンティティを与えることができると、それで理解が「落ち着く」ため、その方がわかりやすいと感じるかもしれないが、**それはあくまでも1つの視点でカテゴリーを切り出して固定したときの理解であるということを忘れてはならない。1つの理解に「居着く」のをやめて、動き続けよう。**

（第12章　岡部大祐、山本志都、石黒武人）

第13章

異文化感受性を発揮する
ナラティブ

過去の異文化体験を彩り、
未来を引き寄せる！

> ストーリーは人生を形づくっている。
> ストーリーは鏡のように人生を映し出すのではなく、
> 人が生きる人生構造を提供する。

White, M. (2016). Deconstruction and therapy. in Narrative therapy classics.
マイケル・ホワイト（2018）小森康永（訳）『ナラティヴ・セラピー・クラシックス』
金剛出版（p. 20）より著者が要約

　ストーリーには、想像上だけでなく、現実上での影響力がある。**ナラティブ・アプローチ**を確立させた主要な実践家の1人であるホワイト（White, 2016）によると、人はストーリーによって人生を生きている。私たちには、ものごとを語る上で、自然なものとして受け入れ、繰り返し使ってきた「**ドミナント・ストーリー**」がある（ドミナントとは優勢なや支配的なという意味）。しかし**無自覚に同じ話を採用するのをやめて「オルタナティブ・ストーリー」を語るとき、人は人生を新しく生き始める**（オルタナティブとは代替的なという意味）。**語り方が変わると、関係性が変わり、現実も変わる**という考え方は、社会構成主義とも重なる。第1章のエクササイズ❹「実現可能なもう1つの選択肢」も思い出そう。代替的な選択肢は、潜在的には幾通りもあるものだ。

　第1章ではもやもやを「**異**」と共に成長するための大事な葛藤として説明したが、もやもやしたときに生じている違和感や抵抗感を1つの異文化体験の出来事としてとらえようというのがこの章の目的となる。「異」を感じないでいることは、一見すると平穏無事で結構なことに思えるかもしれないが、

241

葛藤が起きて調和が崩れるからこそ、人は均衡（バランス）を取り直すための調整を模索する。その調整部分が**適応**であり、**成長**になっている（第4章「心理構成主義」参照）。そのようなとき、**それまで通用していたストーリーを無理に継続させようとせず、語り直して新たなストーリーを紡ぎ出すのがナラティブによる調整**となる。ナラティブを日本語でいうと「語り」や「物語」になる。調整という目的からは、語ることでストーリー化していく実践、および、語られたことが新たなストーリーとなる現実の再構成に注目したい。

　みなさんが「異」や「異文化」を感じる人たちとの出来事を語る上では、どのようなドミナント・ストーリーがあるだろうか？　そして新たな視点からオルタナティブ・ストーリーを語れるようになったとき、そういった人たちとの関係性はどのように違って見えてきて、そのことが現実にどのような変化をもたらすだろうか？　この目的のために、本章の**第1節「異文化感受性によるナラティブ」は、1つの節が丸ごとトレーニングのためのワークになっている**（ワークであることがわかるように言葉づかいを本文とは変えてある）。

　このワークにおいてみなさんは、**まず過去の出来事としての異文化体験を、自分が記憶している通りに語ってみる**。それが今のみなさんの視点でとらえた過去の出来事の解釈であり、ドミナント・ストーリーになっている。その視点においては見るべきものがすでに決まっていて、「見えるものが見えている」状態になっているので、それがどのようなものであるかを確認しておく。

　次に、現象を観察する「まなざし」として「異文化感受性発達モデル」（Bennett, 1986; 2017a）**を投入する**。見えるものを変えるには、知覚以前の見るということが出現する働きである注意の向け方を変える必要がある（河本, 2018）。このワークでは、異文化感受性の理論が学習者の注意の向け方を変え、知覚構造の発達をうながし、注意の向け方をより繊細にする役割を果たす。みなさんがワークの流れに沿って回答していくうちに、**自然と異文化感受性発達モデルとの共同作業による経験の共構築が進行する**ので、そこは特に難しく考える必要はない。従来通りの解釈から離れる脱構築と、共同作業で新しい意味を生み出す「共構築」（高橋, 2017）を経験しよう。

　少しだけ種明かしをしておくと、途中で70項目のアンケートに答えるところがあるのだが、そこが異文化感受性発達モデルに関係している。理論との共同作業としてそこが肝心な部分になる。このモデルを知らなくても取り組めるワークなので、思いつくまま、直観的に行ってみよう。理論を学んでから行いたいという人は、第15章と第17章を先に読んでから取り組んでも

かまわない[1]。

　最後に過去の異文化体験の出来事について、その前後までも含めた年表にして表してみる。知覚的複雑性を高めると、出来事は新たな彩りを得て語りかけてくる。完成した年表をストーリー化するとき、何が語られることになるだろうか？　さらにおまけとして、未知の未来を想像することによって、新たな予期を得るワークもついている。

　さてそれでは開始するにあたり、過去の異文化体験を思い出してみよう。その中において、「異」や「異文化」をめぐり、葛藤や衝突を経験したけれど、後に何らかの形において乗り越えたと言ってもよい経験がなかっただろうか？　それを「異」をめぐるターニングポイントの経験と呼んでおく。ターニングポイントとは分岐点、転換期、変わり目などのことをいう。もやもやして違和感や抵抗感などを覚えた出来事ではあったけれど、その後何らかの形での変わり目を経験したという話が過去になかったか、探してみよう。もやもやがすっきり晴れた話でもよいし、まだ残ってはいるけれどだいたいは大丈夫になったという話でもよい。要するに、今もまだ嫌な気持ちだけが残っていて、もやもやするばかりという話でなければよい。これは大事な注意点になる。

　このワークは、「異」や「異文化」に触れたときの反応や葛藤の出方、および、それらがどのようにして調整されているかにフォーカスしている。その部分での**知覚的複雑性を高めて見えるものの解像度を上げ、情報として受け取る構造を複雑にしながら、出来事をより繊細に解釈するための感受性を発達させる**。言いかえると、みなさんがすでに経験したことのある異文化体験で獲得した調整方法や態度を、**異文化感受性として理解し、意識できるようにする**のがこのワークであるともいえる。

　もし今現在において、嫌な気持ちがマックスに出ている対象のことに取り組みたいと考えている人がいたら、今回のワークではまずほかの話を選ぶことを考えてほしい。ほかの異文化体験での違和感の出方や、それが落ち着くまでのプロセスを把握して、その間に自分がどのような調整をしていたのか理解できるようになることの方が先決だ。自分の持てる異文化感受性を十分

---

[1]　異文化コミュニケーション学会（SIETAR Japan）の2020年度年次大会において、この分野を専門とする教育者・研究者を対象にこのワークを行ったところ、異文化感受性発達モデルをすでに知っている参加者でも新鮮な気持ちで取り組むことができ、多くの気づきを得られることが確認された。理論を知ってからでも、知らないままでも取り組むことができる。アンケート項目がネタバレして先入観になりそうだと思う人は、先にワークから行おう。

発揮できる態勢を整えた上で、嫌な気持ちの出ている課題を見つめ直すようにしてほしい。

　注意点はもう1つある。違和感や抵抗感は集団や国を対象に抱かれる場合もあるが、身近なところではそのくくり（カテゴリー）に当てはまる特定の個人との関係性において感じられることだろう。そのとき**個人に付随して、その背後に透けて見えているカテゴリーに反応しているのであれば本書が定義する「異」や「異文化」による異文化体験**といえる。したがって、**「異」や「異文化」を感じた（知覚した）対象については、何らかの属性、立場、特徴などのくくりによって、カテゴリー化して表すことのできる人たちを想定する**。つまり、特定の誰か1人の個人的な理由や性格によって引き起こされた話として理解されているものではなく、**自分（自分たち）との間に線引きがあって、自分（自分たち）とは異なる部分が何らかのくくりでカテゴリー化して見えている話**を選んでほしい。そうでなければ、自分との間にできたギャップとしての「異」や「異文化」の異文化体験ではなく、個人的確執の経験の話になってしまう。

　たとえばAさんに対して感じたもやもやであったとしても、それが個人との確執ではなく、Aさんが「○○」にあてはまる人で、そういった人たちにありがちな話として自分が理解している、というものを選ぼう。同僚のBさんに感じているもやもやであったとしても、個人としてのBさんというよりは、Bさんをはじめとする「○○」（例：喫煙者／電車内で脚を広げて座る人／管理職／外交的／若者／インドア派など）で表される人たち、全般に言えることとして感じているもやもやを取り上げよう。

1　ワーク：異文化感受性によるナラティブ

（1）「異」をめぐるターニングポイントの経験をふりかえる

① あなたは以下のような、「異」（違いやギャップ）をめぐるターニングポイントの経験をしたことがありますか？　ターニングポイントという言葉は「転機」のことで、方向性が変わることを意味します。

　　　　　　　[　　はい　　・　　いいえ　　]

　　　ある人たち（何らかの立場、集団への所属、特徴などのくくりで表さ

れる人たち）との間に、違いやギャップのあることに気づき、驚きや戸
惑い、違和感や異質な感じ、わけがわからないという思いや腹立ちなどを、
感じたことがあった。

　だがその後、そういった感じをある程度解消することができ、その人
たちのことを理解するようになった、あるいは、その人たちとそこそこ
うまくやっていけるようになった。つまりは何らかの形で乗り越えること
ができた

> ※注　特定の誰か１人による個人的な理由や性格によって引き起こされた話ではな
> く、自分（自分たち）との間に線引きがあって、自分（自分たち）とは異なる何らか
> の立場・集団・特徴などによる「くくり」（カテゴリー）が成立する話として考えて
> ください。そういった人たち全員にあてはまるわけではないけれど、そのタイプの人
> たちにはありがちな話として考えたことでもかまいません。

②　①で「はい」の場合は次ページの（２）「経験とエピソードの記述」へ、「い
　　いえ」の場合は次の③へ進んでください。

③　上の文章の最初の段落「ある人たち〜などを、感じたことがあった」ま
　　でにあてはまる経験をしたことがありますか？　「はい」の場合は（２）「経
　　験とエピソードの記述」へ、「いいえ」の場合は次の④へ進んでください。
　　　　　　　　　　［　　　はい　　・　　　いいえ　　　］

④　③で「いいえ」と答えた人は、（３）「アンケート」の１〜34番を読み、
　　それらの項目のうち自分にあてはまるものすべてをチェック（✓）してく
　　ださい。複数選択可。次に⑤へ進んでください。

⑤　「異」をめぐる経験があまりない、もしくはそういう話に実感がわかない
　　という人は、アンケートでチェックした内容を参考に、過去の経験を振
　　り返りましょう。

> 　アンケートの項目に自分の感じていたことを代弁するようなものはあ
> りましたか？　自分とは異なる、どこか異質な感じのする人びとや異文
> 化と、これまでどのように関わってきたかについて、アンケートであて
> はまった項目に書かれている内容を取り入れながら話してください。

（空欄）

（2）経験とエピソードの記述

① ある人たちとはどんな人たちですか？　どんな「くくり」やカテゴリー
で表せますか？　あなたとの関係性は？

（空欄）

② 次の（3）「アンケート」へ進む前に、まずは当時の経験やエピソードを
思い出して、書き出しておいてください。どんなことがあって、何を感
じたかや、その人たちにどんなイメージを抱いたかなどを含めて書いて
ください。思い出せる範囲のことでかまいません。（3）に回答する前に、
まずはご自身で記憶を思い出し、いったん整理しておくことが大切です。
ペアやグループで行っているなら、この時点で一度話をしてほかの人た
ちと共有してみましょう。

（3）アンケート（異文化感受性のまなざしを投入）[2]

　「異」をめぐるターニングポイントを「**経験する前**」、「**経験している最中**」、そして「**その後から今に至るまで**」、つまり**過去全体**について、以下のアンケートに答えください。アンケートの結果にもとづいて、この後に年表を作成してもらいます。

> 　この経験に関して、次の70項目の記述のうち、ご自身の経験を表しているものや、ご自身の感覚にしっくりくるものがあれば、チェック（✔）をつけてください。言われてみればそうだったと思うものでかまいません。何を言っているのか意味がわからないと感じる項目があれば、気にせず飛ばしてください。ピンとくるものだけに反応すればよいのです。（たくさんあるのは細分化して知覚構造を複雑化することが目的です。）

番号	記述内容	✔印
1	そもそも私には、戸惑いや違和感、異質性を感じさせる人たちとの接点がなかった	
2	違いやギャップが目に留まることがなかった	
3	そういう人たちがいたとしても、自分には関わりのないことだった	
4	言ってしまえば、どうでもよかった	
5	そういう人たちの存在に、特に何の感情もわかなかった	

2　このアンケートを基にした「異文化感受性発達尺度」（山本, 2022b）がある。

6	近寄らないようにして距離をおいた	
7	どう接すればよいかわからなかった	
8	メディアでその人たちの話題が出ても、自分には関わりのないことに思えた	
9	その人たちへの差別意識があるわけではないが、興味もなかった	
10	見た目の違うところに、怖さが感じられた	
11	その人たち同士で集まっているところを見ると、目障りに感じた	
12	気になるところに拒否反応が出てしまった	
13	その人たちに対し「ありえない」と思うことがあった	
14	常識に反したマナー違反をすることが多いと思った	
15	もっと態度をよくしてもらいたいと思った	
16	できれば私の目の届く範囲内には入ってきてほしくないと思った	
17	その人たちのような見た目になりたいと思った	
18	むしろ自分（たち）の方が、その人たちよりも心がせまいと思った	
19	その人たちの考えかたの方が、自分（たち）より進歩的だと思った	
20	その人たちのよいところだけを見て、悪いところは見ないようにした	
21	まともに向き合うことはせず、やり過ごした	
22	必要最小限のつきあいにとどめ、表面上はふつうに接した	
23	「それは違うのでは？」と思っても、その人たちの言うことや、やることを適当に受け流しておいた	
24	違いがあっても、「そんなものだ」と自分に言い聞かせた	
25	違いがあっても、人それぞれだからしかたないと思った	
26	そういう人たちでも、考えかたが自分と似ている人ならつきあえると思った	
27	その人たちのことを区別して考えるのは差別になると思った	
28	他の人たちにするのと同じようにして扱ってあげることが、その人たちにとってもよいことだと思った	
29	身内にするような親切をしてあげれば、その人たちもこちらの気持ちに応えてくれるはずだと思った	

30	個人として見るべきであり、わざわざそういう人たちとして見る必要はないと思った	
31	互いの出身や所属、肩書き等の属性について考えることは無意味に思えた	
32	そこまで言うほどの違いではないから大丈夫と、自分に言い聞かせた	
33	自分達との違いなんて無視できる程度の話だと思った	
34	国や肩書き、人種などで人を分けずに、誰もが地球人や同じ人間という感覚さえあればよいと思った	
35	その人たちのよいところを探し出すようにした	
36	その人たちにも、自分と同じところがあるのを見つけることができた	
37	構えるのをやめて、心の壁を下げた	
38	多少の居心地の悪さを感じたとしても、覚悟を決めてその人たちとの違いを受け入れた	
39	その人たちが自分（たち）とは全く異なる理屈で動いていることを、肌で感じられた	
40	自分の思い込みの方が強すぎて、その人たちのことがよく見えていなかったのではないかと考えた	
41	その人たちには、自分の考えの及ばないような理由や事情のあることを知った	
42	その人たちと接していて、ハッと気づかされるようなことがあった	
43	その人たちとの交流を通して、目からうろこが落ちるような新しい気づきを得た	
44	その人たちと、普段とは違う場所で、いつもよりリラックスして過ごすことができた	
45	その人たちのやることに対して、わけがわからないと思っても、自分なりの理屈をつけて納得しようとした	
46	その人たちとの違いに気づくことを通して、自分のことがわかった	
47	ネガティブな印象を持ちそうになったら、「ちょっと待て」と自分にストップをかけた	
48	自分たちのやりかたも、その人たちのやりかたも、習慣が違うだけで、よい悪いでは語れないと思った	

49	違いがあることで、その人たちとの間に誤解や対立が生じるとしても、その人たちの異なるありかたが大事なことに思えた	
50	自分の信じる正しさとは異なっていたとしても、ほとんどの場合においてその人たちの信じる正しさにも一理あると思えた	
51	その人たちと自分（たち）との間で、考えかたやふるまいかたの違うところを見つけるのが楽しかった	
52	その人たちから強く自己主張されたときは、よく聞いて、相手が何に引っかかりを感じているかを知ろうとした	
53	その人たちの視点でものごとを見ると何がどう見えているかと、習慣的にいつも想像をめぐらせていた	
54	「その人たちの感覚に合わせるならこれくらいで」というさじ加減がわかり、うまく調整することができていた	
55	自分たち側とその人たち側との間で、どういうズレが出て違いが生じているか、より細やかに感知して、より多くの違いを見つけ出すようになった	
56	問題が生じたら、解決のためにその人たちへ適切にはたらきかけていた	
57	その人たちに合わせることと、自分らしくいることを、両立させることができた	
58	その人たちからの影響を受けて、同じような考えかたやふるまいかたを、自分でもしている瞬間のあることに気がついた	
59	その人たちに対する不満や違和感を持つ人が身近にいたときは、それらを解消できるように手伝った	
60	そういう人たちとして見ることと、そこから離れて個人として見ることの、2つの視点を行き来しながら相手を理解していた	
61	その人たちのことを気づかい尊重すると同時に、必要に応じてはその人たちの意向に反する提案をすることにも責任を持つ覚悟ができた	
62	その人たちと共にある社会（地域・組織・集団・チーム）のありかたを意識して、自分にできることをした	
63	自分がその人たちに対してどうふるまうかが、今後の社会（地域・組織・集団・チーム）や、この先の未来にどのような影響を与えるかを意識して動いていた	
64	「そういう人たちである」ということを普段は忘れているとしても、自分（たち）とは分けて見ることのできる視点を同時に使うことによって、問題を見過ごさないようにした	

65	課題に対し、その人たちと一緒になって取り組み、想像もしなかったような新しい方法を見つけようとしていた	
66	自分（たち）とその人たちとの間に通用する、新たなルールや秩序を確立することができた、あるいは、確立するべく動いていた	
67	その人たちはもちろんのこと、他の人たちとの場合でも、必要に応じて一体感を持つためには意識の幅を広げ、常に境界線を引き直すようにするのが私らしいやりかたになっている	
68	その人たちが社会（地域・組織・集団・チーム）の中で、一員として溶け込んではいるのだけれど、同時に、独特の存在感も示せる形での協働・共生を可能にするべく、自分にやれることをしていた	
69	その人たちにとってやりやすいようにものごとを変えることは、その人たちのためだけではなく、自分を含めほかの人たちのためにもなると思えた	
70	「そういう人たちと深く関わった経験のある人ならでは」の感覚が自分の中には生まれていたが、その感覚は必ずしも自分の周囲の人たちと分かち合うことのできるものではなかった	

（4）年表作り（異文化感受性を用いた経験の再構成）

（3）のアンケートで選択した項目を使いながら年表を作成しましょう。

① 　紙を横長に置き、上の方に横線を１本引きます。それが過去から現在に至るまでの時間軸になります。横線の下側にアンケートでチェックした項目を過去から順に並べてみましょう（横線の上側は②で使います）。どのような見た目になるかは、次の図13-1を参考にしてください。時間上での配置やほかの項目との関連などを考えながら並べます。

　項目は手書きしてもよいですし、p. 364 ～ p. 365の付録にアンケート項目の一覧があるので、それをコピーして切り取ると、カードを並べるようにして使えるので便利です。

② 　時系列順に並んだ項目を見ながら変化をたどってみると、全体を幾つかの時代（期間）に区切ることができるでしょう。「○○時代」や「○○期」のように、それぞれの時代（期間）に名前をつけてみてください。時代名は年表の上部に書き入れます。ここがターニングポイントだったと思

うところがあれば、印をつけるなりして、わかるようにしておきましょう。

③ 全体を見ながら、線を引いたり円で囲んだり、イラスト・矢印などを自由に書き入れて、年表を完成させましょう。項目のほかに、ご自身の言葉で表現したいことがあれば、書き加えてかまいません。

④ 過去を振り返り、経験を再解釈・再構成します。出来上がった年表を読み取って言語化し、どんなストーリーができたか書き出してみましょう。

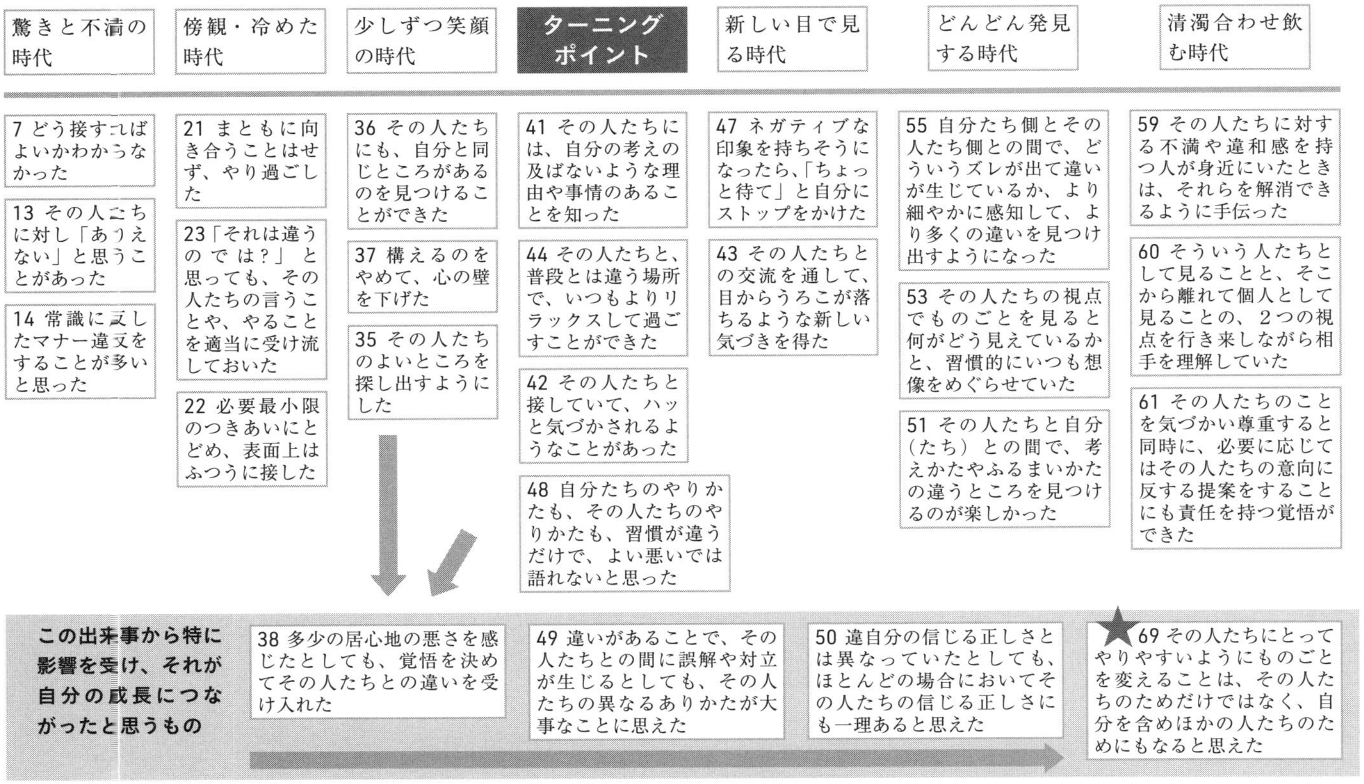

驚きと不満の時代
- 7　どう接すればよいかわからなかった
- 13　その人たちに対し「ありえない」と思うことがあった
- 14　常識に反しマナー違反をすることが多いと思った

傍観・冷めた時代
- 21　まともに向き合うことはせず、やり過ごした
- 23　「それは違うのでは？」と思っても、その人たちの言うことや、やることを適当に受け流しておいた
- 22　必要最小限のつきあいにとどめ、表面上はふつうに接した

少しずつ笑顔の時代
- 36　その人たちにも、自分と同じところがあるのを見つけることができた
- 37　構えるのをやめて、心の壁を下げた
- 35　その人たちのよいところを探し出すようにした

ターニングポイント
- 41　その人たちは、自分の考えにも、反はるいような由や事情のあることを知った
- 44　その人たちと、普段とは違う場所で、いつもよりリラックスして過ごすことができた
- 42　その人たちと接していて、ハッと気づかされるようなことがあった
- 48　自分たちのやりかたも、その人たちのやりかたも、習慣が違うだけで、よい悪いでは語れないと思った
- 49　違いがあることで、その人たちとの間に誤解や対立が生じるとしても、その人たちの異なるありかたが大事なことだと思えた

新しい目で見る時代
- 47　ネガティブな印象を持ちそうになったら、「ちょっと待て」と自分にストップをかけた
- 43　その人たちとの交流を通して、目からうろこが落ちるような新しい気づきを得た

どんどん発見する時代
- 55　自分たちも相手とその人たちとの間で、どういうズレが出ているかが生じているか、より細やかに感知して、より多くの違いを見つけ出すようになった
- 53　その人たちの視点でものごとを見ると何がどう見えているか、習慣的にいつも想像をめぐらせていった
- 51　その人たちと自分（たち）との違いが、考えかたやふるまいかたの違うところを見つけるのが楽しかった
- 50　遠自分の信じる正しさとは異なっていても、ほとんどの場合においてその人たちの信じる正しさにも一理あると思えた

清濁合わせ飲む時代
- 59　その人たちに対する不満や違和感を持つ人が身近にいたときは、それらを解消できるように手伝った
- 60　その人たちと、自分とから離れて個人として見ることの、2つの視点を行き来しながら相手を理解していった
- 61　その人たちのことを気づかい尊重すると同時に、必要に応じてはその人たちの意向に反する提案をすることにも責任を持つ覚悟ができた

★ 69　その人たちにとってやりやすいようにものごとを変えることは、その人たちのためだけではなく、自分たちほかの人たちのためにもなると思えた

- 38　多少の居心地の悪さを感じたとしても、覚悟を決めてその人たちとの違いを受け入れた

この出来事から得た影響を受け、それが自分の成長につながったと思うもの

図13-1：年表作成例

253

（5）未来へ紡ぐストーリー

　過去から現在までの足跡をたどることができました。これから未来を訪問して、このストーリーをさらに先へ進めてみます。二種類の未来訪問が出てきます。「すぐ先の未来」へ年表を延ばす未来訪問は、**目標設定をする**ことに役立ちます。「未来の日曜日」への訪問はもっと想像の要素が強く、**空想からポジティブな予感を得る**ことが目的です。ファンタジーや空想は苦手という人は目標設定型の「すぐ先の未来」だけ行うとよいでしょう。

▌ 未来訪問① 　すぐ先の未来

　年表をすぐ先の未来に向けて延ばします。「こういう感じ好きだな」、「こんな風になれたらいいかも」、「今の自分ならこうする」、「可能性あるならチャレンジしたい」などと思えることを1〜70の項目の中から見つけて、その番号と文章を加えましょう。ぴったり来るものがなければ、自分の言葉で書き入れてください。ストーリーのこれからに、どのような道筋が見えてきたか書き出してみましょう。

▌ 未来訪問② 　未来の日曜日

　人は空想であっても、思い描くことのできるシナリオなら、実現可能性の確率を高めることができるといわれています（予言の自己成就）。この未来訪問ではポジティブなイメージを想像しながら「未来の日曜日」を訪れます[3]。気持ちを楽にして、いったん自由になりましょう。未来の日曜日には、あなたが「異」を経験した人たちも登場します。そのことへの不安が強すぎるようでしたら、このワークは飛ばしてください。未来でその人たちと再会しても大丈夫と思ったら、試してください。

　以下の文章を読み、イメージをふくらませます。<u>最初のパートでイメージ</u>

ができたら、しばらくその状態を保ちます。その後で、次のパートへと進んでください。またしばらくイメージした状態を保ってから、最後のパートへと進んでください。ではまず、大きく息を吸って、その息をゆったりと吐き出していきます。気持ちが落ち着いてきたところで、始めましょう。

最初のパート

　未来の日曜日。今日は休日です。空は青くさわやかで気持ちのよい日です。これからあなたは、あることをしてリラックスした楽しい時間を過ごします。そのあることとは [　　　　　　　　　　　　] です。

　そのあることをして、リラックスして楽しく過ごしているところを想像し、しばらくその気分を味わいましょう。

ゆったり ・	わくわく ・	じっくり ・	ふわふわ
まったり ・	うきうき ・	ぼんやり ・	わいわい
ほんわか ・	うっとり ・	きらきら ・	にこにこ

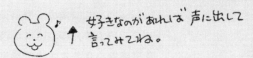

好きなのがあれば 声に出して 言ってみてね。

次のパート

　しばらくそうしていると、誰かがやって来るのが見えました。うれしそうな顔をしています。あなたはその人たちに「こんにちは」といいました。近くで見ると、それは、その人たち（アンケートに答えたとき思い浮かべていた人たち）でした。その人たちはあなたに「こんにちは。楽しそうですね。一緒にいいですか？」とたずねました。

3　このシナリオを作成する上で、堀川・岡（2017）を参考にした。この仮想接触の指示では、最初に参加者が休日に誰かとしたいことをリストアップし、その後、その自身の趣味を初対面の女性同性愛者と一緒にし終えたという内容で、ポジティブでリラックスした心地よい交流のイメージを行うよう求めていた。本エクササイズのシナリオではよりストーリー性を持たせ、ポジティブな接触の開始からポジティブなクロージングまでをイメージしてもらうようにした。堀川・岡における知覚対象は学習者にとってDMISの「否認」の局面における状態の対象であった可能性があり、その場合は否定的感情の出るリスクは比較的低い。しかし今回は自分の直接関与する対象を扱うことから、「防衛」の反応として否定的感情をプロセスしている学習者のいる可能性を考慮して、このワークを行わない選択肢も用意した。

あなたの回答を次の中から1つ選択してください。

a. 「いいですよ。一緒にどうぞ」
b. 「少しの間ならいいですよ」
c. 「いいですよ。私はこちらでやっています。みなさんはあちらで
   お願いできますか？」

今度はその人たちもいて、あなたの楽しんでいることを一緒にしているところを想像してください。（cを選択した場合、その人たちは少し離れたところにいますが、あなたと同じことをして楽しんでいます）

最後のパート

帰る時間になると、その人たちはあなたに「楽しかったです。ありがとう」と笑顔で言いました。

どのような交流になりましたか？　あなたが想像した情景の中に見えたことや、聞こえてきたこと、感じられたことなどを書き出してみましょう。

（6）全体のふりかえり

年表を作成したことによって、あなたがどんな風に「異」と共にあるための葛藤を調整し、歩んできたかを可視化することができました。ふりかえりとして次の2点について考えてみましょう。

① このワーク全体を通して、ご自身に関するどんな力や可能性、潜在的な能力を見つけることができましたか？

② このワークで得たことを、ほかの「異」や異文化との経験にどのように応用することができますか？

これでこのワークは終了です。感想を自由に話してください。

おつかれさまでした。

2　異文化感受性発達モデル

　以上に紹介したワークは、順を追って進めていくだけで異文化感受性のまなざしを活用できることを意図しているので、理論的な背景を知らないままでも行うことができる。すでにたくさんのことを感じ、発見することができたなら、それで十分ともいえる。したがってこの先には、理論的な背景を知りたい人や、理屈を知ることでさらに理解を深め、応用範囲を広げたい人に役立ててもらえる情報を記載する。

		自文化中心主義 Ethnocentrism		エスノリラティビズム Ethnorelativism	
否認 Denial	防衛 Defense	最小化 Minimization	受容 Acceptance	適応 Adaptation	統合 Integration

図13-2：異文化感受性発達モデル（Bennett, 1986; 2017a）

　異文化感受性発達モデル（Developmental Model of Intercultural Sensitivity）は通称「DMIS」と呼ばれ、アメリカやヨーロッパを始め、日本や中国を含む多くの国ぐにで、教育、ビジネス、研究などに活用されている。ベネット

(Bennett, 1986) は異文化感受性の最もシンプルな定義を「差異の主観的経験」
(subjective experience of difference) であるとしている。それはケリー (Kelly,
1955) がいうところの構成主義的な意味での「異」の経験を指す。つまり、単
に出来事に関わったという事実それのみによって、その出来事を経験した
と見なすのではなく、出来事の「解釈」、つまり出来事をどのように知覚し、
意味づけて整理し、組織化しているか、それこそが経験の中身になると考え
る (第4章参照)。したがって、**「異」を知覚する構造**、および、**その構造での
知覚による「異」に対しての解釈・意味づけが、単純な状態からより複雑な
状態へと発達していく過程**を表したのがDMISであるとすることができる。

　このモデルは「異」に葛藤しながらも共に成長する過程を示している (山本,
2018)。未発だった「異」に気づき、知覚するようになることは、私たちの世
界に葛藤をもたらす。その葛藤をどのように自らの世界になじませ、さらに
そうする過程において自らが成長し、新しい方法で世界を図地分化させ意味
づけられるようになっていくのかをDMISは描いている。どのような基準に
よるカテゴリー化で「異」を知覚するのか、どの程度の複雑さで知覚するのか、
知覚した「異」をどう意味づけるのか、「異」として区別すること自体をど
うとらえるのか、自分自身はその世界をどう生きるのかなど、私たちが「異」
と自らの世界との関係をどのように調整しているかを示し、その調整方法が
洗練化されていく過程を6つの段階的な発達として説明しているのがDMIS
である、といういい方をしてもよいだろう。6つの過程は「stage」として
表記されるため、日本語では「段階」と訳すことが多いが、**段階というと区
切りが強く意識され物象化しやすいことから、ここでは変化していく様を表
す「局面」として訳しておく。**

　DMISは**連続体のモデル**で、発達過程を「否認－防衛－最小化－受容－適
応－統合」の6つの局面に区切り、カテゴリー化している。これらの名称は、
「異」をめぐる何がその局面での課題になるのかを指しており、さらにそれ
ぞれの局面に関する説明は、そこでの知覚構造を反映した「異」の経験がい
かなるものであるかを述べている (Bennett, 2017a)。「否認」から「最小化」ま
では、自文化中心的な世界観にもとづき、自分自身の文化を「現実性の中心」
として経験する。「受容」から「統合」まではエスノリラティブな世界観に
もとづき、すべての文化をそれぞれの方法で現実を構成しているものとして
経験する。**エスノリラティブな世界観では、人は自分の信念や行動を、他に
も実現可能な数多くの選択肢がある中での、1つの現れでしかないものとし**

て経験する（Bennett, 2012）。

DMISは、発達をカテゴリー化して示してくれているところが、異文化コミュニケーションを学ぶ者にとって親切でわかりやすいのだが、カテゴリーを物象化してしまうと、「この局面の人はこういう行動をします」という本質主義的な理解になってしまうことには注意を要する。**DMISにおけるそれぞれの局面は、異と自らの世界との関係を可視化して理解するための「観測カテゴリー」**（第5章参照）**として活用される**ことが望ましい。

6つの局面における特徴的な境界形成の設定と、それにもとづく世界観を簡略に説明すると、次の表13-1のようになる。紙幅に限りがあるため、ここでは本書で学ぶ人に役立つ情報として、ごく単純化した説明にとどめている。ワークの中の1～70までのアンケートの項目の並びは、この発達過程と関連づけた順番でおおよそ並べてある。

この章では、異文化感受性発達モデルが、みなさんの注意を誘い、新たなまなざしを起動させ、その図地分化によって出来事が再編成、再組織化されるようにガイドする役割を受け持った。異文化感受性をはたらかせながらより繊細に知覚したとき、過去の出来事にどのような新しいストーリーが生まれただろうか？　ポジティブな未来に開かれた動線をストーリーに導入することで、起こりうる未来からの影響を今の自分に取り込むことはできただろうか？　それらは代替的な選択肢にアクセスする道しるべともいえる。**実現可能性のないことを「絵が見えない」という言い方で表現するが、イメージ化して「見えた絵」について語るとき、そのストーリーは予期となり、実現可能性の確率を高めている**といえるだろう。**「異」と共に成長するオルタナティブ・ストーリーを紡ぎ出す力を私たちは持っている。**

表13-1：異文化感受性発達の6つの局面

「否認」	コンテクスト上に関与してできた境界によって「異」が生じているのが見えておらず、ギャップやズレに気づかない。あるいは、何かありそうだと感じたとしても、あえて注意を向けることはせず、無関心・無関係なままでいる。見えていないものに対しては、特に何も感覚がわからない。
「防衛」	「異」に気づくことは気づくのだが、知覚する構造が未発達であるがゆえに、単純にカテゴリーを二項対立化させた構造で知覚する。「異」を知覚する対象が世界に現れると、見慣れた景色は変わり、以前と同じ世界の均衡（バランス）を保てなくなる。そこに脅威を感じ、抵抗感を覚え、防衛的になる。情報の受け取りかたは偏り、「異」に対して否定的になる。思っていたのと違ったり、想定が崩されたりすると、調子が狂っていらだちを覚える。安定を取り戻すために「異」を正して自分たちに同化させることや、攻撃して排除することもある。変形バージョンに「反転」（reversal）がある（e.g. 異国にあこがれて自国をさげすむ）。
「最小化」	二項対立化させていた境界線をぼやかしたり、より大きなカテゴリー化でひとつにまとめたりすることによって、分けた状態での居心地の悪さを解消する。「異」を知覚する対象に対し、ある意味では構えない、またある意味では軽視する。構えないという意味では、親しみを覚えたり交流が増えたりするが、自分（自文化）の感覚で対応していることには無自覚なままでいる。軽視という意味では、同一視して分け隔てしないことをよいこととするあまりに「異」を覆い隠す。同じであることに正当性を感じるがあまりに、ある人が有標化していても、その立場での「異」に生じる不平等性に無感覚になってしまう（e.g. カラーブラインドネス）。
「受容」	境界形成を積極的に感知し、異なる立場には異なる感覚が通用し、異なる秩序で構成されたリアリティのあることを認識する。「異」を尊重し、違いに対して興味を持つ。まだ知識として理解している最中であり、異なるカテゴリーで通用する感覚を得て、その考えかたやふるまいを身につけるというところまでには至っていない。

「適応」	視点の切り替え（視点転換）や自動的な解釈を判断留保すること（エポケー）によって、異なる実践に参加しながら、自他のカテゴリー間を行き来することができるようになる。異なるコミュニティなどとしてカテゴリー化するコンテクストでの実践に物理的・身体的に参加すること、あるいは、そのカテゴリーのリアリティにエンパシーで想像的に参加することを通して、そこに通用する価値観や行動様式を知識として知るというだけでなく、そのさじ加減までもが感覚としてわかるようになる（たとえば挨拶するタイミングや声のかけかた、握手やハグの力加減やおじぎの角度およびその背景にある価値体系）。バイカルチュラル（二文化的）など複数のアイデンティティが育つ。
「統合」	カテゴリー化に意識的になり、線引きのしかたやカテゴリー幅を変えながら、全体性と境界形成の中に自分自身のアイデンティティを感じ取るようになる。カテゴリー化が流動的になるため、自他をカテゴリー化することができながら、同時に、そのときどきに応じて自分自身を位置づける居場所を決めることもできる。分かれつつ相互作用するという空間そのものに意識的になることで、固定的にとらえず、すべてをプロセス中として知覚する。「異」を知覚する様々なコンテクストとそれに付随してカテゴリー化する立場を尊重しながらも、数ある実行可能で代替的な選択肢の中から自分自身のコミットメントを選び取ることによって、自分自身の座標を自覚的に決める。

（第13章　山本志都）

第14章

「異」をつかむ

困り事の中から、
「異」をつかもう！

　私たちは多様性に富んだ存在だ。社会のさまざまなコンテクストのレイヤーに未発の異があるように、自分の中にも未発の異がある。**自分の中の「異」をつかみ、自分自身の多様性に気づくことができると、「異」を成長の糧とすることができる**。この章では困り事の中から「異」をつかむことによって、「異」と共に成長するための調整法について考えてみよう。最初の調整は**「外在化」**によるもので、困り事の中に埋もれて未分化になった名前のない「異」をカテゴリー化して取り出してみる。**自分の中に新たなカテゴリーを見出す出会いも「異対面」だ**。その次に、自分の困り事を自分で研究することによって対処法を探し出す**「当事者研究」**について学んでいく。

1　自分についての未発の異をつかまえる

　みなさんには周りから理解されづらい困り事があるだろうか？　あるいは、なんだかよくわからないうちに周りとの間にギャップが生じ、自分自身が「異」になっているのではないかと感じるようなことはあるだろうか？　**周囲の人との関係において、困った立場になってもやもやしているとき、そこにはまだ可視化できていない「未発の異」**（第8章参照）**が隠れている**かもしれない。もし、似たようなパターンでくり返し困った立場になってしまうのなら、まずはそのことに気づいておくこ

エッ?! 何のギャップ？
何か「異」になってる？

とが大切だ。コンテクストに干渉してきているけれども、まだ自分の中で「異対面」していない「未発の異」をつかまえて、よく眺められるようにする方法をここで考えてみよう。

（1）外在化と名付け

　対象を知覚し、把握するには、カテゴリー化することが有効だ。現象の中に輪郭線を引き、囲って、定めて、名前をつける。それはラベリングでもあるという点においては、物象化やステレオタイプ化への注意が必要といえる。それでも、ともかく名無しではつかみ所がない。まずは漠然と感じている困り事に名前をつけ、顕在化させた上で、ピンポイントでフォーカスしながら語れるようにしていこう。

　対象を人から切り離し、客体化すること、つまり、経験の中の**ある部分にフォーカスして「名付け」（カテゴリー化）をし、その図地分化で「図」となる経験を取り出して眺めることができるようにすることを「外在化」**という。そのようにして「外に取り出す」ことができると、**メタ**の視点で眺める**メタ認知**が可能になる。

　外在化の技法はナラティブ・セラピーやブリーフセラピーでよく使われている。**問題行動を起こす「人」を見るのではなく、人から切り離した「問題」自体にフォーカスする**アプローチで、**人ではなく問題が問題なのだ**(White & Epston, 1990) と考える。トラブルが起きるとトラブルを起こした人の責任を追及しがちになるが、外在化は人ではなくトラブルそのものに焦点を当てることを第一に考える。

　外在化のことがよくわかる例に、臨床心理士の東(ひがし) (1997; 2019) による「**虫退治**」という技法がある。たとえば、子どもが朝、家を出ようとすると腹痛になり、学校へ行けなくなるという相談例がある。東が本人や家族にどのような説明をしたかというと、子どもがなまけ者だから学校へ行けないのではなく、その子の中に「なまけ虫」が入ってダメ人間にしようとしているからだという。その子が何かをがんばろうとするとなまけ虫が出てきて、「お腹が痛いから何もできないよ〜」、「やめとき、やめとき〜」（「やめとき」は関西弁で「や

めておきなさい」の意味）などとささやき、その子をまるでなまけ者のようにさせてしまうと説明する。子どもには、「もちろん、キミはなまけ者やないよ。この虫がつくとそんなふうに見えるだけ。しかし両親は、まさかそんな虫がついたとは夢にも思っていないから、キミが本物のなまけ者になったように感じて、キミを責めたりすることがあったかもしれんわ」(1997, p.160) と話す。この後、家族は一致団結して「虫退治」することを目標に、具体的な対策を練り始める。

　これは何をしているかというと、**外在化することで問題を客体化し、問題を語る上で採用していたストーリーの変更を図ろうとしている**。「悪いことは虫のせい」という見かたをするようになると、「子ども＝なまけ者＝それが問題」だったことは「困った行動＝名付けて〈なまけ虫〉＝それが問題」へと変わる。そうなると、〈なまけ癖のある子〉が学校へ行かないストーリーよりも〈悪いなまけ虫〉に悩まされる子どもと家族が虫退治に奮闘するストーリーの方がリアルに思えてくる。**フォーカスが変わると図地分化が変わり、図地分化が変わると現実として見える絵や全体の構図も変わる**。そのようにして**現実を再構成する**ことができる。

　東によると、治療の対象になっているのは「人」や「人の心」ではなく、個人が問題にどのような意味づけをしているか、そして、関係者が問題をめぐりどのような役割で参与しているかを語る「枠組み」のありかただという。**ストーリーの枠組みが変わると、見えること・聞こえてくること・感じ取られることの知覚や、知覚したことを意味づける認知、および、それにもと**

書きかえたストーリーを
コミュニティのメンバーが
共有して 同じ語りをする
ようになると、

☆ ☆ ☆

現実が どのような
ものとして あらわれる。

づく行動選択も、変わる。**ストーリーは人生を形作り、想像上だけではなく現実的な影響を与え、私たちに人生の構造を提供している**(White, 2016)。虫が出なくなるストーリーを思い描けるようになれば、新しいストーリー、すなわちその現実を、生きることができる。

（2）困り事の中の未発の異と出会う

　困り事の存在する周辺にある未発の異に対しても、外在化を活用すること
ができる。次のエクササイズでは自分の困り事を「困らせもの」として外在
化できるように、カテゴリー化して名前をつけ、自分でよく眺められるよう
にしてみよう。さらにその次の節では**当事者研究**を学び、その新しいカ
テゴリーへの対処法も考えたい。当事者研究というのは**当事者による研究**の
ことをいう。困難を抱える人が、自分の抱える困難の解消を医師や専門家な
どの診断や治療に任せずに、**当事者である自らが、自らの事例を仲間と共に
分析し、研究することによって、そこから自分助けの方法を探す**。みなさん
も後でこの方法にチャレンジすることができる。これらを念頭において、以
下ではまず私自身が当事者になる例を題材にする。みなさんも自分には何が
あるだろうと考えながら読み進めてみよう。

　この事例は、私が自分の困った行動に偶然、名前をつけたときの話で、そ
れが大変説得力があったので紹介する。最初に子どもの頃の話をするが、過
去にさかのぼってみると、私はしょっちゅうその辺にぶつかったり、何かを
踏みつけたり、ものを壊したりして、「不注意！」と親からしかられていた。
小さな子どもならまだしも、高校生、大学生になっても相変わらずで、腕を
伸ばして何かを取るときや、離れたものを取りに行く際に、その途中にある
さまざまなものにぶつかっては青あざをつくっていた。親からは「こわし」
（ものを壊す壊し屋）とも呼ばれていた。自分では気をつけているのに何故
かそうなってしまうという感覚しかなかったため、不注意をしかられても、
「不注意じゃないのに……」と、私としてはもやもやしていた。

　今でもこの傾向による失敗やケガが少なからずある。比較的最近の話にな
るが、ある雨上がりの日に、よその家へ行ってベランダに出たとき、はしの
方に気になるものが見えた。好奇心からタタッと駆け寄ろうとした瞬間、一
部が濡れてぬかるんでいたところに足を滑らせ、仰向けに倒れて後頭部をコ
ンクリートの床にゴンッと打ちつけた。それを見ていた夫は「本当に注意し
て！」と心配し、命に関わりかねないのにどうしてそうなるのかとあきれ果
てた。私の着ていた洋服は泥と苔まみれになり、クリーニングに出しても落
ちず、廃棄しなくてはならなかった。「注意してはいるんだけどね……」と
何とかわかってもらうためにひねり出した説明が「**ワープ**」だった。

　たとえばお茶を飲もうと思い立つと、急須が離れた戸棚にあっても、私の
頭の中ではそれをもう手に取っている。何かに注意が向くと、その対象まで

の距離やその間にある障害物に意識を向けることのないまま瞬間移動する「ワープ」の感覚なのだ。夫は「ワープだったのか！」、「ワープしてたんじゃあ、しようがないね」と合点して、**理解のしかたが明らかに変わった様子になった**。私にとってもそれは「**アハ体験**」（第8章参照）をした異対面になった。

Marc Chagall (1915) "Birthday"
(©2022. Digital image, The Museum of
Modern Art, New York/Scala, Firenze)

　そういう目で見ると、つまり**新たな「観測カテゴリー」を利用した視点で見ると、多くのことを「ワープ」で説明できた**。むかし父が土産に買ってきてくれた博多人形があまりに可愛くて、もらった途端、机に置いてじっくり眺めたくなり、2階の自分の部屋に持って行く途中の階段でその大事な人形を落として割ってしまったのもワープだった。せっかくの人形を大事に扱わなかったとしかられ、「大事にしなかったんじゃなくて、大事に思えたからで……」とそのショックをうまく言語化できないまま説明しようとし、さらに「へ理屈」と重ねてしかられるはめになった。小学校でドッジボールにはまっていたときは、休み時間になるといち早く運動場へ出たくて、正面玄関へ回らず廊下の窓から出入りしていた。それで怒られたのもワープのせいだといえる。これらは物理的なワープだが、ワープには思考的なワープもある。そういう目で見ると、周囲の人たちとの間に温度差ができて居心地が悪くなってしまうときにも「ワープ」が関わっていたと分析できる。思いついたら即もうやった感覚になり、時間も空間も飛び越えてしまうのだ。

　「そういう目で見る」というところを強調したのは、外在化したカテゴリーが新たな「観測カテゴリー」（第5章参照）**になって、現象を理解する**ための手助けをすることを示したかったからだ。周囲の人たちからのラベリング、私

の場合なら「不注意」や「こわし」のことを悩むより、**当事者感覚で名付け
たカテゴリーのことをよく観察して理解する方が、対処法にもつなげられる。**

　次のエクササイズではみなさんが自分の困り事に名前をつけて、話をして
みよう。名前のつけかたがわからないときは、「たとえるならそれは○○だ」
や「ずばりそれを○○という」の「○○」にあてはまるメタファーを探して
もよいし、擬音語や擬態語にしてしまってもよい。「なまけ虫」（東, 1997）の
ように困り事を「虫」にしてしまうのもよい。「虫のいどころが悪い」が不機
嫌を意味するように、悪いことを虫のせいにする知恵は昔からある。私の例
にあった「ワープ」はメタファーだが、擬態語にすると「スヒューン」モー
ドに入っている感覚になるし、虫なら「飛びつき虫」といったところだろう
か。組み合わせると、「飛びつき虫がスヒューンとワープさせてしまう」ストー
リーができる。自分自身の「未発の異」を外在化させたことで、私も新たな
「異対面」をした。そして、「飛びつき虫がおったんかいな！　勝手にワープ
させたらあかんがな！」と虫にツッコミを入れられるようにもなった。

？エクササイズ❶

名付けによる外在化

① 「困らせもの」や、「やっかいもの」に思えてしまう自分自身の行動
　や性質はないだろうか？　それはどんなふうに現れてあなたを困らせ
　るのか？　それが出てくると周りの人はどんな反応を見せるのか？
　その現象をつかんで表す「名前」をつけて、外在化してみよう。難し
　いときはニックネームをつける感覚で考えてみてもよい。

② ①で名付けた「困らせもの」、「やっかいもの」の話をしよう。まだ
　うまくつかめなかったり、しっくりくる名前を見つけられなかったりす
　るときは、あれこれ話をしながらそれを「探索する」対話になっても

よい。話を聞くときはエポケー（第6章参照）で、言っていることをそのままで受け止めるようにして、「こんなことお話されているのが聞こえてきましたよ？」というのを「確かめ」としてお返しする。安心して話せる場にしよう。

（エクササイズのポイント）外在化のテクニックを使えるようになる。少しの遊び心とユーモアを忘れずに。問題をメタで引いたところから「眺める」ことができるようになることを目的に行おう。

　無自覚のままになっていた未発の異を困り事の周辺でつかまえると、対処法を探せるようになる。どう「退治」するか、「退治」までの時間稼ぎをどう講じるか、戦わずに安らがせる方法はないのか、いっそのこと「卒業」して手放すか、あるいはクリエイティブに昇華させることはできないかなど、選択肢ができる。

2 当事者研究

　「当事者研究」は、北海道にある、精神障害をはじめさまざまな困難を抱える当事者のための地域活動拠点、「浦河べてるの家」で始められた。自分に起きている困り事を仲間に報告し、悩みの当事者が、自分の事例を対象として、仲間と共に研究することで自分助けに役立てる。この実践を始めた向谷地（2020）は、当事者研究とは何かについて次のように説明している。

　統合失調症や依存症などの精神障害を持ちながら暮らす中で見出した生きづらさや体験（いわゆる"問題"や苦労、成功体験）を持ち寄り、それを研究テーマとして再構成し、背景にある事がらや経験、意味等を見極め、自分らしいユニークな発想で、仲間や関係者と一緒になってその人に合った"自分の助けかた"や理解を見出していこうとする研究活動
「当事者研究とは：当事者研究の理念と構成」当事者研究ネットワークより

　当事者研究の理念の1つに「**自分自身で、ともに**」がある。「**自分自身で**」というのは、他人からのラベリングや一般論による説明、また「統合失調症

とはこのようなものだ」とステレオタイプ化された見かたに縛られることなく、**自分が「自分の苦労の主人公」として自身を素材に研究する**ことを重視する姿勢を指す。「**ともに**」とあるのは、**自分のことは自分が一番よく知っていると決めつけず、他の人との対話や関わりの中で研究する**ことの重要性をあらわしている。この活動は、薬物・アルコール依存症や発達障害を抱える人びと、公式の名称は持たないものの生活のさまざまな局面で難しさを経験している人びととなどの間にも広がっている（浦野, 2016）。

　向谷地（2021）は、当事者自身による**知の創造**をどのようにうながすかが重要なポイントであるとして、**当事者が問いを立て、仲間と共にジレンマ・葛藤をともなうプロセスの中で試行錯誤し、置かれた状況と対処を模索する中から意味を発見していく**ことを重視している。異文化コミュニケーションにおいても、自分の中に「異」を感じて違和感の出る部分や、周りから自分が浮いて「異」の存在になると思うことなどで困り事があったら、**対応可能にするための知の創造法**を当事者研究に学ぶことが役に立つだろう。「異」と呼んではいるが、それは多様な存在としての「自」、つまり自分の一部である。当事者研究を行うとは、**自分が自分で自分の中に「異」を見つけ、把握して、共に生きるための知恵を創造することであり、それも「異」と共に成長することであるといえる**だろう。

（1）当事者研究の事例に学ぶ

　当事者研究に含まれる要素には、人と問題を切り離す外在化、自己病名のカテゴリー化と名付け、苦労の起きるパターン・システム・意味などの可視化、自分の助けかた・守りかたの方法開発、日常生活での実験、研究成果の公開・共有等がある。当事者研究では困り事について話すことや、自己病名を公開して共有することを「**弱さの情報公開**」と呼んでいる。この自己開示が当事者研究では分析対象となるデータに該当する。

　「当事者研究ネットワーク」（https://toukennet.jp/）には当事者によるさまざまな研究が公開されている。以下では森紀子さんによる「きらわれ幻聴さんとのつき合いかたの研究」（森, 2018; 向谷地, 2021）の事例から学んでみよう。

　森さんの研究の目的は、高校三年生のときから聞こえ始めた幻聴によって、周りの声がヘリウムガスを吸ったときのように変わる感覚や、幻聴からいじめられる感覚の続く原因を分析し、「幻聴さん」とのつき合いかたを模索することである。森さんは自己病名を「統合失調症きらわれモード型声ヘリウ

ムタイプ」と名付け、苦労のサイクルを書き出して仲間と一緒に整理した。苦労のパターンとしては、森さんが誰かと話していると、幻聴さんが相手ののどに乗り移り、ヘリウムガスを吸ったときのようにその人の声を変えてしまう。すると相手の声や目つきが冷たく鋭く変わり、車の音や電車のエアコンからは人の悪口が聞こえ、空から幻聴さんが「死ね！死ね！」と叫んでくる。そうなると楽しい気持ちや感動したことがわからくなり、みなの話が頭に入らなくなって、自分が冷たくされ一人ぼっちになっている感じがして悲しくなる。それまでの対処法は、我慢するか、追い払おうとするかで、ものにあたったり親や自分に暴力をふるったりしていたが、後でそのことに罪悪感を覚えていた。「きらわれ幻聴対策」として仲間と一緒に考えた新しい自分の助けかたのうち、「お願いしてみる」では、「幻聴さんおはようございます。今日もべてるに一緒に行きましょう。よろしくお願いします」とていねいにお願いすると幻聴もやさしく答えてくれることや、「大好き作戦」では、幻聴が出てみなから嫌われているし、自分もみなが嫌いだという感覚にとらわれたとき、思い切って「大好きだよ」と言うことで、幻聴が「参った」と言って消えることなどが報告されている。また、「幻聴さん」を仲間に売って、買ってもらった分だけ頭から抜いて仲間に食べてもらうという対処法でも楽になれたという。統合失調症による幻聴が消えたわけではないが、**有効な対処法が増え、仲間とのつながりやコミュニケーションができたことによる安心感を得る**ことができたそうだ。

　自身も困難を抱える当事者という綾屋紗月さんは、「アスペルガー症候群」[1]の診断名と出会うまで、自分の症状を明らかにしたいという思いでさまざまな医学書や心理学関係の資料を読んでいた（綾屋・熊谷, 2010）。そのとき精神医学や心理学の本で知った「統合失調症」は、「まるで手のつけようのない、怖くて破滅的な病気であるかのように描かれているばかりで、実感として伝わってこなかった」(p. 106) そうだ。しかし当事者研究で当事者の語る統合失調症について知ると、**内側からわかる**気がして、**自分の感覚の延長線上にある何かとして自分に引き寄せた理解をすることができた**という。

　自分の感覚の延長線上で理解するというのは、「**私にも同じようなところがある**」や「**その部分なら私にもわかる**」と感じる「**同感**」、つまり「**シンパシー**」（sympathy）であるといえる。次の第14章では「遠い異」を「なじ

1　現在の診断名は自閉スペクトラム症であるが、ここでは文献に記載されている診断名を記す。

みある異」にする調整法において、この感覚を活用することを考える。

（2）困り事で可視化したカテゴリーの研究

　次のエクササイズでは当事者研究を参考に、みなさんが自分自身の困り事から見えてきた「異」を研究してみよう。対処法だけではなく、少し幅を出して、**困り事の中にもよいところや強みといえるところを探してみたい。自分の中の多様性として共に成長する**方法がそこから見えてくるかもしれない。

　先の事例にあった「ワープ」も、当初は自分の残念なところばかりが見えて否定的な気持ちになった。だが、しばらくすると「ワープ」の特技を生かしている面のあることにも気がつくようになった。未来で既に達成された状態を見ていることは、無理と決めつけずに始めることのできる「チャレンジ精神」や「行動力」に、ワープで飛んだ先から発想することは「創造性」につながっている、と言えなくもないと考えた。ものは考えようだ。ものごとを**超肯定的にとらえてみるのは、多面性をとらえるという意味では悪くない。**みなさんも買いかぶりすぎぐらいでちょうどいいと思いながら、よいところや強みを探してみよう。ここでは主に自分で研究するようにしてあるが、安心して話せる環境にあれば、エポケー対話で自己開示する中から、仲間と一緒に研究しよう。「弱さの情報公開」はなかなか勇気がいる。エクササイズでは無理することない範囲の自己開示を心がけよう。今は共有せずに自分の中だけで検討してみたいと思ったら、そうしてもかまわない。

? エクササイズ❷

困らせものカテゴリーの研究

　エクササイズ❶の名付けで外在化した、困らせもののカテゴリーについて、掘り下げて研究する。次の問いに対してどのような回答ができるか考えてみよう。

　エクササイズ❶で外在化した、困らせものカテゴリー（困り事）の名前

① その困らせもののおかげで大変になったり苦労したりするときのパターンを明らかにしよう。平たく言えば、どんな「困り事あるある」があるだろうか？　よく観察して書き出そう。

② これまでどのような対処法を試みてきただろうか？

③ 困り事の中にもよいところや強みといえるところが、ほんの少しでもないだろうか？

④ 新しい対処法として、どのようなことが考えられるだろうか？　例外的にうまくいったときのことや、自分が楽になれたときのことを思い出して、そこにヒントを求めて考えてみよう。ほかの人が言ってくれたことで「試してみたい」と思うことでもよい。

　安心して話せる環境であれば、ペアやグループで①〜③について考えたことを対話で共有してみよう。話せるようになると開放感を味わえるかもしれない。話を聞くときは、エクササイズ❶のときと同様に、エポケーで受け止め、確かめを返す。最後に新しい対処法を他の人たちと一緒に考えてみよう。自己開示することがためらわれたら、今のところは共有せず自分だけで考えることにしてもかまわない。

(エクササイズのポイント) 外在化した自分の中の「異」を研究対象として眺める姿勢を養い、多面的に検討することによって、対処法や活用法を模索する。

　物理的ワープは身体のケガが大変だが、思考的ワープは対人関係やコミュニケーションでケガをする。私の場合は「今」へのフォーカスが足りないところに気をつけたい。思考的ワープに対する私の過去の対処法はともかく、わかってもらおうと説明することで、それでも通じないのが悩みだった。新しい対処法として今は、ワープ空間の「時空解除」を採用している。周囲の人たちと温度差のできているところには、私を高速で未来へ移送させる時空空間が発生していると見立てて、解除ボタンを押すのだ。必要なのは説明することではなく、「今、ここ」に戻ることだった。このほかに、オートポイエーシスを研究する河本英夫の『飽きる力』(2010) を読んでいて、「これだ！」と思う対処法に出会ったことがある。それは「なんだかなあ」と言いながら反応の速度を遅らせるというもので、そうすることで、そのつど高速で反応す

るのを止めることができて、**他の選択肢の生まれる隙間を開くことができる**そうなのだ。代替的な選択肢を大事にする異文化コミュニケーション的にも重要なことといえる。これは神経系の再組織化にもつながるそうだ。よい方法を見つけたと、私はうれしくなった。**研究者の姿勢で問題意識を持ち、問い続けていれば、答えてくれる「仲間」は書物やその他のメディアの中にもいる。**

（第14章 山本志都）

第15章

「異」をなじませる

遠くかけはなれた「異」を
身近な存在にする！

　本書における「異」とは、あることのコンテクスト化をきっかけに、異なる立場に分かれて発生する、カテゴリー間のズレやギャップのことを指す^{(第1}（第1章参照）。しかし文脈によっては、差異を知覚する対象のカテゴリーそのものを指して「異」と呼んでいることもある。自分とは違って見えていて、差異が知覚される対象は、外国人／高齢者／子ども／先輩／スポーツ愛好家／猫派など、そのときどきのコンテクストによって決まってくる。どのようなときでも、自と他に分けて「異」をつくっているのは私たち自身であることに、自覚的であり続けよう。

　さて、前の章では自分の「異」をつかんで調整する方法について学んだ。この章では、「異」をなじませる調整法について考えてみよう。自分とは無関係の話と思っていたことを、身近な話として自分の現実に取り入れようとするときは、少なからずの葛藤が起こる。「未発の異」（第8章参照）や、なじみが薄く遠い存在になっていたカテゴリーを知ろうとするとき、いきなり共感することは難しく、自分事にするというのもハードルが高すぎる場合が多い。したがって最初から距離を詰めるのではなく、**遠い存在だったカテゴリーを徐々になじみの持てるカテゴリーにして、自分の世界に調和させる**ことにしてみる。「なじませる」というのは、**葛藤による負担が大きくなりすぎない形で「異」を自分の世界に取り込んで再構成する**ということだ。

　自分から遠い存在に感じられている「異」に、ある程度なじめるようになるまでには、大小の葛藤が伴われる。この章では「異文化感受性発達モデル」（通称DMIS, Bennett, 1986; 2017a）の自文化中心主義的な「否認―防衛―最小化」の段階と関連づけながら、そのような葛藤をなじませる調整法についてみて

いこう（DMISについては第13章と第17章も参照）。

（1）DMISの「否認」（Denial）

　ルビンの多義図形で「壺」を可視化して図地分化すると、「壺でない方」は背景に埋もれ見えなくなる（第8章参照）。見ないところは「ない」ことになりやすい。このように、**あるカテゴリーがコンテクスト上にあらわれて現実に干渉しているにも関わらず、その「異」を情報処理する上ではカテゴリーが未分化で、見ても見えない状態になっている**ことを、DMISでは「否認」の状態という。まったく知らないわけではなく、聞いたことがあるなどして、カテゴリーの存在に**うすうす気づいたとしても、注意を向けることまではせず、見過ごしてしまう状態**も含まれる。注意の向かない部分が非可視化されている間、「異」への対応を必要とするコンテクスト化の合図が発生していたとしても、そこへ注意を向けて図地分化しながら意味づけることはできなくなっている。

　「否認」の知覚構造についてベネット（Bennett, 2017a）は、「他文化を知覚するために利用できる構造よりも、自文化を知覚することに利用できる構造の方がはるかに複雑であるために、他者を人として十分に認識できなくなるほどに、他者より自分たちの方を“リアル”に経験してしまう」（p. 645, 著者訳）と述べている。つまり、**自分の経験するリアリティは色鮮やかで複雑な世界に見えているが、「異」の立場でのリアリティの方は白紙状態のままで、それゆえにイメージがわかず、「異」への実感が持てない**ということだ。これには差別意識は含まれてはいない。差別する意識をもつためには、まず対象を知覚しなくてはならない。

　「否認」を特徴づけるのは、差別以前に「（存在自体を）ないもの」とする知覚であるとすることができる。一言でいうなら**無関心**で、話題を差し向けられたとしても「まあいいんじゃないでしょうか（どうでもいいから）」、「別

に（特に言及することがないから）」、「私にはよくわかりません（自分には関わりがないことだから）」といった反応になる。関わりがないという安心感のあることから、「外国の方が日本へ来て働くのはよいことだと思います」など、むしろ肯定的な態度さえ示す可能性もある。「否認」では無感覚さゆえに、構造的差別や制度的差別（第5章参照）のもたらす不平等さに気がつくことができない。

　実感のわかないことに脅威を感じることはなく、未発の異（第8章参照）**になっているカテゴリーに対しての葛藤は起きない。**新たなカテゴリーを知覚することによって初めて、見えたものに対する反応が生じ、自分の主観的な経験と新たに知覚した情報との間に生まれたギャップやズレを、調整する動きが出てくる。それは環境に再びフィットするための**適応**ではあるが、**「異」を知覚する構造が未発達で単純なとき、情報は二項対立化した構造で処理されやすい。**それが次の局面の「**防衛**」の状態を招き、葛藤を生じさせる。

（2）出会いによる可視化の調整法

　ある特定の社会的カテゴリー、たとえば「外国人労働者」、「ヤングケアラー」[1]、「同性カップル」等について、もっと関心を持ち学ぶべきだと主張しても、「否認」の状態にある人にとっては「意味のないこと」でしかない。「否認」の状態から知覚的複雑性を高めていくには、現象が全体の中から分

1「ヤングケアラー」とは家族が何らかの困難な状況にあるためにケアの担い手となっている未成年の子どものことで、障害あるいは何らかの困難を抱えている親やきょうだい、祖父母等の介護や看護、世話をすることの責任を、成人と同等に担っている18歳未満の子どものことである（北山・石倉, 2015）。

節して知覚され、新たなカテゴリーとして見えるようになることがまず必要
となる。ごく身近なところでは、「左利き」に生じる「やりづらさ」が右利
きの人にとって未発の異になっているということはよくあることで、左利き
の人たちの話を聞いて初めて「異」としての「左利き」に出会い、驚く人も
いる。自分に**意識できるコンテクストの層が薄くなっているところは、知覚
的複雑性が未発達になっている**。そのようなときは、「“異” との出会い」に
**よって、未発の異になっているカテゴリーが顕在化する社会的なコンテクス
トを知ることで、知覚に新たな動きを出していきたい**。

　第8章のエクササイズ「どんな異が現れる？」(p. 161) のように、教室、職
場、公園、レストラン、公共交通機関等での設備の利用に際し、「特に困難
を感じず自然に過ごせる人と、そうでない人との間にどのような “異” が生
じているか」を探してみるのは、1つの方法になる。社会にはさまざまなコ
ンテクストのレイヤーがあり、そこに生じる立場の違いがギャップやズレを
もたらしていることに、気づくことができる。

　第11章でのミニリサーチ、「カテゴリーとの出会い」(p. 210) もまた、未分
化で未発達なカテゴリー知覚の発達を、促進するトレーニングになってい
た。コンゴ共和国とコンゴ民主共和国で90年以上続いている「サップ／サ
プール」の文化的実践について調べてみると、地元の人びとの目を楽しませ、
子ども達のロールモデルとなり、世界的なデザイナーや写真家に注目される
人たちと出会うことができる。一方、2つのコンゴを含む中央アフリカでは
レアメタルなどの鉱物資源をめぐる紛争が絶えず、人びとの暮らしは不安
定で危険なものになっている。サプールを実践する人びとにとってもそれは
同じであり、だからこそ、独自の美学を真摯に究めようとすることで、自ら
の倫理観を育て、平和を訴え、次世代を担う若者を育てるひとつのコミュニ
ティを形成している。コンゴ民主共和国で産出されるレアメタルは携帯電話
やゲーム機に欠かせない希少な金属で、それらを利用する私たちも無関係で
はいられない。しかし最初から先進国による搾取の歴史や紛争、今も続く内
紛の悲劇や残酷さを訴えても、「否認」の状態にある人の心には響きにくい。
自分には関係ないと思うかもしれないし、響いたとしても「かわいそう」と
一面的なとらえかたしかできない可能性もある。

　ベネット (Bennett, 1986) は、**本当に重要な文化的差異を議論したいとき、「否
認」では時期尚早すぎる**と述べ、**この局面で必要なのは違いの存在に気づく
こと**で、そのためにはまず、文化イベントにあるような音楽、ダンス、料理、

服装などの紹介、あるいは、より洗練された学習者向けなら、旅の紀行文や歴史、地域研究的な教材などから入り、そこからゆっくり確実に認識を深めていけるよう、ファシリテートすることが必要と述べている[2]。最初から深い話を提供されても、「否認」の状態の人は情報を整理して受け取ることができない。時期尚早すぎる議論は無視されるか、「否認」でいることの心地よさを助長しかねないとベネットはいう。脳に負担がかかるのを嫌がって、「面倒くさい」、「どうでもいい」となり、知らずにいることの快適さを選ばせてしまうリスクがある。「否認」の状態では、**価値を感じること、興味の持てることから始め、生き様に感じ入る、人として尊敬する、パートナーシップを組みたくなるなど、その後の展開が肯定的に動機づけられるような語りから入ることが重要**といえる。

2 見えたものをいやがる「防衛」

（1）DMISの「防衛」（Defense）

　「異」を知覚するようになっても、目を背け、避けていられるなら、「否認」の状態でいられる。だが「異」の存在感が増し、自らの知覚する世界の常識に干渉したり、慣れ親しんだ光景に入り込んできたりすると、調和が保てなくなってストレスが生じる。DMISの「**防衛**」では、世界を「**われわれ**」か「**かれら**」かに二項化し、「**われわれ**」の世界を乱す「**かれら**」に対して防御的な反応をする。

　「防衛」では「異」を知覚する構造が「否認」の状態よりも少し複雑になったとはいえ、まだ単純に二項化している。知覚したカテゴリーが自分の世界になじみやすいものではないと目障りに思え、反感やいらだちなどから、**「違い」を「間違い」とする。**たとえば、コロナ禍前の2018年から2019年にかけて、観光地に占める外国人比率が過去最高にまでなったことを覚えてい

「防衛」

見えたものへの
違和感・抵抗感

とれ間違っている。
非常識、
目ざわり
ちゃんとして。

落ち着かないよ。
正常＝元に戻したい。

---

2 この論文の書かれた1980年代という時代背景から、ここでの文化的違いの議論には主に国や民族、人種間での違いが想定されている。

るだろうか。そのころ京都などの観光地では、「どこを見ても外国人ばかり」と嘆く声や「外国人のマナー違反」を指摘する声が大きくなった。**見慣れた風景が様変わりすることに脅威を感じるのも、慣れ親しんだやりかたが通じないことに抵抗を感じるのも、自分の世界を守ろうとする防御反応のうちに入る。**

　2020年にコロナ禍になると環境は一変し、マスク着用、ソーシャルディスタンス、リモートワーク、オンライン授業など「新しい生活様式」が打ち出された。適応せざるを得ないとはいえ、違和感や抵抗感を覚えた人も多かっただろう。**先の見通せない不確実性や、新しい生活様式に一定のスタンダードが確立するまでの間の曖昧性に耐えきれないときも、単純な知覚構造で自分の世界をシンプルにして、安定させようとする、「防衛」の反応が出てくる。**自分の世界（所有者意識を持つカテゴリー）の調和が乱され、調子を狂わされることへの怒りや不安を感じるときは、「かれら」に矛先が向き、「かれら」を正すか、排除するかしなければ、平穏は取り戻せないなどと思い込むことも起こり得る。

　防衛心が**自己防衛**や**自己正当化**につながり、それが強まると、相手に対し「**優越感**」（Superiority）を持って見下すことや、「**誹謗中傷**」（Denigration）を行うことにもつながる。「優越感」も「誹謗中傷」も「**防衛**」のサブカテゴリーに該当する (Bennett, 1986)。コロナ禍の日本では「自粛警察」が基準にそぐわないと判断する人を非難し、アメリカやヨーロッパではアジア人へのヘイト行為が増加した。「日本人／外国人」、「身内／他人」、「正しい／間違っている」といった、「われわれ」対「かれら」に**二項対立化した構図で見ているリアリティには、分断された世界がある。**その根底に、「私の知っている世界を変えないで」や「世の中を勝手に複雑にしてくれるな」というような、慣れ親しんだ世界を手放すことへの抵抗、あるいは、「否認」状態でいられなくなったことへの怒りや葛藤があるといえるだろう。

　「防衛」での攻撃や排除は、**ある社会的カテゴリーに対して羨望や劣等感をもつ場合や、特権階級にラベリングした人びとへステレオタイプを適用する場合にも行われる**ことがある。たとえば「ハーフ」にカテゴライズした人の容姿や帰国子女の語学力を、「**すごいね**」と持ち上げつつ、「**さすが私たちとは違う**」などと卑下しながら線引きをして、**やんわりと疎外する**のも、二項対立化した「防衛」的な知覚構造によるものといえる。また、芸能人、富

279

裕層、公務員、警察官、政治家などの社会的カテゴリーを「持つ者」や「強者」としてステレオタイプ化した上で、「**近寄りがたい**」と根拠なく遠ざけたり、相手に落ち度がない場合でも、「**自慢している**」や「**馬鹿にしている**」などと言ったりするのには、「**防衛**」の知覚構造が作用している。そこから、「われわれ」は「持たざる者」や「弱者」なのだから、「かれら」をバッシングしても構わないというロジックがはたらくと、攻撃に歯止めがかからなくなる恐れも出てくる。そのようなとき、**自分の側には複雑な事情や苦しい思いがあることを仮定している一方で、相手の側の複雑な事情や苦悩への想像力ははたらいていない。**

　ところで「防衛」には「**反転**」（Reversal）という変形バージョンがある。二項対立化させたカテゴリーのうち、どちらを自己カテゴリーとして認識するかが入れ替わる。国際レベルでいうと「**ネイティブ化**」（"going native," Bennett, 2017a, p.646）に当たる。たとえば何かにつけ外国を引き合いに出し、日本でのやりかたを攻撃するタイプの「反転」で、これは私にも経験がある。最初の留学でアメリカから帰国した際のリエントリーショックと「アメリカかぶれ」から、大学生活を中心に日本的なやりかたへの不満がつのり、つまらなくなって、「アメリカへ帰りたい」と言っていた時期があった。

　また別の「反転」として、主流派や多数派の立場から抑圧された立場へ「反転」する人は、「**偽りのアライ**」（"false ally," Bennett, 2017a, p. 646）と呼ばれることがある。**アライ**とは英語の "alliance"（同盟）から生まれた言葉で、LGBTQ＋の当事者ではないけれど、理解者や支援者となって味方する人のことをいう。アライは当事者の立場に寄り添った共感的な理解をして、当事者が社会で生活しやすくなるよう支援する。一方「偽りのアライ」はマジョリティを悪者にして、マイノリティの味方をする自分に満足している。

（2）シンパシーによる重ね合わせの調整法

　前述したように、ある社会的カテゴリー（たとえば「外国人労働者」、「ヤングケアラー」、「同性カップル」等）の関連性が高くなるコンテクストへの意識が薄く、「否認」の状態にある人にとっては、そのことについて学ぶべきと言っても「意味のないこと」にしか思えない。「**防衛**」ではそういった**人びとの存在に気づくことは気づくが、不安にさせられる存在とか、世界の秩序を乱す存在、現実を複雑にして話をややこしくする存在としか思えないでいる間は、何を話しても冷静に聞いてはもらえないだろう。**ましてや一足

飛びに、互いを尊重する文化相対主義的な態度を求めることは、もっと難しい。ここで必要なのはまず、葛藤による負担感が大きくなりすぎないようにしながら、「異」を知覚している対象のカテゴリーを自分の世界になじませる調整であるといえる。

「防衛」の二項対立化のように、自他のカテゴリーを分け隔ててとらえているときは、**違いを尊重できるようになる前に、まず「敵／味方」や「内／外」の二項対立をなじませて調和する必要がある**とDMISでは考える。ここでの調整には、互いを分け隔てる壁に風穴を開けて接点を生み出す力をもつ「シンパシー」(sympathy) を活用する。シンパシーは共感を意味するエンパシーに対し、「**同感**」を意味している。**共通点にフォーカスし、相手の経験に**

自分を重ね、誰かの中に自分を見つけるとき、私たちは同感している。誰かの話に反応して、「わかる！」、「私も！」、「一緒だね！」など、「**ここにも自分と同じような人がいる**」と感じたら、相手に自分を重ね合わせるシンパシーが起きている。

シンパシーは、「防衛」から出た違和感や拒否感を、自文化中心主義の範囲内で和らげることができる。苦手意識や拒否感を覚える対象の存在を、じょじょに身近なものとして感じられるようにするためには、有効に活用できる。ただし、それは**あくまで自分目線での話であり、自文化中心主義からのアプローチである**ことを忘れないようにしよう。エンパシーでは、自分の判断を差し控え、相手の秩序立てにもとづいて意味づけられた経験を想像するようにするが、シンパシーにはそのような意識操作はない。ただのひとり合点でしかない可能性もある。シンパシーは、「異」を直視しないままで自己調整する方法でしかなく、異文化理解ではない。

それでも、「防衛」の状態では異文化理解も無理なのだから、やはり「**最小化**」**して安心感を増すところから始めよう**というのがDMISにおける発達の道筋になる。遠い別世界の存在とか、相容れないし、理解できないとしか思えない存在があったとしても、**シンパシーを介することで、接点をつくる**

ことができる。接点ができると、実感を持てなかったカテゴリーの中に、思考し、感情を持ち、複雑な経験をしている人間を見出すことができるようになる。中には魅力的な人や意外性を感じさせる人だって、いることもわかってくる。そうなることで初めて異文化理解も可能になってくる。

　次のエクササイズでは、**同感できそうなことを探索して反応する「同感アンテナ」を立てる**練習をしてみよう。同感アンテナをフルに立てて感度を上げれば、「ほんのちょっとなら私にもわかる」や「そこは一緒かも」など、キャッチできる情報が増えるだろう。このとき無理に好意的になろうとしなくてもよい。「相変わらずよくわからない」、「やっぱりちょっと苦手かも」と感じたら、「そう感じている自分がいるな〜」ということだけを受け止めて、「オッケー」、「了解」と、そう感じる自分のことを批判せず、大きな呼吸をして楽な気持ちに戻しておこう。もやもやするかもしれないが、**曖昧性耐性**（第11章参照）を発揮して、そのままにしておくことができれば、**自分の中での情報処理のプロセスは、継続して進行していく。**いつしかそれが整理されたとき、**自分なりの答えが出せるようになっている**だろう。ここでは1つでもいいので**接点を見つける**ことを目指したい。

 エクササイズ ❶

同感アンテナのトレーニング

① 　同感アンテナを立てて、自分が「どう接すればよいかわからない」、または、「苦手意識はあるけれど知ってみたい」と思える社会的カテゴリーの出てくる本や漫画、ドラマ、映画、インタビュー記事、インターネット動画などに触れる。「自分にもそういうところがある」、「似た経験をした」、「同じかも」、「ちょっとわかる気がする」など**同感したこと**をリストにして書き出そう。また、**どんなこと**、あるいは、**どんな人に魅力や意外性を感じたか**を書こう。

② 　**共通点や重なる部分が見つかったら**、それらを利用して、**自分も一緒に入ることのできる新たなカテゴリー**をつくり（再カテゴリー化）、命名してみよう（第5章「再カテゴリー化」参照）。

（エクササイズのポイント）知覚センサーを磨き、知覚的複雑性を高めることを目的として行う。隔たりを感じているカテゴリーに所属する人の持つ意外性や魅力にオープンでいられるだろうか？　嫌な気持ちが強くなりすぎない範囲で、無理せずやってみよう。

（３）個人化した相互作用の調整法

　「防衛」で自他のカテゴリー間の違いが気になって、居心地が悪くなっているときの調整法をもう１つ紹介する。社会的カテゴリーを目立たせないようにすることができると、カテゴリー間での比較は後景化し、個人が前景化して、個人間で、何が同じで何が違うかを比較することが始まる。これを「**個人化した相互作用**」（personalized interaction, Brewer & Miller, 1984）という。たとえば同じマンションに住む住民の交流会などで、これまで「異」にカテゴライ

ズしていた住民（e.g. 若者・高齢者・外国籍・障害者等）と個人的に話してみると、趣味が同じことや住居設備に関する困り事が一緒であること、家族構成の似ていることなどがわかってきたりする。「趣味仲間」、「同じマンションの住人同士」、「子育て中の親同士」など、互いを新たな共通項で包摂する**再カテゴリー化**や、互いを分け隔てていた境界をあまり意識しなくなる**曖昧化**が起こると、一体感や親近感がわいてくる。一体感や親近感とまでいわなくとも、これまで単なるカテゴリーのラベル名でしか見ていなかった人たちに、「**個人の顔が見える**」ようになることが、安心感を生み出す。

　特定の社会的カテゴリーへの偏見をなくすには、個人化した相互作用の効果が認められている。カテゴリーの固定化した使用を解除して個人に戻すことや、境界線を引き直すことによって、「一緒だ」、「同じところもある」と思えることが、偏見を低減させる。一般には共通の目標のために力を合わせる共同作業や、夢中になって楽しんでいたらいつの間にか一体感を持ってしまっていたというようなイベントが向いている。

　直接接触する機会のないときや、接触に抵抗感があるときは、想像上の個人化した相互作用も役に立つ。まずは遊びに近い感覚やエクササイズの感覚で思考を解放し、こわばりを取ることも有効だ。近年では「**仮想接触仮説**」（Crisp & Turner, 2012）や「**仮想集団間接触**」（Crisp, et al., 2008; West et al., 2015）のように、偏見を持つ社会的カテゴリーに所属する人との**好ましい交流を、想像上で行うことが、偏見の低減に役立つ**という研究が増えている。**想像上での個人化**

した**相互作用**の効果に期待が寄せられている。

　想像上の好ましい相互作用からの効果が得られるエクササイズに、山本 (2019) の開発した「**コンテクスト・シフティング・エクササイズ**」がある。コンテクスト・シフティングとは石黒 (2016) により提唱された概念ツールで、概念自体の説明は、第10章にあるので参照されたい。このエクササイズでは、まず事例として、「防衛」の状態にある主人公と、主人公が二項化して偏見をもつカテゴリーに属する人との間に展開するストーリー（例：アメリカに留学した日本人大学生の主人公と中国人留学生、弱小チームに属する主人公とスポーツ強豪校の生徒）を読む。その後、学習者は、次の5つの状況・場面（＝コンテクスト）へシフトして、登場人物らがどこで何をしているか、どんな様子でいるか等を、自由な発想で具体的にイメージしながら、ストーリーを思い描く：1)「しゃーないか」と思うようになっている状況（妥協）、2) 一緒になってやるしかないと共に立ち上がっている場面（共闘）、3) いつの間にかニコニコ笑顔になっている状況（円満）、4) 意外なところをかいま見てしまうとき（意外性）、5) なんだかわからないがいつの間にか気にならなくなっていたという状況（忘却）。連携が成立するようなコンテクスト間を渡り歩くうちに、学習者は1人の人間の中に多面性を見出し、否定的にとらえていた相手でも、コンテクスト次第ではつながれることを実感するようになっていた (山本, 2019)。**想像上の仮想接触であったとしても、得られた安心感や、新しい代替的な選択肢の記憶は、未来の相互作用における予測のシミュレーションに、影響を与えるようになるといえる。**

3　**同じことにしたがる「最小化」**

（1）DMISの「最小化」（Minimization）

　シンパシーや個人化した相互作用を通して、「意外と同じ！」、「思ったよりいい人たち！」、「全然変じゃなかった！」、「大丈夫かも！」などと思えるようになってくると、自分と相手との境界がぼやかされて「**曖昧化**」(山本, 2014; 2016; Crisp, 2002) してくる。同じ人間、同じ地域住民、同じ趣味の同志、同じ政治的信念を持つ者同士、同僚同士、同じ父親同士など、再カテゴリー化もしてくる。**二項対立化していたカテゴリーの再カテゴリー化や曖昧化によって、自己防衛や自己正当化の構えが解かれると、共通点ベースでのつながりを見出す、DMISの「最小化」へと進むことができる。**

　「最小化」とは、「防衛」の二項対立化を解除することで起こる発達で、これが自文化中心主義の最後の局面になる。**「最小化」の知覚構造は、知覚した対象のカテゴリーの存在感を消し、目立たなくさせて自分の世界に溶け込ませる。**そうやって対象との間の「異」を見ることをやめて、自分とは別ものの何かではなく、**自分に通ずるところのある存在として見なすようになる。**

　「異」を「最小化」して、ほどほどに居心地よく落ち着いた状態になれると、**脅威を感じない程度での表面的な違いを許容することのできる「寛容性」**(Bennett, 2017a) **が生まれ、許容範囲を広げられるようになる。**挨拶や食事やコミュニケーションのしかたにも、ある程度の**バリエーションがあって当然**と考えることも可能になる。バリエーションとしての違いとは、挨拶をするのに握手か名刺交換か、カレーを食べるのに手を使うかスプーンか、依頼を伝えるときの言いかたが直接的か婉曲的かといった、表面上にあらわれるマナーやスタイルの違いのことを指している。

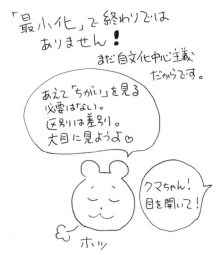

「最小化」で終わりではありません！

まだ自文化中心主義だからです。

あえて「ちがい」を見る必要はない。区別は差別。大目に見ようよ♡

クマちゃん！目を開いて！

ホッ

（2）「最小化」の問題点

　共通点を感じているとはいえ、「最小化」は自分の土俵に相手を引き入れて立たせているようなものなので、**対等で公平に接しているつもりであったとしても、何を基準にした対等性や公平性かというと、自分のコンテクストで標準とされる基準を使っている。**それが多数派や主流派の基準であったとしたら、その論理でつくられた制度や構造を当然とすることが、**少数派の立場に生じている支障や制約を見えなくさせてしまう。**

　最少化における問題は、より広いカテゴリーの中での共通点だけに注目しているに過ぎないにも関わらず、現実として違いは無くなったと思い込んでしまうところにある。そうやって**自分の想定した現実で通用する考えかたや行動を誰にでも適用してしまう**のだから、実際には齟齬が生まれるし、うまくいかないことも多い。シンパシーを使えるようになると、「防衛」で感じていたストレスをうまく逃がせるため、気持ちは楽になるが、それはまだ**自**

285

文化中心主義的であり、そこで終わらせないようにしたい。「最小化」で対立的な見かたを和らげることができたら、もうその先の成長へ向かう準備は整っている。

4 「最小化」はゴールではなく通過点

　この章では、まだよく知らなかったり、興味を持てなかったりして、「否認」になったままの対象との出会い方や、出会ったことで生じる「防衛」からの違和感や抵抗感のなじませ方について考えてきた。そこから差異を「最小化」して、自らの世界を安定させる局面にまでたどりついた。

　「異」と「自」をつなげて再カテゴリー化した「最小化」の知覚は、言うなれば「みんな同じで、みんないい」ということだ。これは「防衛」より、はるかに居心地よく思えるかもしれない。しかし異文化感受性の発達における違いの「最小化」は、**ゴールではなく通過点**だ。そこから、金子みすゞさんの詩にあるような「みんなちがって、みんないい」、と違いを「受容」（Acceptable）する局面へと発達するには、「異対面」が必要となる。さらに言うと、「みんなちがって、みんないい」による**文化相対主義の姿勢もまた、ゴールではなく通過点**といえる。さてこの続きは第17章で学ぶことにしよう。

（第15章　山本志都）

286

ファシリテーション

多様性を活かして、
みんなで考え、
行動する！

　第10章では、コンテクスト・シフティングについて、エクササイズをしながら、理解を深めた。日常の生活でも様々な場面でコンテクスト・シフティングができるが、多様なコンテクストを理解するには、自分とは背景が異なる人びとと協働するのが効果的だ。また、様々な組織の仕事の基本単位はチームであるといわれており、そのチームは多様な人びとによって構成されている。多文化チームでの協働というのが時代のニーズだ。多様な背景を持つ人びとがその多様性を活かし、協働するうえで役立つ考えかたや技法として、本章では「ファシリテーション」について学んでいこう。

　本章を通じて、1) ファシリテーションとは何かがわかり、2) 本書の背景理論でもある構成主義 (第4章参照) とファシリテーションのつながりを理解できる。さらに、3) ファシリテーションを行う際の具体的なポイントを学び、4) ファシリテーションを実践する準備ができる。

？ エクササイズ❶

環境は自宅から大学まで？

　次の事例（筆者の経験）を読んで、以下の質問についてグループで話し合ってみよう。

　アメリカの大学院で異文化コミュニケーション (Cross-cultural communication) の授業を履修していたときに、グループワークで「環境とは何か」というテーマで話し合いをする機会があった。5人のグルー

プだったが、そのうち私を含む4人は、よく言われるような「森林伐採」「地球温暖化」「砂漠化」といった環境問題の話をした。最後のジョン（仮名）は、自分にとっての環境は「自宅から大学までの道のりだ」と述べた。私は意味がわからず、きょとんとしてしまった。他のメンバーも1人を除いて同様の反応であった。異なる反応をしたのは、そのグループの「ファシリテーター」（facilitator）であった。彼は「もう少し話を聞かせてくれないか」と言った。ジョンは、自身が性的マイノリティであることを告白し、「自宅を出て、大学へ着くまでに、常に身の危険を感じている」と言い、彼の頭の中では、大学への道のりが危険と恐怖を感じさせる環境であり、重要だという話をした。

質問：まず、みなさんは、ジョンの「環境」について、どのような感想を持っただろうか。グループで話し合ってみよう。ジョンが見ている「環境」やそこでジョンの立場について想像してみよう。また、この事例では、ファシリテーターは何をしただろうか。

1 よく聴いたら、異と出会える！

　エクササイズ❶では、「ファシリテーションが何か」を説明される前に、いきなり事例について話し合った。ファシリテーションの役割についてどのようなイメージを持っただろうか。エクササイズ❶では、ジョンが、自身が**性的マイノリティ**であることを告白し、環境に関する独自の見解を述べた。おそらく勇気をふり絞って話をしたのだ。そのとき私は彼の左隣りで彼の様子を見ていたが、彼はうつむき加減で絞り出すように声を出していた。そのグループワークから20年以上が経つが、そのときの様子をいまだによく覚えている。誰かが目の前で**カミングアウト**するところに初めて立ち会った瞬間であった。加えて、環境というテーマについて、「普通」は聞かないような意見（異見）が出た。

　そのときに、グループの「ファシリテーター」は冷静で、優しく落ち着いたトーンの声で「もう少し話を聞かせてくれないか」と質問をした。結果、ジョンは、過去に自宅と大学の間で性的マイノリティということが理由で襲われた経験を語り、彼にとって自宅と大学との間という環境が彼のアイデン

ティティと結びつき、彼の認識世界のなかで身の安全という観点から重大な意味を持つようになったことがわかった。「**ファシリテーター**」と呼ばれる、グループのやりとりをスムーズにする役割を果たす人は、**多様な考えとその考えを発した人を尊重し、その人の考えをさらに引き出す**。「ファシリテーター」は考えを引き出すだけでなく、**話しやすい雰囲気を作ったり、グループの目的を確認したり、グループとして意見をまとめるよう促したりと**様々な役割を果たすが、こうした「ファシリテーター」の活動を総じて「**ファシリテーション**」（facilitation）という。

（1）薄いコンテクストの意識化

　エクササイズ❶では、ジョン以外のグループ・メンバーの誰もが意識していなかった性的マイノリティの視点・立場から「環境」について語られていた。第10章では、自分がすぐに意識でき、また詳しいコンテクスト、つまり、「**厚いコンテクスト**」と、自分には馴染みがなくすぐには意識できないコンテクスト、つまり、「**薄いコンテクスト**」について論じたが、この事例では、他のメンバーにとって、性的マイノリティの視点[1]から「環境」について考え、語るコンテクストには馴染みがなかったといえる。意識しやすいコンテクスト、意識しにくいコンテクスト、意識さえしないコンテクストと、コンテクストに対する人びとの意識のありかたは様々だ。そのため、**グループワークなどを通じて、多様な考えとその背景にあるコンテクストに触れることによって、自分にとって意識にのぼりにくい「薄いコンテクスト」に気づき、そうしたコンテクストについて学んでいくことが他者理解、異文化理解につながる**。その意味で、多様性を引き出すファシリテーションは「**薄いコンテクスト」への気づきと学びを促す**考えかたであり、具体的な技法でもある。では、ファシリテーションについて説明する。

2　ファシリテーションを成功に導くために…

（1）ファシリテーションとは

　ファシリテーションとは、「**集団による知的相互作用を促進する働き**」（堀、

1　ここでは、「性的マイノリティの視点」と便宜上、ひとくくりにしているが、「性的マイノリティ」と一口に言っても、そのカテゴリーに含まれる人びとは多様で、視点も様々である。

2004, p. 21) のことをいう。「知的」というとやや大げさに聞こえるが、たとえ
ば、友達同士で「旅行の計画をする」というのも十分知的なやりとり（相互
作用）といえる。ファシリテーションを通して、友人たちの特徴や意見、コ
ミュニケーションのしかたなどをうまく活かしながら、その計画を実りある
ものにしていく。英語のfacilitationをカタカナにした表現だが、元々はラテ
ン語の*facil*から来た言葉で、モノゴトを「容易にする、円滑にする、スムー
ズに運ばせる」といった意味がある。さきほどの「旅行の計画をする」とい
う場合は、どのような考えかたをもち、何をすれば、うまくいくだろうか。

　ファシリテーションの**基本的な考えかたに、多様性を活かす**、というもの
がある。多様性を活かすためには、声が大きく、いつでも自分の意見を積極
的に言う人が1人で話をし、会話を支配してしまうような状況は避けたい。
したがって、まず、**話の進めかた**について話し合ってみてはどうだろうか。
多様性を活かすような進めかたをするため、「一人一人順番に行きたい場所
とその理由を言ってみよう」、「いきなりいい考えは言えないので、まずは
10分間、一人一人行きたい場所と理由を考えて、紙に書いてみよう」といっ
たやりかたになるだろうか。1人の人が自分の意見や理由を長い時間述べて
もいけないので、タイムキーパーをおいて、「1人1分ずつで意見と理由を
言ってみよう」ということもできるだろう。ファシリテーションでは、この
ように、多くの人が意見を共有でき、**話の内容（コンテンツ、contents）を
充実させるために、進めかた（プロセス、process）に注意を払い、工夫を
凝らす。**

　ファシリテーションは、組織・集団による問題解決、組織変革、企画（ア
イデアの創造）、合意の形成、教育・学習、自己表現・成長といったあらゆ
る知的創造活動を支援し、促進する働きのことを指す（堀, 2004）。したがっ
て、その応用範囲も広く、市民参加によるまちづくり、企業のビジョン作成、
子どもの力を引き出すワークショップ、大学の授業、組織の会議（中野・他,
2009）などで活用されている。近年、特に新型コロナウイルス感染拡大以降（い
わゆる、コロナ以後）は、インターネット回線を利用して世界の様々な国の
メンバーをつなぐビデオ会議（Zoomなどのプラットフォームを利用）も行
われ、チームのメンバーが同じ場所にいない中で会議を実りあるものにする
ための**バーチャル・ファシリテーション／オンライン・ファシリテーション**
の技術も求められている。

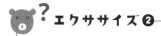

エクササイズ❷

グループワークの難しさ？

　高校、大学、企業、アルバイト先、地域のコミュニティやサークル、インターネット上のグループなどでいろいろな人と一緒にグループワークをすることがある。そのとき直面しやすいグループワークの問題について話し合ってみよう。これまで経験してきたグループワークでどのような問題があっただろうか。その際、どのように話し合いを進めるとうまく行っただろうか。グループで話し合ってみよう。

（2）ファシリテーションのポイント

　エクササイズ❷でのグループの話し合いはスムーズにいっただろうか。それとも誰も意見を言わないような暗い雰囲気で終わってしまっただろうか。ファシリテーションでは、グループワークの難しさを乗り越え、話をうまく進めるために、以下のような点に気を配っていく。繰り返しになるが、ファシリテーションを行う人を「**ファシリテーター**」（facilitator）と呼び、ファシリテーターは常に次に示す「**空間・時間のデザイン**」「**相互行為のスキル**」ならびに「**合意形成のスキル**」を意識している（中野・他, 2009）。

空間・時間のデザイン

　まず、**空間・時間のデザイン**だ。具体的には、**場所、机、椅子の配置を変える**ことでグループワークをしやすい環境を作っていく。机や椅子の並べかたを円形にしたり、机があると人と人の間に一種の壁ができるので、机を片づけたりする。逆に、円形に座った初対面のグループの真中に丸テーブルを1つ置くことで、人びとの間に一定の距離を作り、安心感を持ってもらうこともある。インターネット上でのビデオ会議システムを使う際には、ビデオ会議システムに備えられた様々な機能（ホワイトボード機能、チャット機能、投票機能など）を使って、冒頭で全員に気楽に参加してもらえるようなアクティビティを行うこともできる。たとえば、チャット機能を使って、全員にどこから参加しているかを書いてもらう。このように参加者全員に、会の冒頭で、一度関わってもらうことを「**チェック・イン**」（check-in）という（中野・他, 2009）。チェック・インによって、まずは参加しているという気持ちをもっ

てもらうことができる。

　グループサイズを変える、というデザインも重要になる。3名、5名、7名、10名などいろいろなサイズにグループを分けて話を進める。日本ではよくあることだが、10名だとなかなか意見が出ないという場合に、3、4名のグループにすると急に意見が出ることがある。

　なお、ビデオ会議では、小グループを作る機能をつかって、比較的簡単にグループを変更することができる。対面での会議とビデオ会議を併用する場合は、対面とビデオ双方の参加者へのケアが必要であり、ファシリテーターを複数用意するか、ファシリテーターに加えて、アシスタントがいるとグループ分けなどがスムーズに進みやすい。対面とビデオでの参加者がお互いの考えや経験を共有できるような工夫も必要となる。

　また、話し合いを促すための**道具**を用いることも有効だ。情報・考えを共有するために**ホワイトボード**をグループの数だけ用意して、ホワイトボードにアイデアを書きながら、みなで話し合えるようにする。ホワイトボードが用意できない場合、大きめの紙やポストイットを用意して、そこにアイデアを書いてもらうこともできる。部屋の隅に、ちょっとしたお菓子や飲み物を置いて休憩時もリラックスして参加者同士がコミュニケーションをとれるようにすることもある。

　お菓子といったちょっとした事物がコミュニケーションを活性化させることは、経験的にもわかる読者が多いと思われるが、理論的にも、第7章で紹介した**アクターネットワーク理論**の観点から理解できる。コミュニケーションのプロセスを生成する主体は必ずしも人間だけではない。アクターネットワーク理論では、事物、デジタル機器といった**「非人間」**（ノンヒューマン）をアクターとしてとらえ、人間との関係でどのようなプロセスを生成するかに着目している。スマートフォンという事物の例を想起すれば、我々のコミュニケーションに事物が与える影響力がいかに大きいかわかるだろう。このように、人間・非人間がどのようなネットワークを生成するのかを考慮しつつ、様々な工夫をして、意見を出しやすい、話を進めやすい環境を整備するのだ。

　時間にも気を配り、参加者に応じて、時間を配分する。たとえば、長い時

間の議論に慣れていない小学生が対象の場合には、まず、**時間を短く区切っ
て**グループワークを進める。様子を見て時間を延長したほうがいい場合は、
柔軟に調整して時間を延長する。アイデアを多く出してもらうために、時間
枠を活用する場合もある。例としては、「今から3分で10個のアイデアを出
してください」という指示を与えることでグループワークを活性化すること
ができる。このように、場を活性化するために積極的に介入する行為を「**プッ
シュ**」(push) と呼ぶ (中野・他, 2009)。逆
に、メンバーの自主性を引き出すために、
あえて何も言わず、何もせず様子を見る
ことがある。これは「**プル**」(pull) と呼
ばれる (同上, 2009)。以上のように、**ファ
シリテーターは、目的、参加者に応じて、
空間と時間をデザイン**していく。

相互行為のスキル

　ファシリテーターはグループワークの流れをとらえ、うまくサポートする
ことも意識している。まず、よい流れを作るために、参加者にリラックスし
てもらう。そのために、**アイスブレイク**（ice break）を行う。まさに、アイ
ス（氷）のような固い心の壁をブレイク（壊す）し、緊張をほぐし、その後
の活動を活性化させるためのものだ。たとえば、グループプロジェクトの目
的とは全く関係ない「好きな食べ物」についてグループで話し合ってもらう
ことがある。一見無駄な時間のように見えるが、グループ・メンバーの人と
なりがわかったり、笑いが起こったりして、その後のグループワークをスムー
ズに展開しやすくなる。また、先に述べた**チェック・イン**（check-in）も有
効で、参加者に、全員の前で、グループプロジェクトにかかわる意気込みな
どを15秒以内で宣言してもらうこともできる。これは、一人一人がそのグ
ループに関わる重要なメンバーであり、また、居場所があるということを感
じてもらうためのアクティビティになる。会議に出たけれど、一回も話さな
かったという状態を作らないためでもある。会議の最後にも、グループワー
クの内容を踏まえ、一言述べてもらうことで、個人やグループにとっての会
議の意味を確認することができる。振り返って一言述べるこの行為を**チェッ
ク・アウト**（check-out）という (中野・他, 2009)。チェック・アウト時に、他の
メンバーのいろいろな考え・感じかたを最後に聴くことでさらなる気づきが

生まれ、自分の考え・感じかたを別の視点からとらえ直し再構成できる。この再構成のプロセスは、後で述べる、ファシリテーションの哲学的背景となる**構成主義**（第4章参照）の考えかたとも関わってくる。

　相互行為のスキルにおいて最も重要なのは**質問**であるといえる。ファシリテーターには、自分が引っ張る、答えを出す、といった姿勢ではなく、メンバーに質問をして、話し合いを促し、メンバーの主体的な関わりを引き出すという姿勢が大切だ。そのため、質問のしかたに工夫が必要となる。多くの場合、抽象的な質問よりも、具体的な質問が意見を引き出しやすい。たとえば、「環境問題について意見はありますか」という質問よりは、「プラスチック・ストローの使用をやめて紙のストローを使うお店が出てきましたが、どう思いますか」という具体的な質問から入り、徐々に話を進めていくこともできる。もちろん、「環境問題」に精通しているグループであれば、最初の質問でもよいだろう。つまり、グループに応じて、質問を工夫し、多様な意見を引き出すというのがねらいになる。そのため、ファシリテーターは、グループに応じて適切な質問をするために、メンバーの知識、経験、背景を事前に調べることがある。参加者に事前アンケートをしたり、個別に事前インタビューをしたりすることもある。参加者を知ると、質問のしかたを調整するなどして、より適切なファシリテーションを行える可能性を高めることができる。

　多様な意見を引き出すという点では、言語運用能力や職位、年齢、ジェンダー、専門知識、身体能力などの違いからくる**パワーの格差**には慎重に気を配る必要がある。英語で会議をする場合を考えてみるとわかるが、英語の母語話者と非母語話者とでは、通常、母語話者のほうが言語運用能力のうえで有利で、よりパワーをもっている。

　職位、年齢、ジェンダーなどの違いを背景にして、話しづらさを感じているメンバーもいるかもしれない。たとえば、会社の会議で、男性5人の中で新人の女性が1人いるとするとその話しづらさが想像できる。**パワーをもつ人は自分のパワーに無自覚であることがあり、気をつける必要がある**。そのパワーは当人は感じていなくても、新人の女性に話をさせないような雰囲気が作られ、それが精神的な「暴力」のように感じられる場合さえあり得る。

　また、よく観察されるのは、**日頃からよく話す人がグループワークの会話を支配してしまうケース**だ。1人が支配するこのパターンの中で、他のメンバーは、「自分の意見はどうせ聴いてもらえない」と感じているかもしれない。ファシリテーターは多くの人の**声**（voice）がグループワークのプロセスで

反映されるように、声が出しづらい状況にある人たちが声を示す機会を作る役割がある。多様な声がグループ内で示されることで、様々なメンバーが背景とするコンテクストを理解し、感じる機会を得ることになり、第10章で扱った**コンテクスト・シフティング**もしやすくなる。

　ファシリテーションが数日や数か月に及ぶ場合、ファシリテーターは参加者に**ジャーナル**（グループワークの経験に対する考え・思いを書いてもらう日誌）を一定期間に数度提出してもらい、参加者のグループでの経験を理解し、助言を書いて返却することもある。インターネット上でやりとりを支援するシステムがあれば、それを利用するのもいいだろう。このジャーナルのような媒体を通して、グループ・ワークでは未だ表面化していない問題が明らかになったり、十分に共有されていない重要なアイデアを拾い上げ、ジャーナルを書いた本人に許可を得て全体と共有したりすることもできる。

　さて、**condescending**という「**見下すような**」という意味のことばがある。私がアメリカの大学院に通っていたとき、30名ほどのグループで男女格差について議論をしたところ、男性の1人が「男性は女性を助けるべきで、自分はいつも助けるようにしている」と意見を述べた。そのとき多くの女性の反応は冷ややかなものであった。男性に悪意は全くなく、どちらかといえば女性の立場を尊重するつもりで発言したはずであった。しかし、女性たちの視点からすれば、そもそも男性が「**女性＝助けられるべき存在**」・「**男性＝助ける存在**」という社会関係にもとづいて話をしていたため、女性を「見下しているように」聞こえたのだ。さらに、**社会において男性は女性と比べ様々な特権**があり、その現実をよくわかっていれば、男性は自分の立場の特権性を自覚して、簡単に「助ける」という言いかたにはならないだろう。男女の関係に限らず、様々な関係の中で特権的な立場にある、パワーを持つ者は、**自分の特権を自覚していないことが多く、その無自覚な態度が人を「見下すように」聞こえてしまったり、傷つけてしまったりすることがある**。私自身もおそらく自分が気づかないうちに、これまで接してきた人を傷つけていたことがあるだろう。

　こうした無意識の相手を傷つける言動は、差別の一種であり、**マイクロアグレッション**（micro-aggression）(Sue, 2010) と呼ばれる。マイクロアグレッションを含む差別的言動に日々さらされると精神衛生面で、憂鬱、人生に対する満足感の低下、低い自尊心、怒りの感情、不安、妄想、無力感などが引き起こされる (同上)。人種、ジェンダー、職種、身体能力といった**様々な多**

様性に起因する差異、権力格差、特権といったことへの感受性は、多様性がより明瞭な形で可視化されている社会で今まで以上に求められている。もちろん、過度に敏感になって、何も話せなくなるのはよくないが、他者が生きるコンテクストと自分が生きるコンテクストとの関係についてよく考えて、コミュニケーションをとっていく必要がある。その意味でも、ファシリテーションを意識して日々コミュニケーションをとりつつ、多様な考えや思い（本書では「異」）に出会い、感受性を磨いていくべきだろう。

？エクササイズ❸

グローバル・プロジェクト

　次の事例を読んで、以下の質問についてグループで話し合ってみよう！

　ダイスケは、大学の授業で「グローバル・プロジェクト」というものに取り組んでいる。世界の様々な問題から5人のグループで興味があるものを選び、その問題の原因を究明し、自分たちができる解決策を提案する、というプロジェクトだ。5人のグループには必ず1人留学生が入っている。ダイスケのチームにはインドネシア人のナニ（仮名）がいる。ナニは、控えめな人で、また、日本語での議論にはまだ慣れていない。そのため、チームでは黙っていることが多い。

質問：グループで問題を選び、また、問題の原因を様々な視点から理解するためにも、ナニの意見も聞きたいが、ダイスケを含めた日本人メンバーには何ができるだろうか。

エクササイズ❸では、グローバル・プロジェクトに取り組むグループで、うまく発言ができていないインドネシア人メンバーの意見を引き出し、グループに意見の多様性をもたらしたい場面について考察した。ナニは日本語での議論にまだ慣れていないため、言語運用能力において日本人メンバーのほうが優位に立っており、パワーをもっているといえるだろう。また、ナニは控えめな性格だ。このケースでは、たとえば、1人ずつ順に取り組みたい世界の問題を言ってもらう、という方法もあり、また、控えめで日本語での議論に慣れていないナニに時間的余裕を持ってもらうためにも、考えを紙（ポストイットなど）に書いてもらい、みなで共有することもできる。パワーの差や性格を踏まえ、みなが意見を出せるようにし、意見の多様性を担保する形だ。他方で、ナニがあまり話さないので、状況や内容を理解していないと決めつけるような態度にも注意が必要だ。決めつけずに、ナニの考え、感情を学ぶような姿勢が求められる。

合意形成のためのスキル

グループワークでは、一般に、1) グループの目的、話の進めかたのルール、時間枠などを共有するステージ、2) アイデアが出され、それが広がっていくステージ、3) 具体的な成果物を出すために、広がったアイデアを整理し、まとめるステージ、そして、4) 成果物を確認し、次のステップを定めるステージといった流れがある。

ファシリテーターは上記の流れに応じて対応する。1) をせずに、いきなり話しはじめると、2) 以降がうまく進まないことがある。そのとき、ファシリテーターは1) を行うよう促す。また、2) が長すぎて、いつまでも3) のアイデアの整理ができないことがある。2) から3) に移るためには、参加者みなで広がったアイデアを整理する枠組みについて考える必要があるため、ファシリテーターはその枠組みを考え出すように促す。たとえば、エクササイズ❶では、「環境」というテーマのとらえかたの違いにかなりの幅があった。具体的には、通常の環境問題だけでなく性的マイノリティが感じている「環境」にまで言及していた。それを包含する枠組みが必要であった。たとえば、そのような枠組みとして、「社会の様々な人びと（例：高齢者、子ども…）の立場から環境について整理する」といったものがあるだろう。こうした多様性を包含（include）し、活かす枠組み（framework）が社会の様々な場で今求められている。「**ダイバーシティ＆インクルージョン**」（Diversity

& Inclusion）という考えかたとその実践が企業社会を中心に広がっており、ファシリテーションは、このD＆Iを実践するためのコミュニケーションとして必要なものだといえる。

　グループワークでは、多様性を引き出すことが、まず難しく、また、エクササイズ❶の「環境」に対する独自の考えのように、多様なアイデアが出るようになると、逆に整理するのが難しくなる。多様性を引き出すためには、空間や時間のデザイン、相互行為のスキルを活用できる。加えて、多様な意見を整理するためには、**意見・情報を整理するための枠組みをメンバーで作り上げる**という合意を形成するためのスキルを活用したい。

3 背景にある哲学・理論

　ファシリテーションの背景には、多様性の尊重といった価値観、そしてそれを可能にする構成主義という考えかたがある。多様性を理解する前提として、まず、**構成主義**（詳しくは第4章参照）について簡単に説明しよう。

　構成主義とは、世界は認識する主体によって構成される、という考えかた（渡辺, 2002）である。もしみなさんの目の前にペットボトルがあったとして、そのペットボトルを「ペットボトル」と大まかに認識する人もいれば、具体的な商品名を頭に思い浮かべつつ「お茶」として認識する人もいる。つまり、世界はそれをとらえている人の身体的能力（視力など）、目的、興味・関心、価値観、認識のパターンなどによって様々な形で認識される、というわけだ。名探偵コナンという漫画（アニメ）で主人公のコナン君がいう「真実は1つ」という考えかたもあるが、構成主義では**現実はとらえかたによって複数あるという立場**をとる。そのため、構成主義は多様な視点から構成される現実をとらえるうえで優れた考えかたといえる。したがって、多様性の尊重というものを考えるには、構成主義の考えかたは適している。

対 話の時間 ダイアローグ 多様性って何？

　近年、「多様性を尊重する」という話を耳にする機会が増えているのではないだろうか。本章でも、多様な声を拾い上げる、というファシリテーションのスキルに言及した。この声は、いま生きている現代人だけを指しているのだろうか。他に拾い上げるべき声とはいかなるものであろうか。グループで話し合ってみよう。

　中野・他 (2009) では、ファシリテーションにおいて考慮すべき視点として、「持続可能な社会づくりの視点」が紹介されている。そこでは、①将来の世代のことを考える（⇒ **世代間の公正**　例：未来の世代に影響を与える環境汚染）、②社会的な弱者のことをグローバルな視点から考える（⇒ **世代内の公正**　例：「発展途上国」の貧困）、③万物が相互影響関係にあり、生態系の一部であることを思い出し考える（⇒ **人間と他の生物との公正**　例：森林伐採）という３つの視点が示されている。②の社会的弱者については、本章でも「パワーの格差」の話で間接的に述べてきたが、①世代間の公正と③人間と他の生物との公正についても考えたい。

　まず、**世代間の公正**は、過去と未来の人びとの声を拾い上げる視点を促す。多様性の尊重というときに現代人の声だけに焦点を当てすぎると、視点が狭められる。そのため、未来の世代、過去の先人の状況にも**コンテクスト・シフティング**をし、想像力を働かせて、多面的に考察し、行動できるようなファシリテーションを実践したい。

　次に、**人間と他の生物との公正**についても考えてみよう。植物、動物など「他の生物」の「声を聴く」といった話をすると、「オカルトだ」とか「ナンセンスだ」という人もいるだろう。しかしながら、異文化コミュニケーション学でも人間（human）とノンヒューマン（nonhuman）とのコミュニケーションというテーマがある (石黒, 2021)。それは、我々人間が他の生物、自然の影響を受けつつ、コミュニケーションをとっているためだ。また、我々の行動が他の生物に大きな影響を与えている。近年、人が熊に襲われたというニュースを目にするが、人間が山野の開発を進めたために、熊が生活できる場所が減り、結果として、熊が人間の生活圏に入ってきて人が熊に襲われるという事態に至ったという見かたもある。こうした例からもわかるように、ファシ

リテーションでは、SDGs（Sustainable Development Goals, 持続可能な開発目標）にも関連するような幅広い視点から物事を考えることが期待されている。多様な声というときに、他の生物、自然といった主体の声を踏まえる必要があるだろう。このような思考法については、**マルチスピーシーズ民族誌**（里見, 2018）という分野の知見が参考になる。それは、「人間という生物種だけを特権的な主体／対象とするのではなく、人間を含む『複数の生物種（マルチスピーシーズ）の』関係性を民族誌的に記述・分析しようとする新しいアプローチ」（里見, 2018, p. 180）である。言い換えれば、複数の生物種との関係で人間を脱中心化する見かたである。

　マルチスピーシーズ民族誌が行われている人類学の分野では、現世と**異世界**という話まで登場する。たとえば、ダム建設の計画がある村の村人たちが集会をしている際に、「科学的な数字」にもとづくダム建設の必要性を述べる人びともいれば、「神様が夢に出てきて、ダム建設を止めろとお告げになった」という村の信仰を司る老婆の声にもとづき、ダム建設はよくない、と反対する人びとの立場もある。つまり、「異世界」からの声が力を持つケースである。現実の世界では、こうした多様な見解、感覚、立場が示される。ダム建設を含め、村づくり、街づくりというのは、多様な見解を持つ人びとが関わることを考えれば、「異世界」を前提とした人びとの声に耳を傾け、そのような声を踏まえ、議論を進める必要も出てくる。**ファシリテーション・スキルの背景には、以上のような多様性（リアリティの多元性）を尊重し、人びとが多様な視点から現実を作り上げているとする構成主義の立場**がある。

　最後に、ファシリテーターは、グループに影響を与えてしまう自分自身について見る目が必要だ、という話をしたい。ファシリテーションの様々なスキルは重要だが、スキル（技）だけでは、十分ではない。重要なのは、スキルを用いるその人の基本的な姿勢や態度だ（中野・他, 2009）。**何をやるか以上に「どうあるか」が重要だという言いかたがされる**。ファシリテーターの感情がグループワークに影響を与えるのは

ファシリテーションは いろんなグループの中で体験することでじょじょに意識できるようになるよ。

やってみることが大事

容易に想像ができるだろう。ファシリテーターが不機嫌であれば、グループワークの雰囲気もあまりよいものにはならない。したがって、ファシリテーターは、まず自分の心身の状態を理解する**メタ認知**のスキルを磨く必要がある。また、中野・他（2009, p. 188）は、ファシリテーションによい形で関わるために用いる「3R」という手法を紹介している。「3R」は、①**リラックス**（Relax）して人と関わり、②人とのつながりを思い出す（**リメンバー,Remember**）、ならびに③本来つながっているのに切れてしまったつながりを取り戻す（**リコネクト, Reconnect**）、の3つだ。②と③については第10章でカバーしたコンテクスト・シフティング（CS）が役立つだろう。CSで他者との様々なつながりが前景化される。CSと3Rの実践を日々のグループワークで意識し、多様な他者とつながりをつくっていくことができる。

?エクササイズ❹

　最後に、本章で学んだことを意識しつつ、グループで「異文化とは何か」について議論してみよう。議論後、グループ・メンバーの多様性を尊重する形で議論した内容を整理し、発表してみよう。

　議論を始める前に、幅広い視点からグループ・メンバー間のつながりについて考え、お互いにどのような形でつながっているか（㉑同じ大学、同じクラス…）について話し合い3Rを実践してみよう。必ずしも全員に共通することでなくても、2名の間のつながりなどでも構わない。

　どのような「異文化」が示されただろうか。教科書でよく述べられているようなものだっただろうか。それとも今まで聞いたことがないようなアイデアが出ただろうか。ファシリテーションの考えかたやスキルは、効率よくグループ・ワークを行うための技術として矮小化された形で理解されることが多いが、決してそれだけではなく、自分の在りかた、自他の関係性、そしてより広い観点から、自他以外の様々な存在を視野に入れ、多様性を尊重し、引き出し、それを活かそうとするアプローチである。したがって、**ファシリテーションは、持続可能な社会をつくり上げていくうえで必要な異文化コミュニケーションを実践する（生きる）ために不可欠な考えかた・スキルと言えるだろう。**

（第16章　石黒武人）

第17章

異文化コミュニケーションと成長

異対面から先へ、
そして相対主義から先へと
歩んでいこう！

「異文化感受性発達モデル」(Developmental Model of Intercultural Sensitivity: DMIS)(Bennett, 1986; 2013; 2017a)には、「**否認－防衛－最小化－受容－適応－統合**」の6つの局面がある。6つの段階があるという言いかたもできる[1]。このモデルを山本(2018)は、**葛藤しながらも「異」と共に成長していく過程を示すモデル**であるとしている。未発だった「異」を感知するようになることは、私たちの世界に葛藤をもたらす。その葛藤をいかにして自らの世界になじませ、さらにそうする過程において自らが成長するかが当初

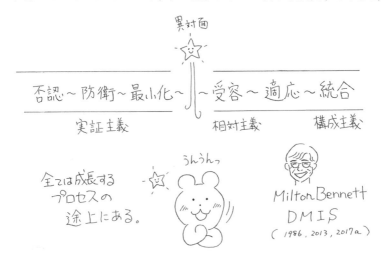

1　DMISには「否認」から「統合」まで6つの "stage" があるが、その訳を「段階」とするか、あるいは「局面」とするかによって、可視化される側面が変わる。「段階」と訳すと、静的にとらえながら各段階の特徴に注目することができる。「局面」と訳すと、全体の流れを動態的にとらえながら、ある時点での発達に注目することができる。ここでは文脈に応じて段階と局面を使い分けている（山本, 2022aも参照）。

の課題となる。たとえば「否認」の状態では、「異」に対する実感がわかず、無感覚であるがゆえに構えてもいないため、「そういう人たちがいても別にいいんじゃないですか」や「私は気にしませんよ」など、一見すると寛容に聞こえるような発言をすることがある。ところが実際に「異」を知覚する対象の存在が身近になり、触れあう機会が増えると、「そういうのは困る」や「それはちょっと違う」など、否定的発言が出てくる。それは「否認」の次の「防衛」の状態に当たる。

DMISでは表に出ている反応が否定的か肯定的かということよりも、対象を知覚する構造の方に注目する。したがって、「防衛」による否定的な反応に関しても、それ以前には未分化で、雑多な情報に埋もれていた対象を、分節／図地分化して知覚する構造が複雑化したという意味においては、一歩進んだ発達であると考える。もともと異文化トレーニングの文脈で開発されたモデルなので、成長を促すことに主眼を置いている。したがって、このモデルを活用する上では、**すべては成長するプロセスの途上にある**ことを常に意識していたい。**どのような状態も成長過程における1つの通過点として見る**ことができれば、今は葛藤で身動きが取れないと思っていても、必ずまた動き出すことができるはず考えることができ、そのための調整に焦点を当てることができる。

これまでに、第13章では異文化感受性の視点を導入した過去の異文化体験の再解釈を試みた。また第15章では「否認−防衛−最小化」について説明し、「異」をなじませるための調整法を紹介した。**自文化中心的な段階では葛藤を和らげることが主な調整となる。**この章ではその後の「受容−適応−統合」について学ぶことを通して、より深く異文化感受性について理解していこう。**エスノリラティブな段階では、葛藤と向き合う中で視野の広がりを経験し、新しい視点の使いかたをするようになった自分自身のありかたや、現実との向き合いかたにまで、調整は及んでいく**[2]。

ここではまず、自文化中心主義から文化相対主義へと、考えかたの大きく変わる転換点を、**異対面によるパラダイムシフト**として説明する。続いて

2　本書には2019年の多文化関係学会年次大会におけるベネットの講演、「DMISの新たな理論的含意：共個体発生的知覚と量子論的観測」(New Theoretical Implications of the DMIS: Co-Ontogenic Perception and Quantum Measurement) の内容を掲載した。この講演でベネットはDMISの段階的な移行をジレンマの弁証法的な調和プロセスとして説明している。こちらを読むと調整法についてより深く学ぶことができる。またベネットの著書の中国語訳は (美) 米尓頓J. 貝内特 (Milton J. Bennett)『跨文化交流的建构与实践』として2012年に北京大学出版社より出版されているので、中国語で読みたい読者にはこちらをすすめる。

「受容 − 適応 − 統合」の各局面における具体的な発達について理解してから、異文化感受性発達モデルの全体像を改めて眺め、理論的な理解を整理しよう。さらに異文化感受性という概念とは何かについても考える。最後に、**相対主義のジレンマ**と呼ぶことのできる悩みについて取り上げる。

1 異対面によるパラダイムシフト

パラダイムとは科学史家のトーマス・クーン（Thomas S. Kuhn）の用いた用語で（Kuhn, 1962）、**世の中のさまざまな疑問に答えて現象を説明する枠組み**のことだ。しかし、それまでの枠組みで説明のつかないことが多くなり、新しい着想の中からずば抜けた説明を可能にする枠組みが現れ、人びとがそれを支持するようになると、**以前の枠組みに取って変わる劇的な転換**が起こる。これを**パラダイムシフト**という。「異」にまつわる経験の説明モデルが、自文化中心的なものから文化相対的なものへと変わるのも、一種のパラダイムシフトといえる。では「最小化」から「受容」までに起こる劇的な転換とは、どのようなものだろうか。

「最小化」から「受容」へ移行するために必要なのは、**文化をコンテクストとして経験することのできる能力としての「自文化への気づき」**である、とベネットはいう（Bennett, 2012）。ベネットによると、経験していることの多くは、自分が社会化した特定のコンテクストからの影響によりもたらされている。そして、それがわかってはじめて、ほかにも代替的なコンテクストが機能しうるということへの想像力がはたらくようになる。

では自文化への気づきはどのようにして起きるのか？　私は、「**異対面**」（第8章参照）**することが自文化への気づきにつながる**と考えている。「異」に気づくことは、翻（ひるがえ）って「自」に気づくことでもある。それは**これまでのものの見かたの延長線上での知覚ではなく、非連続的な知覚によりもたらされた新たなまなざしによるもの**ともいえるだろう。

（1）異対面から「受容」まで

異対面とは、それまでの自分に想像の及ばなかった「異」を知覚する経験を指す（第8章参照）。では、「最小化」と「受容」の間に起こる異対面の経験とは、どのようなものになるのだろうか？　ここでは「最小化」に至るまでの経路を改めてたどりながら、異対面のプロセスについて考えてみよう[3]。

　まず、「異」が身近に存在したとしても、気づくまでは気づけない「**否認**」の状態を出発点とする。うすうす「異」を感じたとしてもうまくとらえられず、また「異」が自分にとって不都合であれば「ないこと」にして見ないでいる。だがその「異」をはっきり知覚せざるを得なくなり、見ないで済ますことができなくなったとき、「**異**」**を介して**「**自**」**と**「**他**」**に二項化した構図**がつくられて、「**防衛**」の局面へと入る。違和感や不快感が出てきたら、「異」を知覚する対象になった人びとやその行動に対して、責めたり、見下したり、排除しようとしたりする反応が出てくることもある。それは世界をあるべき姿に維持し続けようとする認知のはたらきによるものともいえる。

　そんな中でも、「この人たちにも自分と同じところがあるのかも？」とか「思ったほど変ではないのかも？」、「こわがる必要はなかったのかも？」などと思えるきっかけがあると、「異」を「**最小化**」していくことになる。そのようにして目立つ「異」の存在感が薄れたり、自分に通ずる部分が見えたりすると、気持ちも落ち着いて、少しは寛容にもなってくる。だがそうはいっても、「**最小化**」**における他者理解の基本は**「**シンパシー**」（第15章参照）**にあり、相手と自分を重ね合わせて見ているときの視点は、あくまで自分目線のものでしかない。**

　さて、ここからどのようにして異対面することが可能だろうか？　これまで私が研究の中でさまざまな人から話を聞いてきた中では、トラブルや対立、非公式的な交流、現地や現場など、相手の置かれた状況を直接経験することが、きっかけとなるケースが多かった（e.g. 山本, 2003; 2011）。トラブルや対立は相手の主張を聞くきっかけになる。食事の場でのリラックスした会話や、何かのイベントに参加したときの交流では、いつもと違う本音が出てきたり、意外な面に触れたりもする。現場や現地からは、五感で生の情報を得ることができる。そのような機会において、「自分たちとは根本的に違うところがある」、「思ってもみなかったことを言う」、「この人たちはやっぱり○○なんだな」（○○には相手の社会的カテゴリーが入る）と、改めて感じ入る瞬間というのを、多くの人が経験している。

　このようなときに「やっぱり嫌だ！」と思ってしまうと、「防衛」へ戻る。だが「！！！！」（言葉にならないインスピレーション）や「そういうことか！」など、**それまで知覚していた範囲を超えるような知覚をして、新たな**

3　第13章で年表作りのワークをした人はターニングポイントが異対面に相当していることに気づいているだろう。

次元で「異」を「異」として直視することができると、異対面する[4]。

　たとえば、インドネシアの提携先企業の動きが鈍く、締切りは守らないし、売り上げ目標の達成に対する切迫感はないしで、怒りを感じていたというある人は、初めて現地へ行ってみて、何かが肌でわかったそうだ。それまでは顔の見えない現地のスタッフと電話会議をしていても、いら立つことしかなかったそうだが、実際に働く姿を見るうちに「なるほど！」と思う瞬間があったという。現地スタッフの温和さはチームワークに、おっとりした感じは客からの信頼感につながっていると考えられるようになり、それ以降はそういったところを尊重した形で、現地スタッフのワークライフバランスの取りかたにまで配慮できるようになったそうだ。

　異対面には、程度はまちまちでも、多かれ少なかれ、「**ハッとさせられる**」や「**目からウロコ**」などで言い表されるような気づき、「**肌で感じた**」という直感的な把握の経験が該当する。わかってみれば「何だ、そうだったのか」と拍子抜けすることもあるかもしれない。経験盲が解消されたときのように、**今まで見えていなかった何かが見えるようになったという感覚**に近い。それは**一瞬で知覚の変わる「アハ体験」**（a-ha experience,「あ、わかった！」となる経験のこと）でもある。「そういう考えかたもあったのか！」、「全然違うものだなあ！」、「そんな風に見えるんだ！」、「それは気づかなかった！」な

4　ここに書いた異対面までのプロセスはひとつの典型的な例であり、私たちの経験には複数の異なるコンテクストの層が同時に関わっているため、実際の感触ではもっと混沌としたものとして感じられるだろう。また私のアメリカ留学のように、最初から異なるカテゴリーに積極的になじもうとしている場合には、「異」を避けたり嫌がったりするところから始まる経験とは異なる展開があるだろう。好意を寄せて一体感をもちたいと思っている対象との異文化体験では、自分自身の方を「異」として知覚する場合もある。

どという思いのよぎる瞬間を思い起こしてほしい。じょじょにわかるように
なったという場合でも、「腑に落ちた」という感覚は瞬間的に起こっている
はずだ。

（2）非連続的な知覚の変化

　「アハ体験」のように、非連続的な知覚がもたらされるときは、新しい視
点に移動して、これまでと異なる現実知覚で情報を再組織化している。次の
「若い女性」と「高齢の女性」の有名なだまし絵でいうと、**どちらかしか見
えなかった人が両方見えるようになったとき、全体の秩序を変えて、絵をつ
くり変える（再組織化）ことをしている。**

　「高齢の女性」から「若い女性」として見るように視点を切り替えるとき、
「高齢の女性の目」だった部分を「若い女性の耳」として見る必要がある。
では、全体を「高齢の女性」として見ているときに、「高齢の女性の目」の
部分だけを「若い女性の耳」に差し替えて見ることはできるのだろうか？
試しにやってみよう。

　部分的な差し替えをすることは不可能だっ
たはずだ。**この図に見える姿を変えるには、
図地分化するシステムを根本から切り換えな
くてはならない。**「異」を直視した「異対面」
でも同様のことを行っている。したがって、
たとえ「ハッとする」ような違いを見つけた
としても、「そういう一面もあったのか」と、
**一部の情報を差し替えるだけで済む部分的な
話であれば、それは「異対面」ではなく、「最
小化」の範囲内に収まる可能性が高い。**そこ
だけ対応を変えれば済むというのは、世界の
見えかたがシステムごと入れ変わるパラダイ
ムシフトではない。

　「異」に即した情報の組織化を行うと、見える絵が、つまり現実味のある
現実が、異なる姿をあらわしてくる。「そんなことになっていたとは！」や
「そういうわけだったのか！」と相手の置かれた立場や状況での秩序立てを
知り、情報を整理し直しているときは、自分の見ていた現実の姿をつくり変
えることが起きている。1つの絵に2通りの姿を見出せるようになったよう

に、現実にも、新たに見えるようになった現実性と、それまで自分の見ていた現実性との、2通りの姿を描き出すことができるようになり、それらを比較しながら相対化する視点が生まれる。これによって、どちらのシステムもそれぞれのコンテクストで有効に機能することを「受容」し、尊重できるようになる。以上が、私の考える「最小化」から「受容」へのパラダイムシフトであり、そこでは**異対面がターニングポイント**になっている。

　さて、ここからさらに、代替的なコンテクストに思いをはせて、もう1つのまなざしで現実を見つめることができるようになると、**シンパシーではなく、「エンパシー」**（第6章参照）**により、他者理解する局面**へと入る。それが「**適応**」の段階になる。そこでは、もう1つのシステムによる図地分化で現実を構成する感覚が、自分のものになっていく。

2 「異」を「異」として見つめる「受容」

（1）DMISの「受容」

　異対面より以前は、「日本と外国は文化が違う」や「私と彼では専門性が違う」などと考えていたとしても、それは**分類上の違いがあることを知っているという域から出てはいなかった**。しかし**見える絵の変わることがわかると、その絵を出現させるシステムが異なることも理解できる**ようになる。「複雑さにおいては等しいが、形態においては異なるという、文化的文脈の中で、自分自身や他者を意識するようになる」（Bennett, 2017a, p. 647, 著者訳）というのは、そのような状態を指している。

　「受容」の局面では、自分と異なる立場で基本となっている秩序やシステム、作法や決まり事への理解が進み、その立場での葛藤にも気づいていく。そしてそれらがリアリティあるものとして見えてくる。より多方面において、何が自分にとっての「異」であるかが見えてくると、自文化への気づきも進み、自文化と他文化は相対化されていく。「受容」では**文化相対主義の世界観**が育ち、「異」が「異」であることをそのままで見つめるようになる。「中国には中国のよさがある」や「一口に外国人と言っても、インド人やベトナム人などがいて、それぞれがまた違う」など、**他のカテゴリーの独自性を認め、違いに関心を向け、違いについて**

308

の知識を増やしながら、知覚的複雑性を高めていくことができる。

（2）「所与」のカテゴリーと本質主義

　「受容」は文化相対主義の世界観にもとづいており、それは構成主義のパラダイムではない（Bennett, 2012）。つまり、**文化相対主義的な世界観で「異」や「異文化」を尊重しようとしているときは、カテゴリーを物象化して、元からそこにあるもの、すなわち「所与」のもの**（given）**と見なしたままで受容している**ことになる。それに対して、**カテゴリーとは最初からそこにあるのではなく、私たちとの関係性においてつくられるもの、すなわち「生成」されるもの**（created）**として扱うことができるようになると、構成主義の「人はいつも何かを構成している（つくっている）」**という感覚が発達する。

　理論的に考えて、「受容」の段階では、まだ構成主義的な知覚構造は発達していない。「防衛」で二項対立化させて分けていたカテゴリーを、「最小化」では重ね合わせたり、溶け込ませたりして、1つにしていた。それらを再度分離させ、独自の存在として直視して、尊重できるようになったのが「受容」になる。したがって「受容」では、**所与のカテゴリーとして受容した対象のことを、「○○という人たちがいる」などとして、本質主義的に理解するところから始まる**といえるだろう。

　カテゴリーを所与としたままの他者理解には**本質主義**（第4章「本質主義と客観性」参照）の問題がともなわれる。**カテゴリーを所与としているとき、自分や他人を表す社会的カテゴリーの多くは、生まれついてのものや、後天的に獲得されたものとして理解される**。「私は日本人だから」、「あの人は公務員だから」、「ハーフだから」、「愛煙家だから」、「ADHDだから」など、**カテゴリーすなわちその人の本性を表すと見なしてしまうと、理解が本質主義的になり、関係性が硬直化してしまう**。このときのカテゴリーには所有者意識がともなわれるため、尊重するにしても、「自分には自分の世界があるように、他人には他人の世界がある」と、**本質的な違いのあることに対して、自分のものも、他人のものも、尊重するようになる**。それは、「受容」からその次の局面である「適応」にかけて起こり得る、**「相対主義のジレンマ」**にもつながっていく。相対主義のジレンマを乗り越える方法については、この章の後半で紹介する。

　異なるリアリティを想定するようになると、コンテクストに応じて適切な図地分化と境界形成を用いた情報処理が行われるようになってくる。これを習慣化することが「適応」での知覚構造を発達させる。ベネットは近年の講演において、**自文化中心主義の段階を実証主義、「受容」から「適応」の前期までを相対主義、「適応」の後期から「統合」を構成主義**に位置づけている[5]。

　これが重要な意味を持つと考えることから、本書では「適応前期」と「適応後期」という書きかたをして、両者を区別する。その違いはカテゴリーとカテゴリー化の扱いかたにある。「適応前期」ではカテゴリーを所与のものとしたままで適応する。「適応後期」ではカテゴリー化することへの意識が出てくることから、カテゴリーを「生成」とした上で、境界変更を柔軟に行えるようになると仮定する。以下ではまず、「適応前期」について説明する。

（1）感覚をつかんで自分のものにする「適応前期」

　「適応前期」では、自分のものとはいえない所与のカテゴリーに適応する。**他人のものである他者カテゴリーへ適応するとは「合わせる」ことで、そのカテゴリーからの要素を取り入れていく。**相手のカテゴリーの基準で適切とされている行動や価値観を学び、自分自身のものではなく、相手のほうの基準にふさわしいものを選択して実行することができるようになる。やがてそこで**の感覚をつかむようになると、違いは自分のものになる。**自分がもともと持っていた流儀に加えて、他のカテゴリーでの流儀も活用できるようになるという形での「**バイカルチュラル**」（二文化的）になる感覚というのも、あり得るだろう。プラスアルファする形で、自分のものになったカテゴリーが増えると、視野も世界も広がっていく。異なる現実性を生きることを実践した結果として、自文化とは異なる話しかたやふるまいかた、価値判断ができるようになる。

　しかし複数のカテゴリーに適応したことで出てくる葛藤もある。「適応前期」の段階では、「嘘のない本物感」や「偽りのない自分らしさ」を意味する「**オーセンティシティ**」[6]（authenticity）に葛藤が生じる。日本語ではなじみのないオーセンティシティに生じる問題を身近に感じられるように、ここで

5　2017年の講演 "Shared Identities in diverse communities: the Role of Culture, Media and Civil Society" (The International Conference on Integration) は Integration Foundation のサイトにビデオアーカイブがある。このビデオを YouTube で視聴することもできる。https://integrationconference.ee/archive

はこれを「**本当の自分**」問題と呼んでおく。

　もう1つの問題として、**カテゴリーを所与と見なすと、あるカテゴリーに所属する資格は真のメンバーにしか与えられないという思い込みが起きやすい**。自分はそのカテゴリーにふさわしいか、ふさわしくないのかといったことにとらわれているうちに「はざま」にこぼれ落ちてしまう。これを「**周辺性**」（marginality）問題と呼んでおく。

「本当の自分」問題

　ベネット（Bennett, 2012）は、異なる家族のコンテクストにシフトして、異なる対応をすることを、多くの人がやってのけ、そうすることを不誠実とも思わないのは、それが一次的社会化（第1章参照）によって学ぶことのうちに入っているからであると述べている。一方、異なる文化の世界観にシフトできる能力は、留学などによって意識的に獲得されるものである。それゆえに、異文化適応では、自分の行動を変えることを偽善的だとか、自分に一貫性がないだとかと、感じる人が出てくる。たとえば、**異なる集団やコミュニティで異なる自分の出てくることが「カメレオン」の擬態のように思えてしまうことや、自分の行っている適応行動が不自然で、自分らしさの本質を見失うような気がしてくる**ことが当てはまる。

　これを、**カテゴリーを所与と見なしているがゆえの所有者意識の問題**として考えると、カメレオンのように思えてしまう原因の1つに、自分のものではない他人のカテゴリーで、ら̇し̇く̇ふるまうことが「成りすまし」のように思えるということが挙げられる。異なるカテゴリーごとに異なる顔を見せるのも、自分のものではないくせに知った風な顔をして見せているようで、偽善に思えてくる。そうこうするうちにオ̇リ̇ジ̇ナ̇ル̇の自分（構成主義的にいうとそんなものはナイ！）が何だったのかもわからなくなってくる。

「周辺性」問題

　たとえば、国籍を所与と見なしていることに無意識なまま、自国への一体感を求めるならば、あたかも「完全な日本人」や「真性のアメリカ人」、「本物の中国人」がいるかのような、逆に「部分的な日本人」や「偽物のアメリ

6　オーセンティシティとは、偽りの対概念としての真実、偽物に対する本物、コピーに対するオリジナル、不道徳に対する正直、冒とくに対する神聖を意味し、その起源はギリシャとラテン語の合成であり、より高い次元から規定するという意味の「authoritative」と原始かつ生来のという意の「original」という2つの概念を併せ持つ言葉である（ローエンタール , 1995）。

カ人」、「不十分な中国人」というものがあるかのような、錯覚が起こり得る。帰国すると日本社会で浮いてしまい、かといってアメリカにいるときは疎外感を感じるという人が、どちらの規格からも外れ、自分は日本人でもアメリカ人でもないと感じるとき、**自分自身を２つのカテゴリーのはざまにこぼれ落ちた孤独な存在として認識している**といえる。

　このような形で自分とカテゴリーとの関係性をまとめあげたアイデンティティの状態は、DMISにおける発達の最終局面にあたる「**統合**」での、「**閉じ込められた周辺性**」（encapsulated marginality）(e.g. Bennett, J., 1993; Bennett, M., 1993)、と過去の一時期には呼ばれていた。ベネット（Bennett, 2012）は、この概念が構成主義的ではなく客観的な自己を表していると考え、現在は「統合」の説明から外している[7]。

（２）生成する意識が出る「適応後期」

　DMISではオーセンティシティに生じる葛藤を調整することによって、構成主義的な発達が起きると考えられている（Bennett, 2012; 2017a）。新しいカテゴリーに適応したからこその課題として、**複数のカテゴリーとの関わりかたをどうすればよいか**、また、それらのカテゴリーとの関わりにおいて出てくる自分の顔、すなわち**アイデンティティをどう考えればよいかといったことへの問題意識が出てくる**。これらの課題と向き合い、**自分とカテゴリーとの関係性をまとめあげる知覚構造を発達させる**ことが、「**適応後期**」、さらには「**統合**」**へとつながっていく**と考えることができる。

　この発達をうながすためには**エンパシーの意識的な行使**が鍵となるだろう。ベネット（Bennett, 2017a）は、エンパシーによって自分があたかも異なる文化に参加しているかのように世界を経験することを、一種の**コンテクスト・シフティング**であるとしている。コンテクスト・シフティング（Bennett, 2012; 2017a; 石黒, 2016）によって、複数の異なるコンテクストの中から**特定のコンテクストを意図的に立ち上げ、前景化するコンテクストを入れ替えながらエンパシーすることが常態になると、カテゴリー化にも、境界線の引きかたにも、柔軟性が増していく**だろう。このような意識操作の経験によって、現実のものとして見ている世界の姿をつくることへの自分自身の関わりや、操作性を意識することができるようになると考えることができる。別の言いか

7　この状態は現在では「リミナリティ」と概念化されている。紙面の制約により本書ではリミナリティやその他の「統合」の重要な側面について議論することができない。詳細な議論は別の機会に行いたい。

たをすると、**自然に、自覚のないままで共感するだけではなく、その力をエンパシーとして意識的に行使する操作性が加わるからこそ、「構成している（つくっている）」感覚が出てくる**ということができる。

4 「統合」という名の成長

　現実知覚する上でのよりどころとなるカテゴリーの数が複数になっていた「適応」の状態から、それらをひとつにまとめあげていく局面に入るのが、「統合」となる。統合とは一般に、複数のものをひとつにすることで、DMISにおける「統合」では、「自己のアイデンティティを定義する上で、構成主義を意識的に利用すること」(Bennett, 2012, p. 111, 翻訳は著者) が起きる。

　だがもし、構成主義の考えかたを意識的に利用しないまま**物象化した統合**をするとしたら（それはDMISのいう統合ではないのだが）、どうなるのだろうか？　カテゴリーを所与のものとしたままでも、「本当の自分」問題や「周辺性」問題に折り合いをつけ、複数のカテゴリーを統合することはできる。物象化した統合では、自分の生まれついたカテゴリーと、それに加えて、もとは他人のものだったけれど今は自分のものにもなったカテゴリーとを合わせ、**自分のもの、他人のものに関わらず、複数のカテゴリーを併存させたまま、それらの間を行き来しながら、そのつどうまく適応できる自分というアイデンティティを形成する**ことになるだろう (注：これはDMISにおける構成主義的な意味での「統合」ではない)。そのように**柔軟に対応できる第三者的な立場**が自分のアイデンティティになった場合には、最初の自己カテゴリーが「日本人」であれば、あるときは「アメリカ人の自分」、またあるときには「中国人的な自分」も出せるなど、その場のカテゴリーと一体化することを自然体でやってのけ、**カテゴリーを自在に出入りできる人のイメージ**が浮かび上がる。

　異文化間能力としては、この状態も十分に理想的といえる。しかしこの状態においては、自分を表す社会的カテゴリーとして用いているもの、たとえば国籍や性別のことを、特定の観点で現象の一側面を可視化するために適用しているカテゴリーとして扱う、すなわち**観測カテゴリー** (第5章参照) として扱うことに自覚的ではない。もし、既存の枠組みの範囲内で動くのみにとどまらず、**自己とカテゴリーとの関係性をめぐる現実性を変えていきたいのだとしたら、カテゴリーを所与のものとせず、生成するものとして扱えるようになる必要がある。**

（1）構成主義的な「統合」

　「適応後期」と「統合」への発達には、多くの場合、長い時間を要すると思われる。構成主義的な「統合」では、**カテゴリー生成への意識をもち、図地分化における輪郭の描き出しかたや、境界形成するときの分節の位置を、任意に変えられるようになる。**このことを、自分が直面している出来事や人間関係の中で行うことができるのは、人間的にきわめて大きな成長ということができる。さらに構成主義的な考えかたを、自分を定義することに利用すると、**コンテクスト・シフティングにより、カテゴリー化する境界の設定と解除を繰り返しながら、自分を見失わずにいられるだけでなく、自らの意思で自分の立ち位置を決めることができるようにもなる。**何かとても複雑なことをしているように思えるが、そういうことをする人とは、いったいどんな人なのだろうか？

　私はそのような人は、さまざまな葛藤の中から多くのことに気づき、そこから生じるさらなる葛藤とも向き合い、**葛藤に終わりはないとわかった上で、だからこそ、葛藤のもたらす不確定性を常態とした世界を受け入れ、自らの覚悟で何を選択するかを決めることによって、世界を安定させようとしている**人なのではないかと考えている。

　そのような人は、おそらくは物象化した「統合」も経験し、悩みや葛藤に少しずつ整理をつけている。たとえば「本当の自分」問題に悩んだときは、自分のしていることを自分で把握しようとして考えて、自己言及する中から、**メタ意識**（最終章参照）を活性化させてきたかもしれない。カテゴリーが誰のものかに悩むより、自分の器を広げようと努力をすると、そこから、境界幅を意図的に変えられることに気づいたかもしれない。葛藤に折り合いをつけようとする中で、**主体的な行為者としての自分という感覚**が出てくると、「異」を生かすことも、「異」を生きることも、「異」をなくして「同」とすることも、**すべてに行為者としての自分と社会との関わりがある**ということが、見えてくる。**何にフォーカスを合わせるか次第で、そこから秩序立てられ、組織化する世界は変わる。**

　フォーカスの合わせかた次第で、そこには、長男、女性、学生、組織人、独身、アスリート、引きこもり、ゆとり世代と、さまざまに異なる顔をした人生の主人公が現れる。その中には「私」としか言いようのない人物も含まれているだろう。それは葛藤を避けるために開き直って言う「これが私なんだから！」ではなく、何度も何度も考え、考え抜いて、悩み、わからなくなっ

た末に、わからないことも含め、そのような状態になっている自分がいることを受け入れ、そこから新しく出発するための「これが私」という境地であると思われる[8]。

　構成主義のパラダイムを活用すると、カテゴリー化を意識的に行い、境界線を引く位置や、境界に含むカテゴリー幅を変えながら、新しく自分を定義し、定義し直すこともできる。究極的には自己の境界が広がり、宇宙的な一体感をもつ、宗教的な悟りに通ずる無境界（Wilber, 1981）という考えかたもあり得るだろう。

　上ではものすごく抽象的な話をしたが、たとえばテニスプレイヤーの大坂なおみさんは、葛藤の中で自分が誰かを構成主義的に定義し続けている一人ではないかと私は考えている。その理由を次のミニリサーチで調べて、考えてみよう。その後で、周りの人と対話をしてみよう。

 ミニリサーチ

葛藤の中で自分が誰かを定めるとは？

　テニスプレイヤーの大坂なおみさんが全米オープンテニスの大会で優勝した初めての「日本人」となったのは2018年のことだった。当時、大坂さんのアイデンティティについてどのようなことが語られていたか調べてみよう。大坂さんは2020年のBLM（ブラック・ライブズ・マター）運動に参加したことで批判を受けたが、なぜ行動する必要性を感じたかについての声明文を雑誌「エスクワィア」のウェブサイトに出している。そちらも見てみよう[9]。大坂さんは、その後もさまざまな葛藤の中から現実をつくることに主体的に関わろうとしている。

　ある程度リサーチすることができたら、調べてわかったことや、そこから浮かんできた自分の気持ち・考えを共有して、対話してみよう。

8　「異」や異文化に悩む人が葛藤による大きな苦しみ（それは特定のシステムに従うことでそこへはまろうとするのに、はまりきれないから苦しいのだが）を乗り越える道筋は、カウンセリングを訪れる人との共通点が多く、そこには自己受容へのプロセスが現れている。精神科医の高橋（2007）は「心をはなれる」という、自我（意識的にとらえた自分）の現象について興味深い考察をしている。「心をはなれる」とは、自分を成り立たせるためのシステムであり、世界を生きるために必要としてきた信念から離れること、と言い換えることができ、その境地へ至るまでには、葛藤をプロセスし続ける自身の姿を見つめることのできる知覚構造が発達する。そのような知覚構造をDMISの「統合」にも関連づけることができる。

9　原文は英語で、Esquireという雑誌に掲載されている。その日本版のサイトで日本語に翻訳された声明文を読むことができる。https://www.esquire.com/jp/culture/column/a33272327/naomi-osaka-op-ed-george-floyd-protests/ （2022年3月時点）

構成主義的な「統合」では、カテゴリー生成者として自らが境界をつくっていると考える。したがって、**境界線を引き直し、カテゴリーの幅を変えることによって、居場所を自分で決めることができるというのが、構成主義的な「統合」の考えかたになる。自分で選択することでしか解決しないこともある。**そのために重要な考えかたとして、以下に「**プロセス中**」、「**移動中**」、「**コミットメント**」の３つを取り上げる。

（2）プロセス中の感覚

　「統合」での知覚構造は境界を柔軟にとらえている。**関わり合いの中で、人びとが分かれ合い、つながり合うことも、すべては「プロセス中」**(in process, Bennett, 2012) **で構成し続けていること**として、イメージされるようになるだろう。

　私たちに見えている世界は、私たちが社会的に育んだ特定の視点やカテゴリーを使って環境を知覚し、観察することによって、その姿形を取っているということができる。木漏れ日のある世界、モーンガータのある世界、月にうさぎのいる世界、国境で分ける世界、18歳で成人する世界、就職でコミュニケーション力を重視する世界など、**すべては目のつけどころがそこにあり**（着眼点）、**そういう目で見るから**（視点）、**そう見えている**（現実として知覚された見えかたがある）。**今だけに焦点を合わせて期間を区切ると、数ある社会的カテゴリーも、社会の制度も、盤石で永遠に思えるが、過去にさかのぼり、未来に思いをはせてみると、それらが現在の形を保っているのは瞬間的な短さでしかないことがわかる。今この瞬間に変化していないように見えたとしても、すべては移り変わりのプロセスの最中（さなか）にある。**

　すべてがプロセス中という感覚になじみにくいとしたら、それは私たちの言語に「過去」、「現在」、「未来」という区切りでカテゴリー化した時間感覚があるからで、それぞれを物象化して別もの扱いすることに慣れてしまっているからだろう。ちなみに、「現在」として知覚できる「瞬間」の長さはどれくらいだろうか？　「出来事」と「モノ」では、持続する時間にどれくらいの差があるだろうか？　次のエクササイズで考えてみよう。

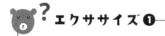

エクササイズ❶

時間上での持続感覚

次の2つの問いについて考えてみよう。

① 「現在」と呼べるのは、何日、何分、あるいは何秒のこと？

② 「明日、その石はどこにあるんだろう」と言っても変ではないが、「明日、そのキスはどこにあるんだろう」と言うことがおかしいのであれば、それはなぜだろう？

(エクササイズのポイント) 現在、石、キス、それぞれが時間上でどれくらい持続する感覚があるかを確かめてみよう。物と出来事をどんな風に区別しているかを考えることができる。

通常の認識でいうと、物と出来事は全然違う。だが『時間は存在しない』を書いた理論物理学者のロヴェッリ (Rovelli, 2017) は、この世界は物ではなく出来事でできており、**私たちが使うべきは「～である」ではなく、「～になる」の変化で表す話法**であると考えている。ロヴェッリは、石とキスを対比させて、「明日、そのキスはどこにある

んだろう」に違和感を覚えるのは、「物」である石がどこまでも時間を貫きそうなのに対し、「出来事」であるキスの継続時間には限りがあるという認識があるためと述べている。物に対し、確かに私たちはそのような時間感覚を持っている。物と同様に、物象化した概念やカテゴリーにも、時間を超えて今の形を維持し続けるイメージがある。しかしロヴェッリによると、石のようないかにも物らしい対象でも、元素同士の相互作用の歴史のごく短い一幕でしかなく、崩れて再び砂に戻るまでのごく短い間、形と平衡を保つことのできる過程であり、**長く続く「出来事」**でしかない。**超長期的なタイムスパン**、あるいは、**巨視的に見る視点では、石はキスと同じ出来事になる**。ロヴェッリの話からは、脱物象化ならぬ「**脱物化**」するくらい、**すべてをプロ**

セス中の出来事として観察する発想を得ることができる。

　地球誕生からの46億年を１年に換算すると、西暦が始まってからの2000年はわずか13.7秒でしかなく、1868年の明治維新から2020年まではわずか１秒で、このスケール感では一瞬で侍社会から現在の社会に生まれ変わったといえる。**変化が起こるには長い時間が必要ともいえるし、変化として知覚できるようになったときには、短期間で変わったような印象を持つものともいえる**だろう。

クマである　　　クマになる
女性である　　　女性になる
学生である　　　学生になる
社会人である　　社会人になる

ある生物をクマと定めたからクマになった。
ある状態を学生と定めたから学生ができた。
不変でも、永遠でも、ないんだね。
物理的なものも、概念的なものも。

（3）移動中の感覚

　プロセス中の感覚では境界形成することも流動的になり、１つのカテゴリーにとらわれることなく動いていけるようになる。異文化間の理論を、相対論やシステム論で考えることの限界がどこにあるかというと、それは、**人がコンテクスト間を移動しながら他のコンテクストを観測することや、観測者が観測のためのシステムを切り替える**ことを仮定していないところにあると、ベネット（Bennett, 2012）は考えている。私たちには**コンテクスト・シフティング**が可能ということで、**エンパシーで視点を変え、別のシステムに入りながら、異なるシステムによるリアリティを立ち上げることもできるし、１つのことを考える上でも、今の延長線上で考えるのを途中でやめて、全く異なる方法を採用することだってできる**ということだ。それが「**移動中**」（shifting）の感覚になる。移動といっても、Ａ地点からＢ地点へ地続きに動くのでは

「ムーブ」（move）になり、物象化したカテゴリー間の移動を意味してしまうので、英語では「移す・交換する・変える」など、**自分自身が関わって動きを出し、非連続的な地点へ移動する「シフト」**（shift）が該当する。

（4）コミットメント

　構成主義的な「統合」では、**どのような現実性を生きるかは、どの選択にコミットするかの「コミットメント」次第**ということになる[10]。ベネット（Bennett, 2012）は、現代物理学の根幹を成すといわれる**量子力学**が、物体の性質を測定から分離することも、測定装置を使う測定者から分離することも、不可能と見なすことに触れ、「この見解において、現実は予言の自己成就の性質を帯びており、そこでは、**私たちの視点が予言なのである**。つまり、私たちが見ているすべてのものと、私たちの視点が必然的に相互作用することこそが、予言を実現させるメカニズムとなっている」（p. 99, 著者訳）と述べている。**現実を組織化するのは人の視点であり、それが予言の自己成就を導いている**。つくっているのが私たちなのであれば、私たちには、現実を今とは別の形に整理し直すことが可能になる。だから、**何にコミットした視点で現実を形づくることを選択するかが重要になる。「こうありたい」と望む未来を心に持ちながら日々を生きるときには、既にその視点で世の中を構成する図地分化を始めている**。

　量子力学と関連づけた構成主義の見解を、異文化コミュニケーションで活用することができるというメッセージ（Bennett, 2012, 2017b）は、今の社会に重要な意味を持つ。なぜならそれは、格差や分断、移民などに関わる社会の複雑な問題においても、**望む世界を予期することによってこそ、今の現実がその期待にもとづいたシミュレーションによってプロセスされるということであり、その未来に近づきつつある行動を日常生活で選択する確率を高めることができる**と、励ますメッセージになるからだ。私たちが「こうありたい」と望むことは、潜在的に互いの選択に影響を与え合い、機が熟したとき輪郭を表すようになる。**変化は、社会的運動や改革として私たちの目に見える形を取るようになるずっと以前より、始まっている**。

10　「コミットメント」は日本語に翻訳しにくい言葉だが、辞書的には「関与、誓約」（広辞苑, 第七版）を意味し、ビジネス上ではカタカナ語として、決意表明のように責任を持って成し遂げる意思を示す文脈で使われることが多い。

　DMISのすべての段階についての説明はここまでとなる。次の図17-1には、これまで説明したことをまとめてある（pp. 260-261の表13-1も参照）。なお、これまでの説明やこの図は、ベネットの理論をかなり大胆に解釈して再構成した提案になっている。

　図17-1の一番上には、ベネットによるDMISに「異対面」を加えた、6つの段階を示している。次に、カテゴリー化意識の有無によって、各段階がどのように異なる意味をもってくるかを示すために、上段にカテゴリーを「所与」とした場合の解釈、下段にカテゴリーを「生成」とした場合の解釈を、それぞれ記載している。「適応」と「統合」では、上段と下段の間が点線で区切られているが、構成主義的な発想は葛藤の中から生まれると考えるとき、上段と下段を明確に分けられないという意味でそのようにした。

　下段の「否認」から「受容」までには色がつけられている。その部分の説明は次の理論上の仮説にもとづいている。**あるコンテクストにおける差異について、構成主義的な「統合」の経験がいったん成立した後では、その他の情報に関しても、コンテクスト上に生じた「異」として知覚する対象であれば、構成主義的な情報処理が適用される** [11]。とはいえ、経験盲（Barrett, 2017）（第8章参照）により「未発の異」の状態にある対象については、「否認」と同様に知覚されることはないと仮定できる。その対象を知覚したときには「防衛」的な反応の出ることも予測できる。だが構成主義的な情報処理において、**差異は本質とは見なされず、環境の中のある特定のコンテクストで可視化する「異」として扱われる**。新しく気づいた「異」に対し、「ちょっと変」とか「受け入れがたい」と思うことがあっても、そう感じている自分に気がつくことができ、「何が起きているのかな？」や「自分には何がひっかかっているのかな？」と**メタレベルでの調整を始めることもできる**だろう。**差異を差異として成り立たせる現実の組織化に注意を向けるまなざしによって、情報はプロセスされていく**。そのようにして、構成主義的な意味での「受容」までの道筋があることを推論することができる。

11　ベネット（Bennett, 2013）は、異文化感受性の「優勢経験」（predominant experience）がすべての文化的差異に適用されるとしている，優勢経験とは、知覚構造として最も複雑化し、繊細に知覚できるレベルでの経験を指すと考えることができる。したがって、異文化感受性においてピークレベルの混在はなく、ある文化で「適応」の優勢経験をする人が他の文化に「防衛」の優勢経験をすることはない。もし他の社会的カテゴリーに否定的な反応を示すとしたら、それは文化の差ではなく、個人の性格の差などとして認知されているということになる。

図17-1：異文化感受性発達モデルの全体像：パラダイムとカテゴリー化意識による違い

異対面
現実知覚のレベルから異なることに気づく。 現実の組織化に違いのあることに気づく。

自文化中心主義　　　　　　　エスノリラティビズム

否認 ──── 防衛 ──── 最小化 ──── 受容 ──── 適応 ──── 統合

カテゴリーを「所与」とする（上段）					
「異」として境界形成せず、未分化で見ても見えない状態。「異」に対し実感がわかず無感覚でいる。	「我々」対「彼ら」の二項化させた単純な知覚構造。見ている世界が変わることへの抵抗感。「異」に対し防御的・攻撃的になる。	境界を曖昧化することや知覚するカテゴリーを一元化してまとめることに関わる。「異」を区別することに消極的で、同一視・同類視する。	「自／他」の境界を所与とした上で、各カテゴリーに本質的な違いのあることを前提として、互いの間にある違いを認め、尊重する。	異なる習慣や価値観・行動規範を理解した上で解釈することができる（文化的同化理解）。その解釈に合わせた考え方やふるまいができる。	そのつど異なるカテゴリーに合わせることができる。複数のカテゴリー間を渡り歩いているところに自分らしさ（アイデンティティ）を感じる。

異対面

（上段と同様に）コンテクスト上で有意味になっている「異」が、未発の異として「否認」の状態になっている。	知覚した対象に防御的な反応が出ることもあるが、「異」を本質的なものとして見ない。反応をメタの視点で観察して自己調整することができる。	「異」として遠ざけず身近にできるように、または、自分にも理解できるように、見方や解釈を変えながら、知覚に工夫をこらす。	情報を分節／図地分化するシステム・秩序の違いを知覚する。知覚レベルから現実が異なる方法で組織化されることに興味・関心を持ち、どのように異なるか知ろうとする。	異なるシステムで分節／図地分化して組織化した現実への感覚を身体化する。エンパシーやコンテクスト・シフティングの意識的な行使の常態化から、境界変更とカテゴリー化への意識が出る。	境界形成への主体者意識をもつ。カテゴリーを生成する者としての自己再帰的意識を持った選択とコミットメントによりアイデンティティを形成する。

構成主義的な視点による
未発の異の情報処理過程

カテゴリーを「生成」
とする（下段）

実証主義

相対主義

構成主義

そもそも異文化感受性って何だろう？　そう思っている人もいるかもしれない。ベネットは、「発達モデルは、理想的には、発達が起こるために内面化されなければならない重要な組織化概念にもとづいているものであり、異文化感受性の場合、この概念は "差異"（difference）である」(Bennett, 1986, p. 181, 著者訳) と述べ、**異文化感受性を「文化的差異の主観的経験」と定義している**(Bennett, 1993)。この場合の「経験」とは、ただその場に居合わせたというだけで何も意味を見出さなかったとしたら経験したことにはならないという、ケリー(Kelly, 1955) がいうところの構成主義的な意味での経験を指している（第4章参照）。**知覚することと、知覚したことを解釈することによって、文化的差異は経験されている。**

「差異」の経験という代わりに、近年では「**他者性**」(otherness , Bennett, 2017a) の経験という表現も用いられている。他者性とは「**自**」と「**他**」を分かつことによって知覚される差異であるとすることができ、本書ではこれを「**異**」として表現している。**自己カテゴリーと他者カテゴリーとの間に知覚される差異としての「異」であり、その差異を知覚する対象を表すカテゴリーとしての「異」でもある。**いずれの場合も、ある対象を分節して知覚することに関わっており、その境界条件をどのように設定するかによって、何が、どのような違いとしてカテゴリー化され、知覚されるかが変化する。したがって、**異文化感受性の発達を、差異を知覚する繊細さ／大雑把さと、解釈の複雑さ／単純さを決定づける知覚構造の発達としても、考えることができる。**

ここでは "intercultural" が "inter" であること、つまり〈間〉で起きている現象であることに注目して、さらに構成主

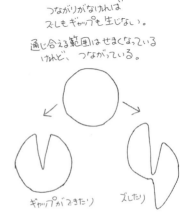

義的な発想へとつなげてみよう。素朴に考えると、異文化感受性とはＡ文化とＢ文化の〈間〉の差異を知覚する感度の高さであるとできそうだが、それでは最初から客観的に分かれてそこにあるＡとＢの違いを感じ取ることになってしまう。そうではなく、**全体を部分（カテゴリー）に分けることで生じる〈間〉を知覚することを表すのが異文化感受性**と考える方が、より構成主義的な見かたに近づく。

　さらに〈間〉という字には複数の読みかたのあることを踏まえると、「**あいだ**」と読めばつなぐ空間を、「**はざま**」と読めばギャップのできた空間を、イメージすることもできる。「はざま」として知覚すると、**分けたところに生じるギャップやズレとしての差異**を、「あいだ」として知覚すると、**分けたところにできる間柄やつながりの関係性**を、それぞれ感じ取ることができる。両者を合わせると、異文化感受性とは、差異化によって生じる関係性を感じ取ること、ということができる。

　自他のカテゴリーが分かれ合うごとに、分かれてできたカテゴリーの「あいだ」には新たな関係性があらわれており、両者はその関係性によってつながりあっている。だがそれと同時に、立場の違いや感覚の差は、「はざま」に「異」をつくりだしている。異文化感受性は、これらのことをどの程度の繊細さ／大雑把さで知覚し、どの程度の複雑さ／単純さによって解釈するかに関わっている。このように考えると、**異文化感受性とは、全体が部分に、あるいは、自と他に分かれつつ相互作用する空間に、「あいだ」や「はざま」を知覚する感受性**となる。「否認―防衛―最小化」のポイントになるのは、境界の感知のしかたで、「**はざま**」としてのギャップの知覚に関わる。「受容―適応―統合」のポイントになるのは、分かれつつ相互作用する空間への参加のしかたで、「**あいだ**」をつなぐ繊細さに関わっている。

　長年の間、異文化コミュニケーションは文化相対主義的な態度を育成することを目標としてきた。しかし、その姿勢を身につけたからこそぶつかる壁、すなわち、**相対主義のジレンマ**のあることがわかってきた。その壁にぶつかるほどまでに成長するのも大変意義あることなのだが、ここではさらに相対主義のジレンマを解消するための方法として、「**コンテクスト相対主義**」（contextual relativism）と「**相対主義の中のコミットメント**」（commitment in relativism）についても考えてみよう。どちらもベネット（Bennett, 2017a; 2017b）がペリー（Perry, 1999）の「倫理的スキーム」に注目して、そこから援用した方法になる[12]。「相対主義の中のコミットメント」を構成主義的に言いかえると、「**相対化し続ける中でのコミットメント**」になるので、そのことについても説明したい。

（1）相対主義のジレンマ

　自分のものと他人のものを同時に尊重しようとするところに生じるジレンマとは、どのようなものだろうか？　次のエクササイズで考えよう。

？エクササイズ❷

「Pさんの悩み」

　「私は多様性に配慮したいと思っています。ただ、最近どうしたらよいのかわからなくて。生活や仕事では、突発的な問題が次々に起こるじゃないですか。その場で判断しないといけないことも多いです。そんなとき、それぞれの価値観を尊重しなければと思うと、自分の意見が押しつけにならないか、心配しているうちに何も言えなくなるんです。相手の話を聞いて、要望をかなえられるように考えてもいます。でも、どうしても、"それじゃない"とか"おかしい"とか思うこともあるじゃないですか。ちゃんとしたいのに、気をつかってばかりで、問題に手がつけられないのが悩みです」

12　本書に掲載したベネットによる「異文化感受性発達モデルの新たな理論的含意：共個体発生的知覚と量子観測」の講演でもペリーによるコンテクスト相対主義とコミットメントのことが語られている。

① 　Pさんの感じているもどかしさや悩みとは、どのようなものだろうか？

② 　尊重したいけれど意見も言いたい。だが押しつけはいけない。と迷っているうちに、意見することができなくなったという経験について考えてみよう。自分自身の経験があれば共有しよう。

③ 　異なる立場を尊重して配慮することと、自分の守りたいものや信念を主張することを、どうやったら両立できるだろうか？

（　エクササイズのポイント　）文化相対主義の姿勢であろうとすることがもたらす悩みを具体的に考えよう。

　「受容」では、他の文化を尊重したいと思うばかりに「違いには良いも悪いもない、ただ違うだけ」という素朴で無力な立場を取ることが、**相対性**と**「倫理性」**（ethicality）**の調和に問題を生み出す**とベネット（Bennett, 2017a）は言う。「倫理性」には哲学的な意味もあるが、ここでは「行動する上で大事にしたいこと、人として守りたい、尊重したいこと」と理解することで構わない。共に暮らす・働くなど相互作用する場面では、相手の言動に疑問を持つこともあれば、「こうしてほしい」という要求の出てくることもあるだろう。そのようなとき、**尊重したいけれど意見も言いたいし、でも押しつけはいけないしと、倫理性に迷いの出ることが、相対主義におけるジレンマを生む**。

　他者を尊重して配慮することが、すなわち意見できないことや立ち入れないことになると、**不可侵性**の意味を帯びてきて、何にも関与や介入ができなくなる。「みんなちがって、みんないい」の解釈も、「人それぞれ」や「よそはよそ、うちはうち」と**個別主義**になってしまう。そうなると**全体を同じ方向に向かわせるための意思決定ができなくなり、相対主義的な態度を取ろうとする人は疲弊してしまうし、尊重という名の下で組織や社会はまとまりを欠いていく**だろう。この葛藤にうまい解決法が見つからないと、課題への取り組みが先送りされてしまう。

　「よいところだけを見て、悪いところは見ないようにする」や「取捨選択してよいところだけを取り入れよう」など、**部分を全体から切り離して適応する方法は、自文化中心的なアプローチになりかねない**のだが、倫理性に迷い

が出ていると、そのような解決方法しか思いつけなくなるかもしれない。ストレスは人を視野 狭 窄 に追い込んでしまう。ときには「何でもあり」ということにすればよいのではないかという意見の出てくることさえもある。次の「対話の時間」に出てくるＮさんの話を読んで、思ったことを対話してみよう。

対 話の時間　　Ｎさんの意見

「私は大らかなタイプで、こだわりのない人間です。最近では性的マイノリティが話題になることもありますが、私に言わせれば "何でもあり" ってことでいいじゃないか、です。差別するのは言語道断ですが、LGBTとかＱとか細かいことを言いすぎるのも、話を複雑にするばかりだと思うんです」

社会学者の森山 (2017) によると、「何でもありでいいんじゃない」にするのはわかりやすいかもしれないが、誰も差別しないのだからそれで十分とするのは、「だからマイノリティについてはきちんと知らなくてもよい」(p. 191) という考えにつながってしまう。たとえば性的少数者についての知識のないままに「何でもあり」としていると、無知ゆえの誤った発言で相手を傷つけかねないと森山はいう。結局のところ、**「何でもあり」を万能策のように使うのは、「私の世界を複雑にしてくれるな」という「防衛」のサインであり、そもそもそれは相対主義ではない。**

（２）コンテクスト相対主義

相対主義のジレンマをどうやって解消するかは、異文化コミュニケーションのみならず多文化共生の大きな課題となっている。答えを出すことは困難ではあるが、**自文化中心的ではない判断基準を新たに見つけることが肝要**という観点から、ペリーの倫理的スキームを援用してベネットの提案している**「コンテクスト相対主義」**を紹介する。

「コンテクスト相対主義」では、**何を正しいとするかはコンテクストごとに異なる**と考える。**各集団やコミュニティの文化を尊重する代わりに、コンテクストを尊重することにした相対主義ともいえるため、パラダイム的には**

構成主義ではない。相互作用の起きている**コンテクスト上での意味や価値を検討する中から、優先させるべきことを精査して、価値の重み付けと倫理的判断を行う**。特定のコンテクストに限定して言えば、その範囲においてのみ、あるものが別のものより正しく適切であるという判断をしてもよいだろう、という考えかたになる。コンテクストが変われば、当然ながらその価値の重み付けや倫理的判断は通用しなくなり、新たなコンテクストでの再検討が行われる。コンテクスト相対主義も、ただ単に判断し実行するのではなく、話を聞き、情報収集をして、よく吟味すると共に、決定した判断を伝える上では、さまざまに異なる立場の人びとが意義と意味を見いだせるように伝える必要があるだろう。

（３）相対化し続ける中でのコミットメント

「統合」のところで述べたように、さまざまな葛藤には**自分で選択することでしか解決しないことがあり、そのためには何にコミットメントすることを選び取るか**が重要になる。「統合」での選択は、好みで決めるという単純なものにはならない。境界形成する位置を変えながら、隣人からときには世界規模まで、**自己カテゴリーの範囲を必要に応じてさまざまに広げた視野で見ることをしている。そしてメタの視点で自分を眺めることを含め、俯瞰して見ることをした上で、さらにはエンパシーを発揮する**。そのようにして、**異なるまなざしの先にある世界を感じ取ることをしながらも、最後は自分が決めることを覚悟して引き受ける、という類の選択になる**だろう。これが、ベネット（Bennett, 2017a; 2017b）の提案するもうひとつのペリー（Perry, 1970）の考え方、「**相対主義の中のコミットメント**」（commitment in relativism）になる。

「相対主義の中のコミットメント」に関してペリーは、認識や価値を認めることは、時間と状況の中で相対的なものであり、そのような世界で、個人は選択と肯定の責任に直面すると述べている。したがって、「相対主義の中のコミットメント」を一言で説明するなら、**相対化し続けながら、何にコミットしたいかを自分の意思で選び取る立場**ということができるだろう。この姿勢を表すのであれば、"relativism"（相対主義）という言葉より、"relativize"（相対化する）の方がふさわしく、英語で言うなら "make commitment while continuously relativizing" になり、「**相対化し続ける中でのコミットメント**」と呼ぶ方が、構成主義的なアプローチにはなじみやすい。

ベネットは、自分が「悪い」と思っていることを相手がどんなふうに「よ

い」と考えているのかを理解することなしには、倫理的な選択もコミットメントもできないと述べている（本書のベネット講演録を参照）。つまり、**相手が現実的で正当性あるものとして肯定している選択を、相手が見ている通りのものとして受け止め、実現可能な選択肢の中にいったんは加えられることが重要になる。これにはエポケーとエンパシーが必要だ。そして、それでもなお、その選択に反対し、別の選択肢を選び取るとするなら、それは相対化し続ける中でのコミットメント**といえるだろう。

　構成主義的な立場からのコミットメントとは、**意思決定に自分の願いや思いを重ね合わせる**ことでもあるということができる。ベネットは2019年の多文化関係学会年次大会の基調講演[13]において、**サステナブルな異文化感受性**のためには、異文化間のよい関係に反対する人びとの意見を変えようと尽力して消耗するよりは、**すでに異文化間の関係をよくしようとすることに賛同している相対主義的な人びとを支援して、メタ意識のレベルを行使できる人びとのクリティカル・マス**（この流れの起爆剤となるだけの数）**を得られるようにする方がよい**と語っている。

　サステナブルな異文化感受性のためには、私たちが自分を磨き、仲間を手助けして、共に成長することによって、社会の中での存在感を増すことが大切ということだ。それがいつしかひとつの流れとしての推進力を得ると、社会に時流を生み出して、興味や関心を持っていなかった人たちにも可視化された存在になる。そのときに、経験盲が解消されて「若い女性と高齢の女性」(p. 307)の両方が見えたときのアハ体験のように、知覚が一気に変化すると、その中から、私たちに見えている現実と同じように見るようになる人があらわれる。この願いや思いを込めた意思決定の積み重ねが予言の自己成就となり、来るべき社会の姿をつくるといえるのではないだろうか。

13　ベネットの基調講演 "Reconciling the Dilemmas of Intercultural Consciousness: Constructing Self-Reflexive Agency (Metaconsciousness)"（「異文化間意識のジレンマを調和させる：自己再帰的なエージェンシー［メタ意識］を構築する」）については、多文化関係学会第18回年次大会のサイトより当日の資料と報告書をダウンロードすることができる。報告書は多文化関係学会のニュースレター第36号（2020年2月）にも掲載されている。Evanoff, R (2020). Milton Bennett on metaconsciousness, intercultural communication, and the DMIS. Japan Society for Multicultural Relations Newsletter 36. 9-13.　三河内彰子 (2020)「Reconciling the Dilemmas of Intercultural Consciousness: Constructing Self-Reflexive Agency（異文化間意識のジレンマを調和させる：自己再帰的なエージェンシー［メタ意識］を構築する）に参加して」多文化関係学会ニュースレター36 5-8

8 「みんなちがって、みんないい。」の続きは何？

『私と小鳥と鈴と』

金子みすゞ

私が両手をひろげても、

お空はちっとも飛べないが、

飛べる小鳥は私のように、

地面を速くは走れない。

私がからだをゆすっても、

きれいな音は出ないけど、

あの鳴る鈴は私のように、

たくさんな唄は知らないよ。

鈴と、小鳥と、それから私、

みんなちがって、みんないい。

『金子みすゞ童謡全集』
（JULA出版局）より

　「私と小鳥と鈴と」（金子, 2004）という詩の「みんなちがって、みんないい。」はあちこちで使われているため、みなさんも聞いたことがあるだろう。この詩の言葉は心に響く。だが異文化コミュニケーションでは、「みんなちがって、みんないい。」を相対主義的に解釈することで終わってしまうと、その先が行き詰まる。さて、はたして金子みすゞさん自身はどうなのか？　この詩を相対主義的な観点から書いているのだろうか？　みなさんならこの詩をどんな風に読みたいと思うだろうか？　もしみなさんが「みんなちがって、みんないい。」から始まる新しい詩をつくるとしたら、その続きをどんな風に書くだろう？　みなさんの生きたい「異」と共にある世界を想像して、「みんなちがって、みんないい。」から先に言葉を紡いでいこう[14]。

（第17章　山本志都）

14　「みんなちがって、みんないい。」から始まる詩をつくることをエクササイズとして行うこともできる。

私たちはどこへ向かおう？

未知なる未来への意識を
整える！

カルロ・ロヴェッリ（Carlo Rovelli, 2017）の優れた著書『時間は存在しない』によると、我々は時間の経過とともに歩む道を選ぶことを考えるべきではない。それよりも、**未来の可能性が我々に向かって押し寄せてくる**（future possibilities rushing towards us）と考えるべきだ。この発想の転換は、現在の責任に対する私たちの考え方にも影響を及ぼすものである。前に進もうと考えるとき、今の立場の延長線上で最善と思われる道を選ぼうとする傾向が私たちにはある。だが、未知の可能性を考慮すると、今の立場で考えたことが新しい環境での生き残りに通用するとは限らない。いざというときにその方法は実行可能性がなくなっているかもしれないのだ。だとすれば、想定外の事態に対応できるように、シンプルに備えをしておくことこそが最善の道になるだろう。そのためにはどうすればよいのか、それを考えることがこの章のテーマとなる。

1 向かってくる未来への備えを、過去のターニングポイントに学ぶ

ほとんどの生物には将来について考える余裕（もしくは負担）がない。プログラムされた通りに行動し、環境にあまり変化がない限りはそれで生き延びることができる。環境が変わったとしても、変化が大きすぎるものではない限り、生き物たちは自らの構造や行動を新しい環境で実行可能となるよう変えられる。たとえば、ダーウィンが研究していた有名なフィンチは、大きさが変わっていく木の実を食べるために、世代ごとにくちばしの大きさを変えて進化した。また、日本やその他の国のカラスは、（一部の報道によると）

動物のエサ入れにコインを入れる能力など、都市生活における新しいスキルを発達させている。しかし悲しいことに、環境変化があまりにも大きいとき、種は単に絶滅してしまう。

　ホモ・サピエンスという種は、非常に特殊なスキルを身につけており、それによって選択肢を増やしてきた。本書の序文で述べたように、**人間は言語を使って自分自身を参照する能力を発達させたおかげで、自分の行動を選択することができるようになった。**つまり、環境が変化しても生き延びられるかどうかわからないまま、ただ待つ必要はなく、環境を特定の方法で変化させるか、もしくは、自分自身を特定の方法で変化させるかの選択を行うことができるようになった。たとえば、寒すぎる環境では、自然淘汰によって大部分が命を落とし、最も毛深い個体だけが生き残るまで待つ必要はなくなった。代わりに、暖かい服を着たり（宇宙服でもよい）、火を焚いたり（電気ストーブでもよい）することができるのだ。経済活動のために工場での作業調整が必要になったときも、誰かが居眠りをして機械に押しつぶされるまで手をこまねいて見ている必要はない。昼間はずっと起きていて、夜はずっと寝ているというように、起床・就寝のリズムを変えることができるのだから。つまり、テクノロジーと選択の組み合わせによって、人間はある程度まで自然進化を免れ、人工的な進化の力を自らに与えるようになった。

　この本を書いている現在において、人間が自然の進化の圧力から逃れたことで、他の生物種や地球の生態系全体に大きな犠牲を強いていることは明らかといえる。そして、パンデミックやその他の生態系災害が深刻化している中で、人間がこうした圧力から逃れ続けることができるかどうかは不明なのだ。この危機に対するこれまでのアプローチは、環境をコントロールするための努力を倍加させ、汚染につながる行動をある程度まで抑えることだった。しかし、未来が過去とは大きく違うものになるのであれば、こうした対策だけでは生き残れなくなる。ここで問題になるのは、他に何をすることが必要かで、それが何であるかを、どのようにして想像できるかということになる。

　「未来が私たちの方へ向かってくる」という視点は、過去から何も学ぶことがないということではなく、過去を繰り返すことがあまり効果的ではないということを意味している。特に、種の歴史の中で大きな変化が起こり、後から振り返ると想像もつかないほど状況が変わっていたというような時代において、このような**ターニングポイントに人間がどのように対処してきたかを知ることは非常に有益となる。**歴史学者らの分析にもとづいて、ここでは「認

知革命」と「意識革命」という2つのターニングポイントを紹介する。これら
は私たちが今直面しているターニングポイントの指針となり得るだろう。

2 「認知革命」

（1）言語をメタファーとして使い、神話をつくる

　ユヴァル・ノア・ハラリ（Yuval Noah Harari, 2011）は、著書『Sapiens:
A Brief History of Humankind』（邦訳『サピエンス全史：文明の構造と人類
の幸福』）の中で、7万年前から3万年前の間に起こった人類の発展におけ
るターニングポイントを「**認知革命**」（Cognitive Revolution）と呼んでいる。
その時期にサピエンスがより大きな集団の中で協調する能力を獲得したこと
で、同種のヒト類から脱却したという共通の歴史的見解を、ハラリは共有し
ている。これにより、サピエンスは、同時代の最強の人類であったネアンデ
ルタール人を含む、他のヒト科の集団よりも明らかに優位に立った。

　このように集団を組織化する偉業をサピエンスが成し遂げたメカニズムは
言語にあり、特に**言語の記述力をメタファー**（隠喩）**にまで拡張したこと**に
よるものだった。多くの生物は、環境内の具体的な物体を示す音やジェス
チャーなど、さまざまな形の記述言語を使っている。たとえば、ミツバチは
食物源の位置を示すジェスチャーを振り付けていたり、鳥は縄張りを確立さ
せる歌や危険を示す鳴き声を持っていたり、チンパンジーは見た物や欲しい
物をいくつかの言葉で表現することができる。人間はより豊富な記述語彙を
持っており、単に危険を知らせるだけでなく、ライオンやトラなどの危険な
大型肉食猫を区別するなど、微妙に異なる種類の危険を示すことができる。
また、人間はより細かい記述的な分類をするだけでなく、比喩的な言葉を使っ
て何か別のものを「象徴して表す」ことができる。たとえば、「彼は本物の
虎だ」という比喩は、その人物が肉食の猫であるという意味ではなく、強さ
や攻撃性の資質を持っていることを意味する。

　集団活動を調整する上で、記述言語の持つ力は明らかといえる。「虎が来
る」と言えることによって、大型肉食ネコの形をした危険がせまっているこ
とを群れの仲間に知らせ、協力して防御できるということは、弱い霊長類の
集団にとっての強みとなる。また、同じ記述言語を使って、虎の待ち伏せや、
夕食のための鹿の待ち伏せを計画することもできる。しかし、**比喩的な言語
が集団の調整という目的にどのように役立つのか**はあまり明らかではなく、

ここでハラリの推論が面白くなる。

　ハラリは、比較的最近になってサピエンスが言語におけるメタファー使用を発達させたことで、２つのことができるようになったと考えている。その１つ目は、「精神／精霊」（英語ではどちらもspiritで表わされる）や「忠誠心」のような**完全に想像上のものを創造することができるようになったこと**だ。**架空のものを創造するメタファー言語の能力は、サピエンスに目の前の具体的な経験を超えた意味の共有をもたらした。**人びとは集団的に「自分たちは天の精霊（spirit）の子孫である」とか「自分たちは風と火と水で構成されている」などと言うことができるようになった。そして、自分や他の人の行動を、「天の精霊の意志だ」とか「風は火よりも強いからだ」などと説明することができるようになったのだ。

　このような信念を共有できるようになったことで、人びとはその信念という観点から互いを評価するようになった。これが２つ目で、**人びとは信念としてつくり出した想像上の資質を誰が持っていて、誰が持っていないかについて、噂話をすることができるようになった。**そうやって陰口を含む噂話をすることで、**互いを受け入れたり拒絶したりすることもできるようになった。**このようにして私たちの祖先は**集団の境界**を拡大し、より多くのメンバーを取り込むことで特定の活動に特化して、より大きく協調した集団活動に貢献することができるようになっていった。

（２）「認知革命」からの教訓を学ぶ

　人類の歴史の中で、メタファー意識の獲得が最大のターニングポイントの１つであったことは間違いない。イデオロギーにもとづいた巨大なヒエラルキーの中で生活するという考えは、それ以前の狩猟・採集生活を営む小さな集団には想像もつかなかっただろう。では、そこから何を学ぶことができるだろうか？　私は、未知の未来に備えるのに役立つ２つの教訓を提案したい。

①　物象化と脱物象化

　メタファー的な言語の使用こそがサピエンスの際立った特徴といえる。変化に取り組むための潜在能力を理解するには、メタファーを用いることが私たちにどのように作用するかを理解する必要がある。たとえば、それがつくられた考えであるにもかかわらず、言語が考えを「モノ」として参照することによっていかに**物象化**しているのかを理解する必要がある。先ほどの「精

神／精霊（spirit）」の例で言えば、それは本当にただの考えなのであり、モノではない。しかし、比喩的な言葉によって、「彼は精神を保っている」とか、「それは精神的なものだ」と簡単に言うことができる。精神を失ったり、精神を取り戻したり、精霊を招き入れたり、精霊を祓ったり、その他様々な方法で「精霊／精神」をモノのように操作することができる。**いったん考えがモノになると、その考えは、もはや通常用いられている目的以外には採用されることがなくなり、操作されるのみとなる。**考えがモノになることによって、そのモノを失うことを恐れたり、それを得ることに喜びを感じたりすることができる。過去にしか関連性のない物象化した神話に支配された場合は、その神話を抜きにした未来を考えることなど怖くてできなくなってしまう。

「精霊／精神」のような**重要な概念を捨て去ることなく維持したまま、物象化するということを避けるにはどうすればよいか。**それには、「**所有**」を「**行動**」に置き換えることを試みるべきだ。英語では、"have" という動詞を "do" という動詞で表現し直す。つまり、私たちは精神を「持つ」ことはないが、精神を生み出すことはできる。このようにすれば、私たちは「精神性を持った存在」としてあるのではなく、「精神的なやり方で行動する」ことができるようになる。概念とは「持つ」ものではなく、さまざまに定義づけ、創造するものであると考えることによって、既存の概念を変化していく状況に合わせて適応させていくことができる。

この「**脱物象化**」のプロセスは、宗教的信念や政治的イデオロギーに関連するものを含め、あらゆる概念に適用することができる。**未来が接近しつつあるとき、それはまだ特定の形を持ってはいない。もし未来に私たちが物象化した宗教的、政治的信念を押し付ければ、その未来は過去の形をとることになるだろう。**しかしこれまでとは根本的に異なる未来において、過去のものをそのまま成立させることができるとは思えない。

② 過去のナショナリズムの誤った適用

サピエンスのもう１つの特徴は、軍隊から、村落、国家、さらにはより大きな組合や連合体にいたるまで、規模の大きな集団を形成するところにあらわれている。ローマ帝国のように、手に入れた集団に集団的神話を押し付けることなく拡大したという例もあったかもしれないが、近代の植民地主義や帝国主義の形態では、拡大する集団の政治的・宗教的神話への同化を積極的にうながした。**統一されたメタファー（神話）を押し付ける傾向は、「私たち」**

という１つの物語に新しい人びとを組み込むことで、より大きな集団を形成してきた過去の時代からの名残であるといえる。しかし私たちは、過去の解決策として利用していた神話化という方法を、現在私たちが生きている新しいポストコロニアルの世界にも、押し付けようとしている。たとえば、ここ数十年の間に、欧州連合（EU）は既存の国家のアイデンティティ（フランス人、イタリア人、ドイツ人など）に、より大きなヨーロッパ・アイデンティティを加えようと試みてきたし、アメリカはこの２世紀半もの間、連邦政府のアイデンティティと、州（テキサス州、カリフォルニア州など）や地域（南部人、北部人など）のアイデンティティを共存させようとしてきた。これらの地域機関が、代替的な、あるいは、それに匹敵するくらいの集合的神話を形成することに根本的に失敗したくらいなのだから、国連がそれに失敗しても当然のことといえる。

　何が起きたかというと、私たちは、**うまくいく見込みがあまりなく、生存可能性を高めることのできない未来像を創造してしまっていたのだ**。この場合の未来とは、植民地時代以降の地域間協力のことになるのだが、どう対応すればよかったかについて、私たちは**ナショナリズムや部族主義以上の新しい考えを持っていなかった**。この新しい未来において、人びとはあまりにも相互につながっていて、経済階級を過度に意識し、メディアの操作からの影響を受けやすいがゆえに、過去の単純な神話に戻ることはできなくなっている。比喩的に言えば、互換性のない新たな状況に対し、過去から慣れ親しんだできた解決策を使おうとしたことで、私たちは自らを絶滅危惧種リストに載せてしまったのだ。減少し続ける氷に頼らなければならないホッキョクグマのように、人類は新しい条件に対処するための新しい方法を生み出さないことによって、自らを絶滅の危機にさらしているともいえるだろう。

　ここに示したような例において、私たちはより大きな地域主体に関連した異なる形態での統一性を考える準備をしなければならない。次のセクションで述べるように、**これまでの「これか、あれか」という二元論的な考え方を、「これも、あれも、どちらも」に変える必要がある**だろう。つまり、より「**弁証法**」的な考え方が必要になる。弁証法といっても、より完全な統合を目指すマルクス主義の弁証法ではなく、**意見の対立があるとき、一方が他方を抑圧することなく、継続的に調和させていくという意味での弁証法**になる。より大きな多文化集団での生活に適応できるかどうかは、サピエンスの進化におけるもう１つの大きな革命、次に紹介する「意識革命」のツールをどれだ

け使いこなせるかにかかってくる。

「意識革命」

（1）自己意識のメタファー的構築

　ジュリアン・ジェインズ（Julian Jaynes, 1976）の著書『The Origin of Consciousness in the Breakdown of the Bicameral Mind』（邦訳『神々の沈黙：意識の誕生と文明の興亡』）は、ハラリの『サピエンス全史』より半世紀も前に書かれた本だ。この本では人類のもう１つの大きなターニングポイントである「**自己再帰的意識**」（self-reflexive consciousness）の発達が、歴史的な分析にもとづいて論考されている。ジェインズの主張によると、人類がこの新しい能力を獲得したのは、わずか３、４千年前だった。ここでは、**このターニングポイントを「意識革命」**（Consciousness Revolution）**と呼んで、認知革命の次のステップに位置づけたい**。ハラリと同様に、ジェインズも意識を人間のメタファー的な言語使用と関連づけているが、そのやり方はより新しく、より具体的といえる。ジェインズが正しいとすれば、未来に備えるための教訓を得るという点において、彼の推論が示すターニングポイントは、認知革命よりもさらに重要なものになるだろう。

　自己再帰的とは、自分自身を能動的な対象として記述することを意味している。人類の歴史において、これは言語の使用における次のステップのようなものになる。まず、人類は木や虎といったものを指すためだけに言語を使っていた。やがて、認知革命において、人類は考えに言及するために、メタファーを使い言語を隠喩的に使用する能力を獲得した。そしてそれによって、発明された考えを共有する大規模なグループを調整するための基盤を手に入れた。そこからさらに、**意識革命では、人類は言語の使用者としての自分自身を指すために、言語を比喩的に使用する能力を獲得した**のである。

　ジェインズが人間の物語を取り上げたとき、神話に支配された集団はすでに存在していた。古代の人びとが実際にどのように大きな集団を構成していたのか、その詳細は推測の域を出ないが、歴史的な記録から確かなのは、それらの集団が互いに殺し合うことに多くの時間を費やしていたということだ。３千年前の東アジアの社会の歴史を見ても、やはり同様に、暴力が常態化していたことがわかる。

　ジェインズは、３千年前から４千年前の間に、社会的・物理的環境の激変

があり、さまざまな集団が互いの行く手に入り込むことになったと考えている。部外者を同化させるか、殺すかという伝統的な行動は、新しい混雑した社会環境では次第に機能しなくなった。そこで生き残れたのは、新しい環境に適応するための新しい戦略を生み出すことのできた集団だった。ここで、ジェインズは非常に大きな主張をする。ジェインズの示唆するところによれば、**自己再帰的意識が、社会や環境の変化に対応するための進化的な適応戦略の一種であった**というのだ。私たちの比較的最近の過去に起きたことについてジェインズが正しいとすれば、私たちはまだその適応の過程にあるのかもしれない。そして、その適応の過程をより詳しく知ることで、現在の変化に備えることができるかもしれない。

　「意識革命」の有力な証拠は、その時代の前後に作成された文書にある。それまで言語は物事や出来事を説明することに使われてはいたものの、その文章の作者についての言及はなされていないのが普通だった。つまり、**人びとは物事について話すことはできたが、自分のことを物事として話すことはできなかった**ということだ。**その後、文章には作者への言及が含まれるようになった**。この自己言及能力は、文字システムの発展と平行していた。原初の文字では、マーク（印）は物を数えたり示したりするのに使われていたが、体系化された記述体系では、マーク（印）は話し言葉を符号化するのに使われるようになった。

　体系化された記述法によって、作者は自分の発言をどのように符号化しているか、また読者が自分の書いたものをどのように解釈するかの両方を考えることができるようになったのではないかと推測される。これが自然な能力ではないということは、私自身の教育経験からも断言することができる。生徒は、自分たちが文章の中でどのように言語を符号化しているかを自動的に意識することをしない。だが、ひとたび言葉を文章にするプロセスに注意が向けられるようになると、より詩的であるとか、より正確であるとか、特定の読者にとってより理解しやすいとか、様々な理由で表現の**代替的な形式を「選択する」能力を身につけることができる**。現存する初期の文献の中には、著者による自己への言及の例がいくつか見受けられる。これが現在では「**オーサーシップ**」と呼ばれている。作者は、自分自身について書く際に、自らもまた世界の中における物体であるかのように書くことができるようになった。さらには、自らの描いた客観的な自己には選択することも可能であるということを示せるようになった。

選択するという新しい能力によって、私たちの祖先は、他の集団の人びと
との関わり方を選択するという、これまで不可能だったことを実行できるよ
うになったと考えることができる。初期の認知革命と農業革命の成功によっ
て人口が増加し、自己再帰的な言語の使用によって意識の生まれたことが、
新たな**共進化**（co-evolution）の状態をもたらし、それが今日まで続いている。
ある程度の自己再帰的意識を身につけた人間は、他人が自分と同じ人間であ
ることを想像することができるようになり、その結果、恐怖心が薄れ、他者
とのコミュニケーションは取りやすくなったと考えられる。自己再帰性と集
団間接触が共進化して、今日のような相互に関連し合う世界が生まれたとい
えるだろう。

（2）「意識革命」からの教訓に学ぶ

　私たちはまだ自己意識からの教訓を学んでいる最中ではあるが、現時点で
明確と思われることがいくつかある。

①　オーサーシップへの気づき

　これは人間の歴史の中で、比較的、最近になって発達したものなので、人
には「言語本能」と同じような意味での「意識本能」はないと思われる。言
語学者のスティーブン・ピンカーによれば、言語が人類の進化の中心的な役
割を果たしてきたことを踏まえると、言語（あるいは少なくとも言語を獲得
しようとする傾向）を人類の本質的な特性、つまりは本能であると考えても
よい。確かに、人には自然に言語を学び、使用する傾向があるように思える。
一方で、人は自己再帰的な意識を日常の現実の一部として利用しようとはし
ていない。もしかすると、自己認知や初歩的な「心の理論」（他人が多かれ
少なかれ自分と同じように考えているという仮定）のような自己再帰性のい
くつかの側面は、言語のように本能的に機能しているのかもしれない。しか
し、オーサーシップや「**エージェンシー**」（**自分には重要な選択をすること
ができるという信念**）という考え方は、私たちの経験にそれほど深くは根付
いていない。

　したがって、**世代が新しくなるたびに、私たちには意識を学ぶ必要がある。**
もし自己意識を学ばなければ、意識以前の昔の状態に戻ってしまいかねない。
他の集団を、避けるべき、あるいは打ち負かすべき非人間的な力と見なす、
かつてのあの状態にだ。自己意識について学んでからわずか3、4千年後の

今を生きる私たちは、人類の初期における「本能的」な経験から、まだ遠く離れてはいないといえるのかもしれない。

②　科学的思考と批判的分析

　自己再帰的意識を体系化する試みは、科学と批判的分析（クリティカル・アナリシス）**の中で行われている**。こうした考え方を身につけることによって、人は自分自身の自己再帰的意識を鍛え、本能として定着させることができるだろう。

　科学とは意識革命以降、多くの社会で生み出され、実践されてきた活動であり、古代中国とインドにおける天文学と数学の発展、エジプトの医学、ヨーロッパの暗黒時代におけるビザンチンやイスラムの発見、そしてもちろん、16世紀から始まったヨーロッパの科学革命など、今日まで世界中で続いてきた。**あらゆる科学の特徴は探求することにあり、それを可能にしているのは、意図的に質問を投げかけ、答えを探すことのできる、意識的な自己である**。その意識的な自己と対照的な関係になるのが、前意識的な自己の状態といえる。知識の中でも、私たちが集団での実践に参加する中で無意識のうちに身につけている知識の多くは、過去から受け継がれてきた知識であり、そのたぐいの知識とは、過去の試行錯誤から生み出されたテクニカルなものに過ぎない。それは新しいものを意図的に求めようとする知識とは異なっている。集団に所属するとは、そのような前意識的な状態に置かれていることを意味している。それゆえに、私たちは意識的な自己の状態を呼び覚まし、知識を求めていかなくてはならない。

　科学的思考を身につけるとは、特定の方法で自己意識を働かせる方法を学ぶということだ。その1つ目とは自分を「**客体化**」（objectify）する方法を学ぶことで、これが「客観的観察」の基礎となる。客体化のプロセスは、人間が「意識革命」で最初に学んだことであり、**自分自身を現実世界の作者、**または、**因果関係を引き起こす主体として見なすこと**が相当する。客体化は物象化ではない。先に述べたように物象化とは、自分が「行っている」（do）ことであるという自らの役割を忘れ、たとえばアイデンティティなど、どんなものでも自分が受動的に「持っている」（have）ものであると思い込むことだ。それに対して、客体化とは、自分自身を他の物事を引き起こす能動的なものにすることになる。

　2つ目は**質問の仕方を学ぶこと**で、これは科学でいうところの「仮説を立

てる」ことが該当する。よい質問をすることはよい答えを見つけることよりも重要かもしれない。なぜなら質問は私たちが何について学ぶことが重要であるとするかの価値観を示している。

　3つ目は、**エビデンス（証拠）を自分で評価する方法を学ぶ**ということだ。たとえば、政治家や宗教家など、誰かから真実を教えてもらう必要はない。代わりに、真実の主張がどのような証拠にもとづいているのかを知ることを要求することができる（そして、そうするべきだろう）。インターネットで陰謀論が飛び交う昨今、エビデンスがどのように事実と結びつけられているかを科学的な観点から理解することが、かつてないほど重要になっている。

　批判的分析とは、科学的思考を一般的な物事に適用することと考えることができる。批判的分析には、ある声明や主張のなされているコンテクストを判定することが含まれる。たとえば、「すべての人に人権がある」という声明を批判的に分析するには、この声明の生まれた文化的なコンテクストはどのようになっているのか、宗教的コンテクストは何か、普遍性を主張する根拠とは何か、といったことが問われることになる。この立場に同意するかどうかは別として、批判的分析を行ってみると、この声明はもともとヨーロッパの文化的コンテクストの中で生み出されたものであり、人間が個人として行動することが最も自然な状態であるという典型的なヨーロッパの前提を置いており、基本的な価値観は、そう思うかどうかにかかわらず、すべての人間に適用されるという一神教的な哲学的前提をも組み込んでいることがわかってくる。このような批判的分析の後では、「誰もが人権を持っている」という言葉に同意するときは、**自分が何に同意しているのかをわかった上でそう言えるようになっている**だろう。また、**この言葉のある側面には同意できないと言おうとする場合でも、曖昧にではなく、正確にそうすることができるようになる**。たとえば、「すべての人のところに、個人の権利と対立する権利をもつ可能性のある集団も含まれるということを付け加えるのであれば同意できる」などと、言うこともできる。

　異文化コミュニケーションは、このように科学的な批判的分析を、どうすれば文化的集団が協調性を高められるか理解することのために応用している。つまり、**異文化コミュニケーションを学ぶとは、単に異なる文化がどのようにコミュニケーションをとるのか、あるいはどのようにすればお互いにうまく適応できるのか、といったことを学ぶにとどまらない。それは自己意識という人間の新しい能力をどのように開発して、応用するかを学ぶこと**に

まで及んでいる。

③　責任感の醸成

　まとめると、「意識革命」は人類の歴史の中で**最も新しい共進化的なターニングポイント**になっていたといえるだろう。「**意識革命**」によって、私たちは自分自身のことを、**選択できる客観的な存在として見ることができるようになった**。当初の選択は、他の集団の人びとを殺すかどうかといった基本的な選択だったのかもしれない。しかしやがては、宇宙がどのように活動しているのか、私たち人間が個人的に、文化的に、そして種として、そこへいかに適合しているかを含め、体系的かつ批判的に考える能力へと進化した。未来が何をもたらすにしても、それに向き合うためには、私たちが自己再帰的意識と批判的分析を十全に発揮する自己である必要がある。もし、今の人類がもてる潜在能力を私たちが十分に発揮できないでいるのだとすれば、それは、言語など、人類がこれまでの歴史を通じて培ってきた基本的な道具を何も持たずに未来と向き合うようなものといえるだろう。そのような意味で、私たち一人一人には、私たちの種全体が意識的になることへの責任がある。

4　メタ意識への移行

　過去二回の人類の革命から学ぶべき教訓は、**革命には次がある**ということだ。人類は、言語を使って何かを発明することのできるユニークな存在として進化してきた。人間は、孤立した大きな集団を自ら調整して協調させることのできる神話を発明し、その過程で言語のメタファー的な側面を作り上げ、文字を発明した。大きな集団が増えすぎて、それぞれが孤立した存在でいられなくなると、集団間で行動を調整する方法を発明し、その過程で自己覚知と批判的思考を発達させた。今日では、これらの集団は密接に結びついており、科学的にコントロールできる域を超えた環境への負荷を生み出し、自分たちの分析能力を超えるような膨大な情報の流れを生み出している。そろそろ何か新しいものを発明する時が来たのかもしれない。

　私にとって、認知から意識への流れは、**意識のもう1つのメタレベルの発明**を示唆している。まず、この意味を説明し、そのうえで、近い将来に起こり得ることと、そのために準備できることについて考えてみることにしよう。

（1）メタレベル

　私たちが言語を使ってものを参照するとき、私たちは言語の基本的なレベルで活動している。これは英語では言語の「リテラル」な使用と呼ばれるもので、環境の中の特定の物体を参照するという言語本来の機能に当たる。人類は、種の歴史のほとんどにおいて、この基本的なレベルで言語を使用してきた。ハラリが「認知革命」と呼んだのは、言語の最初のメタレベルである「メタファー言語」の開発だった。英語では、言葉が他の言葉を参照する「比喩的」な言語の使用と呼ばれている。たとえば、「彼女はあたたかい人だ」というのは比喩であり、その人物の体温が高いことを意味しない。英語では、この比喩は、その人が親しみやすいとか、歓迎してくれるということを意味する。ほとんどの基本的な比喩と同様に、「あたたかい」という比喩は、体の感覚の名称を使って、何か他のもの、この場合は、性格や人間関係の質、を指している（Lakoff & Johnson, 1980）。「神に選ばれし」や「神風が吹く」というような集団神話も、この種のメタファーの延長線上にあるものといえる。

　「意識革命」は、**言語のもう１つのメタレベルである「自己」をもたらした。**「自己」は環境の中の具体的なものを指しているわけではなく、神やその他の自然の力の比喩とも異なっている。**自己というメタファーは、それらのものを「観察すること」を指す。**それは第二のメタレベルに存在し、**神話や信念などのメタファーを観察し、それら観察したものの中から選択することができるという可能性をもたらした。**人間が自己再帰的な意識を発達させる以前は、人びとは物事や考えを認識してはいたものの、「自分が認識していることに気がついている」というわけではなかった。自己というメタファーがその能力を生み出した。**自己というメタファーで自分を自覚することをたとえられるようになったがゆえに、その「自己」が選択をしたり、オーサーシップの意識を持ったりすることも可能になった**

（2）メタ意識

　この論理に従うと、次のメタレベルは、**意識に対して意識的になる能力、**つまり私が「**メタ意識**」（metaconsciousness）と呼んでいるものになる。このレベルでは、**「自己」自体が意識による構築物であり、私たちの「自己」によってなされたすべての観察もまた、したがって構築物であるということに気がつくことができる。**もちろん、この考え方は新しいものではない。仏教をはじめとする多くの精神修養の分野では、現実のすべてがはかないもので

あることを認識することを「悟り」と定義してきた。近年では、20世紀半ばから、「構成された現実」(constructed reality) という考え方が、1) ベンジャミン・リー・ウォーフ (Benjamin Lee Whorf, 1956b)、ジョージ・レイコフ (George Lakoff, 1986) のような言語学者や一般意味論での活動 (Korzybski, 2010; Hayakawa, 1978)、2) グレゴリー・ベイトソン (Gregory Bateson, 1979) のような人類学者や異文化コミュニケーションでの活動 (Hall, 1959; Bennett, 2013)、3) ジェシー・デリア (Jesse Delia, 1977) や構成主義的なコミュニケーションでの活動 (Barnlund, 1998; von Glassersfeld, 2003)、4) ジョージ・ケリー (Kelly, 1963)、ポール・ワツラウィック (Paul Watzlawick, 1967; 1984) などの心理学者と認知スキーマ運動 (Piaget, 1954; Vygotsky, 1978)、そして5) ウンベルト・マトゥラーナ (Humberto Maturana, 1988; 1992) のような社会生物学者とセカンドオーダー・サイバネティクス運動 (Mead, 1934; von Foerster, 2003) において展開されてきた。このような人びとは、**現実を定義しているのは人間の知覚であり、その現実とは観察者としてその現実を観察する私たちを含む現実である**、という考えを詳細に述べている。みなが何らかの形でメタ意識の実践的な活用法を模索してきたともいえるだろう。

　メタ意識を実践的な側面からとらえるのは重要なことだ。というのも、あまりにも高度なメタレベルで意識を働かせていると、直接的で具体的な世界の経験から切り離される危険性がある。これは私たちの想像の外側にあるものはいずれもリアルではなく、何もない（なぜならそれらは自分の意識によってつくり出されたものだから）という考え方になることで、そのような考え方を「**独我論**」(solipsism) という。

　現実の中に私たちが見出している区別 (distinction) というのは、観察者である私たちがつくり出した**知覚的な区別**であると構成主義では考える。しかし独我論とは異なり、その区別を、人の肉体に直接影響を与えることができるという意味で「リアル」なものとしてとらえている。人が車輪を概念化し、エネルギーを運動に変える方法を理解しなければ、機関車なぞ存在することはなかったと言ったところで、機関車の前に歩み出れば確実に命を落とす。同様に、人間が翼を進化させていないことが事実である以上、高いビルから無防備に飛び降りれば確実に死ぬ。もっともその現実は、パラシュートという技術によって変更可能なものになるのだが。

　実際に即していえば、他のどの現実よりもリアルな現実というものは存在しない。なぜなら、「リアル」なものということの非常に実用的な定義を「人

を殺すことができるもの」とした場合、どんな種類のリアリティにもそれが可能であることがわかるからだ。自然界のリアリティには、重力以外にも数多く人を死に至らしめる方法がある。たとえば、毒蛇に噛まれたり、干ばつで餓死したり、ウイルスで呼吸不全になったりなど、さまざまにある。だが、自然界ではない方のリアリティにおいても、敵兵から受けた銃創、自動車事故による外傷、社会的ストレスの蓄積による心不全など、さまざまな形で人を死に追いやるものはある。仮に「リアル」であるということを「本当の何か」と定義したとしても同じである。政治的な場面でよく見られるように、とんでもない嘘でも本当に結果をもたらすという問題に突き当たってしまう。そうなると、**「本当の（リアルな）」現実があるという信念に頼ってしまわないように気をつけながら、独我論的に独りよがりになることの危険性も意識しておけることが最善といえる。**私たちにとって唯一の頼みの綱は、意識を行使する私たち自身の個人的および集団的な能力なのだ。

5　メタ意識を応用する

　人間の適応にとって価値があると一般に考えられている能力の中には、メタ意識のはたらきによるものがいくつかある。人類の進化の段階では非常に稀な能力ということになるが、その1つは「エンパシー（共感）」（empathy）、もう1つは「倫理性」（ethicality）である。

（1）エンパシー

　「**エンパシー**（共感）」とは、他人が抱いているかもしれない人間としての基本的な感情を映し出す能力以上のものを意味する。私が「**シンパシー**（同感・同情）」（sympathy）と呼んでいる方の能力は、明らかにより古い進化を遂げた私たちの一部であり、非常に古いものなので、おそらく脳の神経構造に定着しているのではないかと思われる。それでも、権威や集団からの圧力によって、同情心はいとも簡単に消滅してしまうことが知られている。たとえば、人が他人に苦痛を与える指示に従うかを試したことで有名なミルグラム実験（Milgram, 1974）や、刑務所で行ったシミュレーションで看守役が受刑者役に自発的に罰を与えるようになったというジンバルドによる監獄実験（Zimbardo 1993）などがそのことを示している。

　異文化感受性という意味では、**シンパシーとある程度の自己意識を組み合**

わせれば、自文化中心主義の最終局面である「最小化」に到達することがで
きる。異文化感受性発達モデル（DMIS）の「最小化」では、他の人間の存
在を認識することができており、他人をステレオタイプで単純化する傾向に
歯止めをかけている。そして、私たちは基本的に同じ人間なのだから、基本
的に同じ感情を持っているという、心地よい信念を持つことにより安定して
いる。相手の立場や状況に自分自身の身を置いてみれば、相手を理解するこ
とができるという思い込みは、そこから生まれている。自分が相手の靴をは
いて立ってみれば（standing in someone's shoes ＝相手の立場になれば）、相
手が感じるのと同じように感じるはずという信念にも、同様なことがいえる。
つまり、**シンパシーは類似性を前提としている**。シンパシーは、**相手が自分
とさほど変わらない人の場合には、他者を理解する方法として機能する**。一
般的には、外国人よりも、自分と同じ国や民族の人びとに対してより効果的
といえるだろう。

　**エンパシーは、シンパシーとは対照的に、自分とは異なる人びとを理解す
るために必要なものといえる。エンパシーは違いを前提としている**。つまり、
みなが基本的に同じ人間であるとしても、それぞれの世界においては非常に
異なる経験をしていると仮定する。言い換えれば、人びとは異なる現実の中
で生きていると仮定するのだ。これは、人びとが異なる文化の出身であり、
何が重要で、何が真実で、何が存在するのかについて、多少異なった、ある
いは、かなり異なった想定の下で社会化されてきた場合には、特にあてはま
る。そして、文化的に異なる人びとは、移民、国際研究、世界貿易、インター
ネット通信などを通じて、互いにより多く接触するようになっている。私た
ちが国際社会としてより文化的に多様になり、世界の文化的多様性とより相
互に結びつき、自分自身の文化的境界線をより柔軟にするようになるにつれ、
シンパシーが他者理解を導く力は衰え、エンパシーの必要性が増していく。

　エンパシーには、次のようなメタ意識が求められる。

● 　まず、**人はそれぞれ異なる現実の経験をしていることを仮定する**。そう
　やって、自分のリアルな感情を他人に投影するだけで終わらないようにし
　なければならない。同じように見える状況でも、他の人は異なる感情を抱
　いていると想定することができるようになるためには、**自分自身の経験を、
　構成された現実にもとづいていると見なす必要がある**。そして、**他の人び**

とも現実を構成しているが、それは自分とは異なるやり方によってである、と一般化することが必要になる。この前提は、他者に基本的な人間性を与えることはできても、必ずしも独自性を与えることはできなかった自己再帰的意識のあり方を超えるものになる。メタ意識をもつことによって、私たちが特定のやり方で自己を構築し、そのために独自の経験をしているという見方ができるようになり、そこから、他の人も同様のことをしていると一般化することが可能になるということができる。

● メタ意識によって、他の人も自分と同じ人間であり、自分と同じユニークな存在であることがわかるようになると、それはDMISにおける最初のエスノリラティブな立場、「**受容**」を生み出す。このことは、**メタ意識なしに自文化中心主義を真に克服することはできない**ということを示唆している。というのは、これより低い意識レベルでは、知覚的発達という構成主義的な考え方を支持することができないからである。**このような発想がなければ、他者との関係において期待できるのは、「最小化」を伴う寛容性のみとなる**。なぜなら、現実は1つしかないと考えている限り、その唯一の現実を他人は違った風に経験しているとしか、想像することができないからである。しかし、複数の現実を想像することができるようになれば、「複数の独自性」のことも想像できるようになる。

● あなたのことをユニークな存在であると仮定するとき、私にとってあなたを理解するための唯一の方法は、私自身の現実の経験を一時的に中断し、あなたの現実を想像しようとすることになる。このような共感を自己意識のレベルで行うことは不可能といえる。なぜならそうすることには、そのレベルを定義している自己そのものの停止が要求されるからだ。代わりに必要なのは、**自己を構築物と見なすメタレベルからの操作になる**。そうすることによって、代替的な経験を生み出すのに必要な間、**その構築物を一時停止しておくことができる**。エンパシーの核心は、自分が構成した代替的な経験を、自分とは異なるユニークな他者が経験していることにできるだけ一致させようと試みることにあり、それによって他者の経験を理解しようとするところにある。

● エンパシーをセラピー治療のような一方の側からの活動にとどめず、そ

れ以上のものとするためには、**コミュニケーションに参加するすべての人が相互にエンパシーを行っていなくてはならない**。そのような状態になったとき、「**第三文化**」と呼ばれる状態が生まれる。**エンパシーを用いて互いに共感を試みている人たちのつくりだす相互作用空間のことを第三文化という**。その相互作用空間の現実は、そこに参加する人のうちの誰か1人のリアリティでもなければ、またそれらの単純なハイブリッドというようなものでもない。第三文化は、個人だけで経験するものとは少し違った、あるいはかなり違った経験を生み出すかもしれない。このような相互エンパシーの効果は、グループ・シナジーと言われているもの、あるいは、システムは部分の総和以上のものであるという考え方に似ている。換言すれば、第三文化はメタレベルで起こっている。メタ意識を用いて活動できる人は、そのメタレベルを創造し、経験することで、文化的多様性からのシナジー効果の恩恵にあずかることができる。

メタ意識の日常的な行使は、おおむねDMISの「**統合**」に対応している。言い換えれば、メタ意識があるからこそ、人びとは異なる文化的集団との一体感に移行できる流動的な自己の構築を維持することができる。メタ意識があるからこそ、人びとは文化の間の境界的（リミナル）な空間をも生きることができ、そこからバイカルチュラル（二文化的）やマルチカルチュラル（多文化的）へとシフトしていくこともできる。さらに、**メタ意識があるからこそ、人びとは倫理的な問題に、頑固な二元論でもなく、脆弱な相対論でもない方法で対処することができる**。この最後の問題はこれからの中心的な課題になると思われる。したがって、「**メタ意識の倫理性**」に関していくつかコメントを述べることによって、この章を締めくくることにしたい。

（2）倫理性

伝統的に、善悪の判断は権威者によって明確に定義され、ほとんど、あるいは、全く意識する必要がないようにされてきた。実際、どんな批判的意識の表現にも制限を課すというのは、支配戦略の一部として、現在の権威主義的な指導者らの行動にも見られている。なぜなら、自己意識とは批判的な選択をするための基盤になるもので、そして選択とは、高圧的なリーダーたちが人びとに最も持たせたくないものだからだ。同じ理由で、権威主義的な指導者たちは通常、高等教育に反対する。「意識革命」以降、教育はその使命

に批判的思考の考えを少しずつ取り入れてきた。そのため、教育を受けた人びとの考える善良性とは、単純な「正しいか間違っているか」だけで判断するものではなく、より繊細さを備えた善の考え方にもとづくものになることが一般的となった。

　メタ意識的な倫理性の発達は、異文化感受性の発達と同様に、段階的に起こる。この問題に関するウィリアム・ペリー（William Perry, 1999）とリー・クネフェルカンプ（Lee Knefelkamp, 1999）の古典的著作によれば、初期状態における立場では「**二元論**」（dualism, 単純な善悪）だったところから、倫理的選択がより曖昧な「**多元性**」（multiplicity）へと変化していく。残念なことに、学生の中にはこの段階を超えて前進することができず、道徳的に曖昧な状態、つまり「どうでもいい」（whatever）という状態にとどまってしまう者も多い。

　多元性はある種の相対主義に依拠しており、それが人びとを陰謀説へと導くことがある。そのような人びとは権威に対して疑問を持つだけの十分な知識を持っているが、信頼に足る証拠と一貫した倫理的コミットメントにもとづいて自らの意見を形成する方法を十分にわかってはいない。このようなスキルは次の「**コンテクスト相対主義**」（contextual relativism）で培われる。この段階では、**どのような倫理的立場であったとしても、その理解は、別の代替的な見方をエンパシーにより想像した上でなされなくてはならない**。つまり、自分と異なる意見を持つ人びとにとっての現実性を経験できることが必要となる。**自分と反対の立場がどんなにひどいものに思えたとしても、その立場のよさを相手の観点でとらえた上で、経験しようとすることができなくてはならない**。そうして初めて、単なる二元論や自文化中心主義に陥ることなく、反対意見を持つことができるようになる。

　倫理意識の最後の段階である「**相対主義の中のコミットメント**」（commitment in relativism）は、**自分がよいと信じる立場へのコミットメントを維持しつつ、反対する立場を尊重するための方法**を複雑にまとめたものになる。尊重するということは、他の立場に何らかの形で同意するということではない。**自分の能力（エンパシー）を使って相手のやり方で世界を経験してみるということを行った上で、その立場の人びとにも自分と同等の人間性と善意を割り当てることができなくてはならない**（たとえそちらのやり方を選択しないとしても）。そうしてはじめて、自分の立場を主張したり、投票したり、抗議したり、また、自分の信じる大義のために自分を犠牲にすることさえ辞さないというところまで、私たちにはコミットメントの行使が可

能になる。一方、私たちは、他人を悪だと思ったり、自分よりも人間的に劣っ
ていると思ったりして、他人を滅ぼそうとすることはしない。メタ意識を使
うことができて、すべての倫理的な立場とは構成されたものであるというこ
とを知っているならば、そのようなことは行うことはない。人びとが持つ、
あるいは、持っていないというような、絶対的な真実なぞというものはない。
私たちには、自分が正しいと信じることへのコミットメントのみがある。

6　メタ意識的な議論

　私は上で述べたような倫理的立場にコミットしているのだが、私の意見に
同意しない人がいるのも当然であるということを考慮して、最後にメタ意識
的な議論をしておこう。

　現在はもちろん、歴史のどの瞬間においても、私たちは互いに協力するか
競争するか、部族単位の地域に分割するか、より大きな統一体に合流するか、
昔はよかったと懐古的になるか、未知の未来を受け入れようとするか、といっ
た選択に迫られている。**これらの選択肢は私たち人間が自ら作り出したもの
であり、世界に存在する上で、すべて実行可能で代替的な方法**といえる。**問
題は、私たちが未来にどのような世界をつくりたいかなのだ。**

　私たちは、種としての人間には競争がつきものであることを知っているし、
それを利用することで多くの利益がもたらされてきたことも知っている。そ
して、自由競争は絶対的な勝者と敗者を生み出し、その不公平さが無数の暴
力的な革命を引き起こしてきたということも、私たちは同時に知っている。
私たちは暴力的な革命の世界の中で生きたいのだろうか？　確かに、そう思
う人たちはいるだろうし、そういった人たちにとってそうしたいと思う正当
な理由もあるのだろう。私たちはまた、歴史上のほとんどの期間、部族単位
の集団で互いに離れて暮らしてきたが、その代償として、接触が暴力的な反
応を生んできたことを知っている。歴史上のあの時代に戻りたいのだろう
か？　接触が許容範囲内にまで縮小されると考えているのだろうか、それと
も、我々か、彼らか、どちらかが勝って相手を強姦したり殺したりするよう
な、暴力的な対立の絶え間ない恐怖に再びさらされながら生きることを望む
のだろうか？

　私たちの理解している歴史は、より大きな統一体を求めてきた。その追求
は、より多くの資源を支配したいという願望によって動機づけられており、

そこには競争よりも協力という動機付けはなかった。しかし最近では、無制限の戦争による殺戮を避けたいという動機付けから、統一してまとまることが目指されるようにもなった。人類の歴史において、紛争が戦争へと拡大することを対話と交渉によって回避できるようになったのは、1945年に国連を創立して以来の、ここ最近の80年足らずの間でしかない。私たちは、この方向に進みたいのか、それとも、あの殺戮を再現するような状況に後退したいのだろうか？

　これらが問いかけになる。もちろん、問いは他にもあるが、この種のものになるだろう。私の選択とコミットメントは、競争と協力の弁証法的な統合によって、より一層の結束を目指し、もはや実行不可能な過去を再現するのではなく、より一層未来を受け入れることにある。私はこのビジョンが実現することを願っているが、もしそうならなくても、私たちは人間であり続け、自分たちがつくり出す変化し続ける世界への適応を続けていくだろう。みなさんには、ぜひ最高の意識レベルでこの取り組みをしていただくことを勧めたい。

（最終章　ミルトン・ベネット、［翻訳］山本志都）

異文化感受性発達モデルの新たな理論的含意：
共個体発生的知覚と量子的観測 [1,2]

ミルトン・ベネット

Ｉ）文明による序列づけから観測カテゴリーを用いた代替的経験への参加に向かって

　エドワード・T・ホール（Edward T. Hall）は彼の著書である『沈黙のことば（The Silent Language）』で異文化コミュニケーションという言葉を初めて使いました。これが現在では、異文化コミュニケーションの基本となる説だと考えられています。ホールの考えは、そもそも複雑と言えるもので、我々は普遍的基準を使うことなく文化について考えたり比較したりできるというものでした。

　ホールより以前には、我々が文化や比較文化について語る時、それは誰の方がより文明化しているかという話になりがちでした。つまり、より文明化している人びとと、そうでない人びと、ということです。これは、異なる文化群が普遍的基準に照らして比較されていたからで、当然その基準はその説明を書いた何者かによって作られており、多くの場合、西洋的優位性のようなものを象徴していたのです。ホールは、文化をそれ自身のコンテクスト（文脈）を持つものとして語ろうと試みる上でフランツ・ボアズ（Franz Boas）の布石を辿る、マーガレット・ミード（Margaret Mead）やルース・ベネディクト（Ruth Benedict）、その他大勢によって作られた異文化間関係の伝統に依拠していました。

　そして今我々は、文化だけがそれ自体のコンテクストを持つものではないということを当然知っています。ほぼすべての人間的活動はそれ自体のコンテクストを伴い、我々は異文化コミュニケーションの原理の多くを使って、ここにいる志都さん（山本志都）の言うように、コンテクスト間のコミュニケーションについて語ることができます。それはあらゆるものの非対称性を扱うようなものであり、文化的な非対称性に限られるものではありません。

　ですが、初期の頃に戻ると、このことは主として文化という考えかたに適用されていました。そして文化をそれ独自の用語で理解し、エティックなカテゴリー、構成された分類カテゴリーによって文化を比較できるという考え方でした。私はこれらを、構成された「観測カテゴリー」（observational category）と呼びます。それは、ある

1　この講演録は、オリジナルの書き起こしを本書に合わせて一部省略して構成したものになる。各節の見出しはミルトン・ベネットの了承を得て山本志都が作成した。

2　この講演録の箇所を引用する場合は、以下を参考に適宜フォーマットを各引用形式に合わせて整えた上でご掲載ください。
Bennett, M. (2022). New theoretical implications of the DMIS: Co-ontogenic perception and quantum measurement. DMIS Seminar at the 18th annual conference of Japan Society for Multicultural Relations. ミルトン・ベネット（2022）「異文化感受性発達モデルの新たな理論的含意：共個体発生的知覚と量子的観測」多文化関係学会第 18 回年次大会 DMIS セミナー（2019 年 11 月 16 日）山本志都（訳）、山本志都・石黒武人・Milton Bennett・岡部大祐（著）『異文化コミュニケーション・トレーニング：「異」と共に成長する』三修社 pp. 351-363

種の文化的差異を観察する方法であり、これを用いることによって、誤解を予測するための重要な文化的差異を理解することができるのです。やがてこの目標は、より基本的な目標に包含されました。それが異文化コミュニケーションの鍵となる異文化間での共感（エンパシー）です。これは異文化に関する研究において、ますます重要になっています。文化的なことであれ、他のコンテクストであれ、我々がどのように経験に参加するのか、どのように自分

自身の経験とコンテクストから、代替的な経験へと参加するのかが重要なのです。

　私は、私たちがより論理的に一貫した方法でそれを語る方法を学んでいるのだ、と考えています。そして、代替的な経験へ入り込むというコンテクストにDMISを配置するということが、本日の私の試みになります。

２）異文化感受性発達モデルを量子測定・共個体発生の文脈から理解する必要性

　これは「共個体発生的知覚」（co-ontogenetic perception）に関わることです。共個体発生は生物学の用語で、個体発生や生物学的形状の構成に関係があります。共個体発生や生物学的形状の共構成の考えかたは、より社会学的な視点を持つ構築主義の理論家ではなく、構成主義の理論家によって使用されています。構成主義者は、より神経生物学的な見かたをします。彼らは知覚器官について語っており、それは実際、量子用語で言うと、確率として世界に存在し得るさまざまな可能性を、我々が観察することによって特定の状態へと崩壊させる方法です。そしてこれは量子測定の考えかたです。物事は、こんな風に、そんな風に、あるいはこういう風に、といった具合に、どんなありかたにでもなることが可能なのです。

　ですが、こういった物事を観察する方法、そして我々が逆に観察される方法によって、それらは特定の状態へと崩壊します。そしてこの、特定の状態への崩壊こそが、私が量子測定として言及するものです。これはもちろん、科学哲学に明るいみなさんにとっては、量子力学のコペンハーゲン学派から出発したものですが、より一般的には構成主義のパラダイムから来ています。私が提案しているのは、これが異文化に関わる仕事の新しい方向だということです。つまり、異文化的な仕事は、相対論や文化的相対性への依拠を終わらせる時に達しており、そこを基にすることは出来ても、必ず新しいパラダイムへと組み込まれなければなりません。そしてその新しいパラダイムは一般的に、量子力学あるいは構成主義パラダイムと呼ばれるものです。

　さて、どのようにして経験を発展させるのかという問いですが、私は発達モデルを使おうとしてきました。残念ながら、これが上手く理解されたことは今までなかったと思います。これまでに、「異文化感受性発達モデル」（Developmental Model of Intercultural Sensitivity: DMIS）が、認知モデル、態度モデル、分類表、タクソノミーなど、あらゆるものとして言及されるのを聞いたことはありましたが、経験モデルとして言及されることはほとんどありませんでした。ですが、私は常にそれを意図してきており、今日はみなさんにその歴史的な扱われかたを、「量子測定」（quantum measurement）や「共個体発生」（co-ontogenesis）という新しいコンセプトの文脈で

少しお伝えしたいと思います。

3）ニュートン・パラダイムが異文化コミュニケーションに与えた影響

　我々は社会科学の分野において、大部分を「ニュートン・パラダイム」（Newtonian paradigm）と共に行動してきました。西洋的啓蒙主義以来ずっとです。この部屋にいるみなさんの多くのように、ヨーロッパ人でない人びと、北ヨーロッパ人のように啓蒙時代を生きたわけではない人でさえ、ある程度、伝統的な社会科学を利用している限り、そこに情報を与えている西洋的パラダイムを使っています。ここで私は、多くの事例において科学的革命の構造に関するトーマス・クーン（Thomas Kuhn）の仕事を引用しています。ニュートン・パラダイムとは、観察者は独立していて、客観的であり得るというものです。同じ方向を向いていれば、全員が同じものを見ます。私が見ているものをあなたが見ていなかったとしたら、基本的にあなた自身に問題があるということです。

　線型因果関係（linear causality）はこれに沿います。線型因果関係という考えは、十分な理解さえあれば、物事を完全に予測することができ、制御することができるというものです。この考えはもともと、科学的法則を人間の行動に応用することができれば、人類の状態を改善できるだろうという考えのもと、物理学の外に出て社会科学に応用されていました。この線型因果関係を人間の行動に適用するという意図はしっかりしていましたが、最善の結果をもたらしたわけではありませんでした。

　因果関係で見たときの社会科学では、経験を一連の知識、態度、そしてスキルという観点からとらえます。つまり、私たちは出来事にさらされていて、経験とはなんとなくそこに自然に発生するということです。経験とは、出来事そのものにとっての付帯現象ということになります。

　みなさんのほとんどは、知識、態度、スキルという考えかたになじみがあるでしょう。そしてみなさんは、知識、態度、スキルという考えが、実証主義、あるいはニュートン・パラダイムにかなり深く根ざしているということにお気づきでしょう。しかしもし、これまでと違うことがしたくて、異なるパラダイムで活動したいのであれば、我々は知識、態度、スキルについて語り過ぎることを止めるべきです。それが我々の習慣的なやりかたのようになってしまっています。能力（competence）を定義したい場合であっても、知識は何だ、態度は何だ、スキルは何だ、と話し始めます。

　私は、少なくとも1986年のDMISの出版以来、異文化間能力とその発達を知識、態度、スキルの観点から考えるべきではないと議論しています。異なる文化について多くのことを知っていても、その文化の誰ともあまりうまくやれないということは起こり得ます。人には、他の人を好きになることも嫌いになることもあるだろうし、よい態度も悪い態度もあるでしょうが、それでも異文化の人と関係構築する能力がどれだけあるかには影響がない、ということです。スキルがあっても変わりません。たとえば言語スキルがあっても、異文化の人びととうまく関わる能力はないかもしれません。言いかえれば、経験、つまり代替的経験へのアクセスとは、知識や態度、スキルとはあまり関係がないのです。重要なのは他のもので、その他のものというのが、私が知覚的経験として語ろうと試みているものです。

4）アインシュタイン・パラダイムが異文化コミュニケーションに与えた影響

　現実の相対化であるアインシュタイン・パラダイムは、多かれ少なかれアインシュ

タインによるのものとされますが、社会科学においては観察者の準拠枠として出てきます。システム理論を使うみなさんは、だいたいアインシュタイン的、あるいは相対主義的な視点から出発していると思います。そして異文化トレーニングを行う我々のほぼ全員も、そうであるか、もしくはこの考えを非常によく使っています。

ここでの考えかたは、経験とは複数の視点（multiple perspectives）を取り込むことと関係があるはずで、つまり違うコンテクストへと移動することで、物事に対する異なる視点を得ることができる、というものです。古い言いかたをすれば、よりコスモポリタンになるということです。世界には様々な物事があるのだということを認識することが、より可能になります。これは非常に重要です。

しかし、それは共感することによって得られる経験とは違うものなのです。自分自身がまるで他の誰かになっているかのような、あるいは異なる文化の内側にいるかのような立場に身を置くことによって得られる類の経験ではありません。相対化することではそれらを説明できません。我々が相対論の終わりに来たと言う人達がいるのはこれが理由だと思いますし、私は同意します。

相対論の終わりが来るにつれて世界で起こっていることの1つは、一定数の人びとが絶対論に回帰したがっているということです。彼らは実証主義へと戻りたいのです。彼らは、我々には絶対的な考えが必要だと言いたいのです。我々には絶対的な真実が必要だと。これはそもそも、まったくよい考えではなく、そこに立ち返ることもおそらくよい考えではないでしょう。

5）量子力学パラダイム・構成主義パラダイムへの移行

これに代替する方法というのは、物理学における発展と並行する方向に進むことです。それはアインシュタインの相対性理論を超える方法としての「量子力学」（quantum mechanics）への移行です。量子力学というのは、みなさんのほとんどがご存知のように、絶対的な状態でも視点でもなく、確率的な状態と関係のあるものです。これは、出来事が存在する確率、そして観察者とそれらの出来事との相互作用に関係があり、それによってその確率性を特定の状態へと崩壊させます。それが、我々がたった今行っていることです。我々は、観測する側とされる側（観察者と被観察者）の相互作用に従事することで、この部屋でたった今起きる可能性のある数えきれないくらい数多の物事を、たった今起きている特定の状態へと、崩壊させているのです。

今ここで起きていることには、本来何の決まりもないはずです。みなさん全員がテーブルの上でジャンプしていたっていいのです。服を脱いでもいいでしょう。全員が同時に話すことも可能です。全員で走り回ってもいい。では、なぜそうしていないのでしょう？　なぜなら、これらすべての出来事の確率性を、我々が特定の出来事へと崩壊させたからです。講義という状況における習慣化された方向づけによって、我々が出来事を崩壊させたのです。

別に今のような状態でいなくてもかまわないのです。実現可能な範囲で、違っていることは可能です。つまり、我々が互いに相互作用する方法は他にたくさんあるということです。しかし、我々はこの方法で相互作用しており、それは我々が共個体発生的状態に従事しているからです。我々は共個体発生に従事していて、この状態を一緒に発生、つまり共同発生させているのです。そしてこれは、今この瞬間にも違う状態になったっておかしくないのですが、我々は習慣的にこのやりかたを生み出し続ける傾向があります。それが共個体発生の意味するところです。この意味で、経験というのはつまり、「特有の方法で構成された世界の感覚」なのです。たった今この部屋で

我々が手にしている経験というのは、この出来事を我々が共に構成しているやりかたの経験なのです。それが我々の経験です。これは、「この特定の方法へと崩壊させられた現実の感覚」なのです。非常に抽象的です！

6）経験とは観測により出来事の確率性を崩壊させ、そこから意味を作り出すこと

これに関する、より具体的なコメントがこれです。私の大のお気に入りの一節です。

> 人は膨大なエピソードのパレードの目撃者になり得る。しかしなお、それらから何かを生み続けるのに失敗したとしたら、あるいは、それらの再解釈を試みる前に、すべてが生じてしまうのを待つとしたら、経験については、それらが起こったときにそこに存在したものから、ほとんど何も得られないことになる。人が経験をするということは、彼の周辺で何が起こったのかということではない。彼の人生経験を豊かにするのは、何かが起こったときにその生起したことを連続的に解釈し再解釈していくことなのである。
>
> Kelly, G.A. (1955) The psychology of personal constructs: A theory of personality
> ジョージ・ケリー（2016）『パーソナル・コンストラクトの心理学』辻　平治郎（訳）北大路書房 p. 58

経験とは、出来事が起きている時にその周辺にいることによって得られるのではなく、その出来事を解釈することによって生まれるのです。言い換えると、自身の観測を通して出来事の確率性をどう崩壊させるかということです。それが、出来事の解釈について語る方法です。つまり、出来事を解釈する方法だけの話ではないのです。ある出来事に関係した他の人びとと共にその出来事をどう構成するか、ということです。あなただけの話ではないのです。哲学寄りのみなさん、これは唯我論の主張ではありません。これはただ、「共創」（co-creation）を主張しているだけです。

国際的な側面から私が時々挙げる例では、フランスにいるアメリカ人か日本人、誰でもいいのですが、その人はフランスを経験しているわけではありません。彼女はフランスの経験の周辺にはいます。では何が起きたらフランスの経験が始まるのでしょう？　フランスの歴史を知っていたら十分でしょうか？　いいえ、それではフランス的経験を得ることはないでしょう。パンを一切れ食べて、ワインを飲むだけで「さあフランス的体験の始まりです」と言うのに十分でしょうか？　いいえ、まだそういった経験の周辺にいるだけです。どうしたら、彼女はフランスを経験することができるのでしょう？　フランスを経験するためには、フランス的な方法で世界を構成する必要があります。彼女はフランス的とでもいうような観点（パースペクティブ）を使う必要があります。その観点がどういうものかを知っているだけではなく、その経験を得ることができるような方法で自分の周辺の出来事を整理するために、その観点を使うことが必要です。それによって、彼女はフランス人がその状況で感じるかもしれない感覚を、少し感じられることでしょう。ですが彼女がフランス人になることはありません。

多文化を経験する社会で、我々が直面することの増えている多文化教室における多様性やその他の状況にも同じことが言えます。事実、学生達は自分たちと異なる学生の周りにいるというだけでは、多文化を経験することはありません。彼らにはその経験を解釈することができなくてはなりません。

我々は組織における多文化チームにも同じことが言えることを知っています。つま

り、多文化チームを作ることは可能でも、それが単一文化のチームよりよいこともあれば、悪いこともあります。その違いとして我々が考えるのは、研究によれば明らかですが、よいチームとは、自分達の多文化体験を解釈したチームでした。彼らは自分たちの経験から何かを生み出したのです。彼らは異なる文化的経験の周辺にいただけではないのです。教室でも同じです。社会においても同じです。

７）「そういう目で見る」ことが確率の崩壊を特定の方向へと導いている

　ですから、これを異文化間の状況に適用する時、我々が実際に行っているのは、蓋然性のある社会的状態の構築の検討なのです。これに関するとても良い例の１つは、「ピグマリオン効果」（Pygmalion effect）と呼ばれる古典的な研究です。みなさんの中に知っているかたもいるでしょう。倫理委員会がこの種の研究を禁止する以前のことです。ローゼンタール（Robert Rosenthal）という人は、３、４年生の子供を教えるたくさんの教師たちに「１年内にIQが高くなる子供たちがいる」と言ったのです。彼らは花開くだろうと。彼はその子供たちをブルーマーと呼びました。彼らのスコアは上がるだろう、そして他の生徒は変わらないだろう、と言ったのです。そして彼は、教師たちにIQテストを与え、このテストによって誰の成績がよくなるか予測が出来ると言ったのです。どんなIQテストもそんなことは出来ませんが、彼はそう教師達に言ったのです。生徒ではなく、教師たちにです。

　そしてこれらの教師は１年を通して、伸びると言われた子供たちと、変わらないと言われた子供たちとで扱いを変えるかどうか、注意深く観察されました。そして、ほとんどすべての観察者が、子供たちの扱いに違いは無かったと言いました。子供たちはまったく同様に扱われていたのです。

　しかしながら、スコアがよくなるという予想が教師達に与えられた生徒たちは、一年の終わりに本当に向上したのです。めったに無いことないですが、彼らのIQスコアは改善されたのです。というのもIQスコアは通常ほぼ一定で、それほど変わることはないのです。どうしてこんなことが起きたのか？　従来の答えはどれも、教師たちによる生徒の扱いの変化に関連するのですが、異なる扱いかたなど全く観察されていません。そうなると、教師が直接その期待を生徒たちに伝えていた可能性、つまり生徒たちを観察していたことと共に、君たちはスコアの上がる子供たちの１人だと伝えていた可能性を、少なくとも考えざるを得ないのです。扱いを変えてはいない、ただ成績がよくなる生徒として観察していたのだ、ということが何を意味するかわかりますよね。量子学的に言えば、これは確率波を崩壊させ、生徒のIQが向上する確率を高めているわけです。統計的な効果を生み出すのにちょうど足りるくらい、それでも顕著な数字へと。

　そこで、私はふとエドワード・T・ホールに立ち返り、ホールが言おうとしていたのはこのことかもしれない、と考えたのです。私は彼の生前にこのことについて彼と話し合ったことがあります。そして、あなたがコンテクストについて説明した時、文化が高コンテクストだったり、低コンテクスト文化であったりする、ということを意味したのですか？　と聞いたのですが、彼はまったくそうではない、と答えました。彼は、「高コンテクスト文化」も「低コンテクスト文化」もない、と言ったのです。そして、「高コンテクストな人びと」も「低コンテクストな人びと」もいない、と。そのカテゴリーによる分類を使用した観察があるだけだ、と言いました。

　彼の当初の考えは、高コンテクストと低コンテクストというカテゴリーを使用して、文化的な相互作用における所与の相互作用の確率性を、人びとがコミュニケーション

することのできる何かへ、つまり違いを違いとして成り立たせる違いを把握して、共通の意味を生み出すような何かへと、崩壊させるというものだったのです。今なら確率性の崩壊という用語を使いたいところです。

　私は、我々が現在使用している観測カテゴリーのすべて、それがヘールト・ホフステード（Geert Hofstede）であれ、フォンス・トロンペナールス（Fons Trompenaars）、クライド・クラックホーン（Clyde Kluckhohn）、ベネット、何であれ、それらは本質的に量子的観測を行うという目的のための、エティックな観測カテゴリーとして理解され得ると信じています。もし我々が確率性をある形へと崩壊させるなら、それが相互に影響している2人の人間の間にある相互作用を支えることになるでしょう。

　さて、このような用語に落とし込むのはなんだか複雑そうだ、ということはわかっています。単純に「あなたは他の文化を学んでそれに適応するのです」と言わないのはなぜか？　ずっと簡単に聞こえます。しかし、そのように言っているときには、実証主義（ニュートン・パラダイム）、よくても相対主義（アインシュタイン・パラダイム）のパラダイムが使われているのです。そしてこれらのパラダイムでは、我々がこの仕事を続けていくために、そして我々が築きつつある現実のために、何をしなければならないのかを説明することが、不可能なように思えます。

　ですから、我々は文化をもっとプロセスとして考えなければなりません。たくさんの人びとがそう言ってきました。ここではあまり深く話しませんが、これに対する構成主義的な見かたは「形態形成場（モルフォジェネティック・フィールド）」が専門のルパート・シェルドレイク（Rupert Sheldrake）から来ています。形態形成場を翻訳してみるという課題をみなさんに与えたいわけではなかったので、省きましたが、興味のあるかたはシェルドレイクを調べてみてください。

　ここで、文化というのは、ある特定の方法で世界を整理して（秩序立てて・組織化して）経験する、集合的で習慣的な行動と言え、それが意味するのは、我々はその経験にアクセスできるということです。もし我々が、文化とは経験を習慣的に組織化したものだと仮定しなかったら、その経験へアクセスする方法を見出すのは難しくなります。

　ですから、異文化感受性発達モデルがフォーカスしているのは知覚的発達で、それは自文化中心主義の限定された経験の克服、文化相対主義の経験、代替的な世界の見かたを生み出し経験すること、そして自分自身を、構成することをしている意識的なエージェントとして経験することに向けられています。私が知覚経験について話しているときは、観測を通して確率性をある特定の状態へと崩壊させている、というようなことを語っているのです。そのように考えることによって、次に、我々は自文化中心主義から文化相対主義への動きに目を向けることができます。これは基本的に、より制限された経験から、より拡張的な経験への移行です。

8）知覚的複雑性の発達が経験の質を変える

　DMISの発達段階において、より制限された経験は「否認」（Denial）から始まり、それはどんな異質性も認められないということで、そこから「防衛」（Defense）へと移行します。「防衛」は自分を守ること、あるいは異質性を脅威として認知することで、そこから今度は「最小化」（Minimization）へと移行します。これは、我々には共通性があるということの認知で、そうすると次はその障壁を超えて「受容」（Acceptance）へと移行します。「受容」とは、他者も同じように複雑な方法で現実を構成している、ということの認知です。

これは心理学において「心の理論」(theory of mind) と呼ばれるものです。心の理論とは、他人にも意図があるということを認知すること以上の複雑な問題だと思います。心の理論とは、他の人びとも現実における複雑な経験を作り出していて、それはあらゆる点おいて自分のものと同等に複雑である、ということを認知するものとして理解されるべきだと私は考えます。そうすることに失敗したとき、心理学においてそれは、「帰属の誤り」(attribution error) と言われます。我々が他人を単純だとみなし、自分たちは複雑だと考えることは帰属の誤りに当たり、それは自文化中心主義の一例に当たります。自文化中心主義では一般的に、我々は自分達を相対的に複雑だと考え、他者を相対的に単純だとみなします。

仮に、住む場所を変えることについて考えるとします。ある国から別の国へと転居する理由というのは実にたくさんあると考えますよね。しかし移民が転居してくることについて考える時、我々は移民が仕事を奪いに来ると考えてしまいます。そうやって移民が転居してくる理由を単純化しますが、自分たちについて考えるときには同様の単純化は適用されません。自分たちは様々に複雑な理由で動機づけられていると考えますが、移民の動機は単純な物だと考えてしまう。それは帰属の誤りであり、主に自文化中心主義のはたらきによるものといえるでしょう。

さて、自分たちと同じくらい複雑な方法で他者も考え、行動しているということを理解することは、「受容」からさらに、行動を適応させることを可能にします。それでも、DMISにおける「適応」(Adaptation) は、この連続体の終着点ではありません。ここで私は、かつての研究仲間であったミッチ・ハマー (Mitchell R. Hammer) に異論を唱えます。ご存知のように、彼はIDI (Intercultural Development Inventory) の現在の所有者です。開発時に私は協力しましたが、今ではもう全く関わってはいません。尺度自体は私が開発に関わっていたときのものと同じです。しかし彼は、DMISが「適応」までしか示していない、つまり適応のモデルであるといっているのです。ただそれは、我々が「統合」(Integration) を測定しようとしなかったからです。我々は「適応」までの測定方法としてIDIを使うことにしました。しかしだからといって、DMISがモデル化していたのは「適応」までだけではありません。あくまでも (IDIで) 測定することにしたのが「適応」までの範囲内だったのです。

このモデルで本当に重要だと思うのは最終段階の「統合」といえます。それは、知覚的複雑性として発達させてきたもののすべてを、我々が社会を運営する方法、意識を使う方法、社会で倫理的な意思決定を下すことのできる方法へと、「統合」することです。

9）葛藤を調和に導く弁証法としてのDMIS

これから、DMISにおける発達局面の移行について数分お話したいと思います。これらは「調和」(reconciliation) に関係があります。調和とは、二分法を弁証法へと変化させる方法を意味します。二分法は相反するものを意味し、弁証法は互いに相互作用しあっている2つの物事を意味します。

プレビューとして紹介しますが、最初の局面で調和させるのは、「安定性」と「変化」です。次は基本的に、「自分たち」と「彼ら」です。その次は、「類似性」と「相違性」の調和。その次は「倫理性」と「相対性」の調和。これは興味深いものです。そして最後には、アイデンティティに目を向けます。「文化の代替的経験」と「アイデンティティ」の調和です。これら一つ一つについて、やや急ぎ足で説明します。

さて、「否定」における経験は、主に文化の違いに無関心なものになります。否定で

は、自分自身の複雑性と、他者に対する非常に単純化された考えが経験されます。基本的にあまり他者性について気にかけようとはしません。考えたとしても、非常に曖昧で未分化なやり方になります。

　このことは、我々に移民のことを、それぞれ本当に様々に異なる理由があって、世界中の様々に異なる場所からやって来ている人びとのことを、無視させ、何か一般的な「移民」というカテゴリーでもあるかのような扱いで考えさせてしまいます。あらゆる人びとを移民や難民、外国人といったカテゴリーでの分類で一緒くたにさせるものです。ここで我々が行っているのは単純化であり、ともすると重要な区別を付け損ねています。

　違いを「否認」する状態では、データを異なるコンテクストから解釈する能力がなく、我々には他者性を全く経験することができません。そして、そのように単純化させた人びととの接触をせまられると、簡単に彼らを人として扱わなくなってしまいます。特に、人びとを「動物」や「怪物」、「ウイルス」、「病気」といったひどい名前で呼び、そのような傾向を促す政治的リーダーがいる場合、他の人びとも自分達と等しく人間であり、複雑であるとみなすことがさらに難しくなります。このような主張は集団虐殺の前兆です。今日の世界にあまりに多く存在しています。

　この立ち場から抜け出す主な手段は、安定性（stability）と変化（change）の調和です。これらは相反するものとして見られる傾向があります。ここで、安定性を主張しすぎると、停滞が起きます。変化を主張しすぎると、カオスになります。そして、この二律背反のそれぞれの側が、互いを恐れています。つまり、変化を求める人びとは停滞を恐れているのですが、変化を起こすために彼らが起こす行動は、カオスを作り出す可能性があるのです。ところが、安定派の人びとはカオスを恐れます。そこで安定性を守るために、停滞を生み出します。

　これに関してどう考えるかというと、この２つを調和させることです。つまり、それぞれを相互作用させることで、安定性は安全（security）に、変化は避けられぬ変化のためのある種の調整となるのです。そしてこれら２つにより、人びとはより複雑な見方へと移行することができるのです。

　私がこの仕事をしているのは、どうやってある段階から次の段階へと移行するのか、人びとが私に何年も前から聞いてきているからです。ある段階から次の段階へと移行する論理的な理由とは何か？　何をすべきかはわかっていますから、何をやるか、という話ではありません。我々はトレーニング方法など、人びとを移行させる他の方法も知っています。我々が手にしていなかったのは、段階から段階への移行についての優れた理論です。私はまた、何年も前から私に、移行を価値観の調和という観点で考えるべきだと伝えてくれていて、それを研究しているチャールズ・ハムデン-ターナー（Charles Hampden-Turner）への敬意を表します。私はこれらのモデル（会場でスクリーンに映し出されたモデル）を使って、それを行おうと試みているのです。

　「否認」から次の段階へと移行することは、人びとを「防衛」へと向かわせる可能性があります。その状態では他者を非難することで自己の優位性を感じます。他者はより複雑ですがまだステレオタイプ化されています。つまり、我々は他者を単純化した状態で見ています。よい人と悪い人というように。このようなとき概して、我々は他の文化によって包囲され、脅かされていると感じます。自分の同族に執着し、ある種の分離を維持する傾向があります。これが現在多くのネオリベラル社会において、共通して掲げられている目標であることは、みなさんもご存知でしょう。

　この反対というのは、私は「反転」（Reversal）と呼びますが、自分が悪人で他者が善人であるという見方です。つまり、自分自身の文化を批判的に見て、他の文化を美

化しているのです。ご存知のかたもいらっしゃいますが、私は米国平和部隊のボラン
ティアだったことがあるので、直接的な経験があります。一年が経つ頃、私は恐ろし
くてひどいアメリカ人ではなく、世界のミクロネシア人こそが、自分の同族だと言っ
ていました。「反転」の状態では、抑圧された集団の大義を担ったり、他の文化を自
分の生来のものとよそおったりして、自分自身の文化的集団を避けようとします。し
かし、ここでも考えかたは同じで、ある集団を単純化し、もう一方を美化しているの
です。

　ここから抜け出す方法は、「自分達」(us) と「彼ら」(them) を調和させることです。
つまり、概してこれらは互いに相反しているのですが、もし自分たちのことばかり優
先して、相手側の人びとのことを無視しているとしたら、これはある種のエリート主
義を生み出し、相手を怒らせます。彼らは、「いいや、お前たちをやっつけるぞ」とな
るわけです。そしてこれが歴史を通して起きてきた革命の変遷で、自分たちのことば
かりの人びとがエリートになると、その他の人びとが最終的に我慢できなくなり、お
前らの首を切り落とすぞ、と言い始めるわけです。「自分達」と「彼ら」を調和させる
ことで我々がやろうとしているのは、「自分達」のことをある種の共通性へと転じさせ、
少なくとも互いの間に共通の人間性を認知させることです。そして、これは双方に対
する寛容性 (tolerance) のようなものを生み出す傾向があります。

　寛容性は最終形態としてあまりよくはありません。寛容になれることはよいのです
が、基本的にそこで立ち止まるのはよくありません。みなさんも寛容性で終わりたく
はないはずです。許容することがゴールだとは言いたくないでしょう。なぜなら、私
は時々こう言うのですが、10年ほど一緒に過ごしてきたパートナーがいるとして、そ
の人に向かって、「素晴らしい10年だったね、あなたのことを許容できるようになっ
たよ」とは言いたくないでしょう。そうは言いたくないし、理由もわかりますよね。
なぜなら、許容するというのは、相手を憎んだり殺したりするよりはいいですが、人
間関係の適切な土台ではありませんし、我々はそれを知っています。

　それは、他者を自分と同じであるようにみなす「最小化」(Minimization) を推し進
めるものになります。「イッツ・ア・スモールワールド」の「世界はせまい、世界は同じ」
のようにです。世界は結局小さくて、我々はただの人間でしかなく、それだけ考えて
いればよいのだとなるのです。「最小化」の問題とはもちろん、我々が自分たちを基
準に他者を捉えてしまうことです。根本では、誰もが自分と同じだと。我々が到達し
たこの状態というのがとても素晴らしいものに思え、そこにおいて我々はある種の単
一の現実の中で動いているかのように思いがちになります。

　平等性に関する分野で仕事をされているみなさんに向けて話しますと、特権という
のはこの段階に存在します。この段階では、支配的なグループにいる人びとが、我々
は基本的にみな同じだと考え、たとえば女性達は誰もが自分のような男性と同じく平
等に機会を持っていると考えます。すると、組織の上層部にあまり女性がいない理由
は何なのかと考えるときに、女性がそこにいたくないからに違いないという話になりま
す。これは、ルールを決めている人間の特権を認知することに失敗していると言えます。

　これを克服するために、我々は統一性 (unity) と多様性 (diversity) に目を向ける
必要があります。統一性を主張すればするほど、より均一性が主張され、誰もが自分
と同じということになります。一方で、多様性をより主張することは、さらなる分裂
を生むことになります。

　ここでもまた、互いが互いを恐れ合っているのです。多様性を支持する人びとは均
一性を恐れ、逆もまた然りです。したがって、争う以外に何をする必要があるかとい
うと、それは調和することです。統一性は、それによって焦点化することができるか

ら必要なのであり、多様性は、それが革新をもたらすから必要なのだと言うことが必要なのです。そうすればフォーカスされたイノベーションが起こります。それこそ誰もが求めていることです。私はこれ（統一性と多様性を調和させたモデル図）を何千人ものマネージャー達に見せてきて、彼らは全員、それはいいぞ、と言うのです。

　誰もがこれに同意するにもかかわらず、ほとんどの人々はこのために必要なことをやりたがりません。それは統一性と多様性を調和させることです。これら両方のことが起きていて、統一性について考える時は必ず多様性を考えなければならず、多様性について考える時は必ず統一性について考えなければなりません。そうすることが「受容」（Acceptance）を生み出します。

　一度これができれば、我々は行動や価値観における違いを尊重し始めます。他の人びとは異なっていて、異なるコンテクストを生きているけれど、それぞれが等しく複雑であるという、相対主義の考えかたを得ることができます。

　多くの意味において、我々が異文化コミュニケーションの分野において行ってきたのは、このこと、つまり「受容」の達成です。そして、文化的差異をもっと受容できるように努力することのできる余地というものが、世界にはまだたくさんあるのです。しかしながら、受容では異なる他者の経験へと踏み込むには不十分です。受容することによって我々は異なる経験のあることを認識できるようにはなりますが、受容だけではその経験に踏み込むことを可能にすることができないのです。

　この先に移行するためには、我々は非常に難しいことをしなければならず、それには倫理性（ethicality）が関係しています。そして、倫理性と相対性の間の論争でだいたい起こるのは、相対性寄りの人びとが何でもありだと言い、倫理性寄りの人びとは絶対基準がなければならないと言い出すことです。倫理性を語る人びとは唯一絶対の真理と道徳主義について語ります。相対性を支持する人びとはどんなことでもいいと言います。そして互いがその結果を恐れ、この２つは戦い続けるのです。ある意味、この道徳主義という考えは、より自文化中心主義的な状態への回帰と捉えることができます。

　もし調和することができれば、相対性は共感（empathy）へと変わる可能性が高くなります。それは自分が相手の経験を認知し、そこに参加する能力のことです。そして倫理性は、相手とその視点を「実行可能な代替案」（viable alternative）として認めることに向き合ったとき、コミットメントへと変わるのです。

　私が語っていることは非常に難しいことだとわかっています。しかし彼ら、私はクネフェルカンプ（L. Lee Knefelkamp）とペリー（William Perry）を参照して言っていますが、彼らが言っているのは、真実の探求は、倫理的選択の基礎となるべきものを曖昧にする。そして、自分と反対の意見を理解し尊重することは、それらの実行可能な代替案を目の前にした選択を行うことへの意識的なコミットメントを伴う、ということです。基本的にここで言われているのは、自分とは異なる他者の価値観の実現可能性を認知しない限り、倫理的な選択はできないということです。自分がそれをどんなに悪いと思っているとしても、相手がそれをどんな風によいと考えているのかを理解してからでないと、何か違うことをするというコミットメントを選択することはできません。こういうことを喜んでしようとする人は多くないですが、このスキームを我々が真剣に考慮する必要があるというのは興味深い可能性だと思います。

　ここで提案されているのは、我々がこれからは他者の視点を取得するということです。そしてそうすることによって相対主義の範囲内でコミットメントすることができるようになり、それはつまり、理にかなった代替案を目の前にした選択を考えることができるようになるということです。パラダイムの用語で言うと、DMISの初期の局

面はもちろん実証主義で、中間を通っているのが相対主義です。しかし、コミットしたいと思うなら、我々は構成主義的な視点あるいは構成主義的パラダイムを使用する必要があります。そしてそのために、これを実行することが難しいのかもしれません。

「適応」（Adaptation）とは他者の視点を取り入れる能力のことで、我々はそうする時、枠組みをシフトさせることの意識的な知覚に従事しています。異なる文化において我々は、行動の適切さ（appropriateness）の感覚にアクセスし、意図的にコード・シフティングするのです。これを上手くいかせたいのに、うまくいかないことには理由があります。研修や教育といったことを行っている我々としては、文化的な違いに関する興味深い情報のすべてを、生徒や参加者達がその視点を持ってくれることを期待して提示するわけですが、うまくいかないことには理由があるのです。その理由とは、なぜなら、彼らは倫理的な問題に対処したことがなく、構成主義的なパラダイムを使用していないからです。

ですから、我々が彼らにやってほしいと思うことを、生徒や他の人ともできるようになる、という方向に押し進めるには、これら2つのことで十分でしょう。それはつまり相互適応です。というのは、文化A出身の誰かが文化Bを含む現地文化に適応しようとしていて、文化B出身の誰かが相手文化に適応しようとしている、ということです。そして彼らがそれを行う時、そこには交差する空間ができます。彼らは自分達自身をその交差に置くのです。ここでポジショニング理論を持ち込みたかったのです。彼らは自分達自身を交差する位置に置き、それによって第三文化を作り出します。この第三文化から、双方の価値が互いの元へと発生し組織化されるのです。

つまり、ここではもう1つの次元が加わります。問題の真相を追求するならば、我々は絶対主義的な見かたを使用しているか、隠されたバイアスの考えかたを使っています。我々が共感しようとする時、異なる経験は同等に真実であると本質的に仮定しています。そしてここにおいて我々は、実際の現実は我々の集合的な選択によって作られているという、構成主義的視点があることを仮定しています。これは共個体発生（co-ontogenetic）です。

そして真実は構成され、その真実の質は我々次第です。私たちが構築しているのですから、真実の質は真実には内在しないのです。真実の質は我々次第で、我々がどんな質なのかを決定するのであり、そこから一貫した方法で行動するのも我々次第です。それによって「統合」（Integration）に向けた状態が作り出されます。統合にはリミナリティ（liminality）と異文化アイデンティティ（intercultural identity）が必要です。

リミナリティについて私が以前お話ししたのを聞いたことがあるかもしれませんが、これは1つ以上の文化的枠組みにアクセスすることが出来る時、つまりバイカルチュラルな人のように、意図的に1つの文化からもう片方の文化へ、あるいは1つのコンテクストの枠組みからもう1つの異なるものへと、意図的にシフトできるという考えです。これによりリミナリティの能力、あるいは複数の文化やコンテクスト間を行き来できる能力が生み出されます。

これが一度できると、ここで少し挑発的な主張をしますが、これを一度やると、どちらか一方の集団にこれまでと同じような方法で属することは決してできなくなります。なぜならあなたは、自分自身でそこにいることを選んだということを自分で認識していて、また他の人びともあなたが自分でそこにいる選択をしたと見なすようになるからです。つまり、あなた自身がある集団への帰属について意識的である、と他の人びとが一度見なすと、彼らはあなたがこれまでと同じ形でそこに属しているとは考えなくなります。まるで、その集団に属しているためには、そのことに無意識でいなければならないかのようです。あなたはその集団の犠牲者でなければならないのです。

その集団に真に属しているためには、その集団を選んだ者であってはならないのです。

　私はこれが正しいとは思いません。私は同意しません。ですが、自分が属していることに意識的である時、これまでと同じような属しかたをしているとは見なされなくなる、というのは人びとの共通認識だと思います。したがって、これは文化的なリミナリティの代償であり、しかし、これが統合された異文化アイデンティティへとたどり着く唯一の方向性であり、そこでは自分自身の世界観の中で、拡張された行動のレパートリーを以て、動き回ることができます。

　したがって、我々は文化的アイデンティティを構成のプロセスとして見る必要があります。アイデンティティとは、1つのものではなく、無意識の異文化性を感じることを見分ける、あるいはそこに結びつくプロセスです。我々は無意識の能力を感じるのです。

　無意識のうちに無能力になってしまうことがあるのは、恐らくご存知でしょう。どうしたらいいのかわからない上に、そのこともわかっていない場合のことです。そして、意識はしていても無能力であるときは、どうしたらいいのかわからないが、どうしたらいいのかわかっていないことについてはわかっているため、不快になります。一方で、どうしたらいいかわかっているけれど、それを行う時に考えなければならないというのは、意識的に能力を発揮している状態と言えます。車のギアを変えるようなもので、どこにギアがあるか覚えていなければなりません。そこからさらに、無意識のうちに能力を発揮できるようになるというのは、フローの状態へ移行することで、特に何も考えずに何かをできるようになることです。しかしそれは、自分の意志で選び取った何かであり、最初から社会化されたことであってはなりません。

　それがこの統合の状態にある感覚です。倫理的なコミットメントはごく自然で当たり前なものになり、交渉のように意思決定する場面では文化的コンテクストへの意識を使って、代替的シナリオを展開させられるという感覚です。異なるコンテクストや異なる文化的コンテクストではこれはどんな風に展開するだろうかということを、こういった統合を行っている人はごく自然かつ普通に言っているのです[3]。

　このモデルに詳しいかたは、これを振り返りとして感じるでしょう。このモデルに詳しくないかたにとっては、これはなかなか急ぎ足の導入だったと感じるかもしれません。ですがここで終わりにして、みなさんがこれの応用や、より明確な説明について、お聞きになりたいことがあるかどうかをうかがいたいと思います。

（講演録［翻訳］山本志都）

3　この後、量子的観測としての新しい測定尺度であるIntercultural Viability Indicator (IVI) に話が及んだが、時間の制約からあまり多くは語られなかったため割愛する。「行動を観察する人がいるが、行動している人もその行動に関与している」という双方向の相互作用を数値化する話であった。IVIを少し紹介しておく。Bennett (2021) はIVIを量子力学的な構成主義の観点から組織や集団の異文化感受性を評価する尺度であるとしている。Viabilityとは実行可能性、生存能力、成長力のことで、Bennettによると、これは異文化間能力を集団レベルで表すものであり、変化の激しい社会情勢という特殊な環境における集団・組織が、他者との新たな関わり方をつくり出すことを要する状況に適応して成長するべく、自らの行動を調整する可能性を測定する。観察者と事象の関係を、互いが互いを生成し合う共個体発生的 (co-ontogenetic) な円環性として考えるとき、人間の知覚において、物理的現実の中での人の感覚が特定の型を識別するように進化してきたことと、逆にその型の知覚がより幅広く実現可能な確率のある事象をその型へと崩壊させているという関係があり、これが予言の自己成就として作用するとBennettはいう。したがって、方法論が量的であれ質的であれ、評価とは測定行為そのものを排除した客観的な測定にはなり得ないとも述べている。詳細はBennett, M. J. (2021). The Intercultural Viability Indicator: Constructivist Assessment of Organizational Intercultural Competence. Journal of Intercultural Communication & Interactions Research 1, 55-82.

第9章 アンケート項目

1 そもそも私には、戸惑いや違和感、異質性を感じさせる人たちとの接点がなかった	**14** 常識に反したマナー違反をすることが多いと思った	**28** 他の人たちにするのと同じようにして扱ってあげることが、その人たちにとってもよいことだと思った
2 違いやギャップが目に留まることがなかった	**15** もっと態度をよくしてもらいたいと思った	**27** その人たちのことを区別して考えるのは差別になると思った
3 そういう人たちがいたとしても、自分には関わりのないことだった	**16** できれば私の目の届く範囲内には入ってきてほしくないと思った	**29** 身内にするような親切をしてあげれば、その人たちもこちらの気持に応えてくれるはずだと思った
4 言ってしまえば、どうでもよかった	**17** その人たちのような見た目になりたいと思った	**30** 個人として見るべきであり、わざわざそういう人たちとして見る必要はないと思った
5 そういう人たちの存在に、特に何の感情もわかなかった	**18** むしろ自分（たち）の方が、その人たちよりも心がせまいと思った	**31** 互いの出身や所属、肩書き等の属性について考えることは無意味に思えた
6 近寄らないようにして距離をおいた	**19** その人たちの考え方の方が、自分（たち）より進歩的だと思った	**32** そこまで言うほどの違いではないから大丈夫と、自分に言い聞かせた
7 どう接すればよいかわからなかった	**20** その人たちの良いところだけを見て、悪いところは見ないようにした	**33** 自分達との違いなんて無視できる程度の話だと思った
8 メディアでその人たちの話題が出ても、自分には関わりのないことに思えた	**21** まともに向き合うことはせず、やり過ごした	**34** 国や肩書き、人種などで人を分けずに、誰もが地球人や同じ人間という感覚さえあればよいと思った
9 その人たちへの差別意識があるわけではないが、興味もなかった	**22** 必要最小限のつきあいにとどめ、表面上はふつうに接した	**35** その人たちのよいところを探し出すようにした
10 見た目の違うところに、怖さが感じられた	**23** 「それは違うのでは？」と思っても、その人たちの言うことや、やることを適当に受け流しておいた	**36** その人たちにも、自分と同じところがあるのを見つけることができた
11 その人たち同士で集まっているところを見ると、目障りに感じた	**24** 違いがあっても、「そんなものだ」と自分に言い聞かせた	**37** 構えるのをやめて、心の壁を下げた
12 気になるところに拒否反応が出てしまった	**25** 違いがあっても、人それぞれだから仕方ないと思った	**38** 多少の居心地の悪さを感じたとしても、覚悟を決めてその人たちとの違いを受け入れた
13 その人たちに対し「ありえない」と思うことがあった	**26** そういう人たちでも、考え方が自分と似ている人ならつきあえると思った	**39** その人たちが自分（たち）とは全く異なる理屈で動いていることを、肌で感じられた

40　自分の思い込みの方が強すぎて、その人たちのことがよく見えていなかったのではないかと考えた	**51**　その人たちと自分（たち）との間で、考え方やふるまい方の違うところを見つけるのが楽しかった	**62**　その人たちと共にある社会（地域・組織・集団・チーム）のあり方を意識して、自分にできることをした
41　その人たちには、自分の考えの及ばないような理由や事情のあることを知った	**52**　その人たちから強く自己主張されたときは、よく聞いて、相手が何に引っかかりを感じているかを知ろうとした	**63**　自分がその人たちに対してどうふるまうかが、今後の社会（地域・組織・集団・チーム）や、この先の未来にどのような影響を与えるかを意識して動いていた
42　その人たちと接していて、ハッと気づかされるようなことがあった	**53**　その人たちの視点でものごとを見ると何がどう見えているかと、習慣的にいつも想像をめぐらせていた	**64**　「そういう人たちである」ということを普段は忘れているとしても、自分（たち）とは分けて見ることのできる視点を同時に使うことによって、問題を見過ごさないようにした
43　その人たちとの交流を通して、目からうろこが落ちるような新しい気づきを得た	**54**　「その人たちの感覚に合わせるならこれくらいで」というさじ加減がわかり、うまく調整することができていた	**65**　課題に対し、その人たちと一緒になって取り組み、想像もしなかったような新しい方法を見つけようとしていた
44　その人たちと、普段とは違う場所で、いつもよりリラックスして過ごすことができた	**55**　自分たち側とその人たち側との間で、どういうズレが出て違いが生じているか、より細やかに感知して、より多くの違いを見つけ出すようになった	**66**　自分（たち）とその人たちとの間に通用する、新たなルールや秩序を確立することができた、あるいは、確立するべく動いていた
45　その人たちのやることに対して、わけがわからないと思っても、自分なりの理屈をつけて納得しようとした	**56**　問題が生じたら、解決のためにその人たちへ適切にはたらきかけていた	**67**　その人たちはもちろんのこと、他の人たちとの場合でも、必要に応じて一体感を持つためには意識の幅を広げ、常に境界線を引き直すようにするのが私らしいやり方になっている
46　その人たちとの違いに気づくことを通して、自分のことがわかった	**57**　その人たちに合わせることと、自分らしくいることを、両立させることができた	
47　ネガティブな印象を持ちそうになったら、「ちょっと待て」と自分にストップをかけた	**58**　その人たちからの影響を受けて、同じような考え方やふるまい方を、自分でもしている瞬間のあることに気がついた	**68**　その人たちが社会（地域・組織・集団・チーム）の中で、一員として溶け込んではいるのだけれど、同時に、独特の存在感も示せる形での協働・共生を可能にするべく、自分にやれることをしていた
48　自分たちのやり方も、その人たちのやり方も、習慣が違うだけで、良い悪いでは語れないと思った	**59**　その人たちに対する不満や違和感を持つ人が身近にいたときは、それらを解消できるように手伝った	
49　違いがあることで、その人たちとの間に誤解や対立が生じるとしても、その人たちの異なるあり方が大事なことに思えた	**60**　そういう人たちとして見ることと、そこから離れて個人として見ることの、二つの視点を行き来しながら相手を理解していた	**69**　その人たちにとってやりやすいようにものごとを変えることは、その人たちのためだけではなく、自分を含めほかの人たちのためにもなると思えた
50　自分の信じる正しさとは異なっていたとしても、ほとんどの場合においてその人たちの信じる正しさにも一理あると思えた	**61**　その人たちのことを気づかい尊重すると同時に、必要に応じてはその人たちの意向に反する提案をすることにも責任を持つ覚悟ができた	**70**　「そういう人たちと深く関わった経験のある人ならでは」の感覚が自分の中には生まれていたが、その感覚は必ずしも自分の周囲の人たちと分かち合うことのできるものではなかった

　「異」と共に成長する。これが本書の重要なメッセージです。我々は日々の生活の中で多くの「異」と接しています。「異」ははっきりと意識できるものから、ぼんやりと捉えているものまでさまざまです。その「異」を「面白い」、「楽しい」と感じる場合もあれば、「嫌だ」、「かかわりたくない」と避けたくなるような場合もあります。あるいは、なんとなく違和感があり、もやもやしてことばで表しがたいものもあるでしょう。

　今から約４年前、山本、岡部、石黒という著者３名で東京都文京区お茶の水に集まり、話し合ったのは、異文化コミュニケーションの現場は違和感、摩擦、対立を多く経験する場であるため、**異文化コミュニケーション学の役割は、「異」やもやもやと向き合う人びとが「楽になる」こと**ではないか、ということでした。それができるような本が作れるといい、という思いを語り合いました。そこで、我々は、読者のみなさんが「異」がどのようにして作られているかを理解し、「異」を微細かつ多面的に捉え、**「異」との向き合いかたに新たな選択肢を見つけ、楽になれることを願い**、この本を作りました。

　その際、本書の作成を企画し、中心となった山本の師で、世界的に著名な異文化コミュニケーション研究者・教育者であるミルトン・ベネット氏にご協力を仰ぐことで、**理論的にも教育実践としても十分な内容を備えたトレーニングブック**の作成を目指しました。ベネット氏には、東京神田で本書の方向性や盛り込む内容について、他の著者たちと議論していただき、その内容を反映した文章をご寄稿いただきました。また、異文化コミュニケーション・トレーニングに関する書籍の出版で実績のある三修社の助力を得て、本書を上梓することができました。

　お読みになっていかがでしたか。本書の内容は、「異」との出会いを提供し、向き合い方について読者のみなさんがそれぞれの立場で考えられるような作りになっていたと思います。加えて、エクササイズに取り組む中で、「異」の見えかたが変わったり、新たな自分を発見されたりしたかもしれません。理論的な内容はやや難しい部分もあったかと思いますが、そのような部分も、何度か読んでいただけると、本書のより具体的な説明が付された箇所や読者のみなさんの日々のご経験とふとしたことがきっかけでつながります。その結果、**理論と実践を行き交いながら、異文化コミュニケーションについて考え、新たな気づきや「異」と向き合うための持論を得られ、「楽」になる**きっ

かけを得られると思います。

　本書が出版される2022年は、新型コロナウイルスやサル痘といった世界に広がる感染症やロシアによるウクライナ侵攻、その後の物価高騰、気候変動による40度近い夏の猛暑など、未曾有の出来事が重なりました。さまざまなコンテクストの中で、読者のみなさんにとって新たな「異」が立ち上がり、国内外で「異」との向き合いかたについて改めて考えさせられる年となったかもしれません。**すべてのコミュニケーションは、見かたによっては常になんらかの「異」が見いだせる異文化コミュニケーションである**ともいえるでしょう。読者のみなさんが、「異」と日々向き合う中で、本書で提示するモノゴトの見かた・考えかた・対応のしかたが、より多くの選択肢をもつための土台のようなものになれば幸いです。**「楽」は「楽になる」という意味もありますが、「知的に楽しい」という意味もある**と考えています。「異」と向き合うことで視点が増え、視野が広がり、対応力が向上し、成長する楽しさが体験できます。もちろん、経験したことが無いような新しいコンテクストでは新しい「異」と出会いますし、自分が不慣れな「異」は繰り返し立ち現れますので、摩擦、対立もあり、**成長のプロセスは一生続きます。しかし、それもまた「異」と共に成長するための学びの場となる**といえます。読者のみなさんにとって、成長とともに「異」との出会いが楽になり、世界が広がっていくような感覚が経験されることを著者一同願っております。

著者を代表して

石黒武人

著者（左より山本、ベネット、岡部、石黒）打ち合わせにて

Aron, E. N., & Aron A. (1997). Sensory-processing sensitivity and its relation to introversion and emotionality. *Journal of Personality and Social Psychology*, 73, 345-368.

Adler, N. J. (1991). *International dimensions of organizational behavior* (2nd ed.). Thomson Publishing. (N.J. アドラー (1996) 江夏健一・桑名義晴 (監訳)『異文化組織のマネジメント』セントラル・プレス)

Auer, P. (2007). Introduction. In P. Auer (Ed.). *Style and social identities: Alternative approaches to linguistic heterogeneity* (pp. 1-21). Walter de Gruyter.

Austin, R. D., & Pisano, G. P. (2017). Neurodiversity as a competitive advantage. *Harvard Business Review*, 95(3), 96-103.

Barnlund, D. (1998). Communication in a global village. In M. J. Bennett (Ed.), *Basic concepts of intercultural communication: A reader* (pp. 35-51). Intercultural Press.

Baron-Cohen, S. (2008). *Autism and asperger syndrome: The facts*. Oxford University Press. (サイモン・バロン＝コーエン (2011) 水野 薫・鳥居深雪・岡田 智 (訳)『自閉症スペクトラム入門』中央法規)

Baron-Cohen, S., Bolton, P., Wheelwright, S., Short, L., Mead, G., Smith, A., & Scahill, V. (1998). Autism occurs more often in families of physicists, engineers, and mathematicians. *Autism*, 2, 296-301.

Baron-Cohen, S., Wheelwright, S., Skinner, R., Martin, J., & Clubley, E. (2001). The autism-spectrum quotient (AQ): Evidence from Asperger syndrome/high-functioning autism, males and females, scientists and mathematicians. *Journal of Autism and Developmental Disorders*, 31(1), 5-17.

Barrett, L. F. (2017). *How emotions are made: The secret life of the brain*. Brockman. (リサ・フェルドマン・バレット (2019) 高橋洋 (訳)『情動はこうしてつくられる―脳の隠れた働きと構成主義的情動理論―』紀伊國屋書店)

Bennett, J. M. (1993). Cultural marginality: Identity issues in intercultural training. In R. M. Paige (Ed.), *Education for the intercultural experience* (2nd ed., pp. 109-135). Intercultural Press.

Bennett, M. J. (1977). *Forming/feeling process: The perception of patterns and the communication of boundaries*. Unpublished doctoral dissertation, University of Minnesota, Minneapolis.

Bennett, M. J. (1986). A developmental approach to training for intercultural sensitivity. *International Journal of Intercultural Relations*, 10(2), 179-196.

Bennett, M. J. (1993). Towards ethnorelativism: A developmental model of intercultural sensitivity. In R. M. Paige (Ed.), *Education for the intercultural experience* (pp. 21-71). Intercultural Press.

Bennett, M. J. (2012). Paradigmatic assumptions and a developmental approach to intercultural learning. In M. Vande Berg, R. M. Paige, & K. H. Lou (Eds.), *Student learning abroad: What our students are learning, what they're not, and what we can do about it* (pp. 90-114). Stylus.

Bennett, M. J. (2013). *Basic concepts of intercultural communication: Paradigms, principles, and practices* (2nd ed.). Intercultural Press.

Bennett, M. J. (2017a). Development model of intercultural sensitivity. In Y. Y. Kim (Ed.), *International encyclopedia of intercultural communication* (pp. 643-651). Wiley.

Bennett, M. J. (2017b). Constructivist approach to intercultural communication. In Y. Y. Kim (Ed.), *International encyclopedia of intercultural communication* (pp. 310-318). Wiley.

Bennett, M. J. (2020). Perceptual representation: An etic observational category for guiding intercultural communication adaptation. In D. Landis & D. P. S. Bhawuk (Eds.), *The Cambridge handbook of intercultural training* (4th ed., pp. 617-639). Cambridge University Press.

Bennett, M. J. (2021). The Intercultural Viability Indicator: Constructivist assessment of organizational intercultural competence. *Journal of Intercultural Communication & Interactions Research* 1, 55-82.

Bennett, M. J., & Castiglioni, I. (2004). Embodied ethnocentrism and the feeling of culture: a key to training for intercultural competence. In D. Landis, J. Bennett, & M. J. Bennett (Eds.), *Handbook of intercultural training* (3rd ed., pp. 249-265). Sage.

Berger, L. P. & Luckmann, T. (1966). *The social construction of reality*. Doubleday. (ピーター・バーガー & トーマス・ルックマン (2003) 山口節郎 (訳)『現実の社会的構成―知識社会学論考―』(新曜社)

Bieri, J. (1955). Cognitive complexity-simplicity and predictive behavior. *The Journal of Abnormal and Social Psychology*, 51(2), 263-268.

Brewer, M. B. (1997). The social psychology of intergroup relations: Can research inform practice? *Journal of Social Issues*, 53, 197-211.

Brewer, M. B., & Miller, N. (1984). Beyond the contact hypothesis: Theoretical perspectives on desegregation. In N. Miller & M. B. Brewer (Eds.), *Groups in contact: The psychology of desegregation* (pp. 281-302). Academic Press.

Bateson, G. (1979). *Mind and nature: A necessary unity*. Dutton.

Burns, D. D. (1980). *Feeling good: The new mood therapy*. William Morrow.

Collier, M. J. (2003). *Intercultural alliances: Critical transformations*. Sage.

Crisp, R. J. (2002). Social categorization: Blurring the boundaries. *The Psychologist*, 15(12), 612-615.

Crisp, R. J., Stathi, S., Turner, R. N., & Husnu, S. (2008). Imagined intergroup contact: Theory, paradigm and practice. *Social and Personality Psychology Compass*, 3(1), 1-18.

Crisp, R. J., & Turner, R. N. (2012). The imagined contact hypothesis. *Advances in Experimental Social Psychology*, 46, 125-182.

Crockett, W. H. (1965) Cognitive complexity and impression formation. In B. A. Maher (Ed.), *Progress in experimental personality research* (Vol 2, pp. 47-90). Academic Press.

Damasio, A. R. (1999). *The feeling of what happens: Body and emotion in the making of consciousness*. Harcourt. (アントニオ・ダマシオ (2018) 田中三彦 (訳)『意識と自己』講談社学術文庫)

Davies, B., & Harré, R. (1990). Positioning: The discursive production of selves. *Journal for the Theory of Social Behaviour*, 20(1), 43-63.

Delia, J. (1977). Constructivism and the study of human communication. *Quarterly Journal of Speech*, 63(1), 66-83.

Deutscher, G. (2010). *Through the language glass: Why the world looks different in other languages*. Metropolitan Books/Henry Holt and Company. (ガイ・ドイッチャー (2012) 椋田直子 (訳)『言語が違えば、世界も違って見えるわけ』インターシフト.

Dijk, T. A. van (2009). *Society and discourse: How contexts influence text and talk*. Cambridge University Press.

Edmondson, A. (1999). Psychological safety and learning behavior in work teams. *Administrative Science Quarterly*, 44(2), 350-383.

Foerster, H. von (2003), *Understanding understanding: Essays on cybernetics and cognition*. Springer-Verlag.

Gaertner, S. L., Dovidio, J. F., Rust, M. C., Nier, J. A., Banker, B. S., Ward, C. M., Mottola, G. R., & Houlette, M. (1999). Reducing intergroup bias: Elements of intergroup cooperation. *Journal of Personality and Social Psychology*, 76(3), 388-402.

Gergen, K. J. (1994). *Realities and relationships: Soundings in social construction*. Harvard University. (ケネス・J・ガーゲン (2004) 永田素彦・深尾　誠 (訳)『社会構成主義の理論と実践―関係性が現実をつくる―』ナカニシヤ出版)

Gergen, K. J., & Gergen, M.（2004）. *Social construction: Entering the dialogue.* Taos Institute.（ケ
　ネス・J・ガーゲン & メアリー・ガーゲン（2018）伊藤 守（監訳）二宮美樹（翻訳統括）『現実は
　いつも対話から生まれる』ディスカヴァー・トゥエンティワン）

Glasersfeld, E. von（2003）. The constructivist view of communication. In A. Müller, & K. Müller
　（Eds.）, *An unfinished revolution?*（pp. 351-360）. Edition Echoraum.

Goffman, E.（1963）. *Stigma: Notes on the management of spoiled identity.* Prentice-Hall.

Gumperz, J.（1982）. *Discourse Strategies.* Cambridge University Press.（ジョン・ガンパーズ（2004）.
　井上逸兵・出原健一・花崎美紀・荒木瑞夫・多々良直弘（訳）『認知と相互行為の社会言語学―ディ
　スコース・ストラテジー―』松柏社）

Hall, E. T.（1959）. *The silent language.* Anchor.

Hall, E. T.（1976）. *Beyond culture.* Anchor Press/Double day.（エドワード・T・ホール（1979）. 岩
　田慶治・谷泰（訳）『文化を超えて』TBS ブリタニカ）

Harari, Y. N.（2015）. *Sapiens: A brief history of humankind.* Harper.

Harris, M.（1985）. *Good to eat: Riddles of food and culture.* Simon & Schuster.（マーヴィン・ハリ
　ス（2001）板橋作美（訳）『食と文化の謎』岩波書店）

Hayakawa, S. I.（1978）. *Language in thought and action*（Enlarged ed）. Originally published as
　Language in action in 1939. Harcourt Brace Jovanovich.

Ishii, S.（1984）. Enryo-sasshi communication: A key to understanding Japanese interpersonal
　relations. Cross Currents（*Journal of Language Teaching and Cross-Cultural Communication*）,
　11（1）, 49-58.

Jaynes, J.（1976）. *The origin of consciousness in the breakdown of the bicameral mind.* Houghton-
　Mifflin.

Jang, S.（2017）. Cultural brokerage and creative performance in multicultural teams. *Organization
　Science,* 28（6）, 993-1009.

Kelly, G. A.（1963）. *A theory of personality.* New York, NY: Norton.

Kelly, G. A.（1955）. *The psychology of personal constructs: A theory of personality*, Vol. 1, New
　York, NY: Norton.（ジョージ・A・ケリー（2016）辻 平治郎（訳）『パーソナル・コンストラクト
　の心理学 第 1 巻 理論とパーソナリティ』北大路書房）

Knefelkamp, L.（1999）. Introduction. in W. G. Perry, Jr.（1999）. *Forms of ethical and intellectual
　development in the college years: A scheme*（pp. xi-xxxviii）. Jossey-Bass.

Kolk, B. A. van der（2014）. *The body keeps the score: Brain, mind, and body in the healing of
　trauma.* Penguin Books.（ベッセル・ヴァン・デア・コーク（2016）. 柴田裕之（訳）『身体はトラ
　ウマを記録する―脳・心・身体のつながりと回復のための手法―』紀伊國屋書店）

Korobov, N.（2010）. A discursive psychological approach to positioning. *Qualitative Research in
　Psychology,* 7（3）, 263-277.

Korzybski, A.（2010）. *Selections from science and sanity: An introduction to non-Aristotelian
　systems and general semantics.* Institute of General Semantics.

Lakoff, G., & Johnson, M.（1980）. *Metaphors we live by.* University of Chicago Press.

Latour, B.（2005）. *Reassembling the social: An introduction to actor-network theory.* Oxford
　University Press.（ブリュノ・ラトゥール（2019）. 伊藤嘉高（訳）『社会的なものを組み直す―ア
　クターネットワーク理論入門―』法政大学出版局）

Lave, J., & Wenger, E.（1991）. *Situated learning: Legitimate peripheral participation.* Cambridge
　University Press.（ジーン・レイヴ & エティエンヌ・ウェンガー（1993）佐伯 胖（訳）『状況に埋
　め込まれた学習―正統的周辺参加―』産業図書）

Lippmann, W.（1922）. *Public opinion.* Harcourt, Brace & Company.（ウォルター・リップマン（1987）
　掛川トミ子（訳）『世論』（上）岩波書店）

Mardell, A.（2016）. *The ABC's of LGBT+.* Mango Media Inc.（アシュリー・マーデル（2017）須川
　綾子（訳）『13歳から知っておきたいLGBT+』ダイヤモンド社）

Maruyama, M.（1963）. The second cybernetics: Deviation-amplifying mutual causal processes, *American Scientist*, 51, 164-179.

Maturana, H.（1988）. Reality: The search for objectivity or the quest for a compelling argument. In V. Kenny（Ed.）. *The Irish Journal of Psychology*, 9（1）, 25-82.

Maturana, H., & Varela, F.（1992）. *The tree of knowledge: The biological roots of human understanding*（revised ed.）. Shambhala Press.

Mead, G. H.（1934）. *Mind, self, and society*（C. W. Morris, Ed.）. University of Chicago Press.

Mell, J. N., Jang, S., & Chai, S.（2020）. Bridging temporal divides: Temporal brokerage in global teams and its impact on individual performance. *Organization Science*, 32（3）, 731-751.

Milgram, S.（1974）. *Obedience to authority: An experimental view*. Harper & Row.

Moita-Lopes, L.（2006）. On being white, heterosexual and male in a Brazilian school: Multiple positionings in oral narratives. In A. De Fina, D. Schiffrin, & M. Bamberg（Eds.）, *Discourse and Identity*（pp. 288-313）. Cambridge University Press.

Nadeau, K. G.（2002）. Psychotherapy for woman with AD/HD. in Nadeau, K.G., & Quinn, P.O.（Eds.）, *Understanding women with AD/HD*. Advantage Books.（キャスリーン・ナデュー（2003）理想のセラピーとは？―自分のために立ち上がろう―キャスリーン・ナデュー & パトリシア・クイン（編著）沢木あさみ（訳）『AD/HD & セラピー女性のAD/HDと生活術』（pp. 89-117）花風社）

Perry, W. G., Jr.（1999）. *Forms of ethical and intellectual development in the college years: A scheme*. Jossey-Bass.

Piaget, J.（1936）*La naissance de l'intelligence chez l'enfant. Delachaux & Niestlé.*（ジャン・ピアジェ（1978）谷村 覚・浜田寿美男（訳）『知能の誕生』ミネルヴァ書房）

Piaget, J.（1954）. *The construction of reality in the child*. Basic Books.

Piller, I.（2017）. *Intercultural communication: A critical introduction*（2nd ed.）. Edinburgh University Press.

Pincus, F. L.（1996）. Discrimination comes in many forms: Individual, institutional, and structural. *American Behavioral Scientist*, 40, 186-194.

Pike, K. L.（1967）. Etic and emic standpoints for the description of behavior. In K. L. Pike（Ed.）, *Language in relation to a unified theory of the structure of human behavior*（Part I, pp. 8-13）. Mounton & Co.

Porges, S. W.（2017）. *The pocket guide to the polyvagal theory: The transformative power of feeling safe*. W.W. Norton & Company.（ステファン・W・ポージェス（2018）花丘ちぐさ（訳）『ポリヴェーガル理論入門―心身に変革をおこす「安全」と「絆」―』春秋社）

Ribeiro, B.（2006）. Footing, positioning, voice. Are we talking about the same things? In A. De Fina, D. Schiffrin, & M. Bamberg（Eds.）, *Discourse and identity*（pp. 48-82）. Cambridge University Press.

Rosenthal, H. E. S., & Crisp, R. J.（2006）. Reducing stereotype threat by blurring intergroup boundaries. *Personality and Social Psychology Bulletin*, 32, 501-511.

Rovelli, C.（2017）. L'ordine del tempo. Adelphi Edizioni.（カルロ・ロベッリ（2019）富永 星（訳）『時間は存在しない』NHK出版）

Rovelli, C.（2018）. *The order of time*. Riverhead.

Sand, I.（2014）. *Elsk dig selv: En guide for særligt sensitive og andre følsomme sjæle*（2nd ed.）. Ammentorp.（イルセ・サン（2016）枇谷 玲子（訳）『鈍感な世界に生きる敏感な人たち』ディスカヴァー・トゥエンティワン）

Sanders, E. F.（2014）. *Lost in translation: An illustrated compendium of untranslatable words*. Ten Speed Press.（エラ・フランシス・サンダース（2016）前田まゆみ（訳）『翻訳できない世界のことば』創元社）

Silberman, S.（2015）. *Neurotribes: The legacy of autism and the future of neurodiversity*. Avery.（ス

ティーブ・シルバーマン（2017）正高信男・入口真夕子（訳）『自閉症の世界—多様性に満ちた内面の真実—』講談社）

Steele, C. M.（2010）*Whistling Vivaldi: How stereotypes affect us and what we can do*. W.W. Norton.（クロード・スティール（2020）藤原朝子（訳）『ステレオタイプの科学—「社会の刷り込み」は成果にどう影響し、わたしたちは何ができるのか—』英治出版）

Steele, C. M., & Aronson, J.（1995）. Stereotype threat and the intellectual test performance of African Americans. *Journal of Personality and Social Psychology*, 69, 797-811.

Sue, D. W.（2010）. *Microaggressions in everyday life: Race, gender & sexual orientation*. Wiley.（デラルド・ウィン・スー（2020）マイクロアグレッション研究会（訳）『日常に埋め込まれたマイクロアグレッション—人種、ジェンダー、性的指向：マイノリティに向けられる無意識の差別—』明石出版）

Vygotsky, L. S.（1978）. *Mind in society: The development of higher psychological processes*. Harvard University Press.

Yamamoto, S.（1994）. *A qualitative study of Japanese students' intercultural experiences in the U.S. in relation to the developmental model of intercultural sensitivity*. Unpublished master's thesis, Portland State University, Portland, Oregon.

Watzlawick, P.（1984）. Self-fulfilling prophecies. In P. Watzlawick（Ed.）, *The invented reality: How do we know what we believe we know? Contributions to constructivism*（pp. 95-116）. Norton.

Watzlawick, P., Beavin, J., & Jackson, D.（1967）. Pragmatics of human communication, *A study of interactional patterns, pathologies, and paradoxes*. WW Norton.

West, K., Husnu, S., & Lipps, G.（2015）. Imagined contact works in high-prejudice contexts: Investigating imagined contact's effects on anti-gay prejudice in Cyprus and Jamaica. *Sexuality Research & Social Policy: A Journal of the NSRC*, 12(1), 60-69.

West, M., Kraut, R., & Chew, H. E.（2019）. *I'd blush if I could: closing gender divides in digital skills through education*. UNESCO. https://unesdoc.unesco.org/ark:/48223/pf0000367416.page=1

White, M.（2016）. *Narrative Therapy Classics*, Dulwich Centre Publications.（マイケル・ホワイト（2018）小森康永（訳）『ナラティヴ・セラピー・クラシックス』金剛出版）

White, M. & Epston, D. (1990). *Narrative means to therapeutic ends*. W. W. Norton.

Whorf, B.（1956a）. The relation of habitual thought and behavior to language. In J. B. Carroll（Ed.）, *Language, thought and reality: Selected writings of Benjamin Lee Whorf*（pp. 134-59）. MIT Press.（B. L. ウォーフ（1993）池上嘉彦（訳）習慣的な思考および行動と言語との関係『言語・思考・現実』(pp. 94-141). 講談社学術文庫）

Whorf, B.（1956b）. Science and linguistics. in J.B. Carroll（Ed.）, *Language, thought and reality: Selected writings of Benjamin Lee Whorf*（pp. 217-19）. MIT Press.

Wilber, K.（1981）. *No boundary: Eastern and Western approaches to personal growth*. Shambhala.

Wilkinson, S., & Kitzinger, C.（2003）. Constructing identities: A feminist conversation. R. Harré & F. M. Moghaddam（Eds.）, *The self and others: Positioning individuals and groups in personal, political, and cultural contexts*（pp. 157-180）. Praeger.

Wing, L.（1997）. The autistic spectrum. *Lancet*, 350, 1761-1766.

Wortham, S., & Reyes, A.（2015）. *Discourse analysis across events*. Routledge.

Zimbardo, P., & Andersen, S.（1993）. Understanding mind control: Exotic and mundane mental manipulations. In M. D. Langone（Ed.）, *Recovery from cults*（pp. 104-125）. Norton.

浅井咲子（2017）.『「今ここ」神経系エクササイズ—「はるちゃんのおにぎり」を読むと、他人の批判が気にならなくなる。—』梨の木舎.

綾屋紗月・熊谷晋一郎（2010）.『つながりの作法—同じでもなく 違うでもなく—』NHK出版.

新井哲夫・東野秀子（2009）. 昆虫と食文化 山口県立大学学術情報2, 106-123.

荒木健太郎（2014）.『雲の中では何が起こっているのか—雲をつかもうとしている話—』ベレ出版.

池田理知子 (2019). 他者との出あい―「異なる」という意味―池田理知子・塙幸江 (編著)『グローバル社会における異文化コミュニケーション―身近な「異」から考える』(pp. 12-23) 三修社.

石黒武人 (2013). 異文化コミュニケーションの教育・訓練―多文化共生と平和構築に向けて―石井敏・久米昭元・長谷川典子・桜木敏行・石黒武人『はじめて学ぶ異文化コミュニケーション』(pp. 207-230) 有斐閣.

石黒武人 (2016). 現象の多面的理解を支援する「コンテクスト間の移動」に関する一試論―グローバル市民の醸成に向けて―順天堂グローバル教養論集 1, 32-43.

石黒武人 (2019). 多国籍チームにみる組織内コミュニケーション―差異とアイデンティティ―池田理知子・塙幸江 (編著)『グローバル社会における異文化コミュニケーション：身近な「異」から考える』(pp. 110-119) 三修社.

石黒武人 (2020).『多文化チームと日本人リーダーの動的思考プロセス―グラウンデッド・セオリーからのアプローチ―』春風社.

石黒武人 (2021). 日本における異文化コミュニケーション研究の射程に関する一考察―記号論的転回による原点回帰―異文化コミュニケーション論集 19, 33-43.

井上逸兵 (2003). コンテクスト化の資源としての呼称―言語とコミュニケーションの生態学への試論―社会言語科学 6(1), 19-28.

上野千鶴子 (2006).「ジェンダー概念の意義と効果」学術の動向 11(11), 28-34.

内田 樹 (2001).「非中枢的身体論―武道の科学を求めて」神戸女学院大学論集 47(3), 97-117.

羽海野チカ (2005).『はちみつとクローバー』8, 白泉社.

浦野 茂 (2016). 当事者研究の社会的秩序について―経験の共同研究実践のエスノメソドロジーに向けて―保健医療社会学論集 27(1), 18-27.

大嶋信頼 (2018).『その苦しみはあなたのものではない』星雲社.

大橋克洋 (2010). 無標、有標の言語学 ポリグロシア 19, 151-164.

大林太良 (1999).『銀河の道 虹の架け橋』小学館.

大輪靖宏 (2007).『俳句の基本とその応用』角川学芸出版.

垣内俊哉 (2016).『バリアバリュー―障害を価値に変える―』新潮社.

金子みすゞ (2004).『金子みすゞ童謡全集』JULA 出版局.

河本英夫 (2006).『システム現象学―オートポイエーシスの第四領域―』新曜社.

河本英夫 (2010).『飽きる力』NHK 出版.

河本英夫 (2018).『哲学の練習問題』講談社.

北山沙和子・石倉健二 (2015). ヤングケアラーについての実態調査―過剰な家庭内役割を担う中学生―兵庫教育大学学校教育学研究 27, 25-29.

行場次郎 (2000).「認知心理学とは何か」行場次郎・箱田裕司 (編著)『知性と感性の心理』(pp. 9-21) 福村出版.

熊谷高幸 (2017).『自閉症と感覚過敏』新曜社.

久米昭元・長谷川典子 (2017).『ケースで学ぶ異文化コミュニケーション ―誤解・失敗・すれ違い』有斐閣.

久保田賢一 (2000).『構成主義パラダイムと学習環境デザイン』関西大学出版部.

厚生労働省 (2013).「平成25年版労働経済の分析―構造変化の中での雇用・人材と働き方―」https://www.mhlw.go.jp/wp/hakusyo/roudou/13/13-1.html (最終閲覧日：2022年9月12日).

甲野善紀 (2014).『古武術に学ぶ身体操法』岩波書店.

小坂貴志 (2009). 多声化する異文化コミュニケーション研究・教育―分野を取り巻く成長痛を乗り越えるために―スピーチ・コミュニケーション教育 22, 77-88.

児玉千晶 (2018). スウェーデンにおける俳句受容 北ヨーロッパ研究 4, 33-45.

寿印刷株式会社 (2012).「沽字版と紙型と鉛版と象嵌」2012年1月17日 https://www.kotobuki-print.co.jp/?p=737 (最終閲覧日：2022年9月12日).

斎藤基生 (2013). 昆虫食に見る異文化との出会い 名古屋学芸大学 教養・学際編・研究紀要 9, 131-140.

坂元　章（1988）．認知的複雑性と社会的適応―分化性と統合性による認知システム類型化の試み―心理学評論　31（4），480-507.

佐々木史郎（2013）．一九世紀の国境策定と先住民―アムール、樺太、千島における日口中のせめぎあいの中で―東アジア近代史 16, 23-44.

里見龍樹（2018）．「歴史」と「自然」の間で―現代の人類学的理論への一軌跡―前川啓治・箭内匡・深川宏樹・浜田明範・里見龍樹・木村周平・根本進・三浦敦『21世紀の文化人類学―世界の新しい捉え方―』（pp. 133-186）新曜社.

ジネスト, イヴ・マレスコッティ, ロゼット・本田美和子（2018）．『家族のためのユマニチュード―「その人らしさ」を取り戻す、優しい認知症ケア―』誠文堂新光社.

JAXA宇宙教育センター（2009）．「月にいるのはうさぎさん？」2009年8月20日 http://edu.jaxa.jp/materialDB/contents/detail/#/id=78904（最終閲覧日：2022年9月12日）.

下地ローレンス吉孝（2018）．『「混血」と「日本人」―ハーフ・ダブル・ミックスの社会史―』青土社.

末田清子・猿橋順子（2008）．ポジショニング理論からみたドメスティックバイオレンスサバイバー支援者のアイデンティティ―支援の現場での学びから異文化コミュニケーション専門家へ提言できること―異文化コミュニケーション 11, 53-71.

末田清子・福田浩子（2010）．『コミュニケーション学―その展望と視点（増補版）―』松柏社.

鈴木謙介（2013）．『ウェブ社会のゆくえ―＜多孔化＞した現実のなかで―』NHK出版.

鈴木大介（2020）．『「脳コワさん」支援ガイド』医学書院.

鈴木大介（2016）．『脳が壊れた』新潮社.

鷲見　聡（2018）．発達障害の新しい診断分類について―非専門医も知っておきたいDSM-5の要点―明日の臨床 30（1），1-6.

千田有紀（2001）．構築主義の系譜学 上野千鶴子（編）『構築主義とは何か』勁草書房 pp. 1-41.

高橋和巳（2007）．『心をはなれて、人はよみがえる―カウンセリングの深淵―』筑摩書房.

高橋和巳（2019）．『精神科医が教える聴く技術』筑摩書房.

高橋　浩（2017）．『実践家のためのナラティブ／社会構成主義キャリア・カウンセリング―クライエントとともに〈望ましい状況〉を構築する技法―』福村出版.

talentbook（2017）．「今までにない"障害者視点"のマーケティングリサーチ。新しいバリューを生んだ仕掛け人」ミライロ 2017年11月9日 https://www.talent-book.jp/mirairo/stories/788（最終閲覧日：2022年9月12日）.

富山県経営管理部広報課（2016）．「No.757 富山発！ ロングヒットの〈逆さ地図〉、販売店舗拡大！」2016年5月25日 https://www.toyama-brand.jp/TJN/?tid=103914（最終閲覧日：2022年9月12日）.

中野民夫・森雅浩・鈴木まり子・富岡武・大枝奈美（2009）．『ファシリテーション―実践から学ぶスキルとこころ―』岩波書店.

日本野鳥の会「ホトトギス」https://www.birdfan.net/pg/kind/ord11/fam1100/spe110004/（最終閲覧日：2022年9月12日）.

中村恵子（2007）．構成主義における学びの理論―心理学的構成主義と社会的構成主義を比較して―新潟青陵大学紀要7, 167-176.

長沼睦雄（2019）．『10代のための疲れた心がラクになる本―「敏感すぎる」「傷つきやすい」自分を好きになる方法―』誠文堂新光社.

西阪　仰（1997）．『相互行為分析という視点―文化と心の社会学的記述』金子書房.

野家啓一（2001）．「実証主義」の興亡―科学哲学の視点から―理論と方法 16（1），3-17.

野口晴哉（2003）．『風邪の効用』ちくま文庫.

林吉郎（1994）．『異文化インターフェイス経営』日本経済新聞社.

東　豊（1997）．『セラピストの技法』日本評論社.

東　豊（2019）．『新版 セラピストの技法―システムズアプローチをマスターする―』日本評論社

東田直樹（2007）．『自閉症の僕が跳びはねる理由―会話のできない中学生がつづる内なる心―』エスコアール.

東田直樹（2018）．『跳びはねる思考―会話のできない自閉症の僕が考えていること―』角川文庫.

姫野 桂 (2019).『発達障害グレーゾーン』扶桑社.

ブレイディみかこ (2019).『ぼくはイエローでホワイトで、ちょっとブルー』新潮社.

ヘフェリン, サンドラ (2012).『ハーフが美人なんて妄想ですから!! —困った「純ジャパ」との闘いの日々—』中央公論新社.

ヘフェリン, サンドラ (2018).「大坂なおみの報道であなたが感じたモヤモヤ、それは "ハーフあるある" です」2018年9月27日 朝日新聞GLOBE+ https://globe.asahi.com/article/11842156 (最終閲覧日：2022年9月12日).

星野ルネ (2018).『まんが アフリカ少年が日本で育った結果』毎日新聞出版.

堀 公俊 (2004).『ファシリテーション入門』日本経済新聞社.

堀川佑惟・岡 隆 (2017). レズビアンに対する女性異性愛者の態度に仮想接触が及ぼす効果 日本心理学会大会発表論文集 81, 65.

本田秀夫 (2013).『自閉症スペクトラム—10人に1人が抱える「生きづらさ」の正体—』SBクリエイティブ.

本田秀夫 (2018).『発達障害—生きづらさを抱える少数派の「種族」たち—』SBクリエイティブ.

本田美和子 (2016). 優しさを伝えるケア技術—ユマニチュード— 一般社団法人 日本心身医学会, 心身医学 56(7), 692-697.

正高信男 (2019).『ニューロダイバーシティと発達障害—［天才は何故生まれるか］再考—』北大路書房.

宮木幸一 (2018).『発達障害を職場でささえる—全員の本領発揮を目指すプレゼンティーズムという視点—』東京大学出版会.

向谷地生良 (2021). 当事者の専門知に学ぶ 日本看護研究学会雑誌 44(1), 10-17. https://www.jsnr.or.jp/journal/

向谷地生良 (2020). 当事者研究とは—当事者研究の理念と構成—2020年6月11日 当事者研究ネットワーク https://toukennet.jp/?page_id=56 (最終閲覧日：2022年9月12日).

茂木 誠 (2019).『日本人が知るべき東アジアの地政学—2025年 韓国はなくなっている—』悟空出版.

森 紀子 (2018). きらわれ幻聴さんとのつきあい方の研究 べてるしあわせ研究所・向谷地生良『レッツ! 当事者研究3』(pp. 205-214) 認定NPO法人 地域精神保健福祉機構.

森山至貴 (2017).『LGBTを読み解く—クィア・スタディーズ入門—』ちくま新書.

山本 志都 (1998). 異文化センシティビティ・モデルを日本人に適用するにあたって—再定義の必要性について—異文化コミュニケーション 2, 77-100.

山本志都 (2001). 共感 (エンパシー) —相手の「違い」や「よくわからなさ」と付きあっていくためにできること—八代京子・荒木晶子・樋口容視子・山本志都・コミサロフ喜美『異文化コミュニケーション・ワークブック』(pp. 127-134) 三修社.

山本志都 (2003). 地方自治体職員の外国人職員との関係及びコミュニケーションとそれに関わる調整認知の探索的研究—JETプログラム「国際交流員」の職場への参入に伴って—青森公立大学紀要8(2), 54-76.

山本志都 (2011). 異文化間協働におけるコミュニケーション—相互作用の学習体験化および組織と個人の影響の実証的研究—ナカニシヤ出版.

山本志都 (2014). 文化的差異の経験の認知—異文化感受性発達モデルに基づく日本的観点からの記述—多文化関係学 11, 67-86.

山本志都 (2016). 文化的差異の認知の構造と異文化の境界水準との関係をめぐる考察—異文化感受性発達モデルとの比較と検証から—異文化コミュニケーション 19, 93-111.

山本志都 (2018). 異文化感受性を再考する—認知的複雑性と非対称性のもたらす異文化的状況に注目して—多文化関係学会第17回年次大会抄録集, 72-75.

山本志都 (2019). 関係構築を可能にする多様なコンテクストの創出—コンテクスト・シフティング・エクササイズの実践—異文化コミュニケーション 22, 115-131.

山本志都 (2022a). 異文化コミュニケーション教育におけるカテゴリーとカテゴリー化に関わる構成主義の活用—メタファー・DMIS・「異」を中心として—東海大学紀要文学部 112, 31-59.

山本志都（2022b）. 異文化感受性発達尺度の開発―日本的観点の導入と理論的整合性の向上―多文化関係学 19.

山本 志都・丹野 大（2002）. 異文化感受性発達尺度（The Intercultural Development Inventory）の日本人に対する適用性の検討―日本語版作成を視野に入れて―青森公立大学紀要 7(2), 24-42.

ローエンタール, デイヴィッド（1995）. 西 和彦（訳）変わりゆくオーセンティシティの基準 建築史学 24, 74-82.

渡辺文夫（1989）. 技術移転の心理学―発展途上国における技術指導への認知的方略：大手自動車会社 G 社での事例的研究―尾高煌之介（編）『アジアの熟練開発と人材育成』(pp. 329-372）アジア経済研究所.

渡辺文夫（1991a）.『異文化のなかの日本人：日本人は世界のかけ橋になれるか』淡交社

渡辺文夫（1991b）. 国際人養成のための異文化への教育的ストラテジー 高橋順一・中山　治・御堂岡　潔・渡辺文夫（編）『異文化へのストラテジー』(pp. 223-39）川島書店.

渡辺文夫（2000）. 関係は本質に先立つか―異文化接触における統合的関係調整能力とその育成のための教育法―東海大学教育開発研究所（編）『コミュニケーション教育の現状と課題』(pp. 27-45）英潮社

渡辺文夫（2002）.『異文化と関わる心理学―グローバリゼーションの時代を生きるために―』サイエンス社.

あ

アイスブレイク（ice break）・・・・・・・・・・293
あいだ・・・・・・・・・・・・・・・・・・・・・・・・・・・・・・・323
間・・・・・・・・・・・・・・・・・・・・・・・・・・・・・・・184, 323
アイデンティティ・・・・・・・205, 229, 312, 313
アイデンティティ付随条件・・・・・・・217, 222
アイデンティティ・ワーク・・・・・・・・・・・・・233
曖昧化 ・・・・・・・・・・104, 106, 186, 211, 283
曖昧性・・・・・・・・・・・・・・・・・・・・・・・・・・・・・・・279
曖昧性耐性・・・・・・・・・・・213, 216, 219, 282
アサーティブ・・・・・・・・・・・・・・・・・・・・・・・・・224
アスペルガー・・・・・・・・・・・・・・・・・・・・・・・・・102
アスペルガー症候群・・・・・・・・・・・・102, 270
厚いコンテクスト・・・・・・・・・・・・・・・・・・・・・289
アハ体験・・・・・・・・・166, 266, 306, 307, 328
アフターネットワーク理論・・・・・・・142, 292
アライ・・・・・・・・・・・・・・・・・・・・・・・・・・・・・・・280
安心感・・・・・・・・・・・・・・・・・・・・・・・・・・・・・・・224

い

異・・・・・・・・37, 39, 60, 67, 116, 130, 138, 164,
　　　　165, 166, 176, 179, 181, 219, 237,
　　　　243, 258, 269, 271, 274, 302, 305,
　　　　314, 320, 322, 329
石井敏・・・・・・・・・・・・・・・・・・・・・・・・・・・・・・・112
石川優実・・・・・・・・・・・・・・・・・・・・・・・・・・・・・164
意識革命・・・・・・・・・・・・・・・・・・・・・・・・・・・・・336
意識操作・・・・・・・・・・・・・・・・・・・・・・・126, 312
石黒（石黒武人）・・・・・・・115, 139, 178, 284
異世界・・・・・・・・・・・・・・・・・・・・・・・・・・・・・・・300
異対面・・・・・・・・166, 168, 266, 284, 303, 304,
　　　　306, 307, 320
一次的社会化・・・・・・・・・・・・・・・・・・・ 36, 311
位置取り・・・・・・・・・・・・・・・・・・・・・・・・・・・・・227
一様・・・・・・・・・・・・・・・・・・・・・・・・・・・・・・・・・176
居着き・・・・・・・・・・・・・・・・・・・・・・・・・・・・・・・238
一般化・・・・・・・・・・・・・・・・ 81, 82, 206. 207
偽りのノソイ・・・・・・・・・・・・・・・・・・・・・・・・・280
移動中・・・・・・・・・・・・・・・・・・・・・・・・・・・・・・・318
イノベーション（革新）・・・・・・・・・・・・・・・153
異分化・・・・・・・・・・・・・・・・・・・・・・・・・・・・・・・184

異文化 ・・・・・・・・・・・・・・・・・・・・・・・・・・・・・・・60
異文化アライアンス・・・・・・・・・・・・・・・・・・196
異文化間協働・・・・・・・・・・・・・・・・・・・・・・・・・59
異文化感受性・・・・・・・・・・・・・・・・・・・・・・・・322
異文化感受性・・・・・・・・・・・・・・・・・・243, 323
異文化感受性発達モデル
　・・・・・・・・・ 90, 106, 165, 252, 257, 274, 302
異文化間能力・・・・・・・・・・・・・・・・・128, 313
異文化コミュニケーション
　・・・・・・・・・37, 60, 107, 111, 183, 226, 227,
　　　　240, 324
異文化シナジー ・・・・・・・・・・・・・・59, 139, 153
異文化性・・・・・・・・・・・・・・・・・・・・・・・・・・・・・183
異文化適応・・・・・・・・・・・・・・・・・・・・・・90, 98
イメージ・・・・・・・・・・・・・・・27, 49, 54, 208
イメージ化・・・・・・・・・・・・・・・27, 49, 259
インタビュー・・・・・・・・・・・・・・・・・・・・・54, 59

う

ウィング（ローナ・ウィング）・・・・・・・・・102
ウォーフ（ベンジャミン・ウォーフ）・・・53
薄いコンテクスト・・・・・・・・・・・・・・・・・・・・・289
コンテクストの「厚さ」と「薄さ」・・・・・・198
浦河べてるの家 ・・・・・・・・・・・・・・・・・・・・・268
上書き ・・・・・・・・・・・・・・・・・・・・・・・151, 188

え

エコーチェンバー効果・・・・・・・・・・・・・・・・190
エスノリラティビズム ・・・・・・・・・・・・・・・・・・35
エスノリラティブ ・・・・・・・・・・・・・・258, 303
エポケー・・・・・・・・36, 126, 133, 138, 213, 328
エポケー実習 ・・・・・・・・・・・・・・・・・・・・・・・133
エポケー対話 ・・・・・・・・・・・・・・・・・・・・・・・136
エンパシー・・・・・・・ 127, 128, 138, 219, 281,
　　　　308, 312, 318, 327, 328,
　　　　344, 347, 348
遠慮・・・・・・・・・・・・・・・・・・・・・・・・・・・・・・・・112
遠慮―察しコミュニケーション・モデル
　・・・・・・・・・・・・・・・・・・・・・・・・・・・・・・・・・・・112

お

オーサーシップ ・・・・・・・・・・・・・・・337, 338

オーセンティシティ ……………310, 312
オートポイエーシス ………………272
オープン・クエスチョン …………56
大橋（大橋克洋）………………171, 175
大人の発達障害 ……………………104
オノマトペ……………………………47
オルタナティブ …………36, 94, 241, 273
オルタナティブ・ストーリー……241, 259

か

外国人 ………………………211, 214
外在化 ………………………………263
解釈 …………………………90, 258, 322
外受容感覚 …………………………43
階層的プロセシング ………………48
概念 …………………………49, 61, 81, 88
概念化 …………………………49, 160
概念のコンテクスト ………………145
垣内俊哉 ……………………………182
学習障害 ……………………68, 104
学習体験化 …………………………59
可視化 ………54, 101, 102, 114, 164, 165,
　　　　172, 276
仮説 …………………………………57
仮想集団間接触 ……………………283
仮想接触仮説 ………………………283
語り ………………………………224, 242
括弧入れ……………………………126
葛藤 ………78, 98, 241, 243, 258, 274, 302,
　　　　312, 314, 327
カテゴリー化
　………80, 81, 82, 89, 101, 107, 116, 125,
　　　　226, 230, 263, 312, 315, 320
カナー …………………………………101
カナー症候群 ………………………101
カニッツアの三角形 ………………45
金子みすゞ ………………………286, 329
カミングアウト ……………………288
カルチャーショック ………………98
河本英夫……………………………272
感覚 ……………43, 44, 49, 61, 66, 78, 91
感覚過敏 ……………………………72
感覚処理感受性 ……………………73
感覚鈍麻 ……………………………72
感情 ………………………………44, 160

観測 ……………………………………89
観測カテゴリー
　………100, 108, 114, 206, 214, 227, 259,
　　　　266, 313
寛容性………………………………285

き

記号体系……………………………50
希少性………………………………179
規範意識……………………………52
境界…………………………………143
境界形成………89, 158, 164, 183, 214, 226,
　　　　234, 260, 310, 314, 327
共感…………………122, 127, 138, 344
共通知識……………………………59
共通内集団アイデンティティ・モデル
　…………………………………………196
共通内集団アイデンティティ……105
共有知識……………………………144
共有知識（ルール）としてのコンテクスト
　…………………………………………150
均衡…………………………………241
均衡化………………………………98

く

クーン（トーマス・クーン）…………304
グラデーション ……………………103
クリティカル・マス………………328
グレーゾーン………………………104
クローズド・クエスチョン…………56

け

経験 …………………32, 53, 258, 322
経験盲 ………………158, 159, 165
経済活動 ……………………………31
ケリー（ジョージ・ケリー）…90, 94, 258
言語 …………………………50, 53
言語化 …………………27, 59, 134
言語実践（ディスコース）…………227
現実感 ………………………………25
現実知覚 ……………………………53
現象学 ………………………126, 133

こ

合意形成のスキル…………………291

交易 ……………………………………31
後景化 ……………………… 147, 162, 163
高コンテクスト ……100, 111, 113 114, 146
高次脳機能障害 ……………………67, 73
構成主義……83, 133, 184, 294, 298, 309,
　　　　310, 312, 315, 320, 327
構成する ……………………………83
構造的差別 …………………… 174, 276
構造に埋め込まれた差別 ……… 115, 174
声(voice) ………………………294
国民文化……………………………146
小坂(小坂貴志)……………………108
個人化した相互作用 ………………283
個人主義 ……………………………107
個人的アイデンティティ ……………205
個人的差別 …………………………174
個人的特性 …………………………205
個人として見ればよい ……………115
国家戦略 ……………………………32
個別主義 ……………………………325
困り事 ………………………… 74, 271
コミット ……………………………327
コミットメント ……………………319
コリエー ……………………………196
コンストラクト ……………………94
コンテクスト
　………29, 30, 33, 34, 38, 107, 111, 139,
　　　　140, 162, 165, 175, 177, 178,
　　　　183, 184, 218, 310, 326
コンテクスト化 ……………………165
コンテクスト化の合図 ……… 150, 166, 275
コンテクスト・シフティング
　…115, 139, 178, 188, 284, 312, 314, 318
コンテクスト・シフティング・エクササイズ
　………………………………284
コンテクスト相対主義 ……… 324, 326, 348
コンテクストのレイヤー ……… 162, 166
コンテクスト・モデル ………………142

さ

再カテゴリー化
　……… 105, 106, 116, 186, 211, 283
最小化 ………106, 281, 284, 286, 304, 305,
　　　　307, 345
細分化 ………………………………84

錯視図 ………………………………45
佐々木(佐々木史郎)………………31
サステナブルな異文化感受性 ………328
察し ……………………………112
察しの文化 …………………………146
サピア(エドワード・サピア)………53
サピア=ウォーフの仮説 ……………53
サプール ……………………………277
差別 ……………………………217, 221

し

時間・空間のデザイン ………………291
自己開示 ……………………… 27, 132
自己概念 ……………………………205
自己再帰的意識 ……………………336
自己探索 ……………………… 132, 134
自己調整 ……………………… 98, 281
自己内調整 …………………………168
自然的態度 …………………………126
実現可能な選択肢…………… 35, 36, 328
実証主義 ……………………………310
質問スキル …………………………54
指標記号 ……………………………231
指標性 ………………………………231
シフト ………………………………319
自文化 ………………………………167
自文化中心主義 …… 34, 35, 65, 94, 281, 346
自文化中心的 ……………………… 258, 303
自文化への気づき……………34, 132, 304
自閉症 ………………………………100
自閉症スペクトラム ………………102
自閉スペクトラム症 …… 68, 70, 100, 103
シミュレーション
　………………… 159, 160, 161, 187, 220
社会構成主義 ………………………84
社会的アイデンティティ ……… 205, 231
社会的カテゴリー
　…………… 205, 207, 220, 230, 279, 309
社会的カテゴリー化 ………………205
習慣 ………………………………53
習慣化 …………………… 45, 51, 159
十全参加 …………………………92
集団主義 ……………………………107
集団主義／個人主義 ………………100
周辺参加 …………………………92

周辺性 ………………………………311
主観的輪郭 ………………………… 46
受容 ………… 286, 304, 308, 325, 346
障害 ………………………………182
障害者 ……………………………183
状況的学習 ……………………65, 92
情動 ……………………… 44, 160
情報収集 …………………………… 54
情報処理 …… 60, 70, 159, 161, 165, 185,
　　　　　　310, 320
所与 ………………………………320
シルバーマン ……………………101
シンクロ …………………………122
神経回路 ………………… 131, 159, 165
神経回路の多様性 …………… 60, 67, 70
神経発達症 ………………… 67, 68, 104
シンパシー ………………271, 281, 305, 344
心理構成主義 ………………… 84, 90, 97
心理的安全性 ……………………224

す

図 …………………………… 108, 263
図地分化 …… 46, 51, 61, 83, 91, 108, 139,
　　　　　　156, 184, 187, 220, 258,
　　　　　　264, 303, 307, 310, 314
スティール ……………………223, 224
スティールとアロンソン ……………222
スティグマ ………………………157
ステレオタイプ …… 48, 107, 108, 207, 216
ステレオタイプ化
　　………………208, 211, 216, 226, 269
ステレオタイプ脅威 …………… 217, 222
ステレオタイプの6つの問題点 ………216
ストーリー …………………………32, 34
図と地 ……………………………156
スペクトラム ……………………… 72, 102

せ

生成 ………………… 309, 310, 320
生成者 ……………………………80, 83
成長 ……… 39, 242, 258, 269, 271, 302, 314
性的マイノリティ …………………288
正統的周辺参加 ………………66, 92
制度的差別 …………………… 174, 276
世界地図 …………………………… 24

世代間の公正 ……………………299
世代内の公正 ……………………299
絶対的 ……………………………… 29
前景化 …………………… 147, 162, 312
選択的知覚 ………………………158
選択的注意 ……………………163, 220
線引き …………………………143, 228

そ

そういう目で見る ……… 61, 139, 266, 316
相互行為のスキル ………………291
相互構成 ………………………59, 98
相互作用 ………………………… 59
相互適応 ………………………… 98
想像上での個人化した相互作用 ………283
想像力 ……………………………201
相対化 …………………… 29, 30, 327
相対化し続ける中でのコミットメント
　　………………………… 324, 327
相対主義 ………………………310, 329
相対主義のジレンマ ……… 304, 309, 324
相対主義の中のコミットメント
　　………………………… 324, 327, 348
相対性 ……………………………325
相対的 ……………………………… 29
想定 ……… 25, 33, 166, 217, 219, 285, 310
創発 ……………………………… 59
属 …………………………………205
組織化 ……… 61, 80, 83, 128, 217, 319, 258
ソシュール
（フェルディナン・ド・ソシュール）…… 81
相乗効果 ……………………………… 59
存在論 ……………………………… 83

た

ターニングポイント ……………243, 308
第三の可能性 …………………………139
第三文化 …………………… 59, 347
対人関係 …………………………143
対人関係のコンテクスト ……………152
代替的 ………………… 36, 94, 241, 273
ダイバーシティ＆インクルージョン
（Diversity & Inclusion）……………297
対話 ……………………………… 27
多孔化 ……………………………142

確かめ ……………………………………133
他者性 ……………………………………322
脱物象化 ……………………………317, 334
縦シフト …………………………………194
多文化チーム ……………………………153
ダマシオ（アントニオ・ダマシオ）……44

ち

チェック・アウト（check-out）………293
チェック・イン（check-in）…………291
知覚 ……… 24, 43, 44, 48, 78, 130, 159, 307,
　　　　　322, 328
知覚体験 ……………………………60, 70
知覚対象 ……………………………38, 49
知覚的複雑性
　……93, 95, 115, 185, 199, 210, 243, 309
地政学 ………………………………………32
秩序立てる ………………………………123
着眼点 ………………………………………61
注意 …………………………………61, 79
注意欠如・多動症 ………………… 68, 104
調整 …… 25, 39, 59, 78, 106, 133, 241, 243,
　　　　271, 276, 303, 312, 320
調和 ………………………………25, 274, 279

つ

追体験 …………………………… 128, 219

て

出会い ……………………… 155, 166, 276
定型発達 ……………………………………69
低コンテクスト …… 100, 111, 113, 114, 146
定番 ………………………………………… 25
適応 ……… 139, 242, 276, 308, 310, 312, 313
適応後期 ………………………………310, 312
適応行動 …………………………………223
適応前期 …………………………………310
テクスト化 ………………………………152

と

ドイッチャー（ガイ・ドイッチャー）…53
同感 ………………………… 271, 281, 282
同期 ……………………………… 122, 129
統合 ……… 312, 313, 314, 316, 320, 347
統合失調症 ………………………… 268, 270

統合的複雑性 ……………………………199
当事者研究 ……………………… 265, 268
独我論 ……………………………………343
閉じ込められた周辺性 …………………312
特権 ………………………………………196
ドミナント・ストーリー ………………241

な

内受容感覚 ……………………… 43, 44, 160
なじませる ………………………………274
ナラティブ ……………………… 224, 242
ナラティブ・アプローチ ………………241
ナラティブ・セラピー …………………263

に

二項化 ……………………………278, 305
二項対立 ………………………… 171, 185
二項対立化 ……………………… 276, 279
西阪（西阪仰）……………………………183
虹の色 ……………………………………186
日本人 ……………………………211, 214
日本には四季がある ………………………64
ニュートン（アイザック・ニュートン）
　……………………………………186
ニューロダイバーシティ …………67, 69
人間と他の生物との公正 ………………299
認識論 ………………………………………83
認知 …………………………………43, 44
認知革命 …………………………………332
認知症 ………………………………67, 75
認知的複雑性 ………… 93, 94, 115, 199

ね

ネイティブ化 ……………………………280

の

脳 ………………………… 44, 60, 159
ノンヒューマン ……………………………142
ノンヒューマン ……………………………292

は

ハーカー（ピーター・L・ハーカー）…86
パーソナル・コンストラクト理論 ……94
ハーフ ……………………………211, 214
バイカルチュラル ………………………310

ハイリー・センシティブ・パーソン…72
白人優越主義（White Supremacy）……196
はざま………………………………323
発達障害……………………67, 68, 104
パラダイム………………304, 326
パラダイムシフト……………303, 304
バランス……………………………241
バリアバリュー……………………182
バレット（リサ・フェルドマン・バレット）
　………………………………………157
パワーの格差………………………294
反転………………………………280

ひ

ピアジェ（ジャン・ピアジェ）……90, 97
東（東豊）…………………………263
ピグマリオン効果………………187, 224
非言語………………………………129
非言語コミュニケーション………76, 146
非障害型自閉症スペクトラム………104
非対称……………………………59, 172
非対称性……………………………38, 182
左利き………………………………173
非定型発達…………………………69
否認………………………275, 276, 303
非人間……………………………142, 292
誹謗中傷……………………………279
標識…………………………………171
ピンカス（F. L. ピンカス）…………174

ふ

ファシリテーション…………201, 289
ファシリテーター…………………289
フィーリング………………………27
フォーカス
　……32, 61, 69, 156, 187, 220, 263, 264
フォーミング………………………27
不確実性……………………………279
普通……………………172, 175, 179, 185
普通でない……………172, 173, 179, 185
フッサール（エトムント・フッサール）
　………………………………………126
プッシュ（push）…………………293
物象化………86, 88, 107, 115, 226, 309,
　　　　　　313, 333

物理的な環境………………………142
物理的なコンテクスト……………150
ブリーフセラピー…………………263
プル（pull）………………………293
ブレイディみかこ…………………168
プロセス中………………………316, 318
文化相対主義………35, 308, 309, 324
文化的仲介…………………………199
文化の隠蔽性………………………146
文化の多様性………………………60
分節………………80, 81, 83, 84, 303
分断…………………………………279

へ

ベネット（ミルトン・ベネット）
　………34, 48, 108, 114, 138, 257, 277,
　　　　304, 312, 320, 322, 324, 325,
　　　　326, 327, 328
ヘフェリン（サンドラ・ヘフェリン）……214
ペリー（W・G・ペリー）…324, 326, 327, 348
偏見………………………217, 221

ほ

防衛………………106, 278, 280, 305
ホール（エドワード・T・ホール）
　………………………………111, 146
ポジショニング……………227, 231, 235
ポジション………………231, 237
星野ルネ……………………………212
バロン＝コーエン
（サイモン・バロン＝コーエン）………103
ホワイト（マイケル・ホワイト）……241
本質主義……………………89, 108
本質主義的…………………………309
本田（本田秀夫）………………101, 104

ま

マイクロアグレッション………219, 295
マイノリティ………98, 172, 176, 184, 326
マイノリティ性……………………181
マクロ・コンテクスト……………152, 190
マジョリティ………………98, 172, 184
マジョリティ性……………………181
まなざし……………61, 161, 238, 327
マルチスピーシーズ民族誌…………300

み

ミクロ・コンテクスト ……………… 194
見立て …………………………… 31, 46
ミックスルーツ …………………… 211
未発の異 ………… 164, 262, 276, 320
未分化 ………… 162, 163, 210, 275
身分化 …………………………… 158
ミライロ ………………………… 182

む

向谷地（向谷地生良）………………… 268
無関心 …………………………… 275
無境界 …………………………… 315
無言承認リスニング ………… 131, 132
虫退治 …………………………… 263
無標 …………………………… 171, 178

め

メスノメソドロジー ……………… 183
メゾ・コンテクスト ……………… 193
メタ ……………………… 80, 263, 327
メタ意識 ……………… 314, 328, 344
メタ認知 ……………………… 263, 301
メタレベル ……………… 80, 320, 342
目のつけどころ ……………… 65, 316

も

モーンガータ ………………… 62, 65
モデル …………………………… 50
もやもや ……………… 38, 213, 241
森山（森山至貴）………………… 326

ゆ

優越感 …………………………… 279
有標 ……………………… 171, 178
有標化 ……………… 176, 182, 223
有標性 …………………………… 183
有標性の交替 …………………… 175
ユマニチュード ……………………… 75

よ

予期 ……………………… 186, 259
予言の自己成就
……… 160, 186, 217, 220, 224, 319, 328

横シフト …………………………… 195
予測 ……………………………… 97
弱さの情報開示 ………………… 269

ら

ラトゥール（ブルーノ・ラトゥール）
…………………………………… 142
ラベリング …………… 45, 156, 215, 266

り

リップマン（ウォルター・リップマン）
…………………………………… 208
利用者 ……………………… 80, 83
量子力学 …………………………… 319
倫理性 ……………………… 325, 347
倫理的スキーム ………………… 324
倫理的な選択 …………………… 328

る

ルックマン（トーマス・ルックマン）… 86
ルビン（エドガー・ルビン）………… 156
ルビンの壺 ……………………… 156

れ

歴史 ……………………………… 144
レッテル貼り …………………… 156

ろ

ロヴェッリ（カルロ・ロヴェッリ）… 317
ローカルな感覚 …………………… 91

わ

渡辺文夫 ………………………… 133

Alphabet & code

ADHD …………………………… 68
ASD ……………………………… 68
BLM（Black Lives Matter）運動 …… 196
DMIS …………………………… 257
HSP ………………………… 67, 72
LD ……………………………… 68
3R ……………………………… 301
#KuToo ………………………… 164

【著者紹介】

山本　志都（やまもと　しづ）

東海大学文学部英語文化コミュニケーション学科教授。上智大学大学院
総合人間科学研究科博士後期課程修了、博士（教育学）、ポートランド州
立大学スピーチ・コミュニケーション研究科修士課程修了、修士。
主な著書・論文：『異文化間協働におけるコミュニケーション—相互作用
の学習体験化および組織と個人の影響の実証的研究』（2011年、ナカニシ
ヤ出版）、『異文化コミュニケーションワークブック』（2001年、共著、三
修社）、「異文化感受性発達尺度の開発—日本的観点の導入と理論的整合
性の向上」（2022年、多文化関係学19号）

石黒 武人（いしぐろ　たけと）

立教大学異文化コミュニケーション学部教授。立教大学大学院異文化コ
ミュニケーション研究科博士後期課程修了、博士（異文化コミュニケー
ション学）。
主な著書・論文：『多文化チームと日本人リーダーの動的思考プロセス—
グラウンデッド・セオリーからのアプローチ』（2020年、春風社）、池田
理知子・塙幸枝（編）『グローバル社会における異文化コミュニケーショ
ン—身近な「異」から考える』（2019年、共著、三修社）［第9章担当］、『多
文化組織の日本人リーダー像—ライフストーリー・インタビューからの
アプローチ』（2012年、春風社）

Milton Bennett（ミルトン・ベネット）

Intercultural Development Research Institute所長。ミラノ・ビコッカ大学
兼任教授。元ポートランド州立大学教授。ミネソタ大学大学院 Department
of Communication Studies and Sociologyで博士号を取得。
主 な 著 書・論 文：“Basic Concepts of Intercultural Communication:
Paradigms, Principles, and Practices”（2013年、Intercultural Press）
“The Intercultural Viability Indicator: Constructivist Assessment
of Organizational Intercultural Competence”（2019年、Journal of
Intercultural Communication and Interactions Research Vol. 1, No. 11)

岡部 大祐（おかべ　だいすけ）

順天堂大学国際教養学部異文化コミュニケーション領域講師。青山学院
大学大学院国際政治経済学研究科国際コミュニケーション専攻博士後期
課程修了、博士（国際コミュニケーション）。
監訳書に『グラウンデッド・セオリーの構築 第二版』（Kathy Charmaz著）
（2020年、ナカニシヤ出版）

異文化コミュニケーション・トレーニング
「異」と共に成長する

2022年11月30日　第1刷発行
2024年8月20日　第2刷発行

著　　　者 ── 山本志都・石黒武人・Milton Bennett・岡部大祐

発　行　者 ── 前田俊秀

発　行　所 ── 株式会社　三修社

〒150-0001　東京都渋谷区神宮前2-2-22
TEL 03-3405-4511 / FAX 03-3405-4522
振替 00190-9-72758
https://www.sanshusha.co.jp
編集担当　三井るり子

印刷・製本 ── 日経印刷株式会社

©2022 Printed in Japan ISBN978-4-384-06052-2 C1095

カバーデザイン ── 山内宏一郎（SAIWAI Design）
カバーイラスト ── 山内庸資
本文デザイン・DTP ── 大貫としみ（ME TIME）